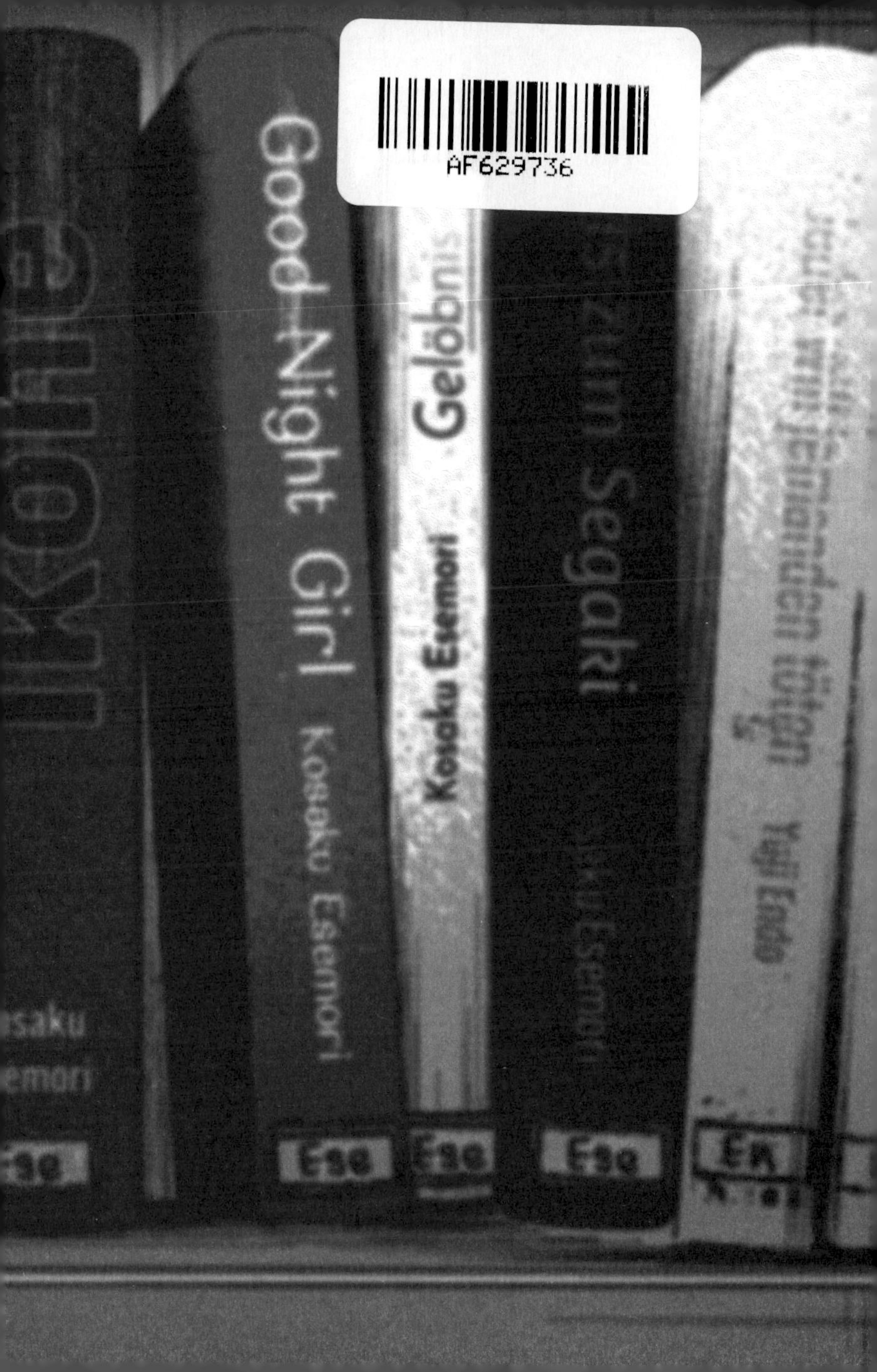
Good Night Girl
Kosaku Esemori
Gelöbnis
Kosaku Esemori
Zum Segaki
Yuji Endo
Ese
Ese
Ese
Ese

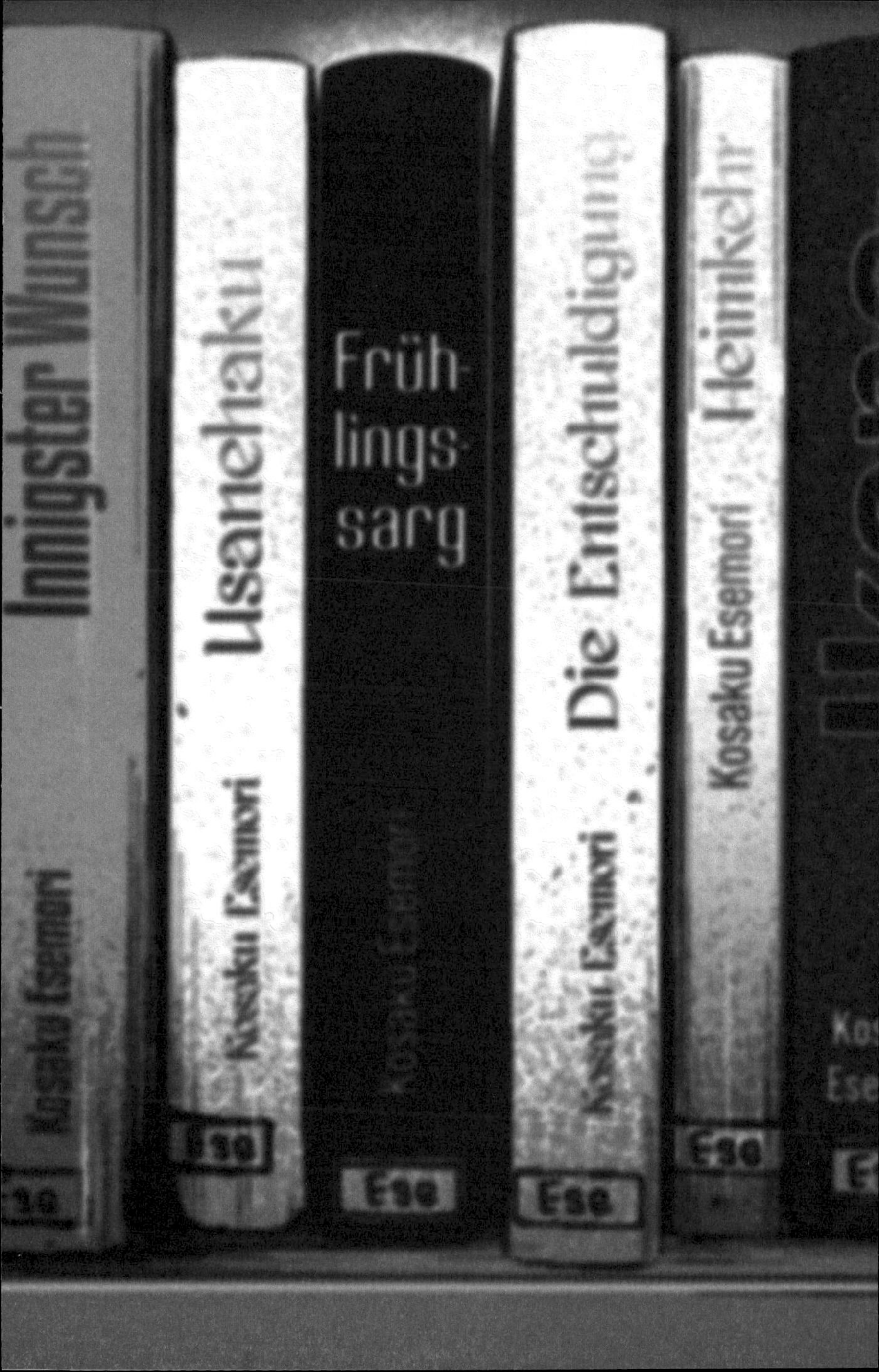
Innigster Wunsch
Kosaku Esemori
Ese
Usanchaku
Kosaku Esemori
Ese
Früh-
lings-
sarg
Kosaku Esemori
Ese
Die Entschuldigung
Kosaku Esemori
Ese
Heimkehr
Kosaku Esemori
Ese

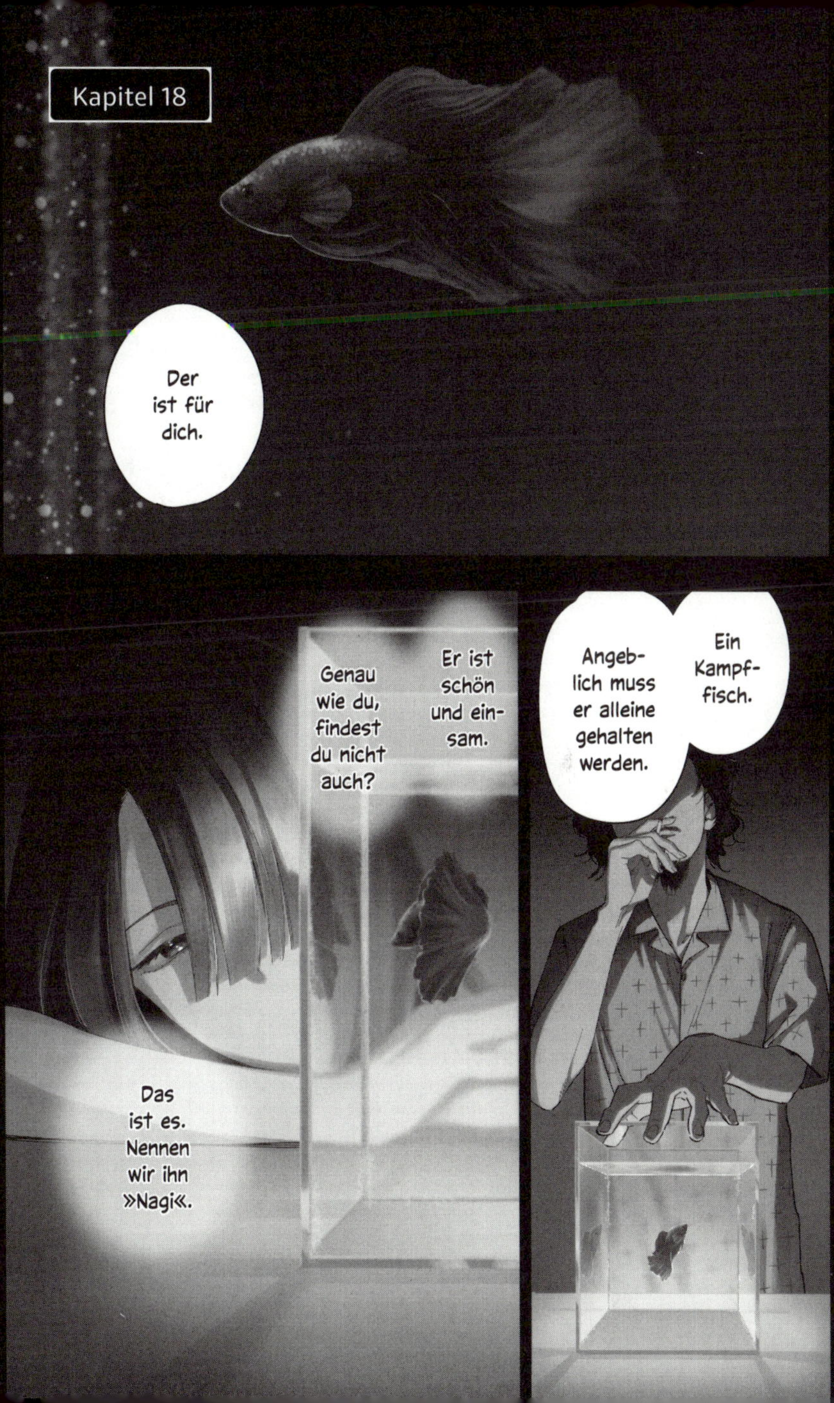
Kapitel 18
Der ist für dich.
Ein Kampf-fisch.
Angeb-lich muss er alleine gehalten werden.
Er ist schön und ein-sam.
Genau wie du, findest du nicht auch?
Das ist es. Nennen wir ihn »Nagi«.

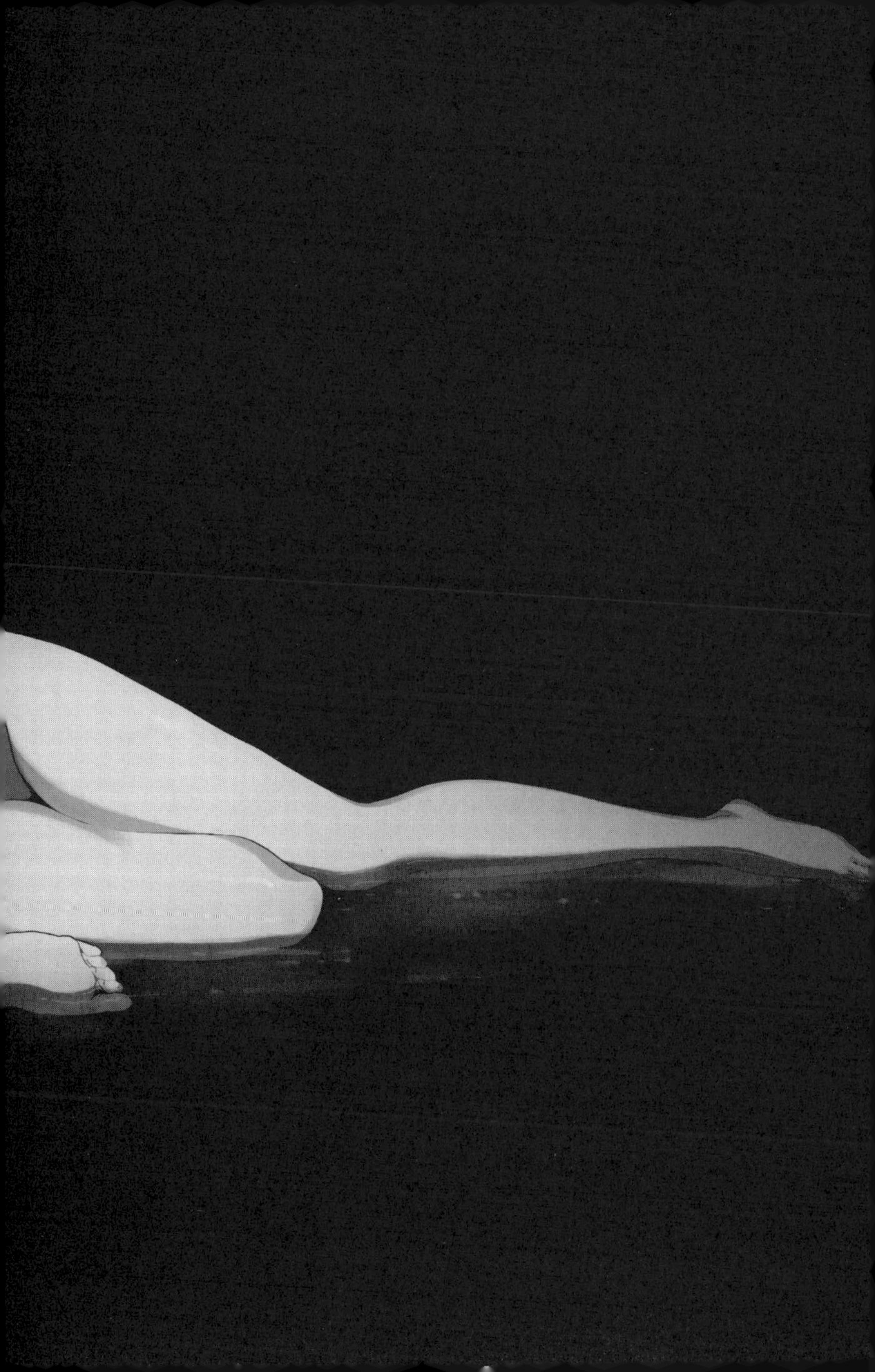

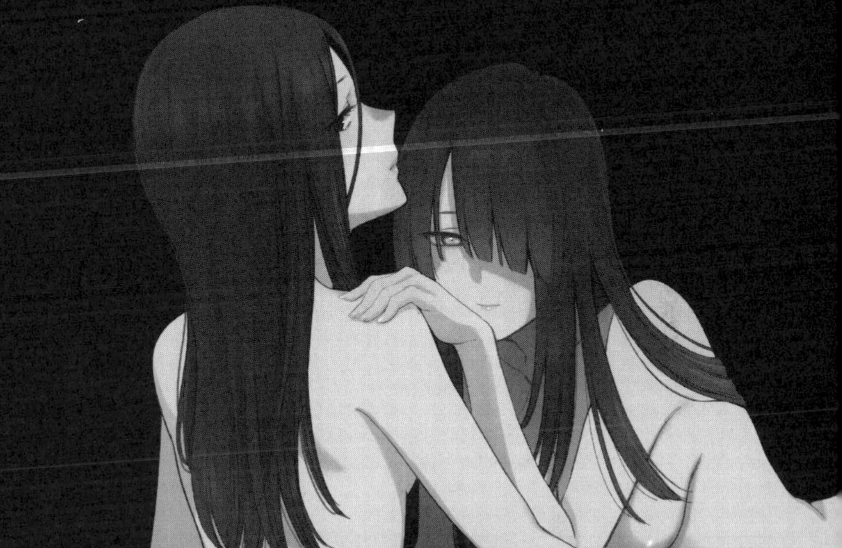

Kapitel 18

Verabredung am Neumond

Band Drei

BOY'S ABYSS

Inhalt

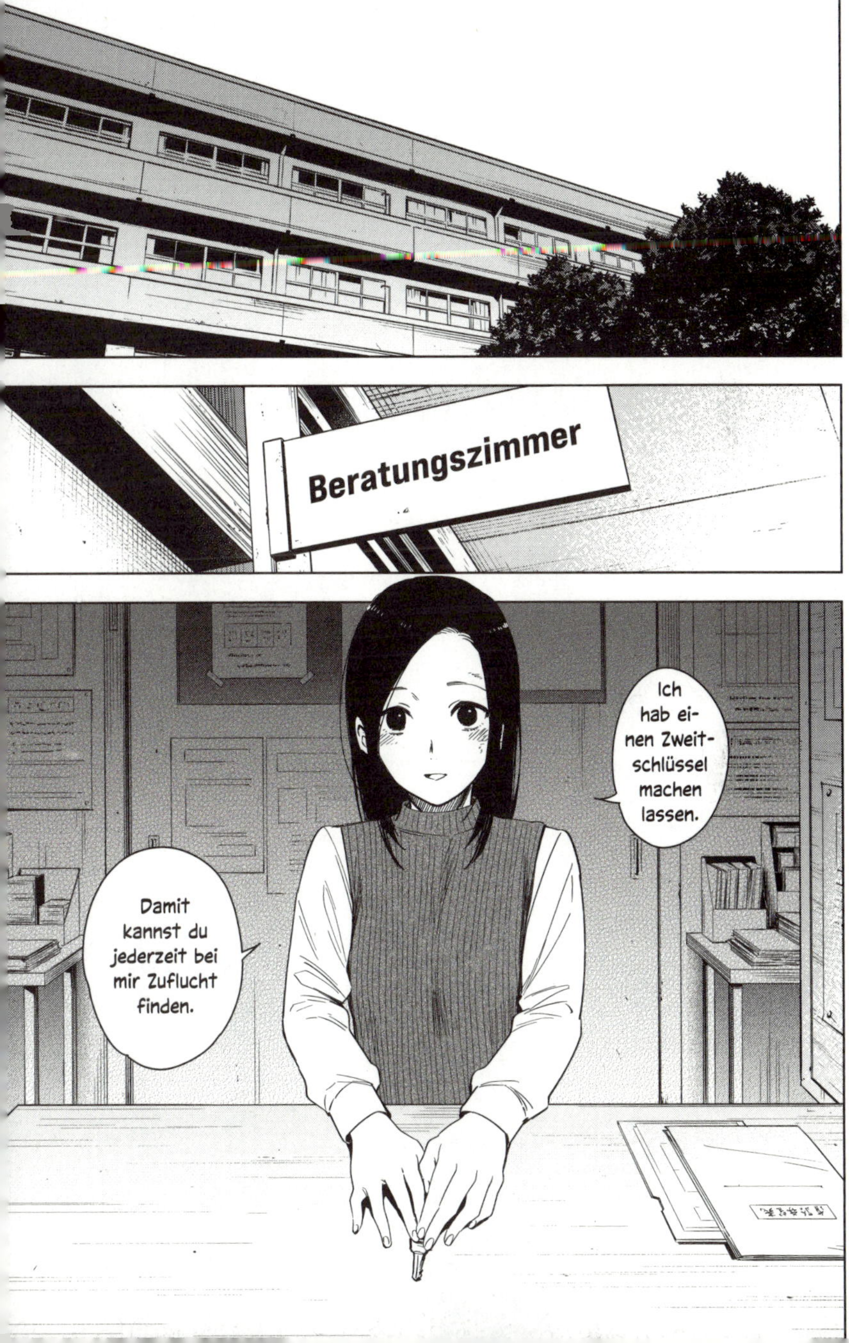
Beratungszimmer
Ich hab einen Zweitschlüssel machen lassen.
Damit kannst du jederzeit bei mir Zuflucht finden.

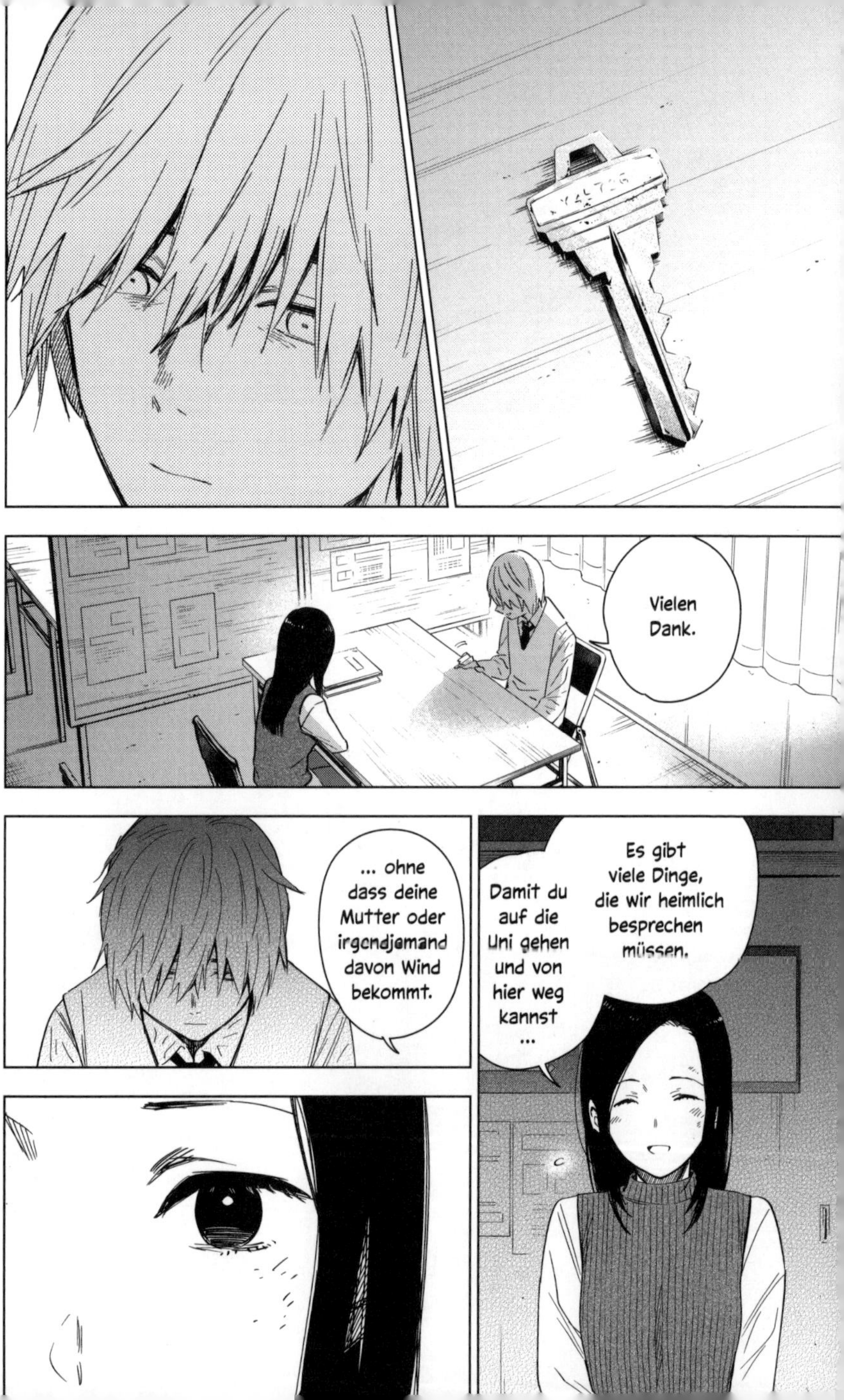
Vielen Dank.
Es gibt viele Dinge, die wir heimlich besprechen müssen.
Damit du auf die Uni gehen und von hier weg kannst ...
... ohne dass deine Mutter oder irgendjemand davon Wind bekommt.

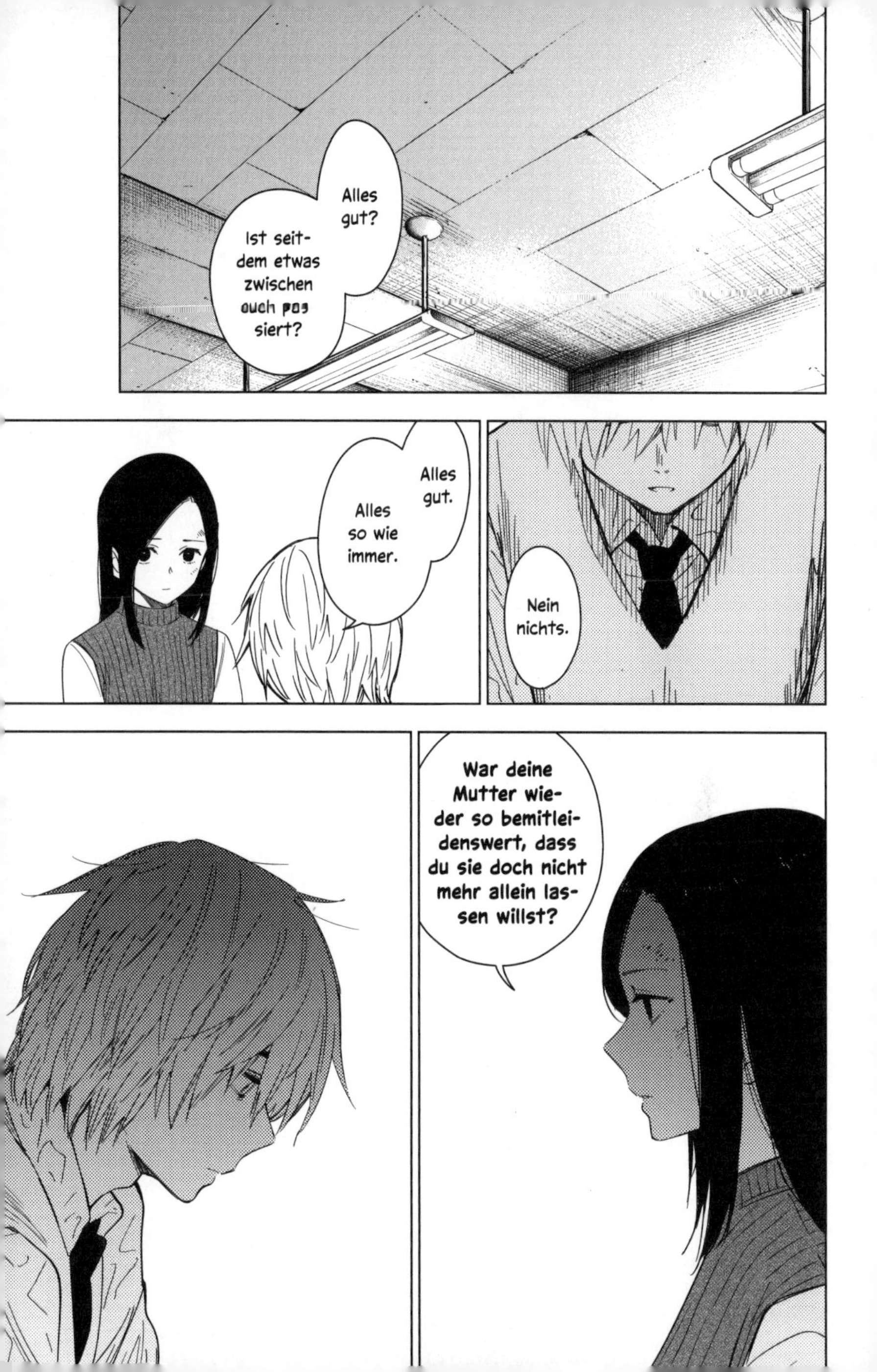
Alles gut?
Ist seit-dem etwas zwischen euch pas siert?
Nein nichts.
Alles gut.
Alles so wie immer.
War deine Mutter wie-der so bemitlei-denswert, dass du sie doch nicht mehr allein las-sen willst?

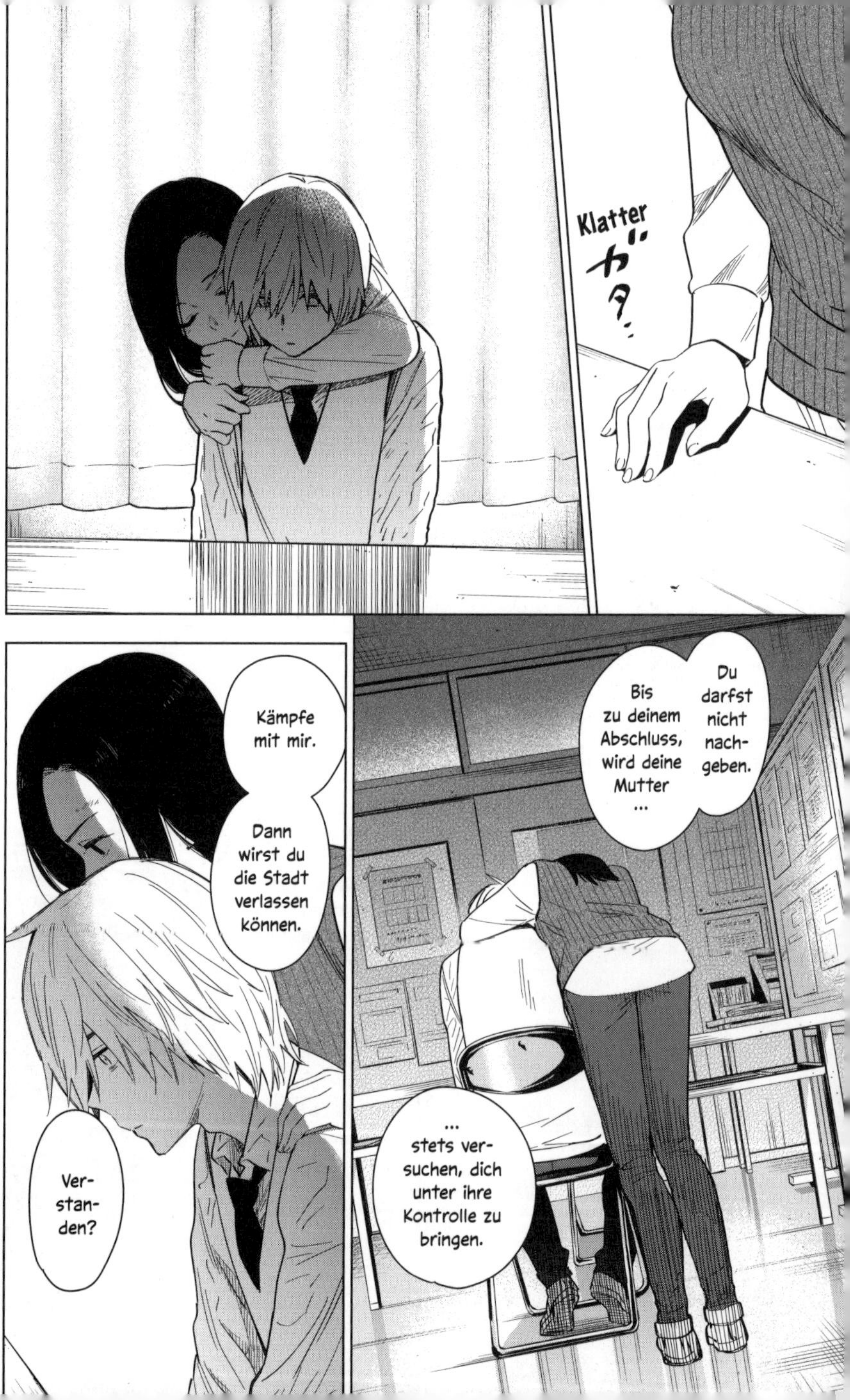
Klatter
ガタ…
Du darfst nicht nach-geben.
Bis zu deinem Abschluss, wird deine Mutter …
… stets ver-suchen, dich unter ihre Kontrolle zu bringen.
Kämpfe mit mir.
Dann wirst du die Stadt verlassen können.
Ver-stan-den?

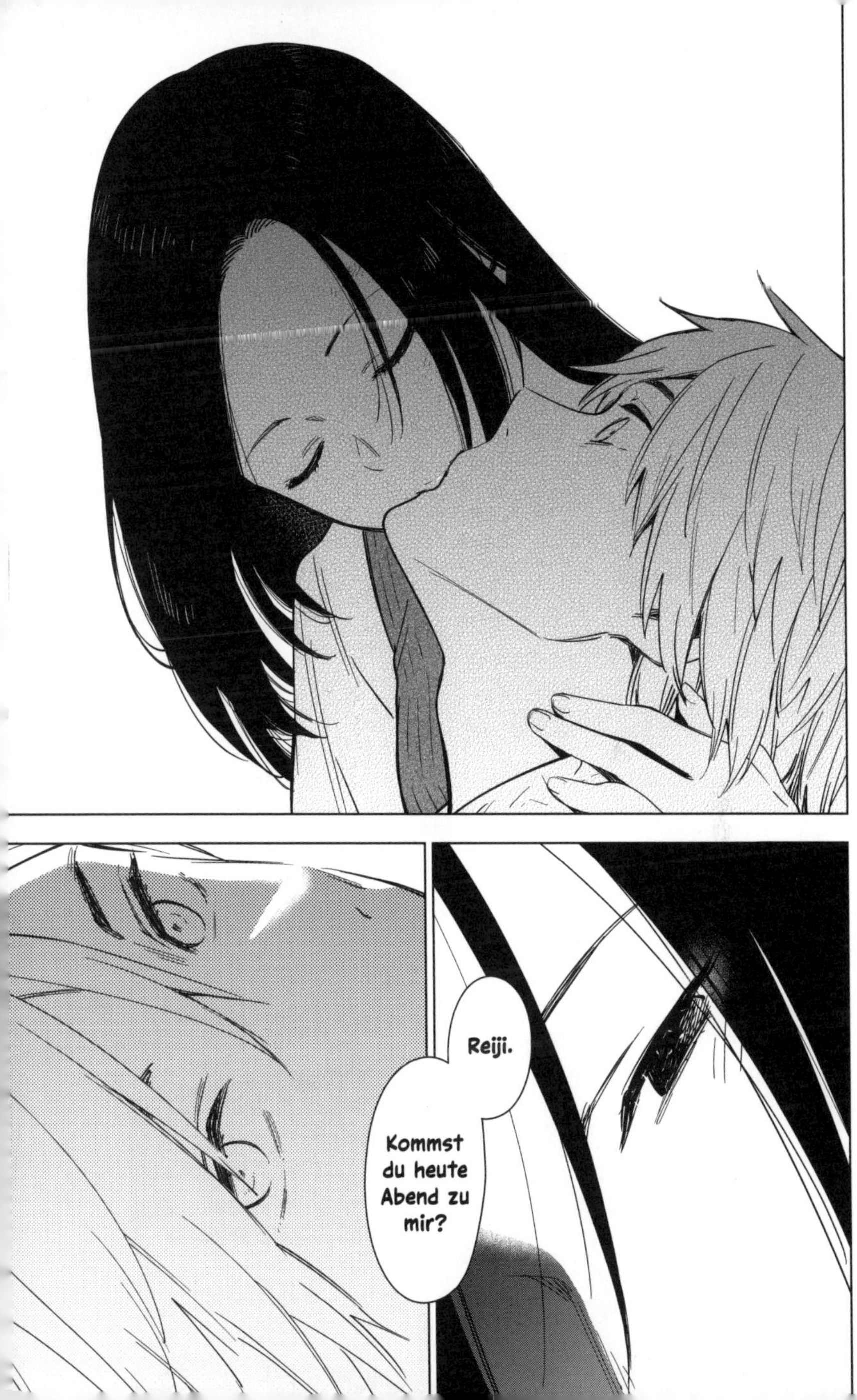
Reiji.
Kommst du heute Abend zu mir?

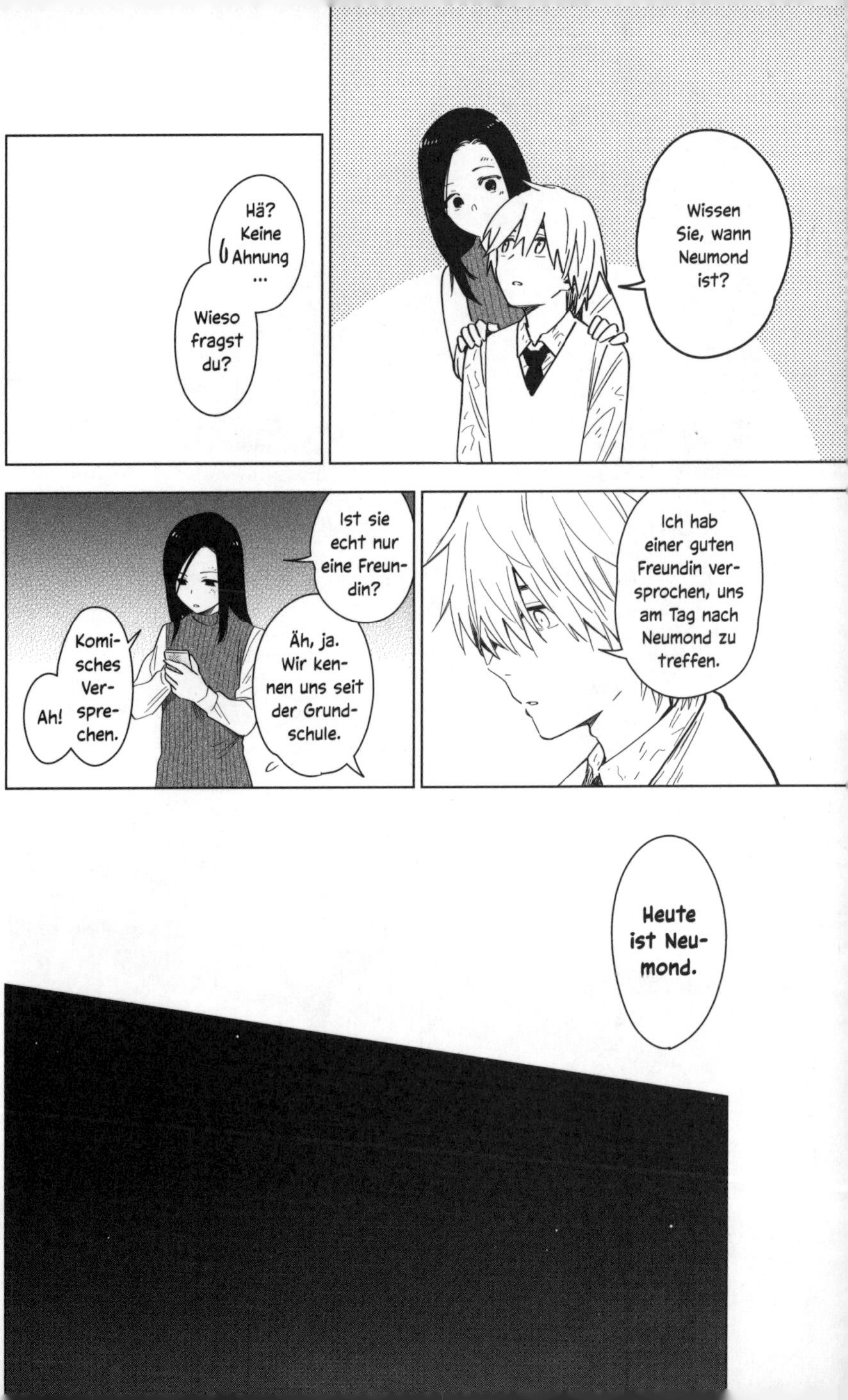

Wissen Sie, wann Neumond ist?
Hä? Keine Ahnung ...
Wieso fragst du?
Ich hab einer guten Freundin versprochen, uns am Tag nach Neumond zu treffen.
Ist sie echt nur eine Freundin?
Äh, ja. Wir kennen uns seit der Grundschule.
Komisches Versprechen.
Ah!
Heute ist Neumond.

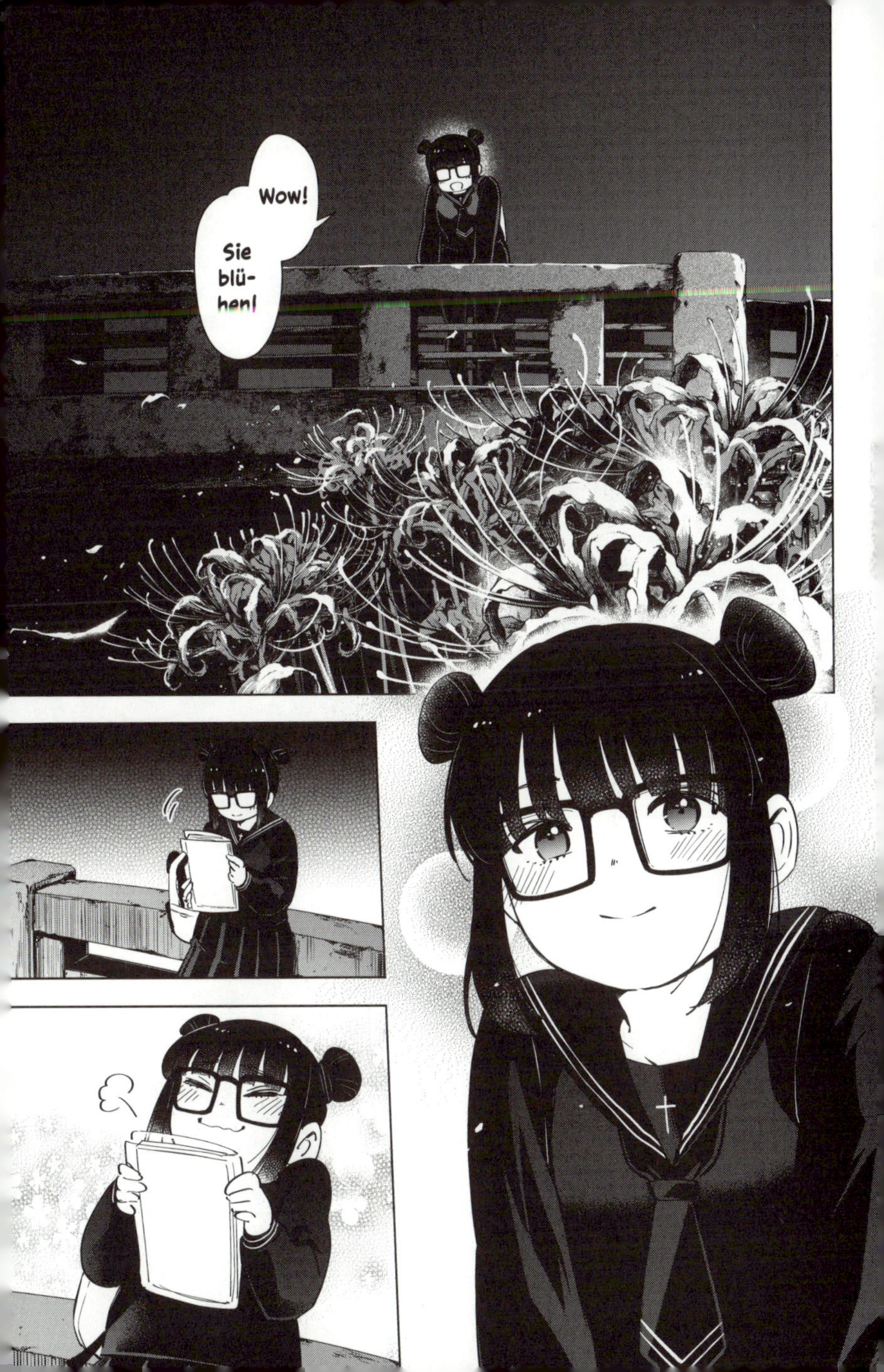
Wow!
Sie blü-hen!

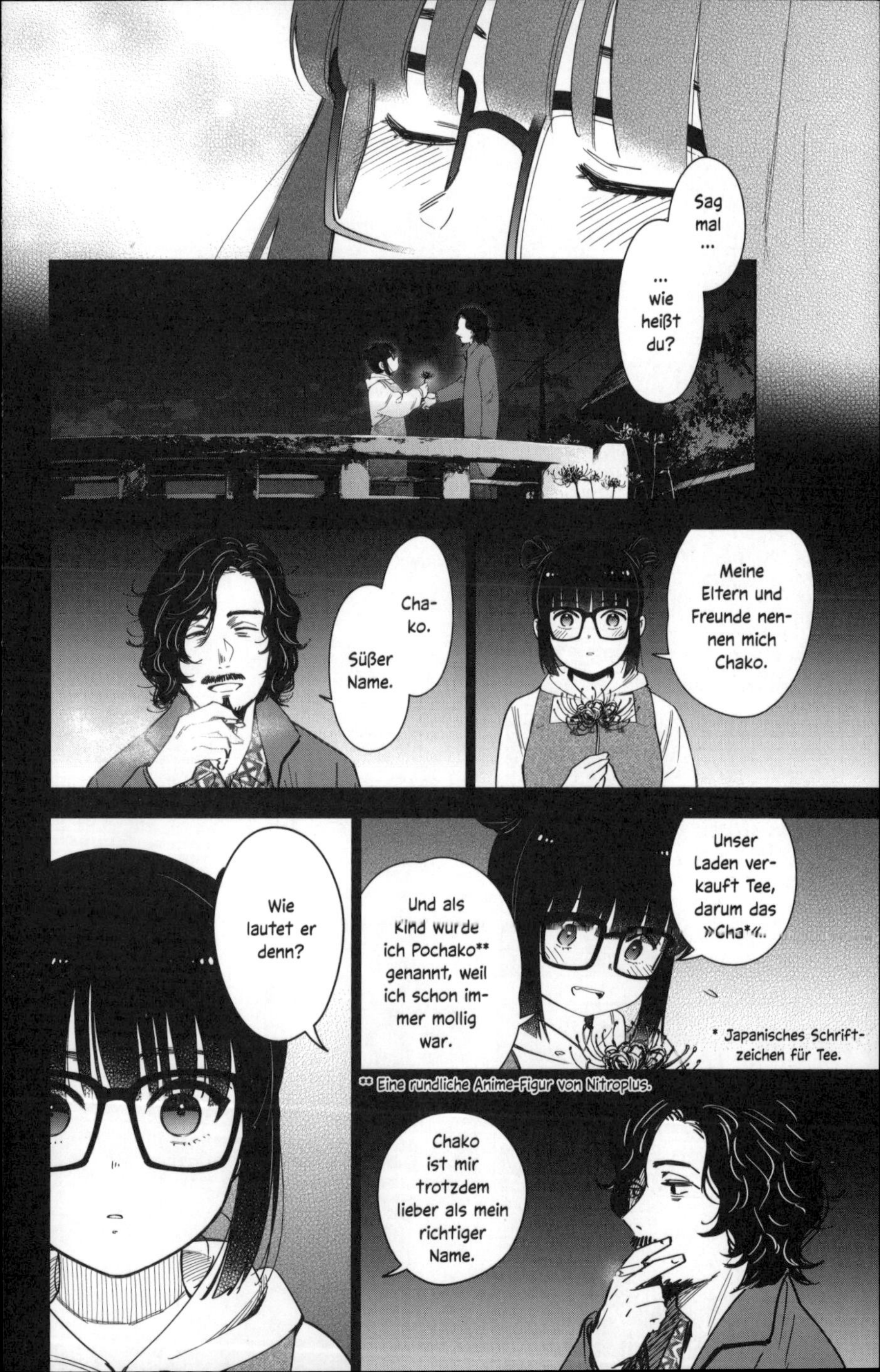
Sag mal ...
... wie heißt du?
Meine Eltern und Freunde nennen mich Chako.
Chako.
Süßer Name.
Unser Laden verkauft Tee, darum das »Cha*«.
Und als Kind wurde ich Pochako** genannt, weil ich schon immer mollig war.
* Japanisches Schriftzeichen für Tee.
Wie lautet er denn?
** Eine rundliche Anime-Figur von Nitroplus.
Chako ist mir trotzdem lieber als mein richtiger Name.

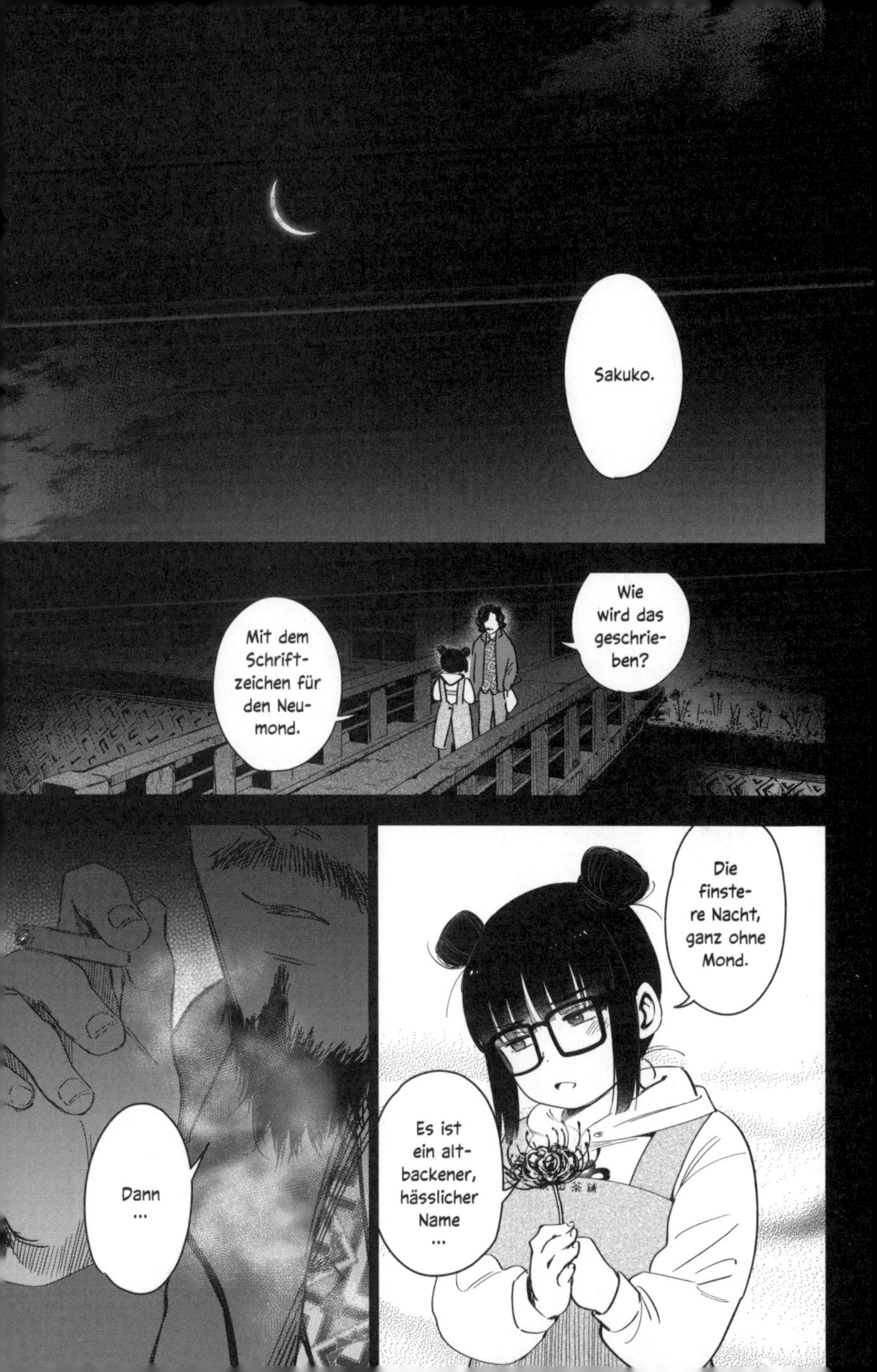
Sakuko.
Wie wird das geschrieben?
Mit dem Schriftzeichen für den Neumond.
Die finstere Nacht, ganz ohne Mond.
Es ist ein altbackener, hässlicher Name ...
Dann ...

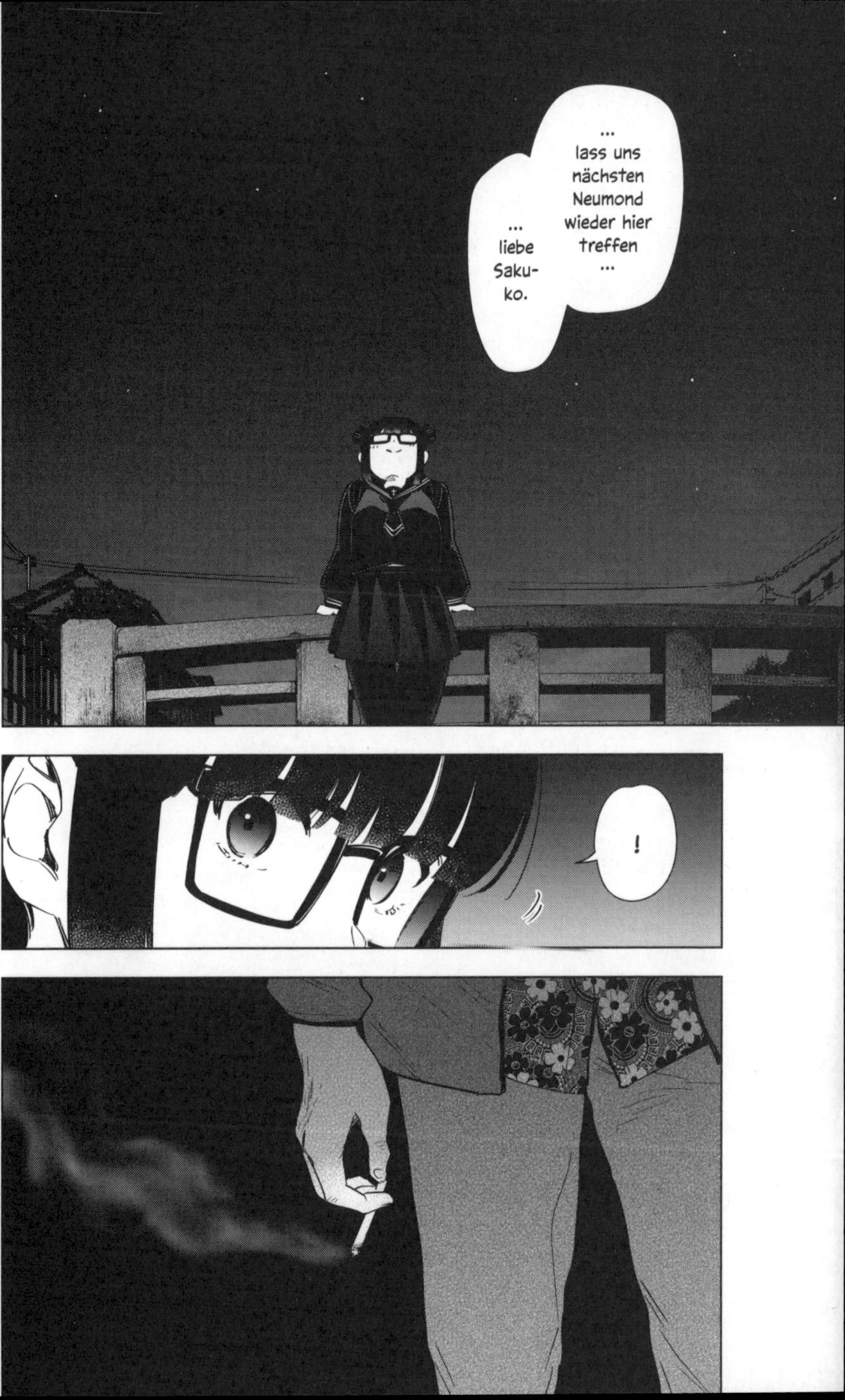
... lass uns nächsten Neumond wieder hier treffen ...
... liebe Saku-ko.
!

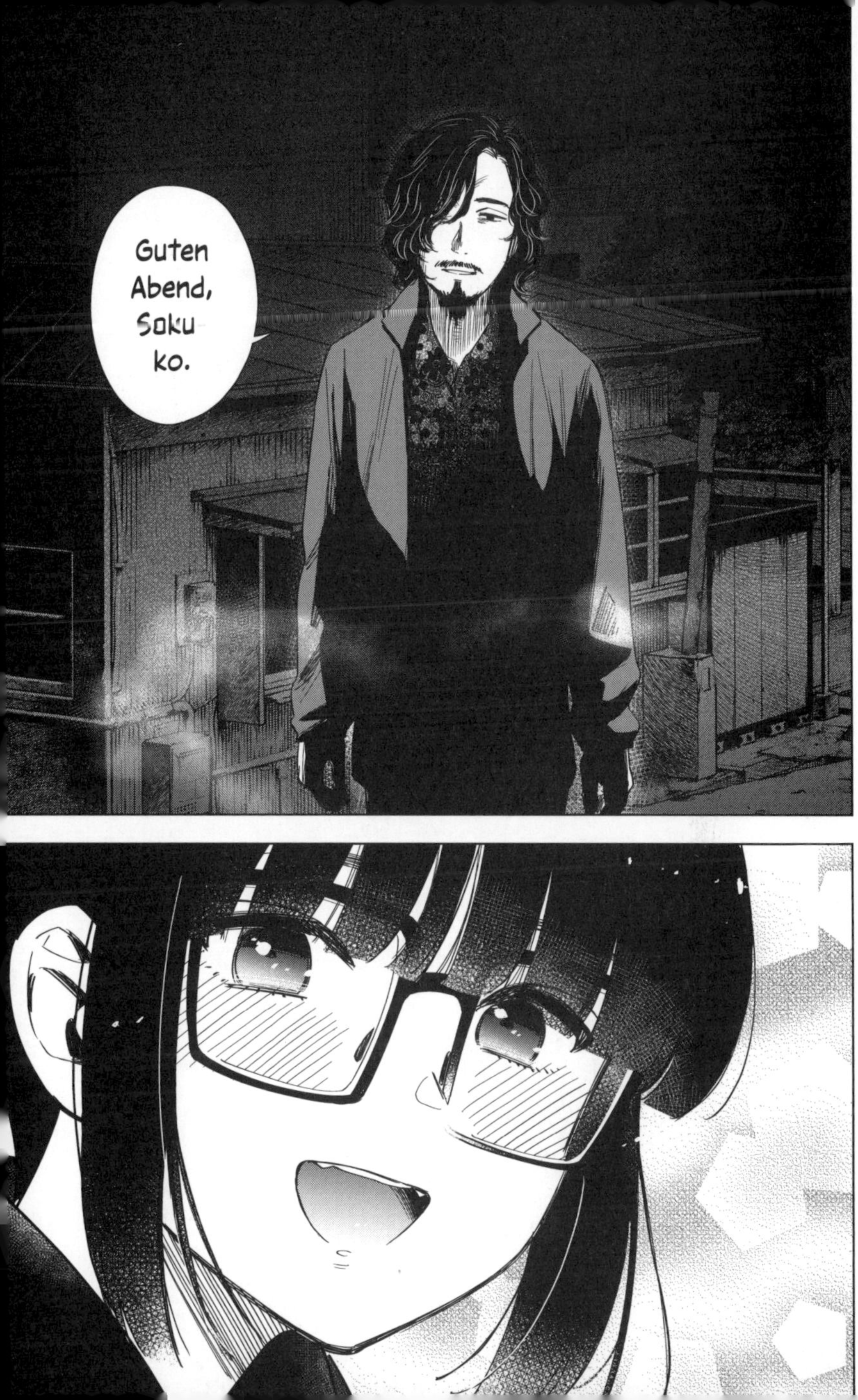
Guten Abend, Soku ko.

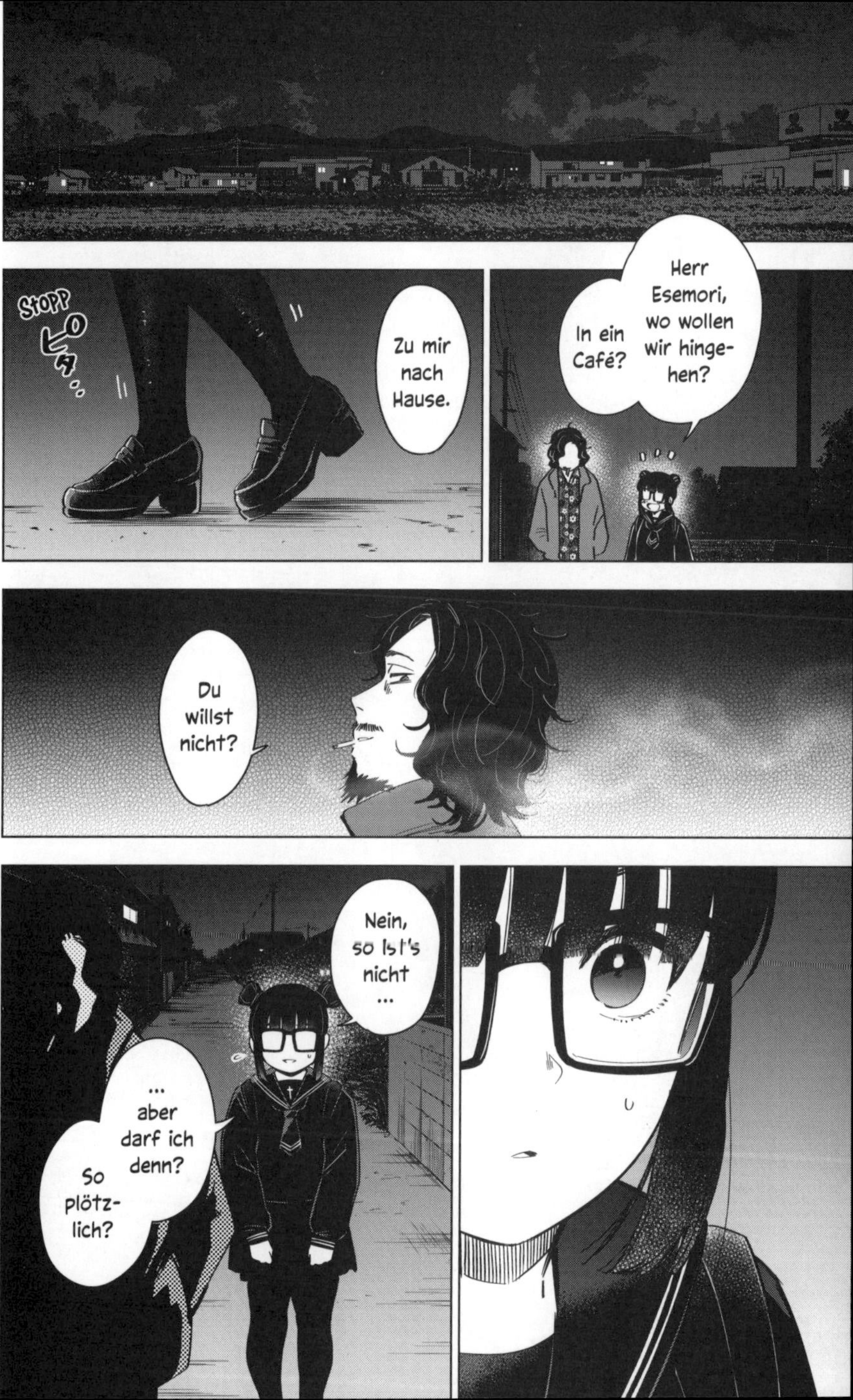

Herr Esemori, wo wollen wir hingehen?
In ein Café?
Zu mir nach Hause.
Stopp
ピタ
Du willst nicht?
Nein, so ist's nicht ...
... aber darf ich denn?
So plötzlich?

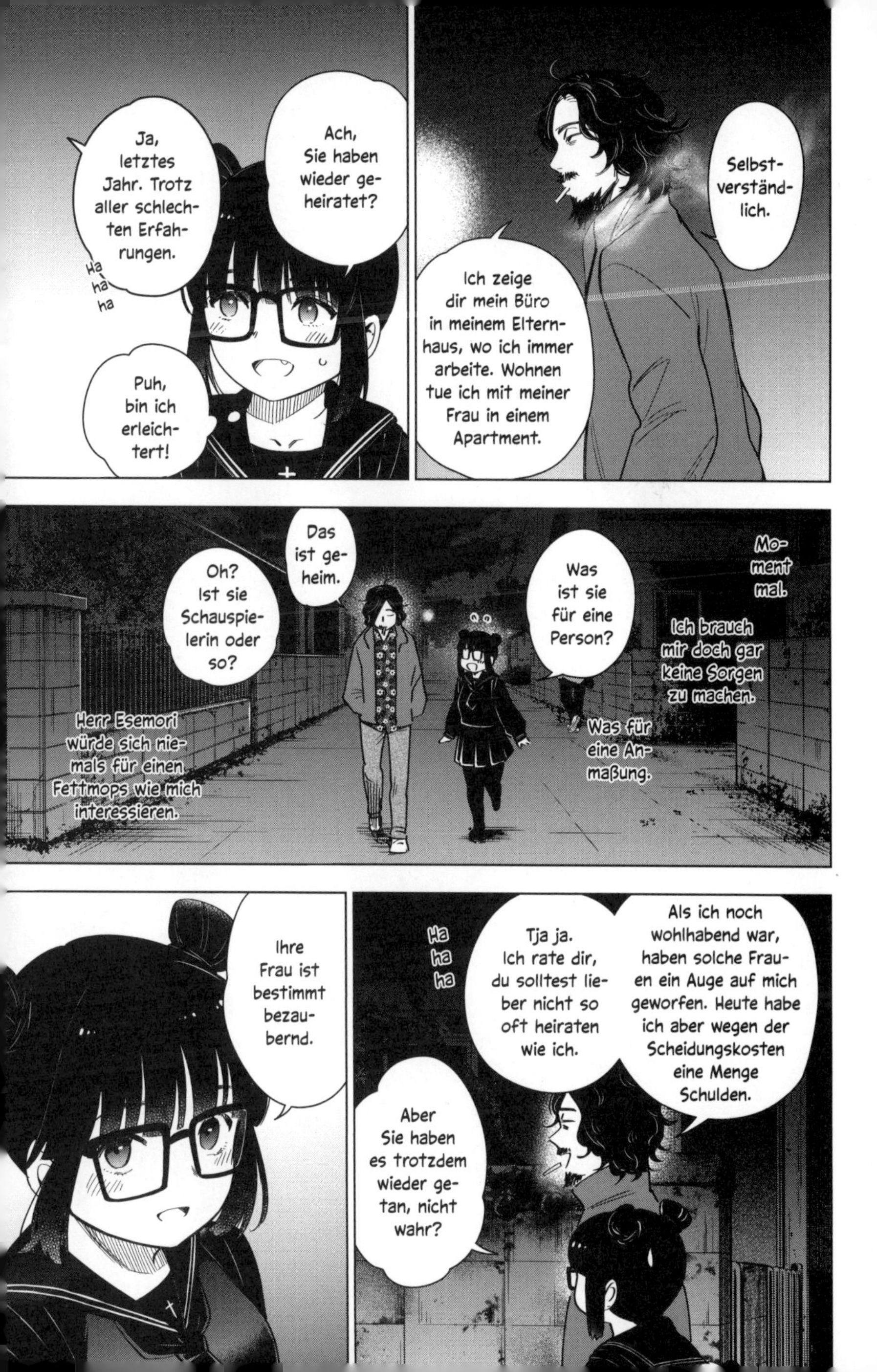

Selbstverständlich.
Ich zeige dir mein Büro in meinem Elternhaus, wo ich immer arbeite. Wohnen tue ich mit meiner Frau in einem Apartment.
Ach, Sie haben wieder geheiratet?
Ja, letztes Jahr. Trotz aller schlechten Erfahrungen.
Ha ha ha
Puh, bin ich erleichtert!
Moment mal.
Ich brauch mir doch gar keine Sorgen zu machen.
Was für eine Anmaßung.
Was ist sie für eine Person?
Das ist geheim.
Oh? Ist sie Schauspielerin oder so?
Herr Esemori würde sich niemals für einen Fettmops wie mich interessieren.
Als ich noch wohlhabend war, haben solche Frauen ein Auge auf mich geworfen. Heute habe ich aber wegen der Scheidungskosten eine Menge Schulden.
Tja ja. Ich rate dir, du solltest lieber nicht so oft heiraten wie ich.
Ha ha ha
Aber Sie haben es trotzdem wieder getan, nicht wahr?
Ihre Frau ist bestimmt bezaubernd.

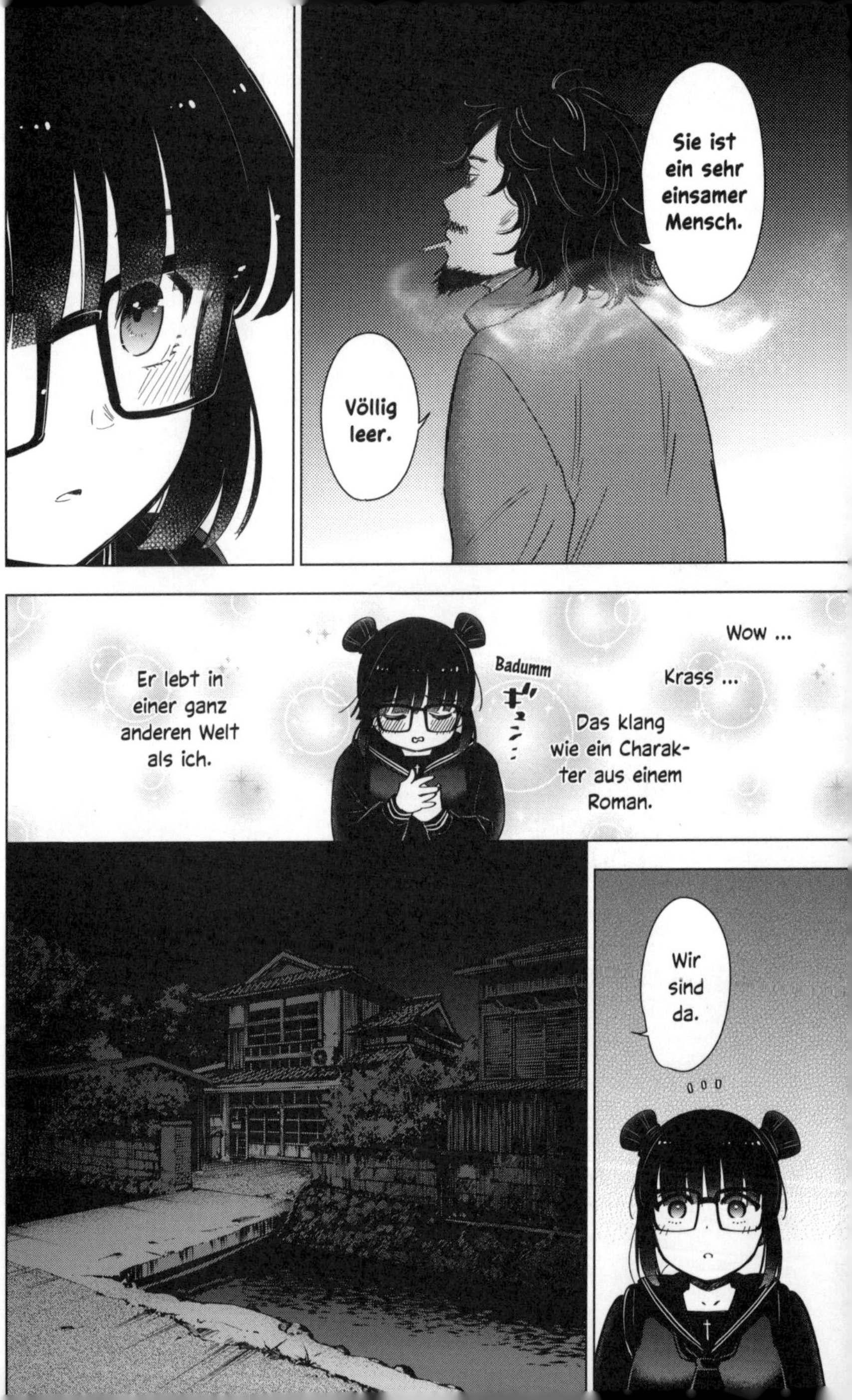
Sie ist ein sehr einsamer Mensch.
Völlig leer.
Wow ...
Krass ...
Das klang wie ein Charak-ter aus einem Roman.
Badumm
Er lebt in einer ganz anderen Welt als ich.
Wir sind da.

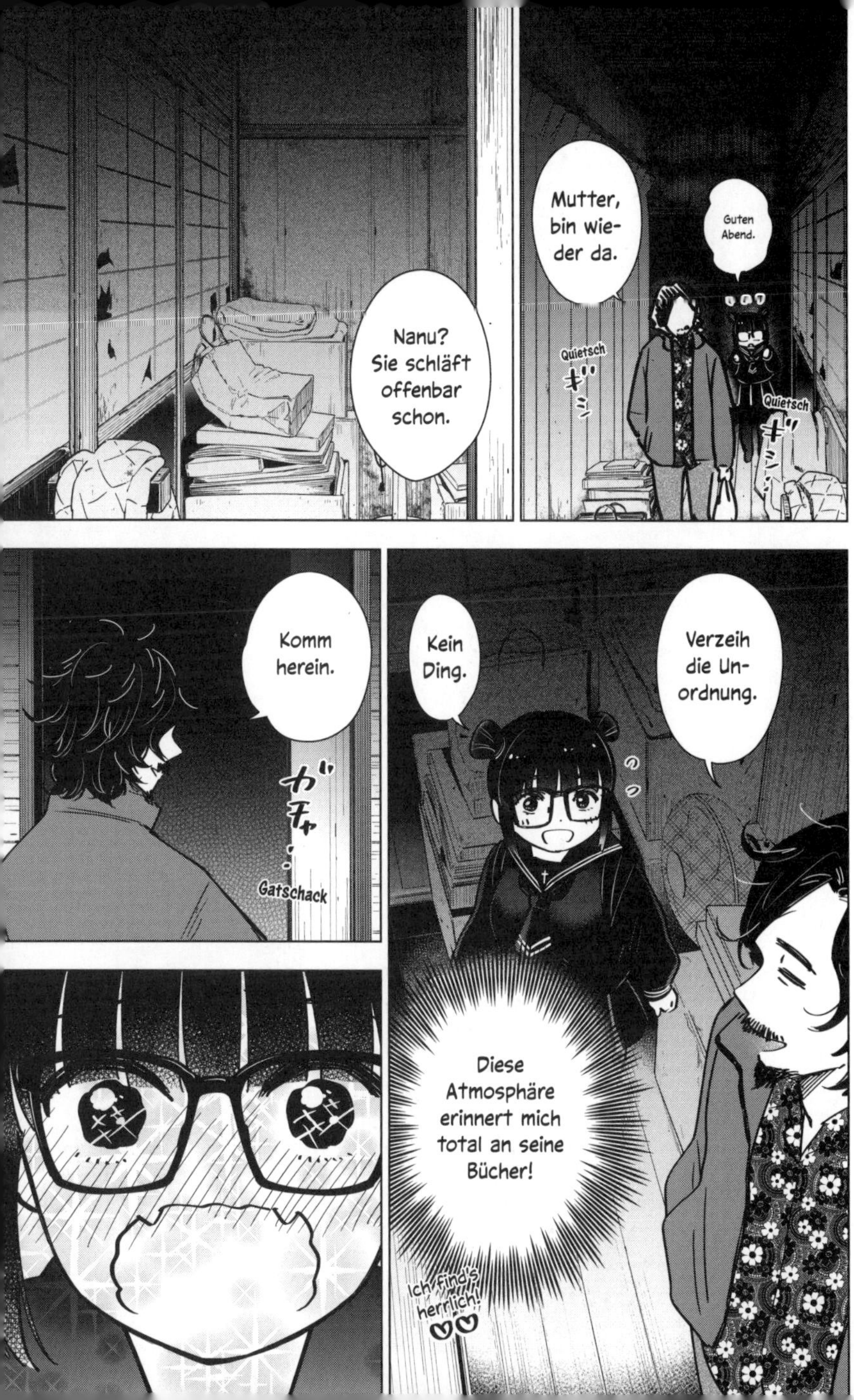
Mutter, bin wieder da.
Guten Abend.
Quietsch
Quietsch
Nanu? Sie schläft offenbar schon.
Verzeih die Unordnung.
Kein Ding.
Komm herein.
Gatschack
Diese Atmosphäre erinnert mich total an seine Bücher!
Ich find's herrlich!

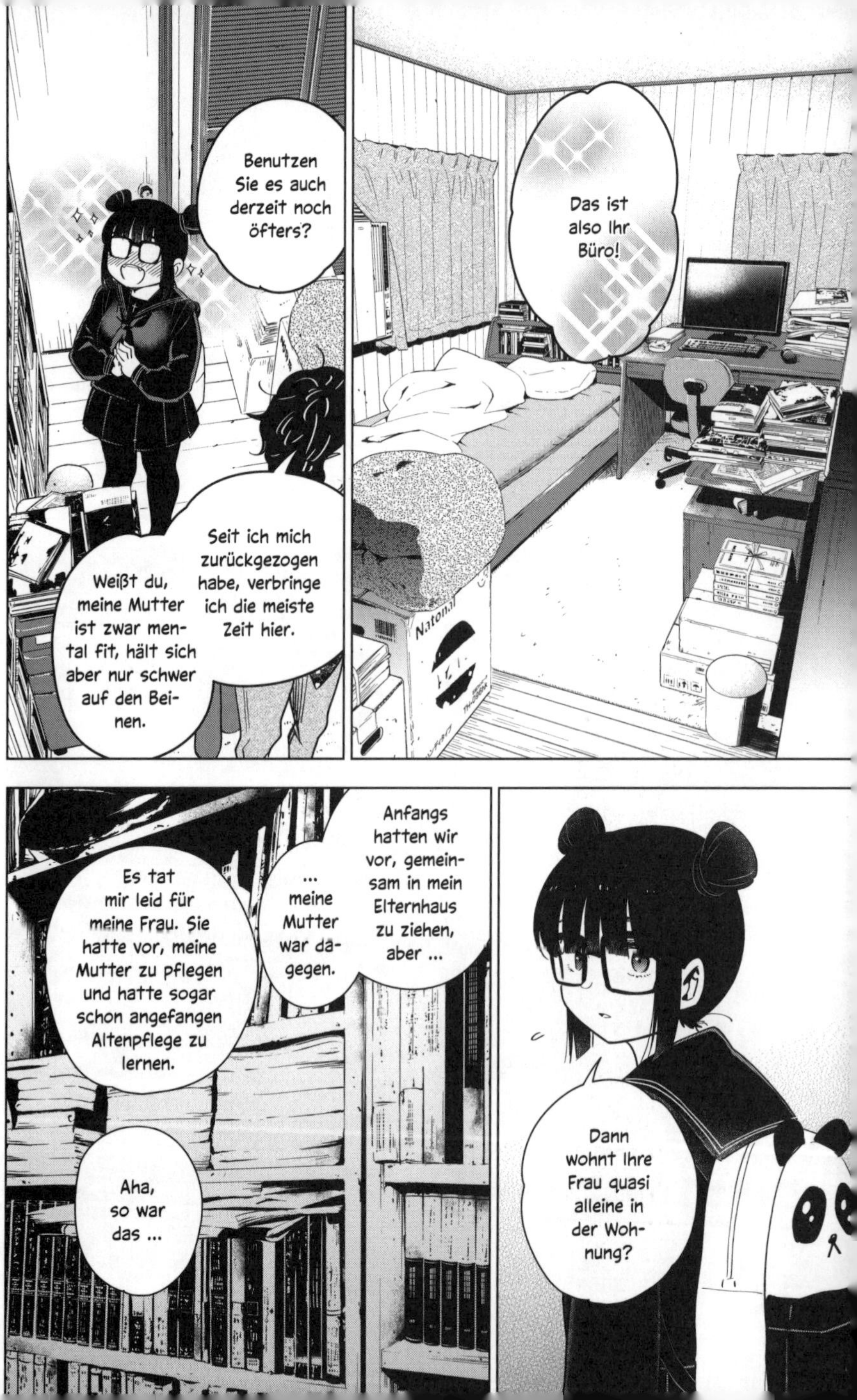
Das ist also Ihr Büro!
Benutzen Sie es auch derzeit noch öfters?
Seit ich mich zurückgezogen habe, verbringe ich die meiste Zeit hier.
Weißt du, meine Mutter ist zwar mental fit, hält sich aber nur schwer auf den Beinen.
Dann wohnt Ihre Frau quasi alleine in der Wohnung?
Anfangs hatten wir vor, gemeinsam in mein Elternhaus zu ziehen, aber ...
... meine Mutter war dagegen.
Es tat mir leid für meine Frau. Sie hatte vor, meine Mutter zu pflegen und hatte sogar schon angefangen Altenpflege zu lernen.
Aha, so war das ...

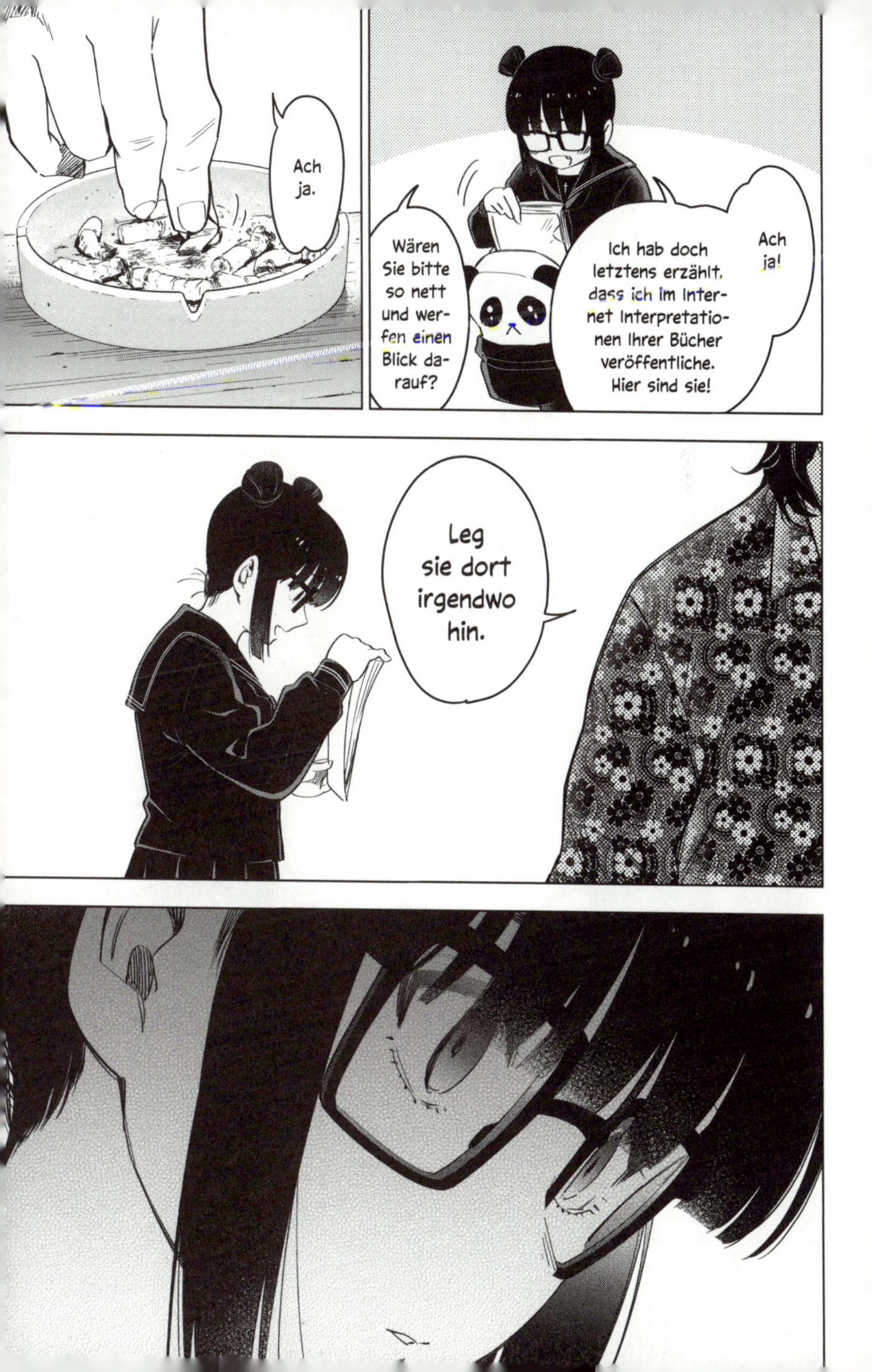
Ach ja!
Ich hab doch letztens erzählt, dass ich im Internet Interpretationen Ihrer Bücher veröffentliche. Hier sind sie!
Wären Sie bitte so nett und werfen einen Blick darauf?
Ach ja.
Leg sie dort irgendwo hin.

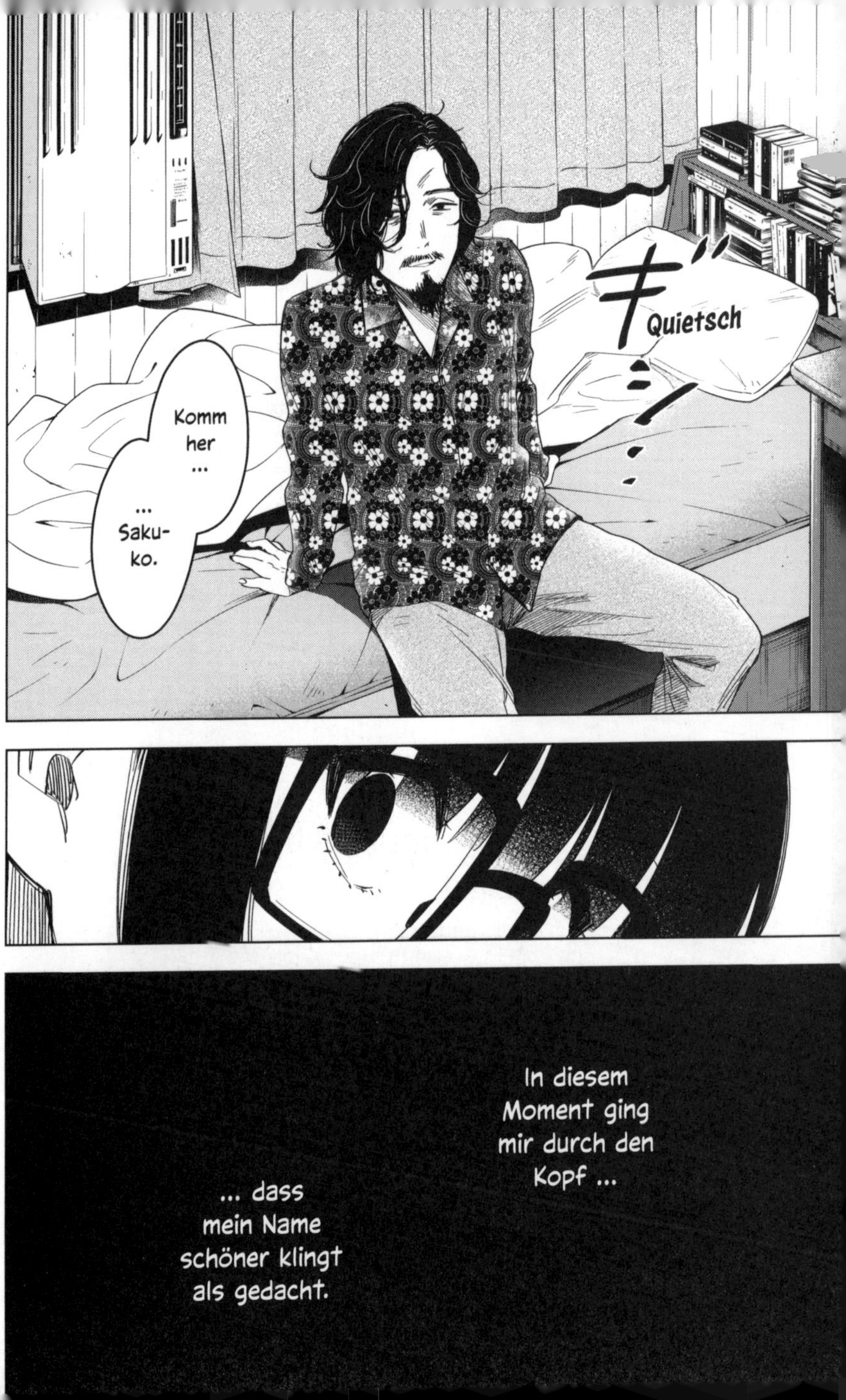
ギ
Quietsch
Komm her ...
... Saku-ko.
In diesem Moment ging mir durch den Kopf ...
... dass mein Name schöner klingt als gedacht.

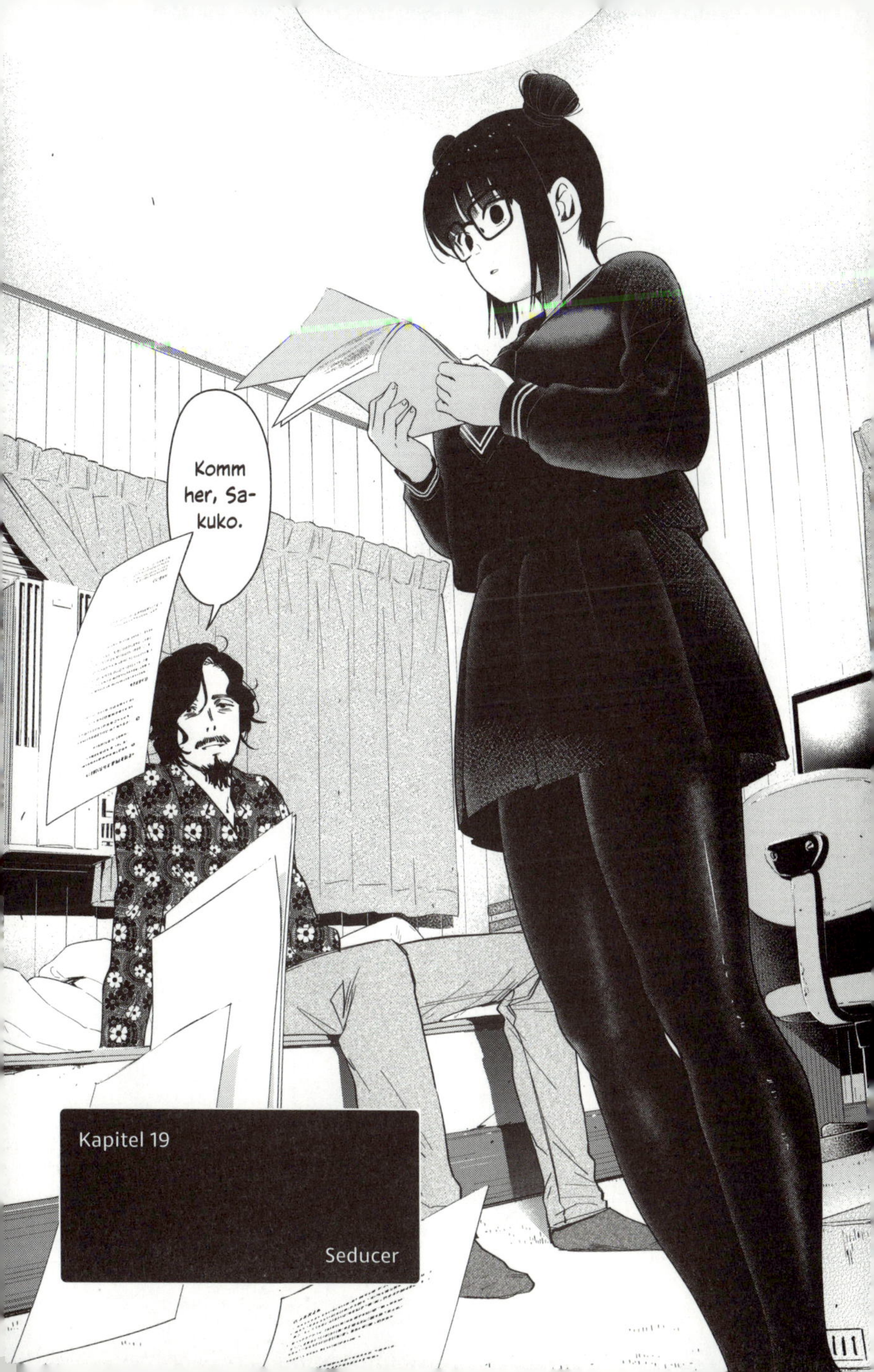
Komm her, Sa-kuko.
Kapitel 19
Seducer

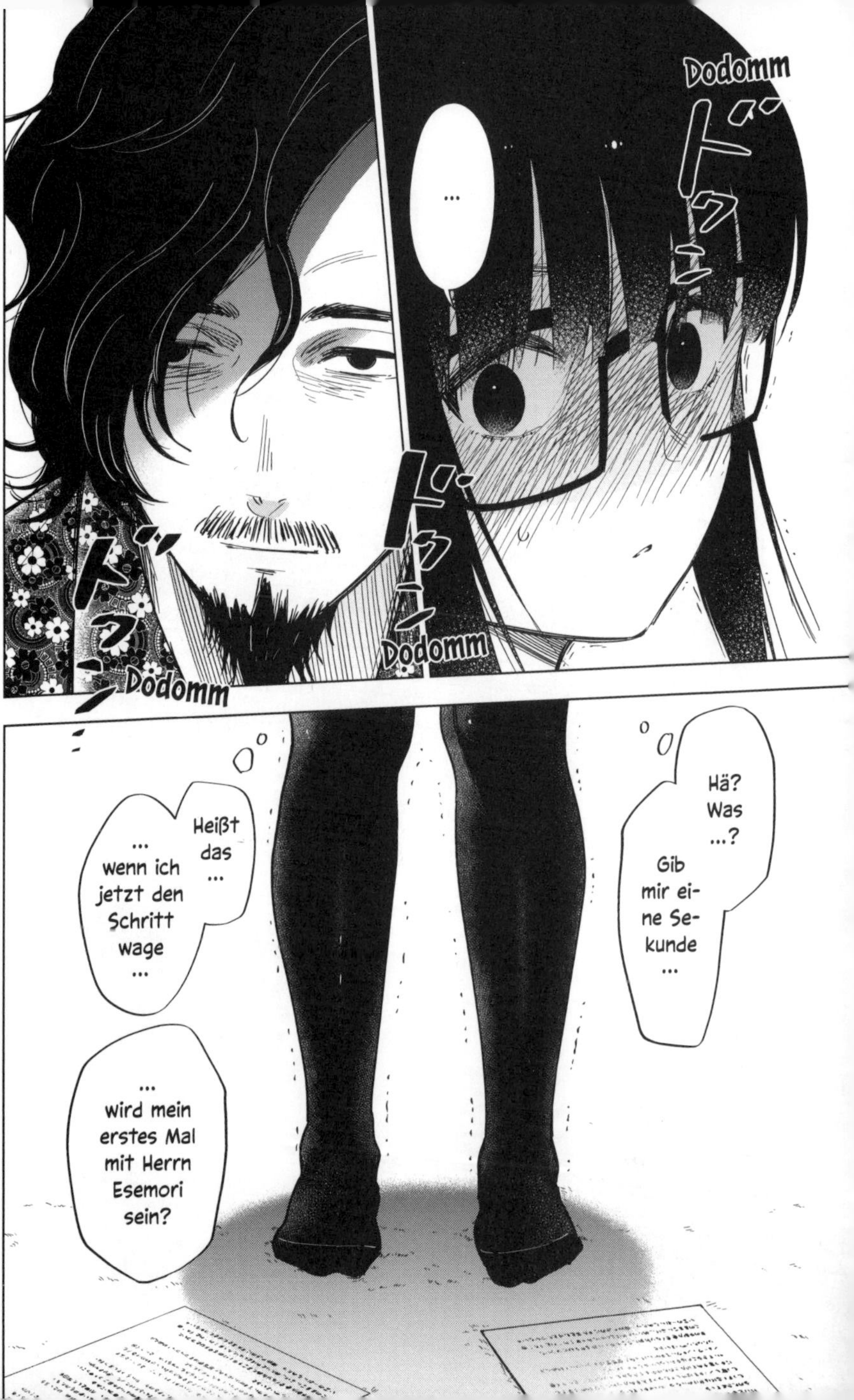
Dodomm
...
Dodomm
Dodomm
Hä? Was ...?
Gib mir ei-
ne Se-
kunde ...
Heißt das ...
... wenn ich jetzt den Schritt wage ...
... wird mein erstes Mal mit Herrn Esemori sein?

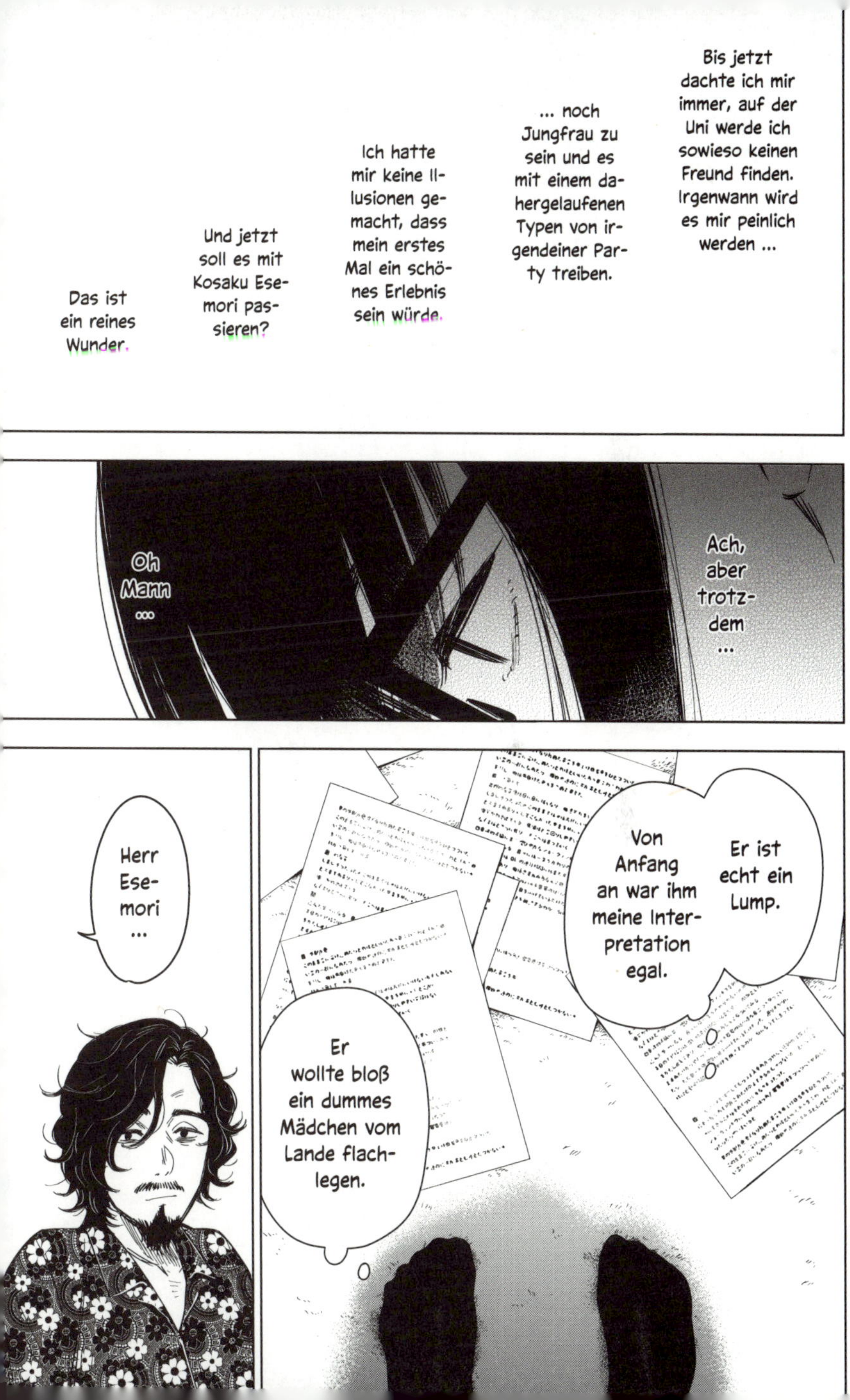

Bis jetzt dachte ich mir immer, auf der Uni werde ich sowieso keinen Freund finden. Irgenwann wird es mir peinlich werden ...
... noch Jungfrau zu sein und es mit einem dahergelaufenen Typen von irgendeiner Party treiben.
Ich hatte mir keine Illusionen gemacht, dass mein erstes Mal ein schönes Erlebnis sein würde.
Und jetzt soll es mit Kosaku Esemori passieren?
Das ist ein reines Wunder.
Ach, aber trotzdem ...
Oh Mann ...
Er ist echt ein Lump.
Von Anfang an war ihm meine Interpretation egal.
Er wollte bloß ein dummes Mädchen vom Lande flachlegen.
Herr Esemori ...

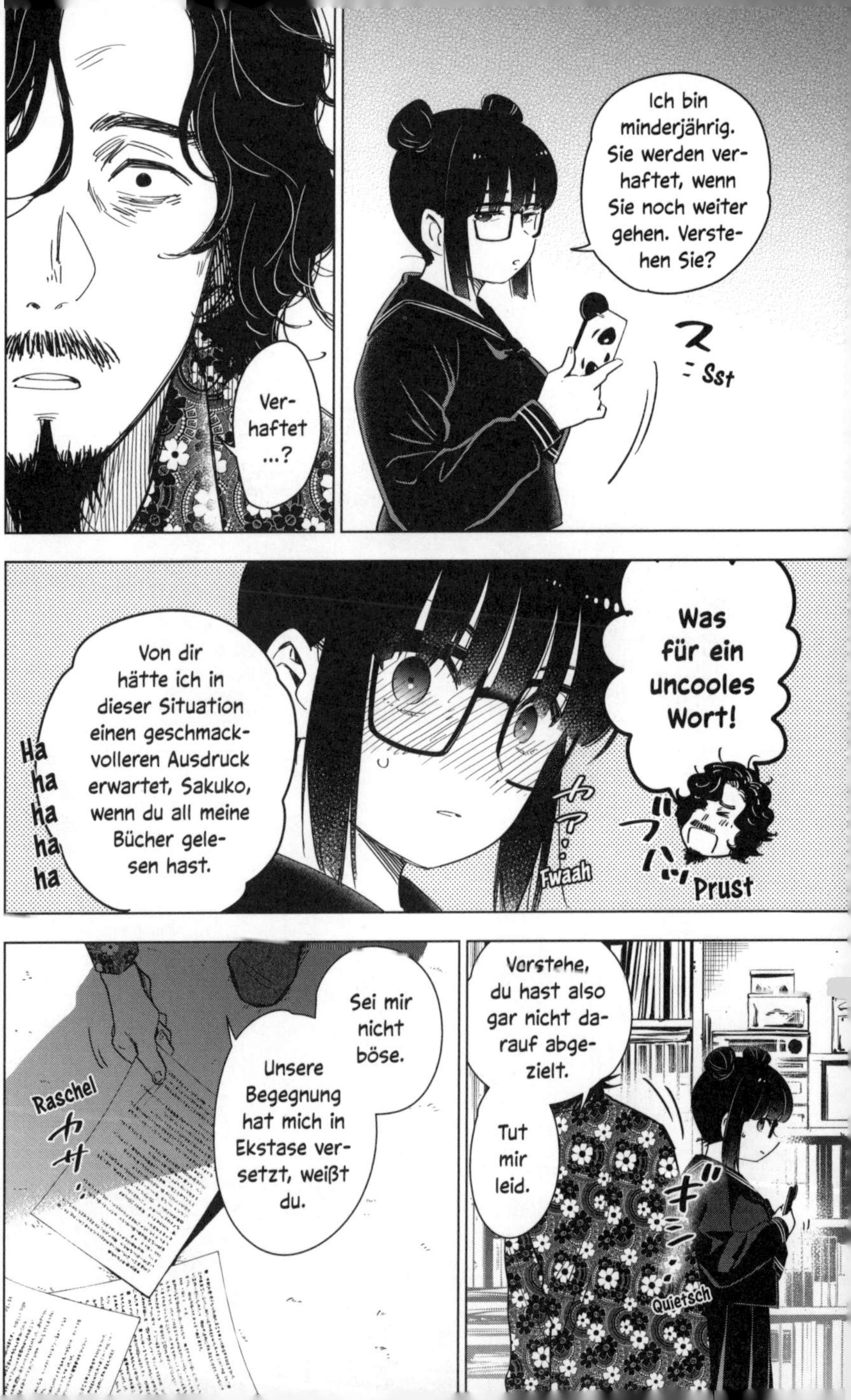
Ich bin minderjährig. Sie werden verhaftet, wenn Sie noch weiter gehen. Verstehen Sie?
Sst
Verhaftet ...?
Was für ein uncooles Wort!
Prust
Fwaah
Von dir hätte ich in dieser Situation einen geschmackvolleren Ausdruck erwartet, Sakuko, wenn du all meine Bücher gelesen hast.
Ha ha ha ha ha
Vorstehe, du hast also gar nicht darauf abgezielt.
Tut mir leid.
Quietsch
Sei mir nicht böse.
Unsere Begegnung hat mich in Ekstase versetzt, weißt du.
Raschel

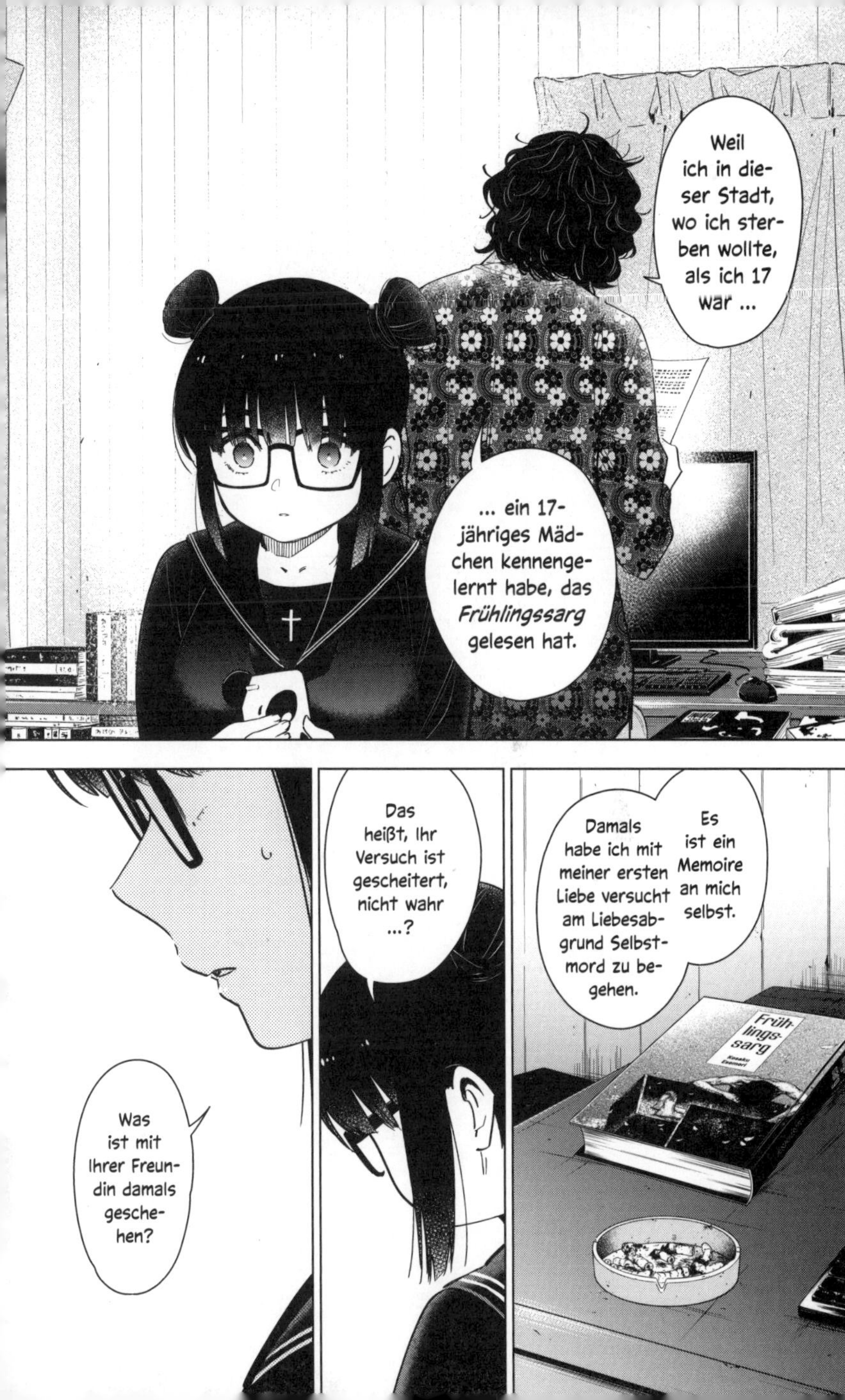
Weil ich in dieser Stadt, wo ich sterben wollte, als ich 17 war ...
... ein 17-jähriges Mädchen kennengelernt habe, das *Frühlingssarg* gelesen hat.
Es ist ein Memoire an mich selbst.
Damals habe ich mit meiner ersten Liebe versucht am Liebesabgrund Selbstmord zu begehen.
Frühlingssarg
Das heißt, Ihr Versuch ist gescheitert, nicht wahr ...?
Was ist mit Ihrer Freundin damals geschehen?

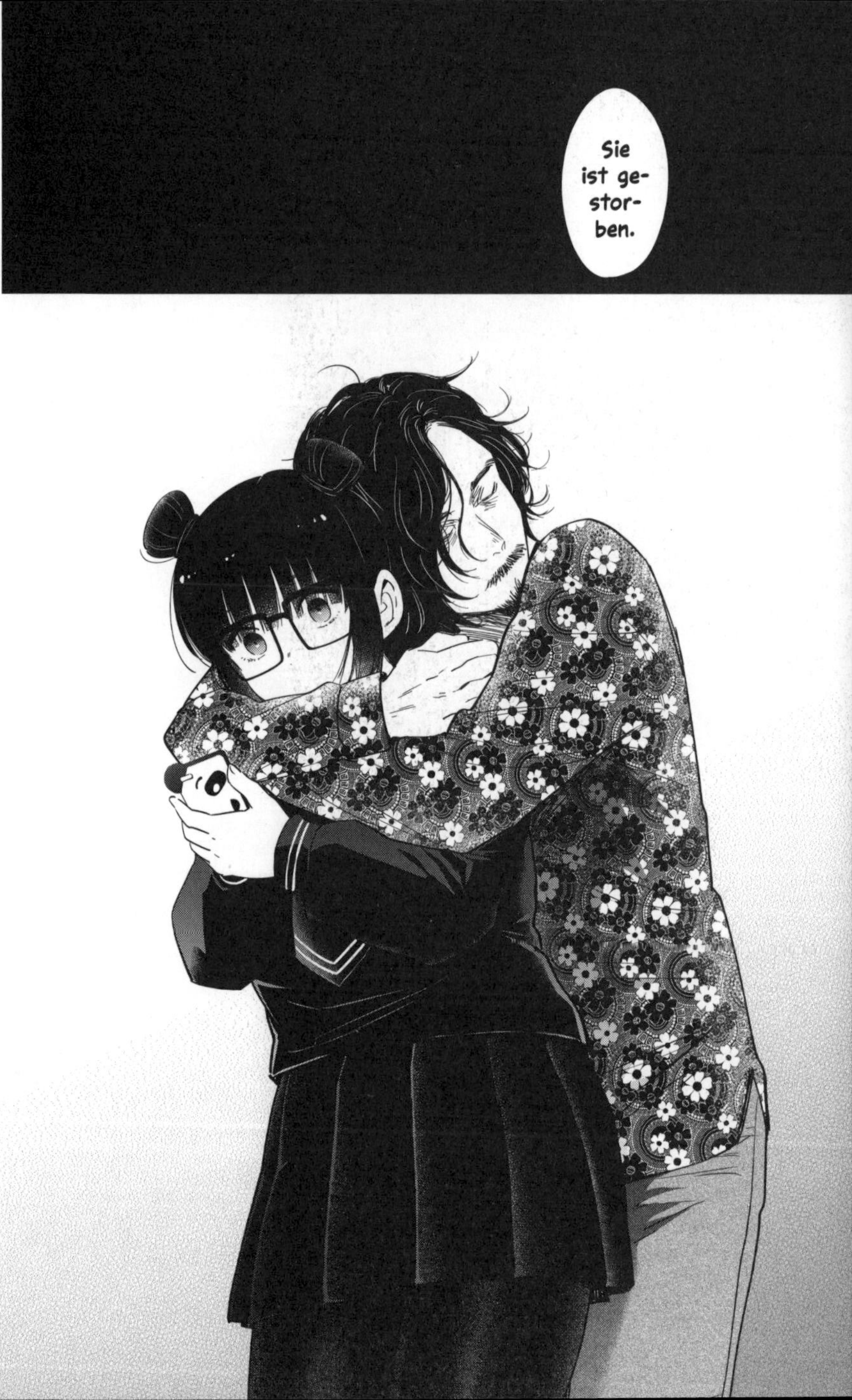
Sie ist gestorben.

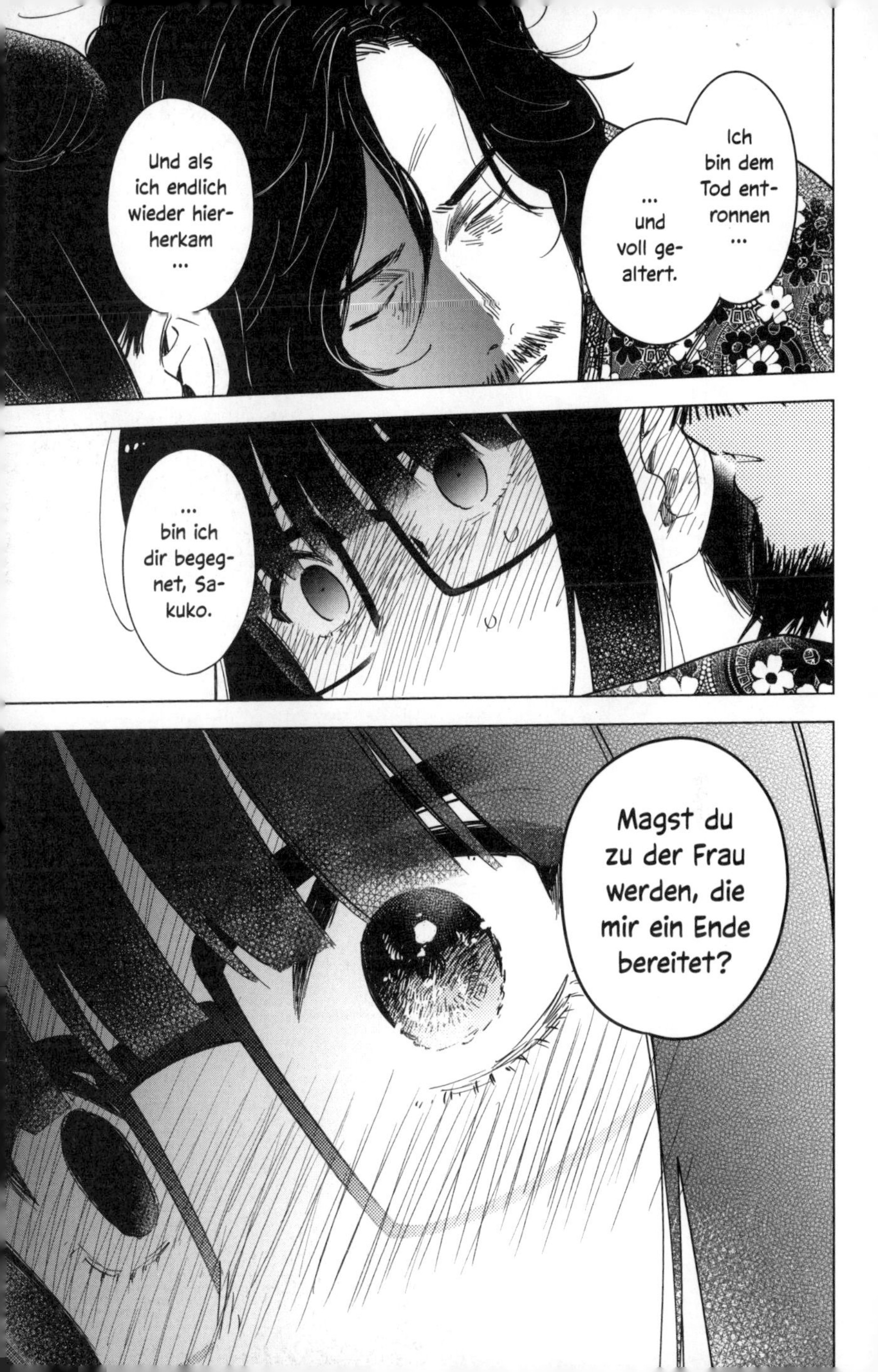
Ich bin dem Tod entronnen ...
... und voll gealtert.
Und als ich endlich wieder hierherkam ...
... bin ich dir begegnet, Sakuko.
Magst du zu der Frau werden, die mir ein Ende bereitet?

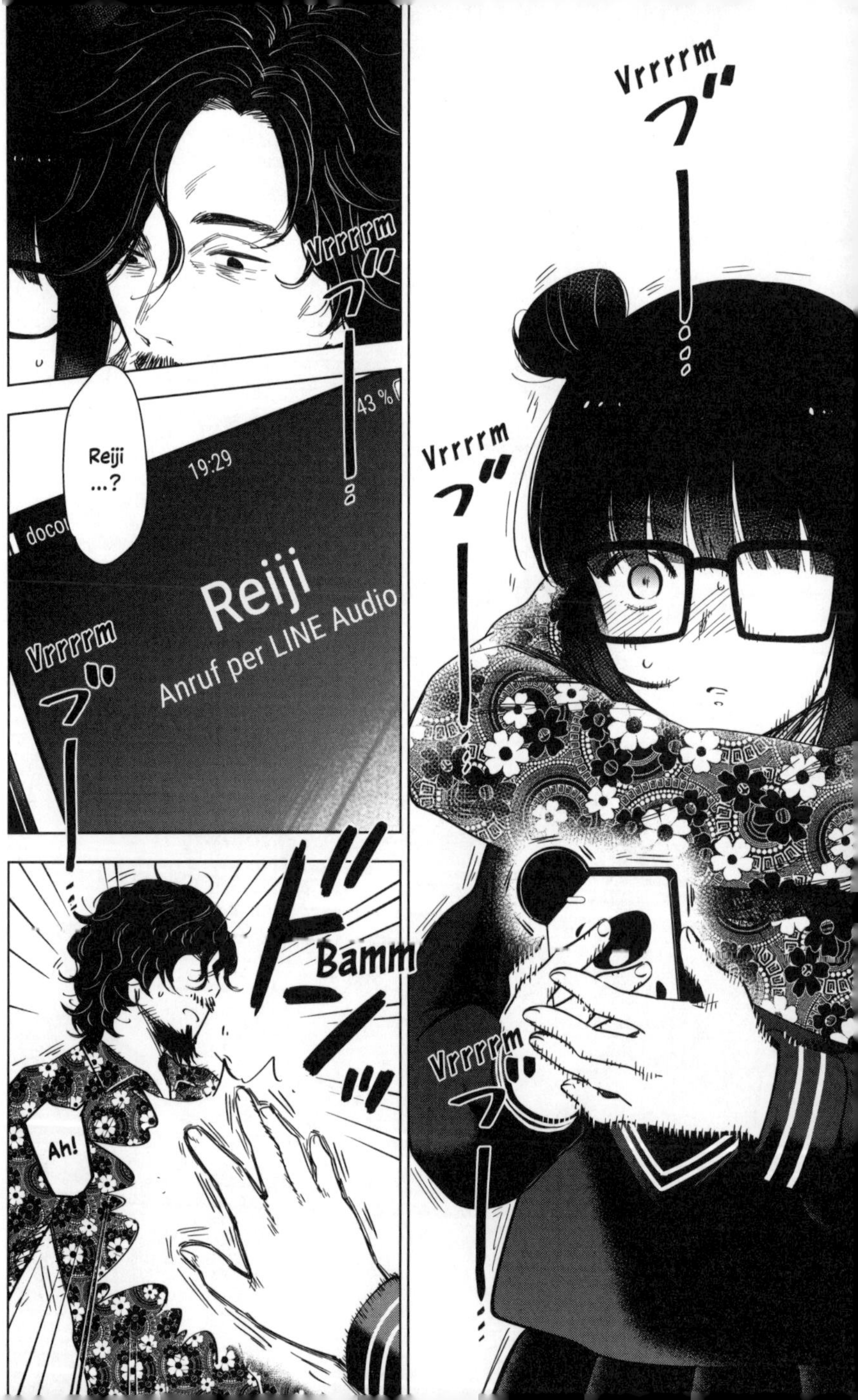
Vrrrrm
ブー
Vrrrrm
ブー
Vrrrrm
ブー
Vrrrrm
ブー
43 %
19:29
docom
Reiji
Anruf per LINE Audio
Reiji ...?
Vrrrrm
ブー
Bamm
ドーン
Ah!

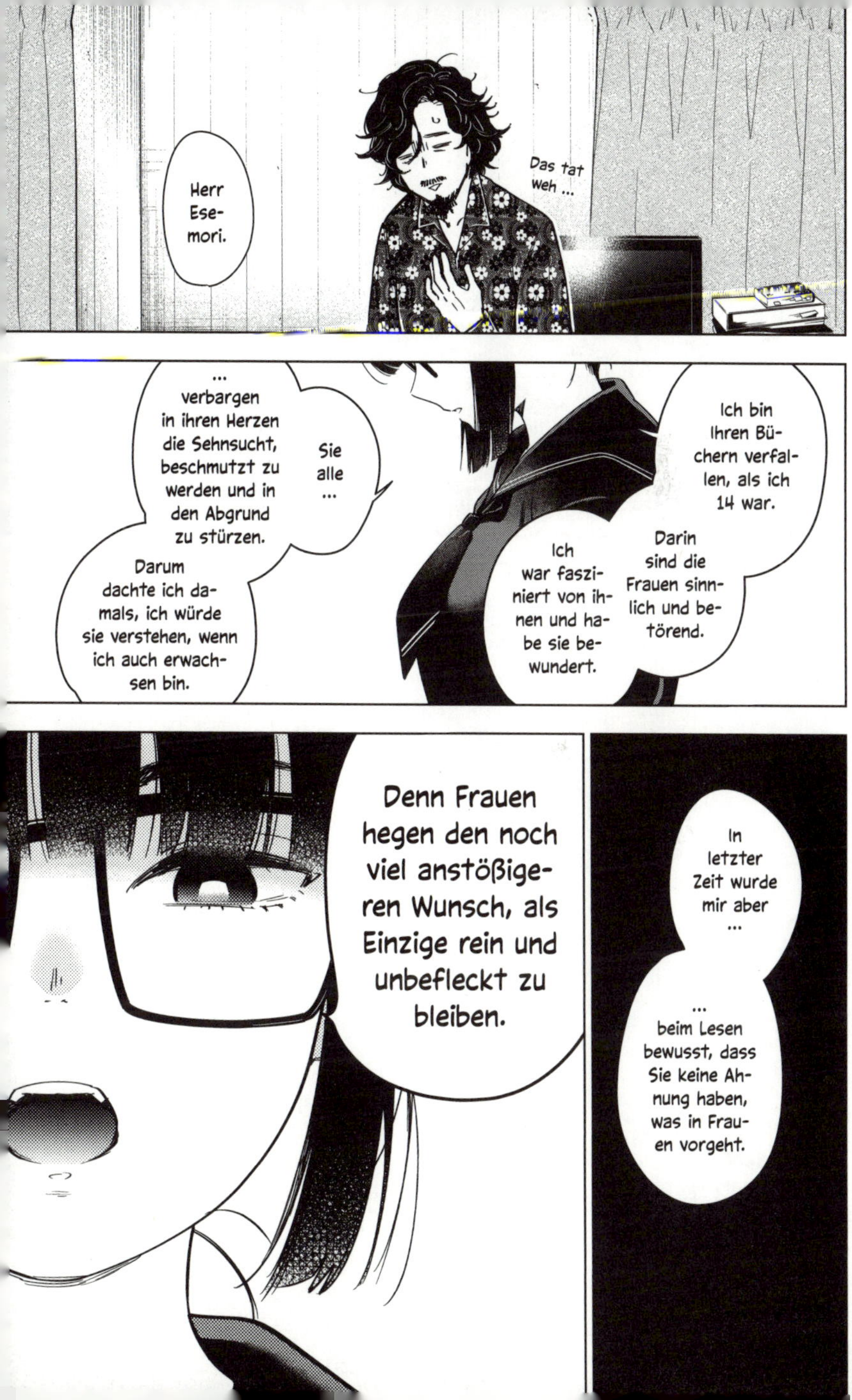

Das tat weh ...
Herr Esemori.
Ich bin Ihren Büchern verfallen, als ich 14 war.
Darin sind die Frauen sinnlich und betörend.
Ich war fasziniert von ihnen und habe sie bewundert.
Sie alle ...
... verbargen in ihren Herzen die Sehnsucht, beschmutzt zu werden und in den Abgrund zu stürzen.
Darum dachte ich damals, ich würde sie verstehen, wenn ich auch erwachsen bin.
In letzter Zeit wurde mir aber ...
... beim Lesen bewusst, dass Sie keine Ahnung haben, was in Frauen vorgeht.
Denn Frauen hegen den noch viel anstößigeren Wunsch, als Einzige rein und unbefleckt zu bleiben.

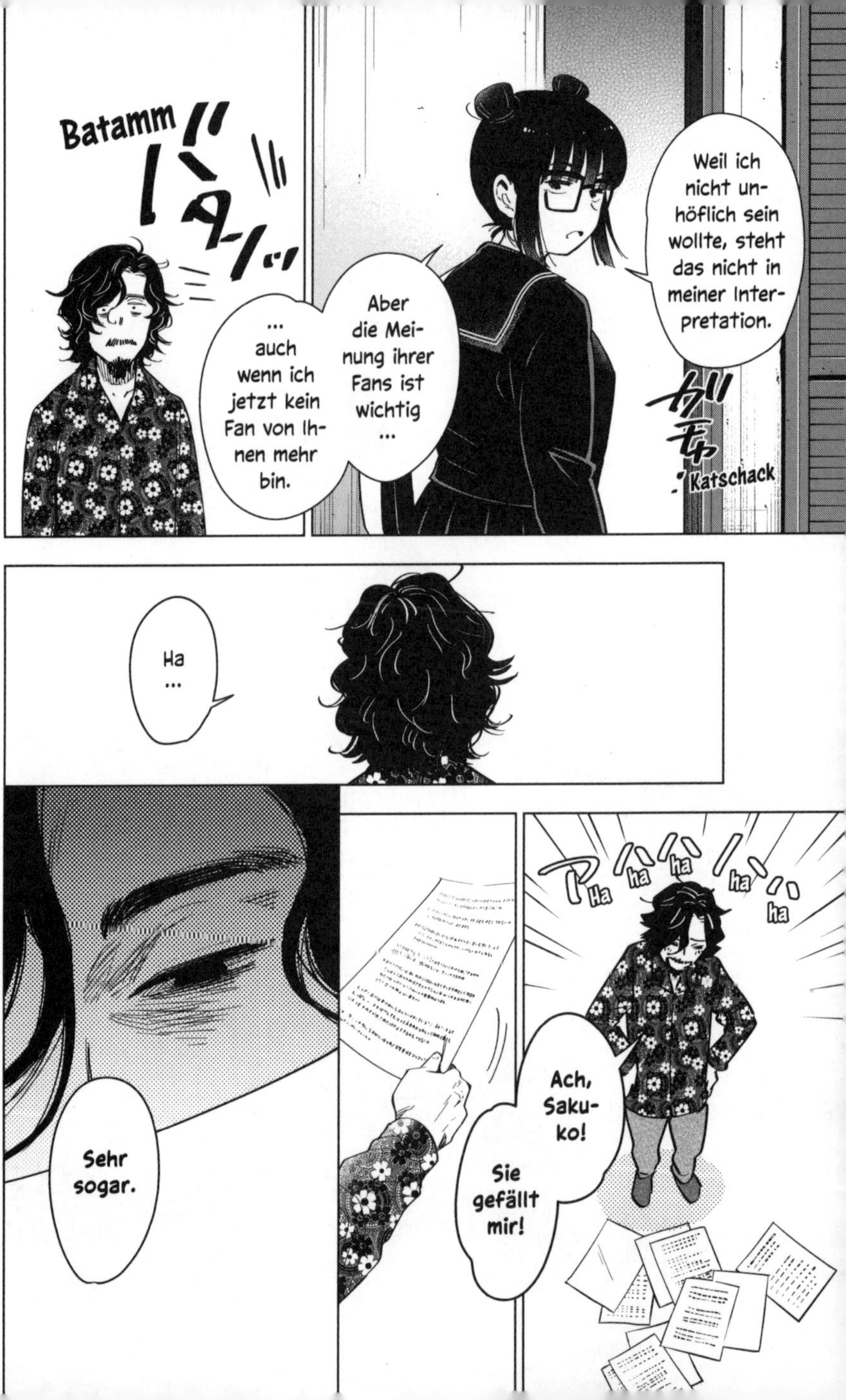

Weil ich nicht unhöflich sein wollte, steht das nicht in meiner Interpretation.
Katschack
Aber die Meinung ihrer Fans ist wichtig …
… auch wenn ich jetzt kein Fan von Ihnen mehr bin.
Batamm
Ha …
Ha ha ha ha ha
Ach, Sakuko!
Sie gefällt mir!
Sehr sogar.

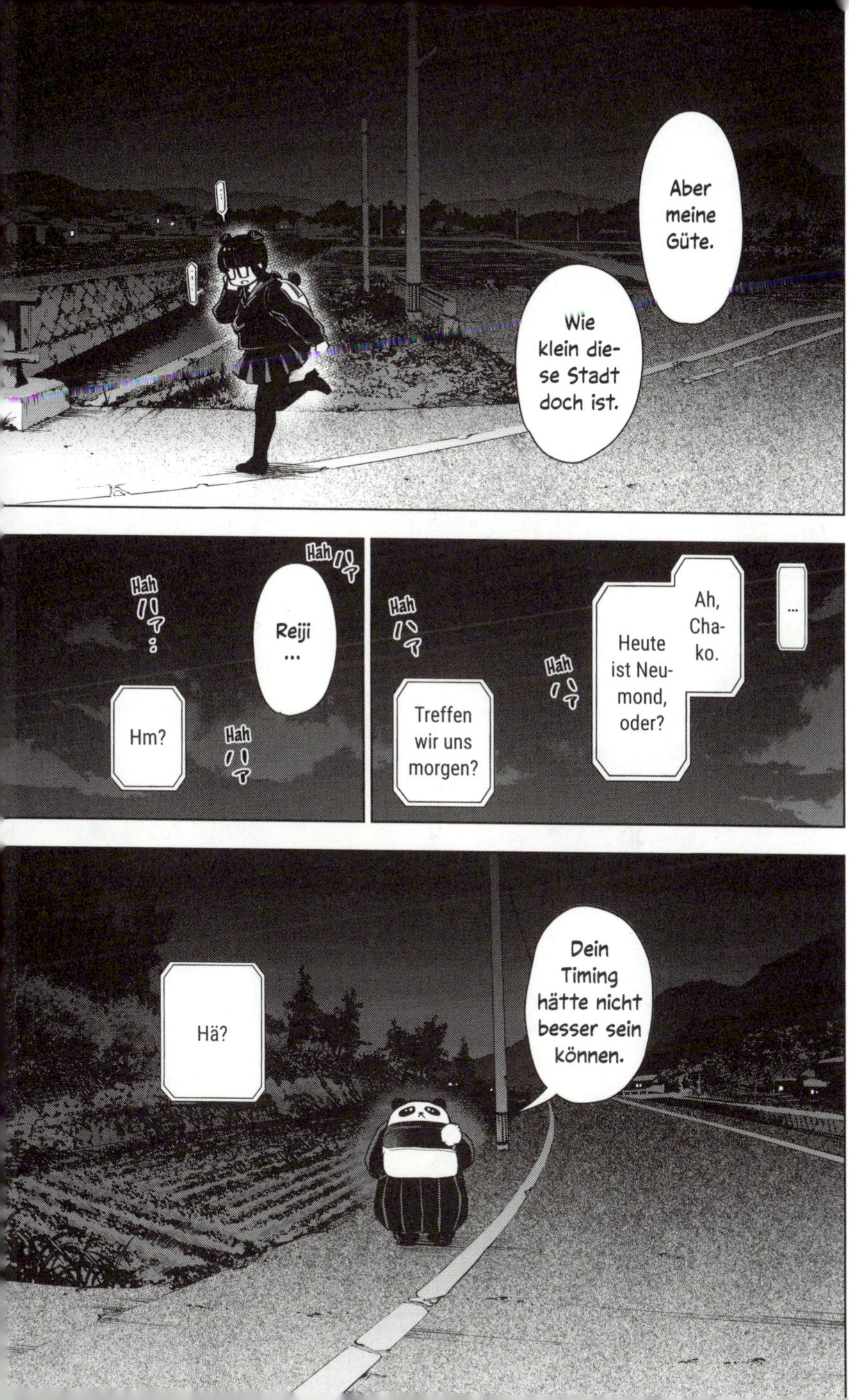
Aber meine Güte.
Wie klein diese Stadt doch ist.
…
Ah, Chako.
Heute ist Neumond, oder?
Hah
Hah
Treffen wir uns morgen?
Hah
Reiji …
Hah
Hah
Hm?
Dein Timing hätte nicht besser sein können.
Hä?

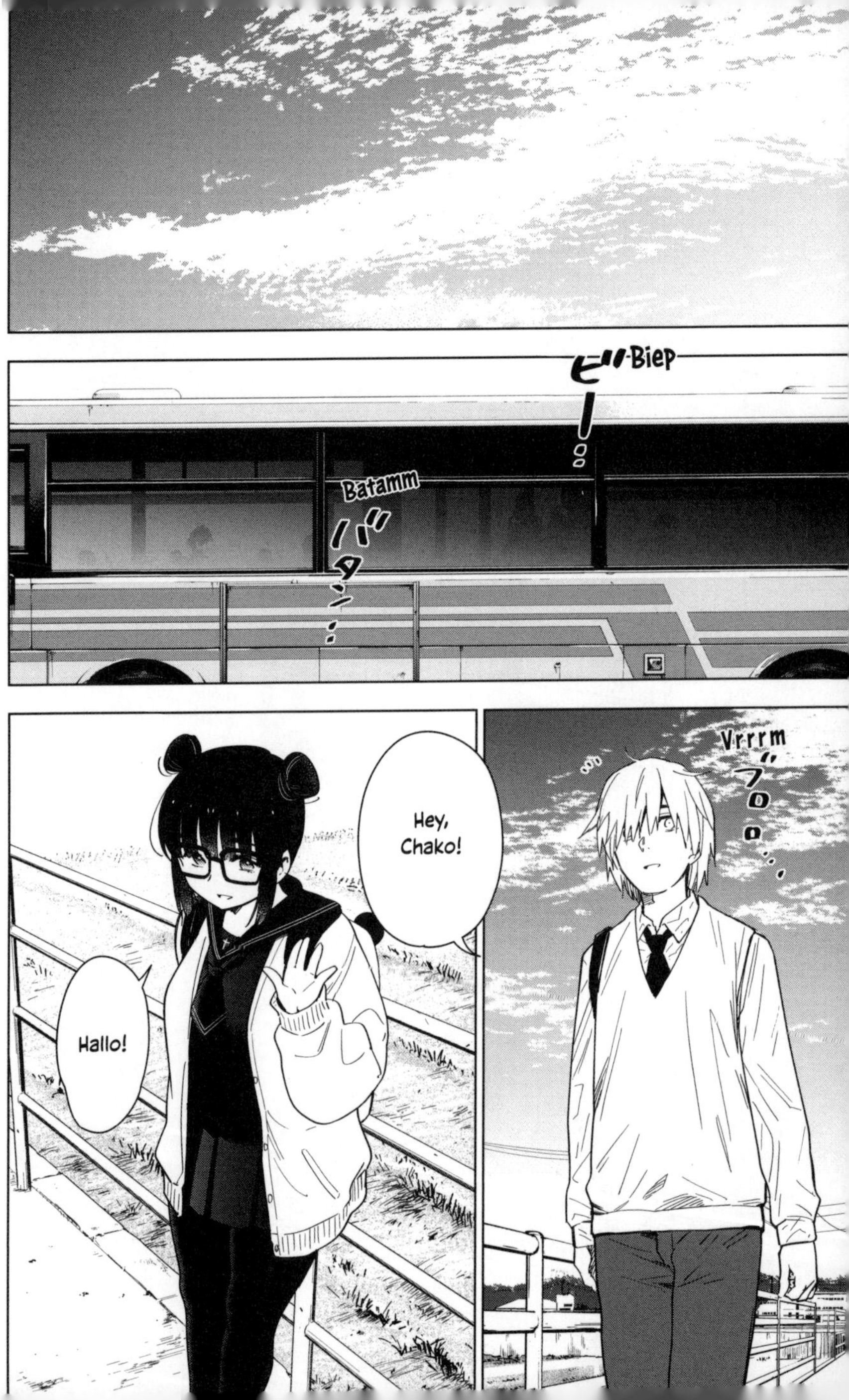
Biep
Batamm
Vrrrm
Hey, Chako!
Hallo!

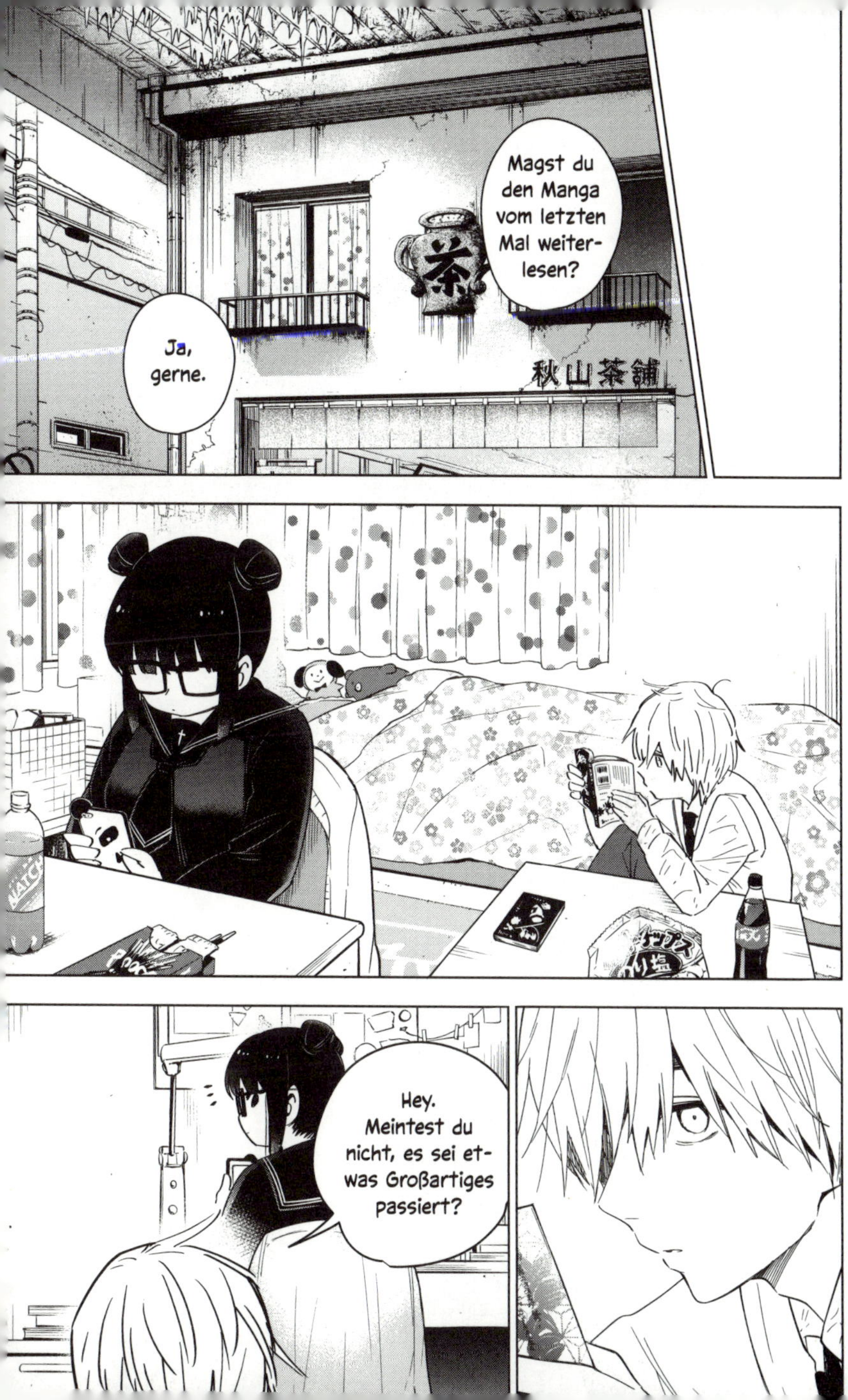
Magst du den Manga vom letzten Mal weiter-lesen?
Ja, gerne.
秋山茶舗
Hey. Meintest du nicht, es sei et-was Großartiges passiert?

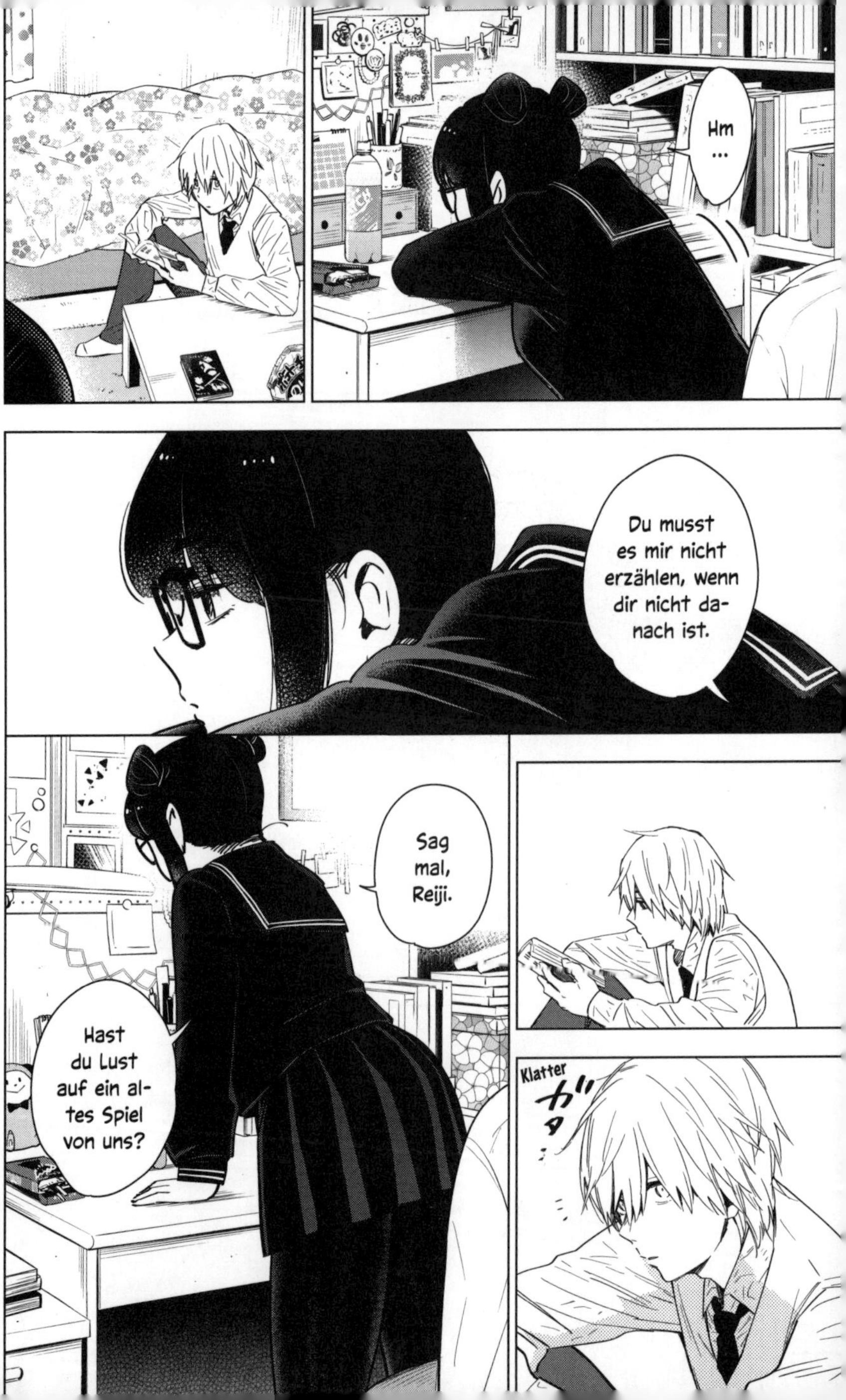
Hm ...
Du musst es mir nicht erzählen, wenn dir nicht danach ist.
Sag mal, Reiji.
Hast du Lust auf ein altes Spiel von uns?
Klatter
ガタ

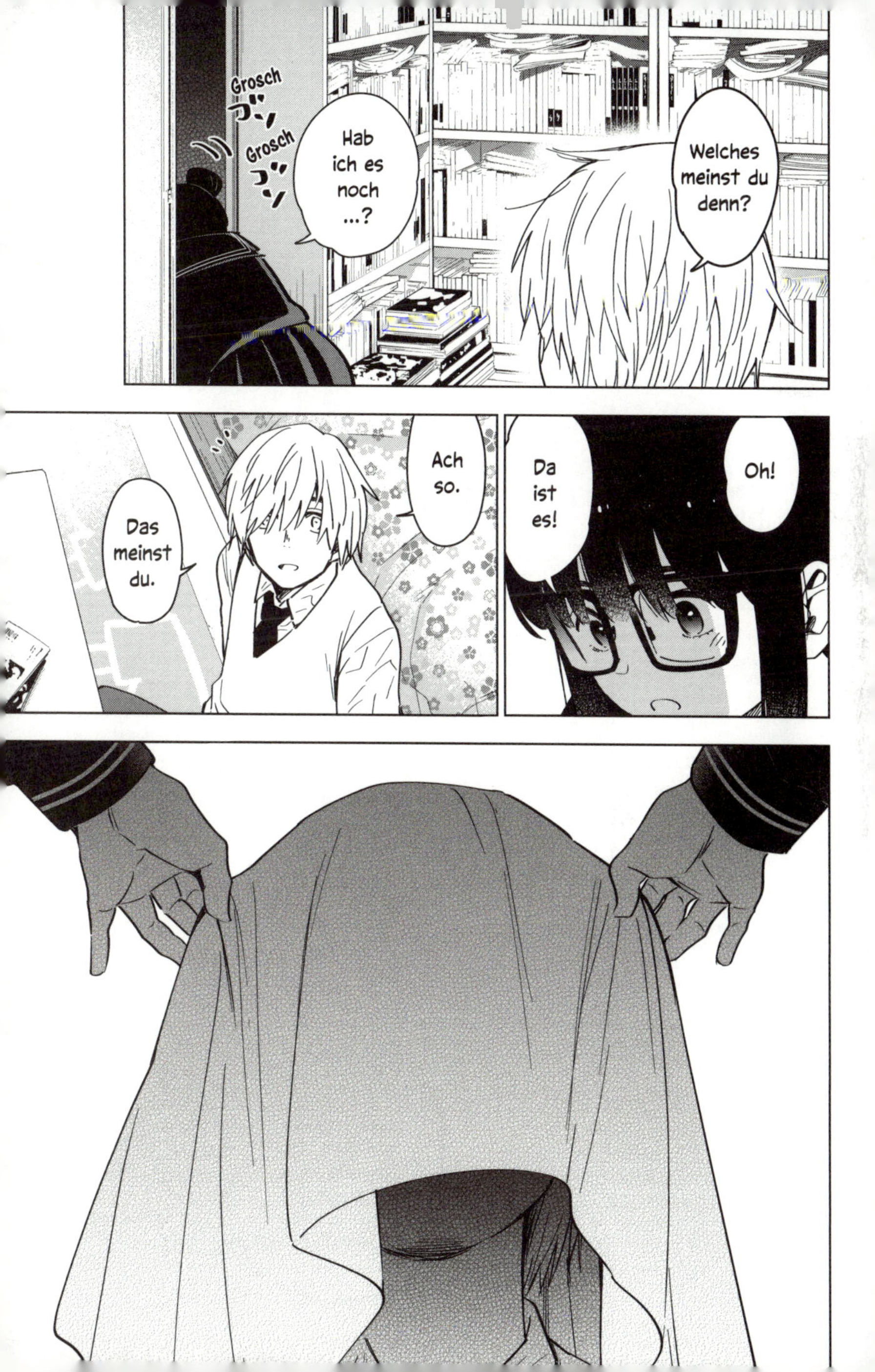

Welches meinst du denn?
Hab ich es noch ...?
Grosch
Grosch
Oh!
Da ist es!
Ach so.
Das meinst du.

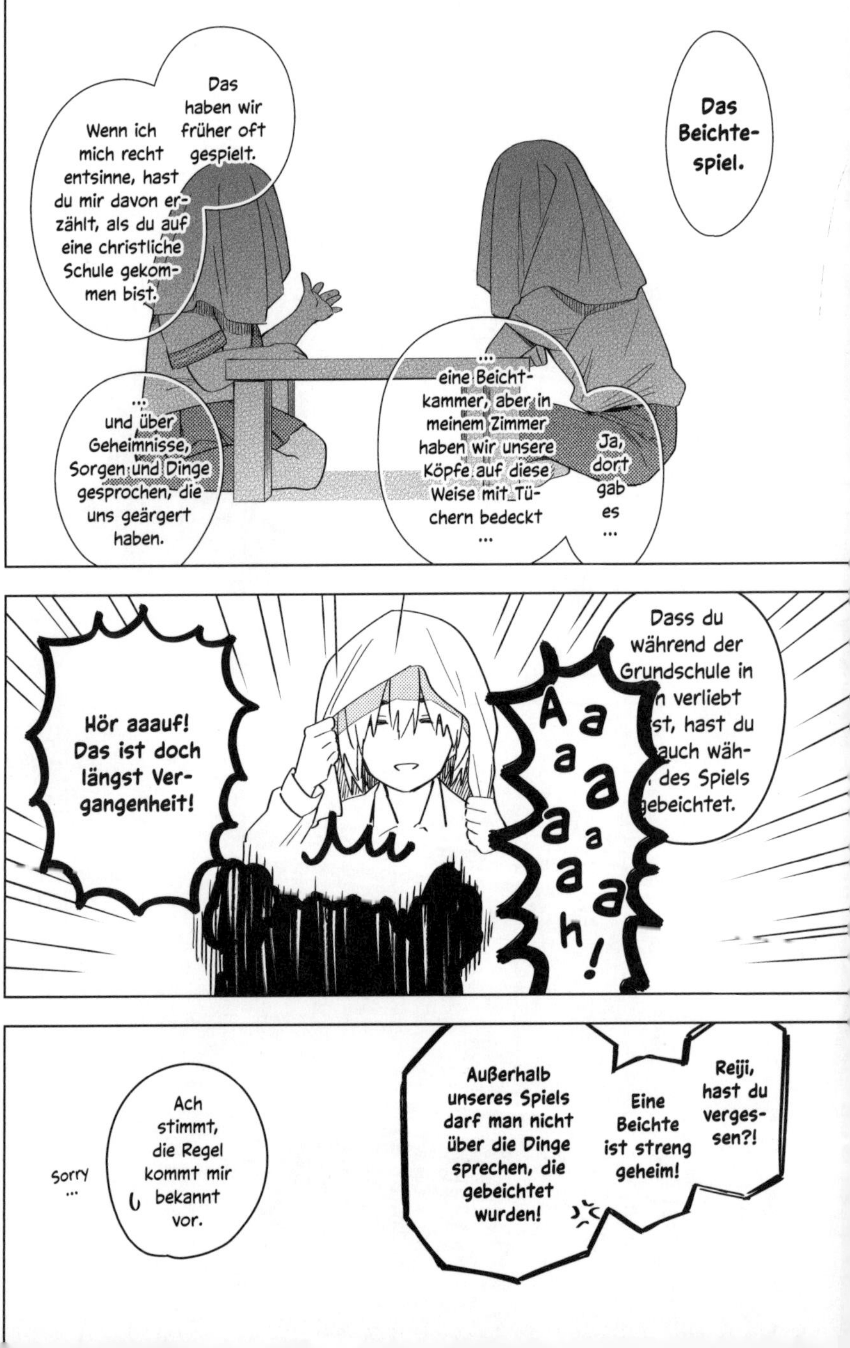
Das Beichte-spiel.
Das haben wir früher oft gespielt.
Wenn ich mich recht entsinne, hast du mir davon erzählt, als du auf eine christliche Schule gekommen bist.
Ja, dort gab es …
… eine Beichtkammer, aber in meinem Zimmer haben wir unsere Köpfe auf diese Weise mit Tüchern bedeckt …
… und über Geheimnisse, Sorgen und Dinge gesprochen, die uns geärgert haben.
Dass du während der Grundschule in … n verliebt … st, hast du … auch wäh- … des Spiels … gebeichtet.
Aaaaaaaah!
Hör aaauf! Das ist doch längst Vergangenheit!
Reiji, hast du verges-sen?!
Eine Beichte ist streng geheim!
Außerhalb unseres Spiels darf man nicht über die Dinge sprechen, die gebeichtet wurden!
Ach stimmt, die Regel kommt mir bekannt vor.
Sorry …

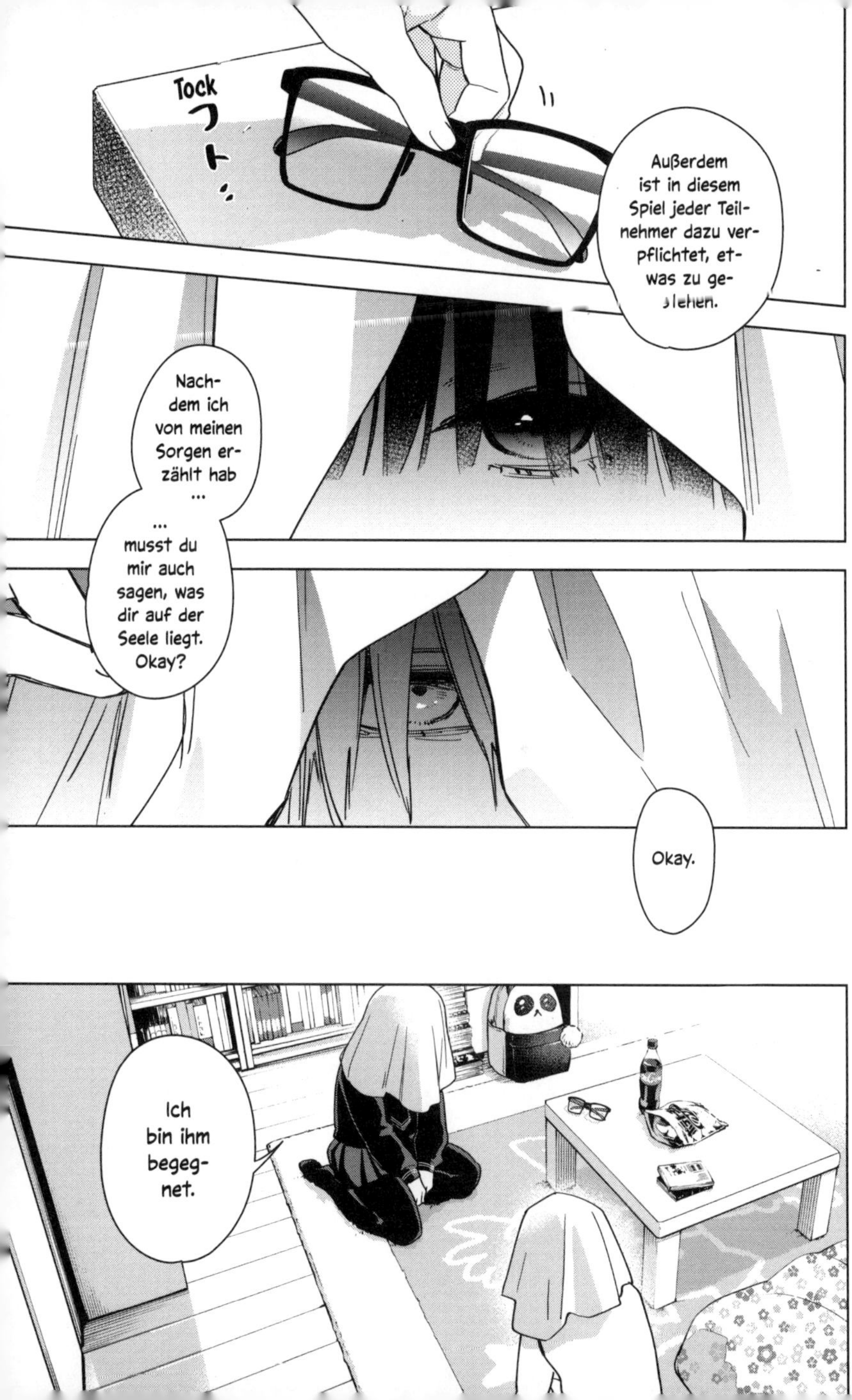
Tock
Außerdem ist in diesem Spiel jeder Teilnehmer dazu verpflichtet, etwas zu gestehen.
Nachdem ich von meinen Sorgen erzählt hab ...
... musst du mir auch sagen, was dir auf der Seele liegt. Okay?
Okay.
Ich bin ihm begegnet.

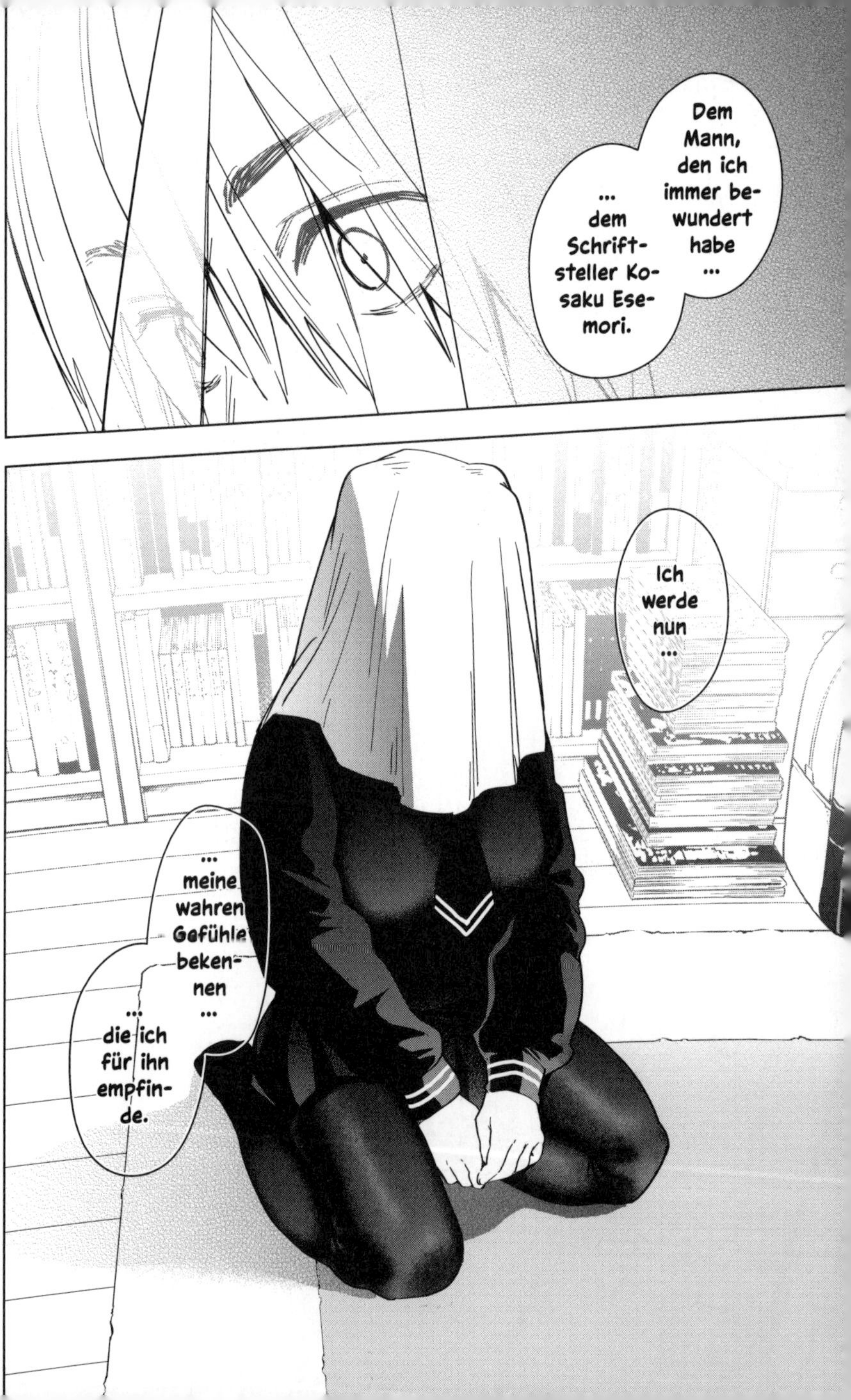
Dem Mann, den ich immer bewundert habe ...
... dem Schriftsteller Kosaku Esemori.
Ich werde nun ...
... meine wahren Gefühle bekennen ...
... die ich für ihn empfinde.

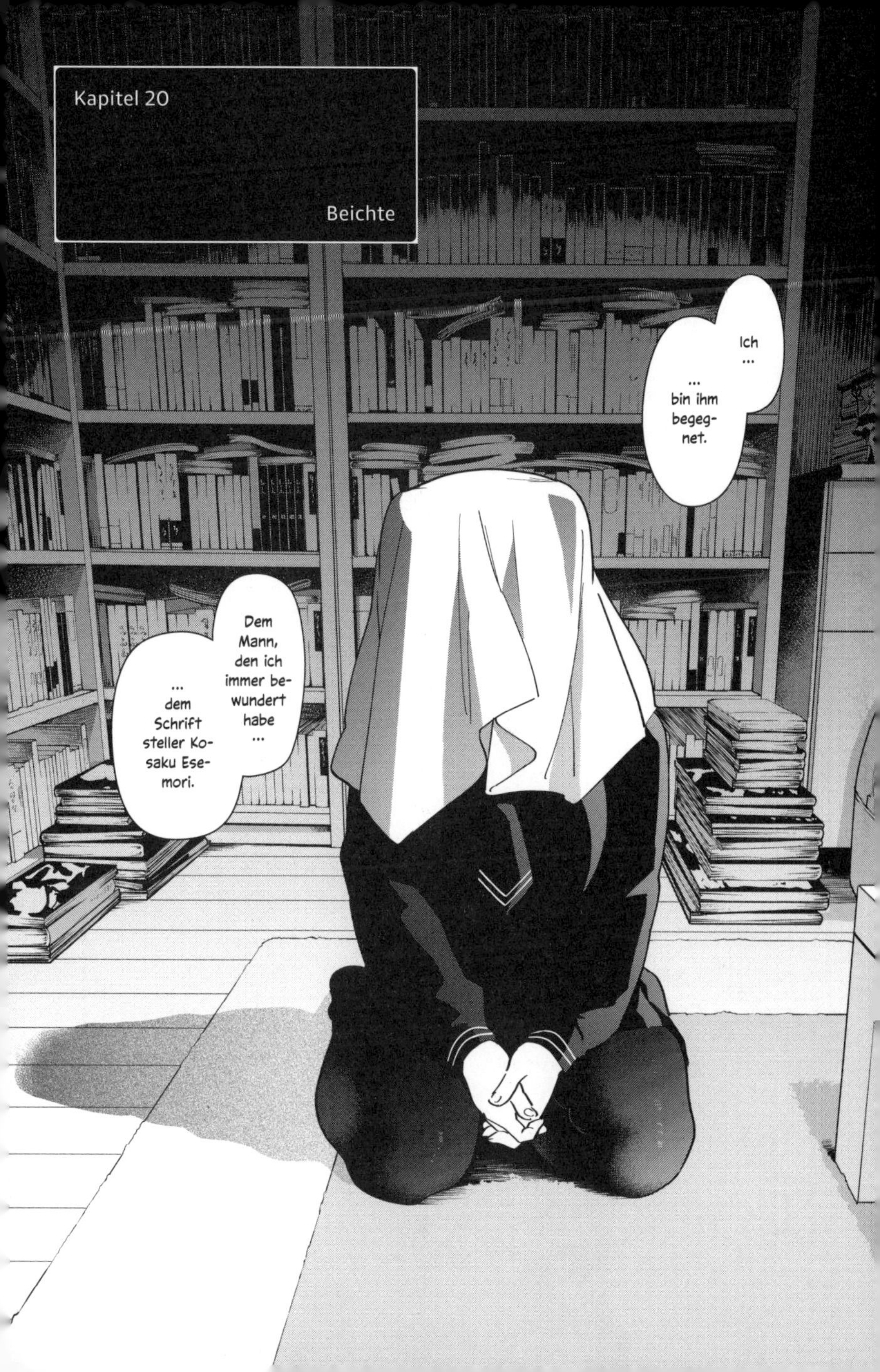
Kapitel 20
Beichte
Ich …
… bin ihm begegnet.
Dem Mann, den ich immer bewundert habe …
… dem Schriftsteller Kosaku Esemori.

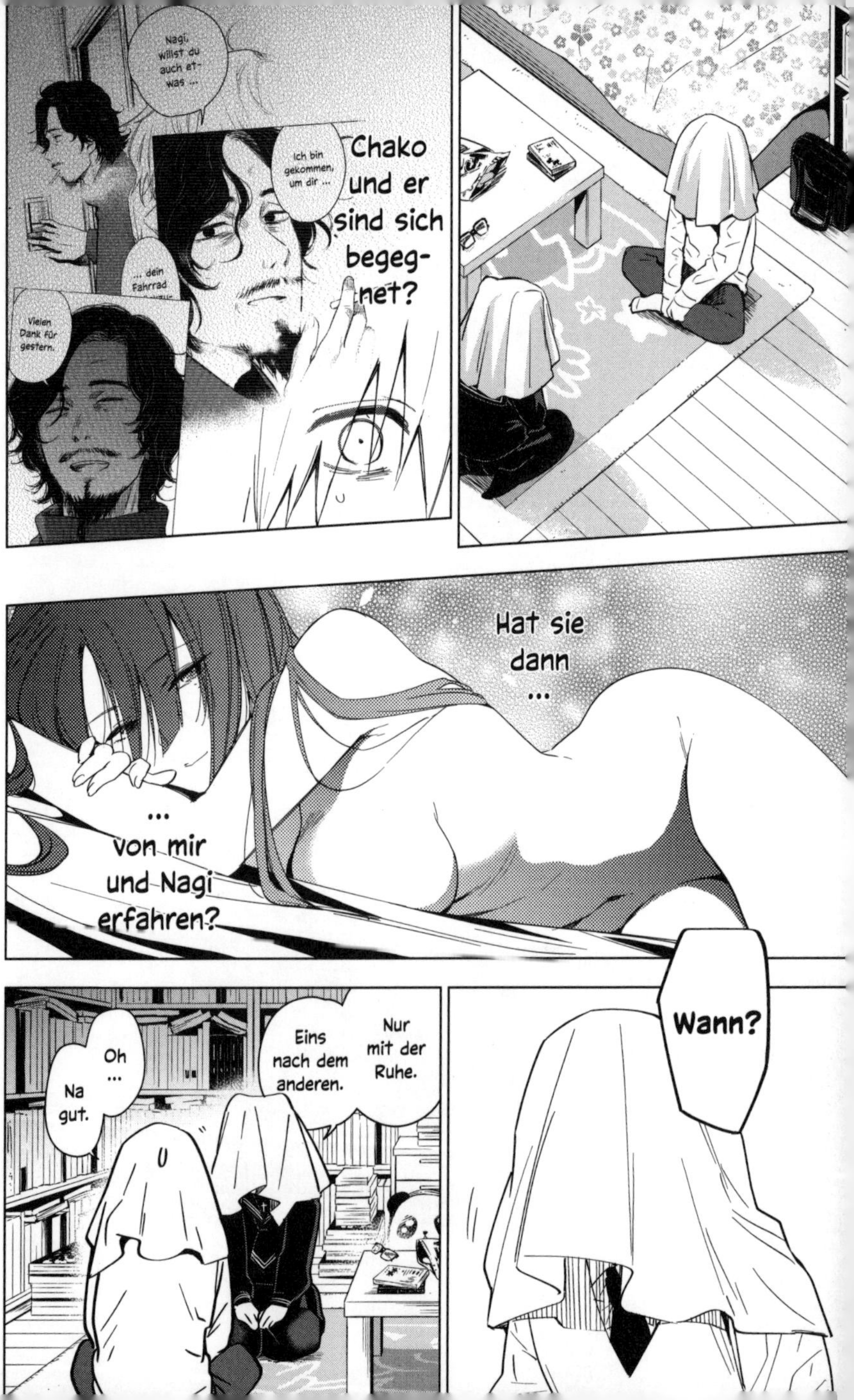
Chako und er sind sich begegnet?
Nagi, willst du auch et-was ...
Ich bin gekommen, um dir ...
... dein Fahrrad
Vielen Dank für gestern.
Hat sie dann ...
... von mir und Nagi erfahren?
Wann?
Nur mit der Ruhe.
Eins nach dem anderen.
Oh ...
Na gut.

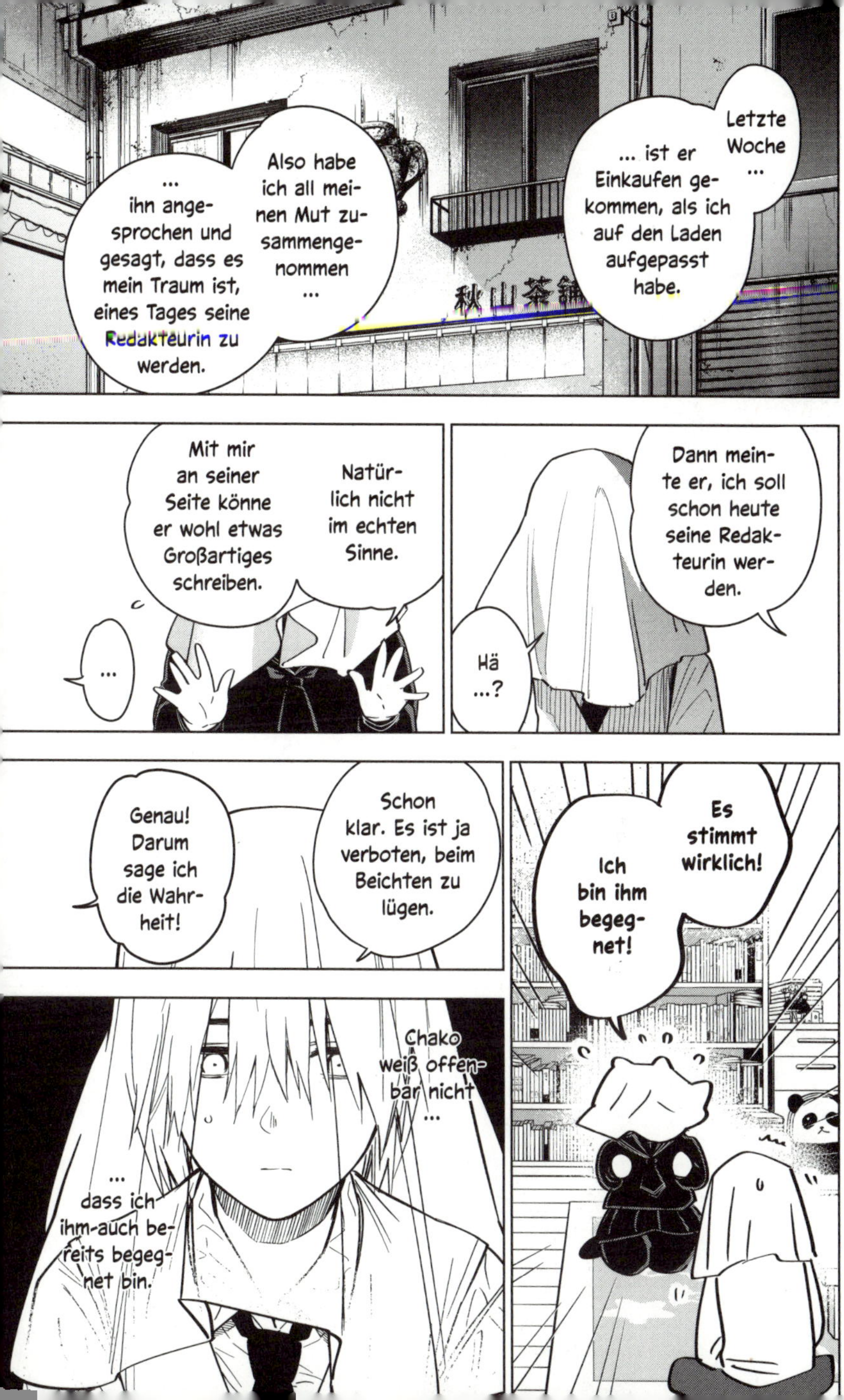
Letzte Woche ...
... ist er Einkaufen gekommen, als ich auf den Laden aufgepasst habe.
Also habe ich all meinen Mut zusammengenommen ...
... ihn angesprochen und gesagt, dass es mein Traum ist, eines Tages seine Redakteurin zu werden.
Dann meinte er, ich soll schon heute seine Redakteurin werden.
Hä ...?
Natürlich nicht im echten Sinne.
Mit mir an seiner Seite könne er wohl etwas Großartiges schreiben.
...
Es stimmt wirklich!
Ich bin ihm begegnet!
Schon klar. Es ist ja verboten, beim Beichten zu lügen.
Genau! Darum sage ich die Wahrheit!
Chako weiß offenbar nicht ...
... dass ich ihm auch bereits begegnet bin.

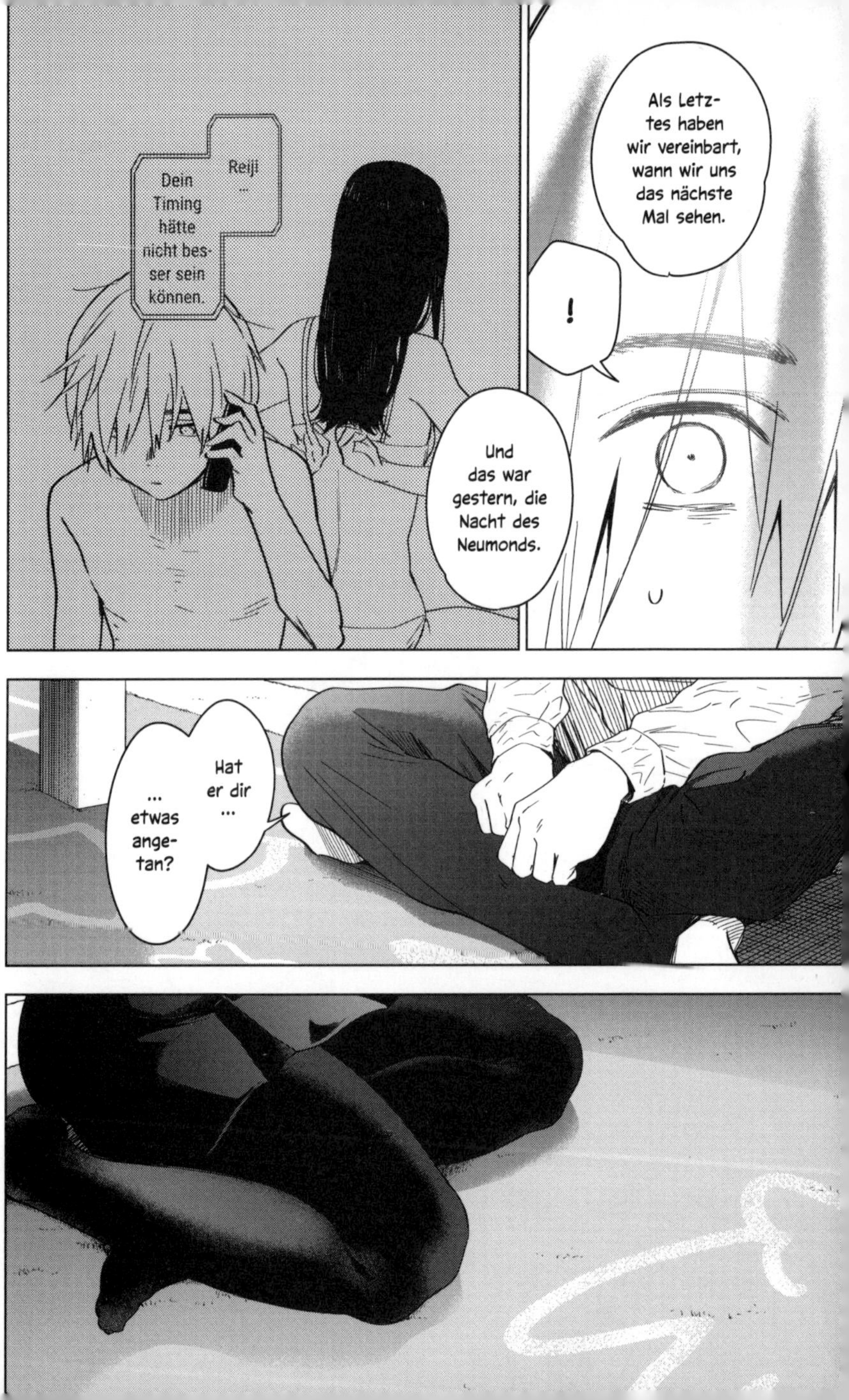
Als Letztes haben wir vereinbart, wann wir uns das nächste Mal sehen.
!
Reiji ...
Dein Timing hätte nicht besser sein können.
Und das war gestern, die Nacht des Neumonds.
Hat er dir ...
... etwas angetan?

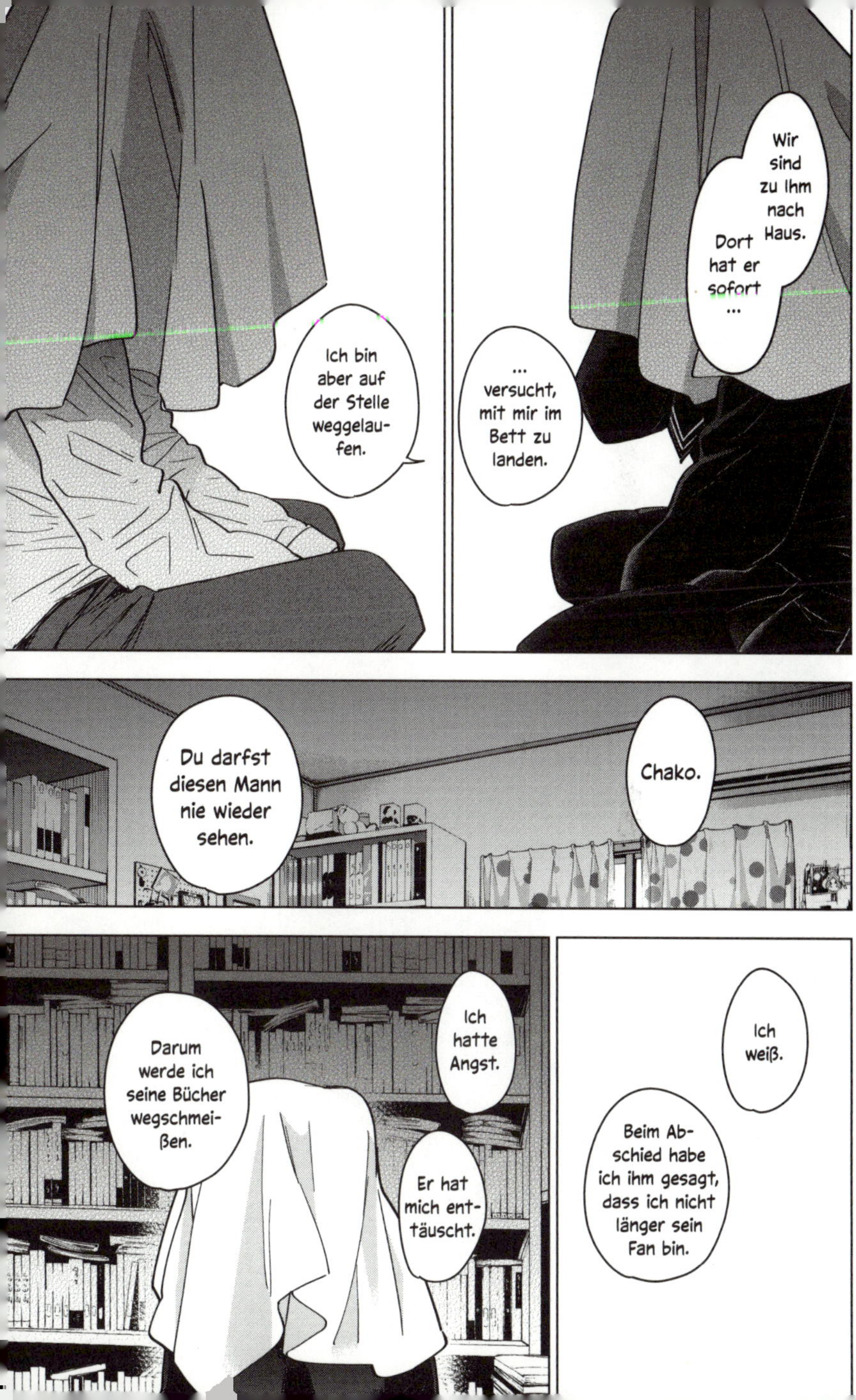
Wir sind zu Ihm nach Haus.
Dort hat er sofort ...
... versucht, mit mir im Bett zu landen.
Ich bin aber auf der Stelle weggelaufen.
Chako.
Du darfst diesen Mann nie wieder sehen.
Ich weiß.
Beim Abschied habe ich ihm gesagt, dass ich nicht länger sein Fan bin.
Ich hatte Angst.
Er hat mich enttäuscht.
Darum werde ich seine Bücher wegschmeißen.

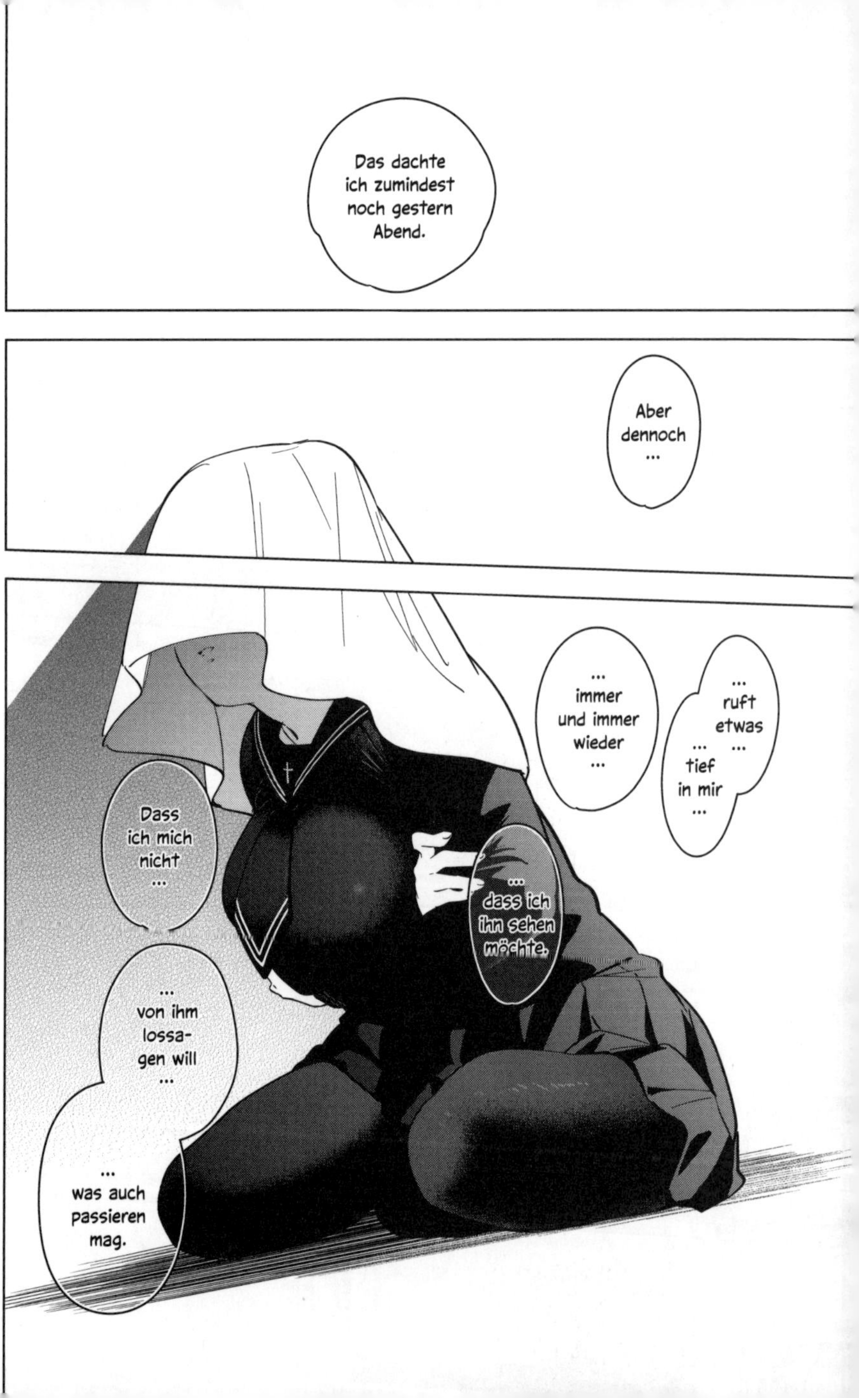
Das dachte ich zumindest noch gestern Abend.
Aber dennoch ...
... ruft etwas ...
... tief in mir ...
... immer und immer wieder ...
... dass ich ihn sehen möchte.
Dass ich mich nicht ...
... von ihm lossagen will ...
... was auch passieren mag.

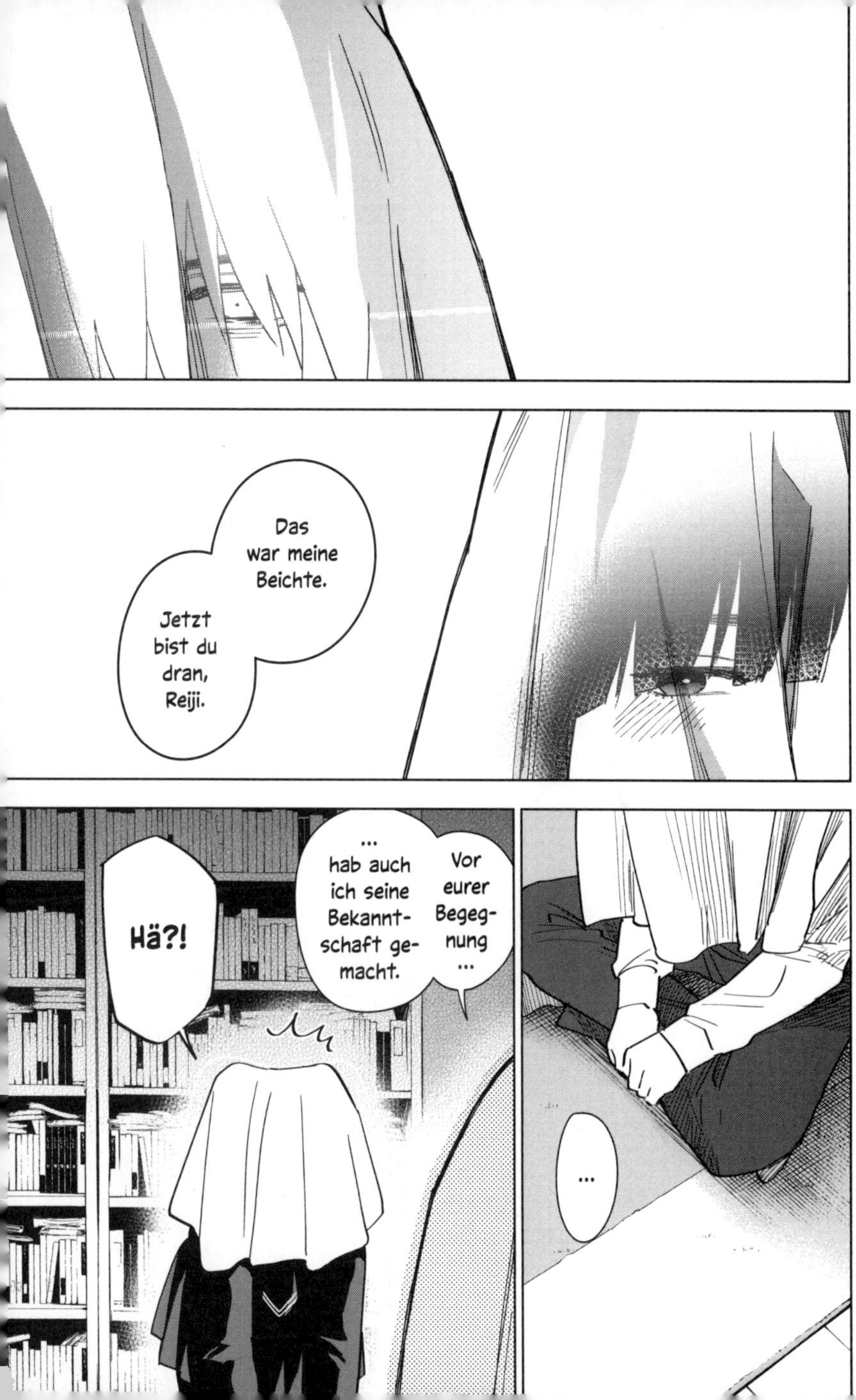
Das war meine Beichte.
Jetzt bist du dran, Reiji.
...
Vor eurer Begegnung ...
... hab auch ich seine Bekanntschaft gemacht.
Hä?!

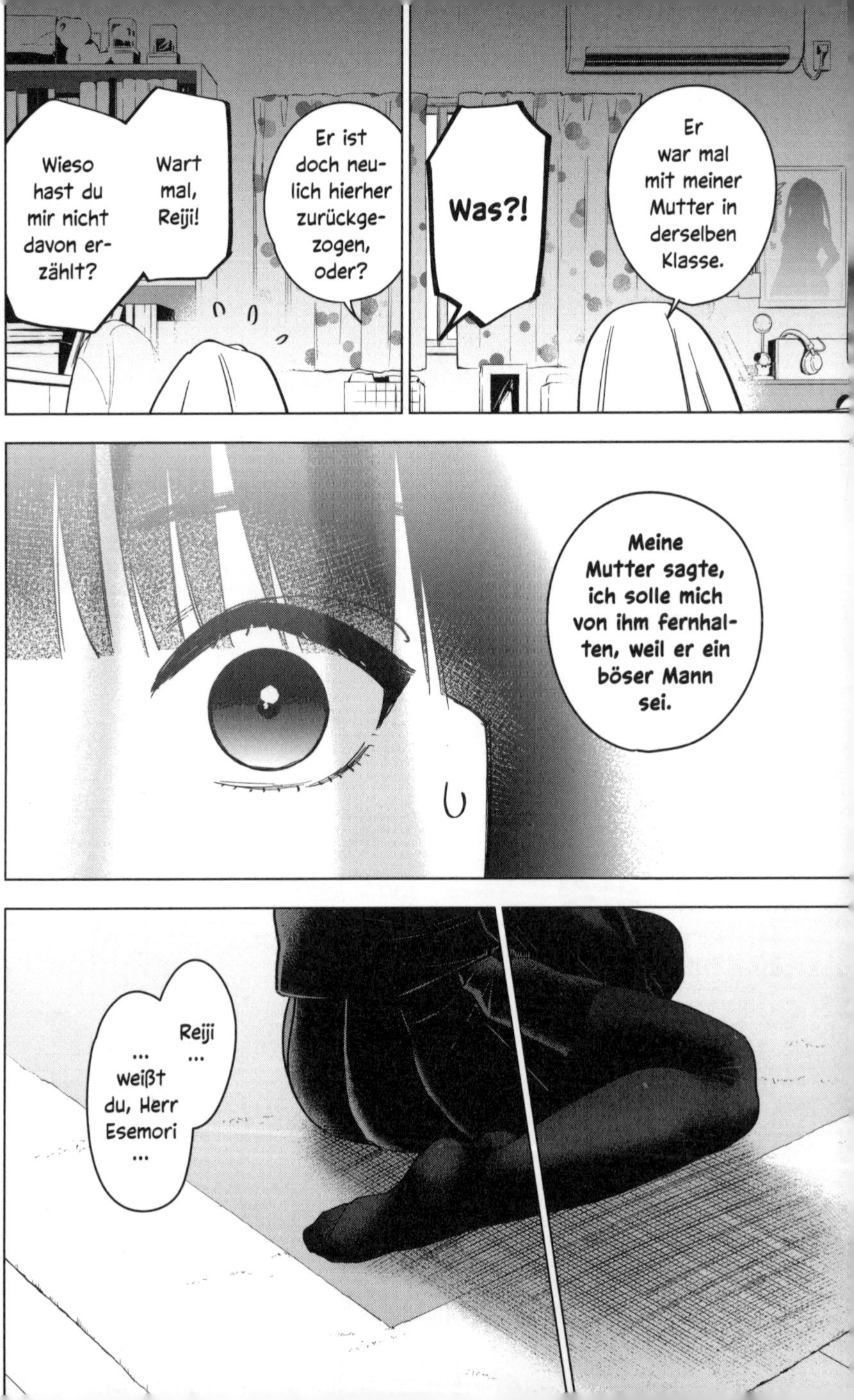
Er war mal mit meiner Mutter in derselben Klasse.
Was?!
Er ist doch neulich hierher zurückgezogen, oder?
Wart mal, Reiji!
Wieso hast du mir nicht davon erzählt?
Meine Mutter sagte, ich solle mich von ihm fernhalten, weil er ein böser Mann sei.
Reiji ... ... weißt du, Herr Esemori ...

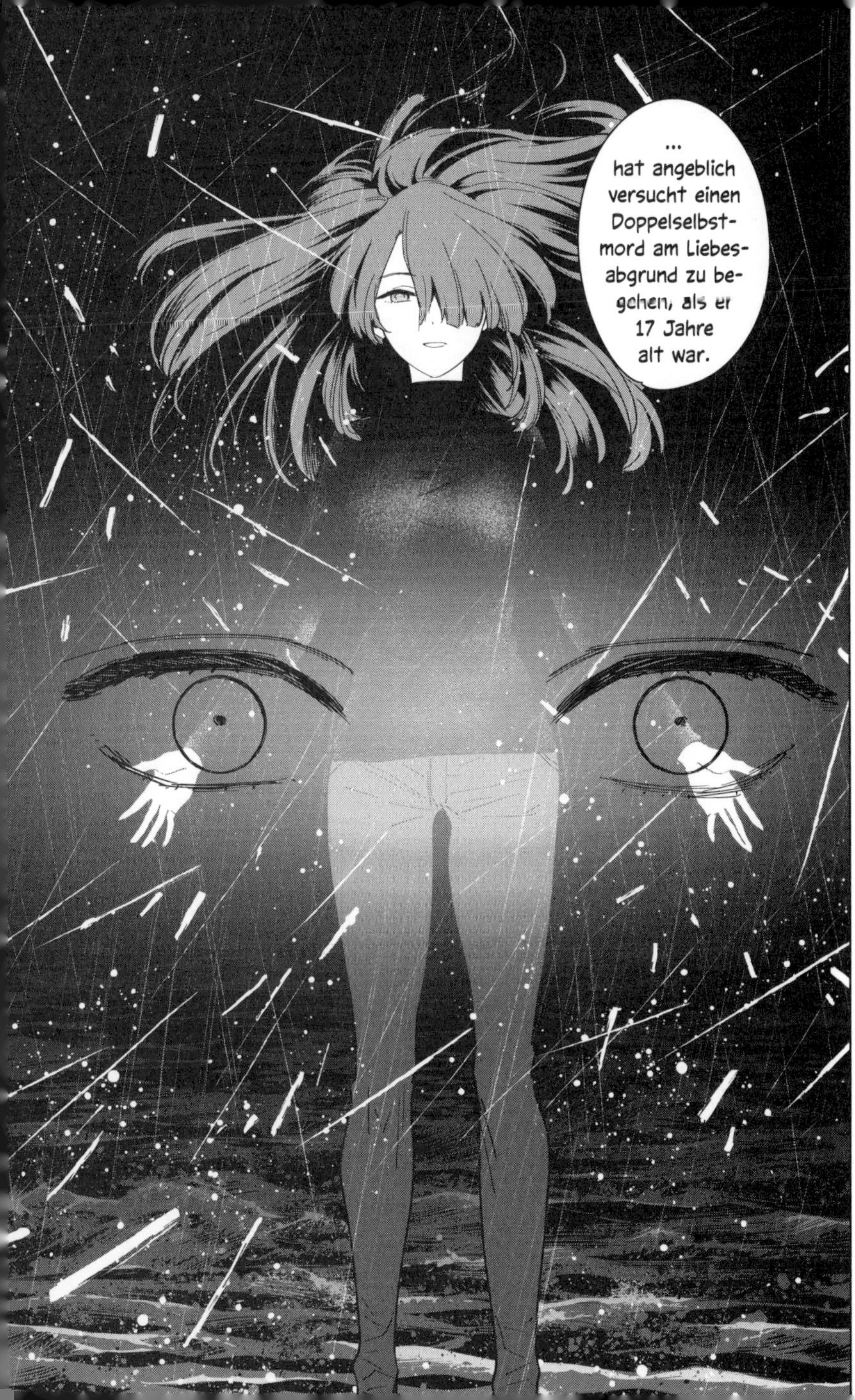
... hat angeblich versucht einen Doppelselbstmord am Liebesabgrund zu begehen, als er 17 Jahre alt war.

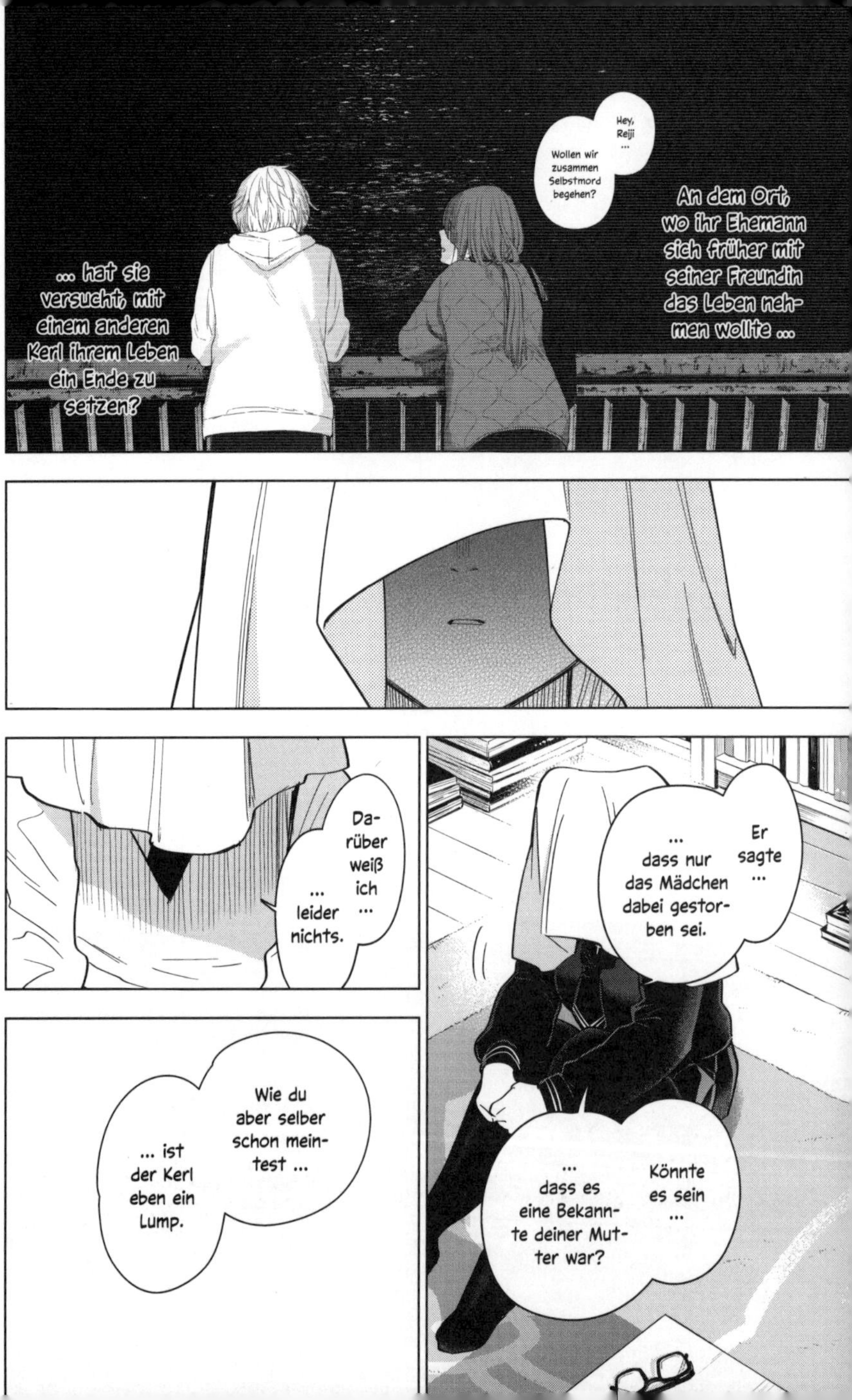
An dem Ort, wo ihr Ehemann sich früher mit seiner Freundin das Leben nehmen wollte ...
Hey, Reiji ...
Wollen wir zusammen Selbstmord begehen?
... hat sie versucht, mit einem anderen Kerl ihrem Leben ein Ende zu setzen?
Er sagte ...
... dass nur das Mädchen dabei gestorben sei.
Könnte es sein ...
... dass es eine Bekannte deiner Mutter war?
Darüber weiß ich ...
... leider nichts.
Wie du aber selber schon meintest ...
... ist der Kerl eben ein Lump.

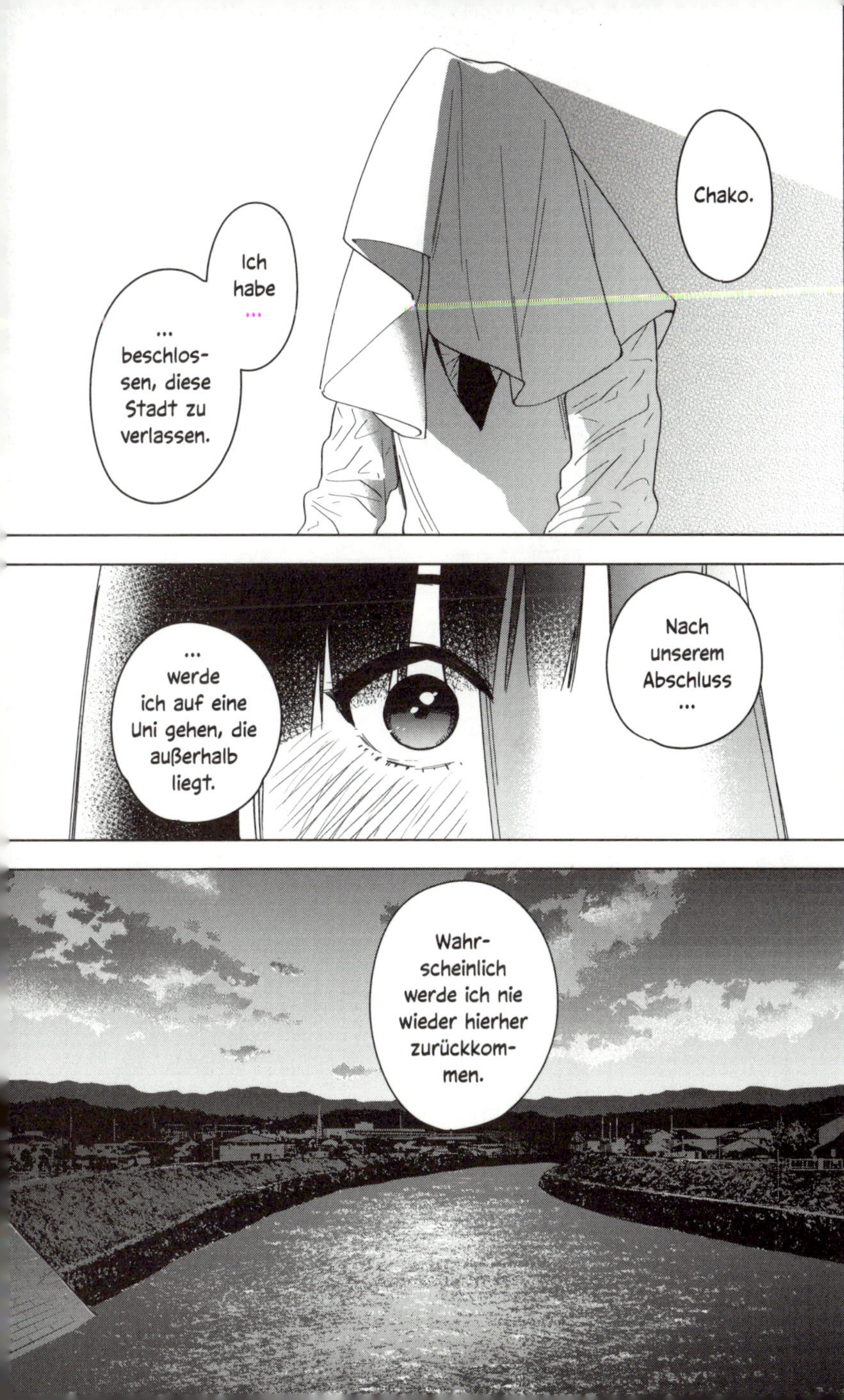
Chako.
Ich habe …
… beschlossen, diese Stadt zu verlassen.
Nach unserem Abschluss …
… werde ich auf eine Uni gehen, die außerhalb liegt.
Wahrscheinlich werde ich nie wieder hierher zurückkommen.

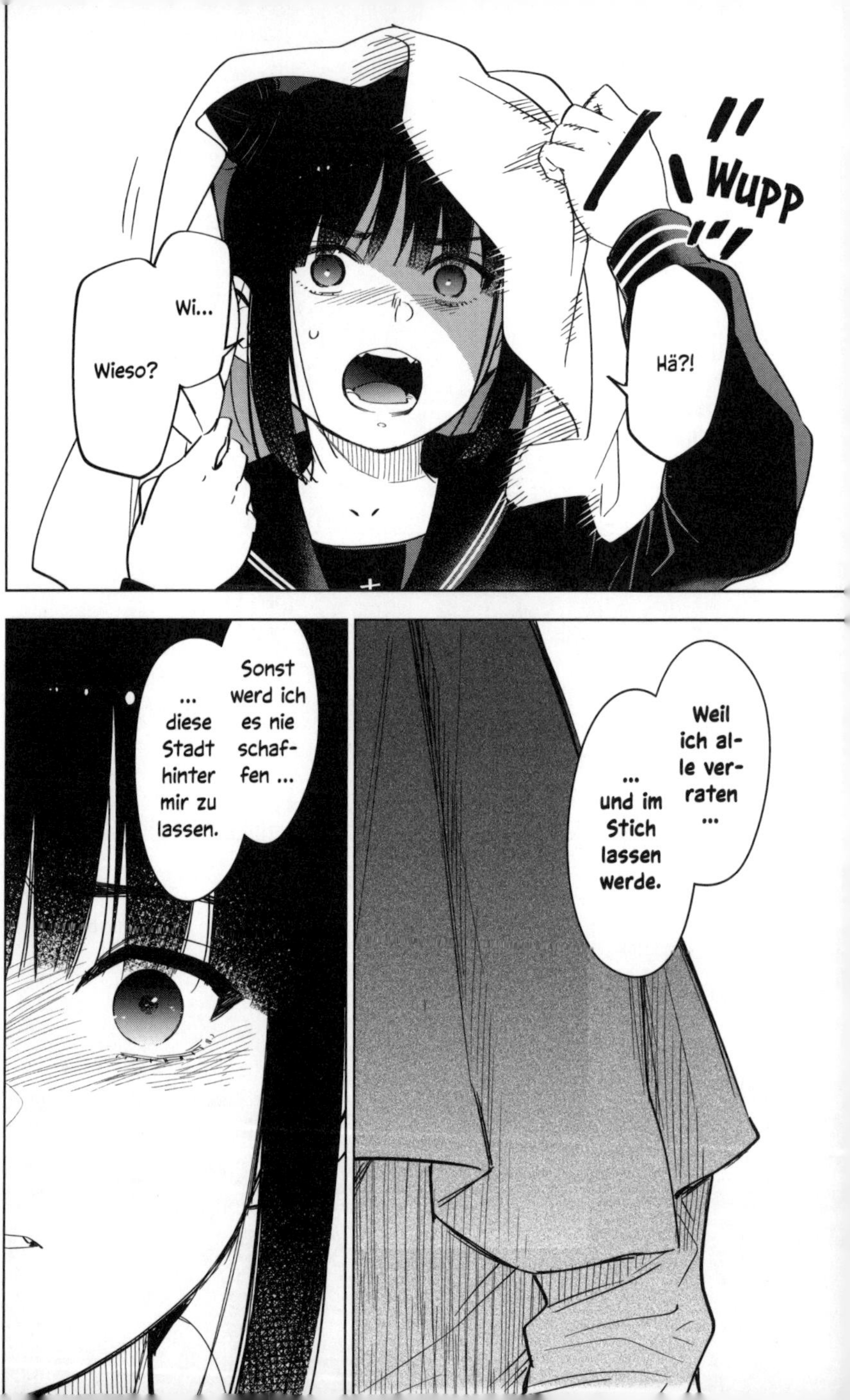
WUPP
Hä?!
Wi...
Wieso?
Weil ich alle verraten ...
... und im Stich lassen werde.
Sonst werd ich es nie schaffen ...
... diese Stadt hinter mir zu lassen.

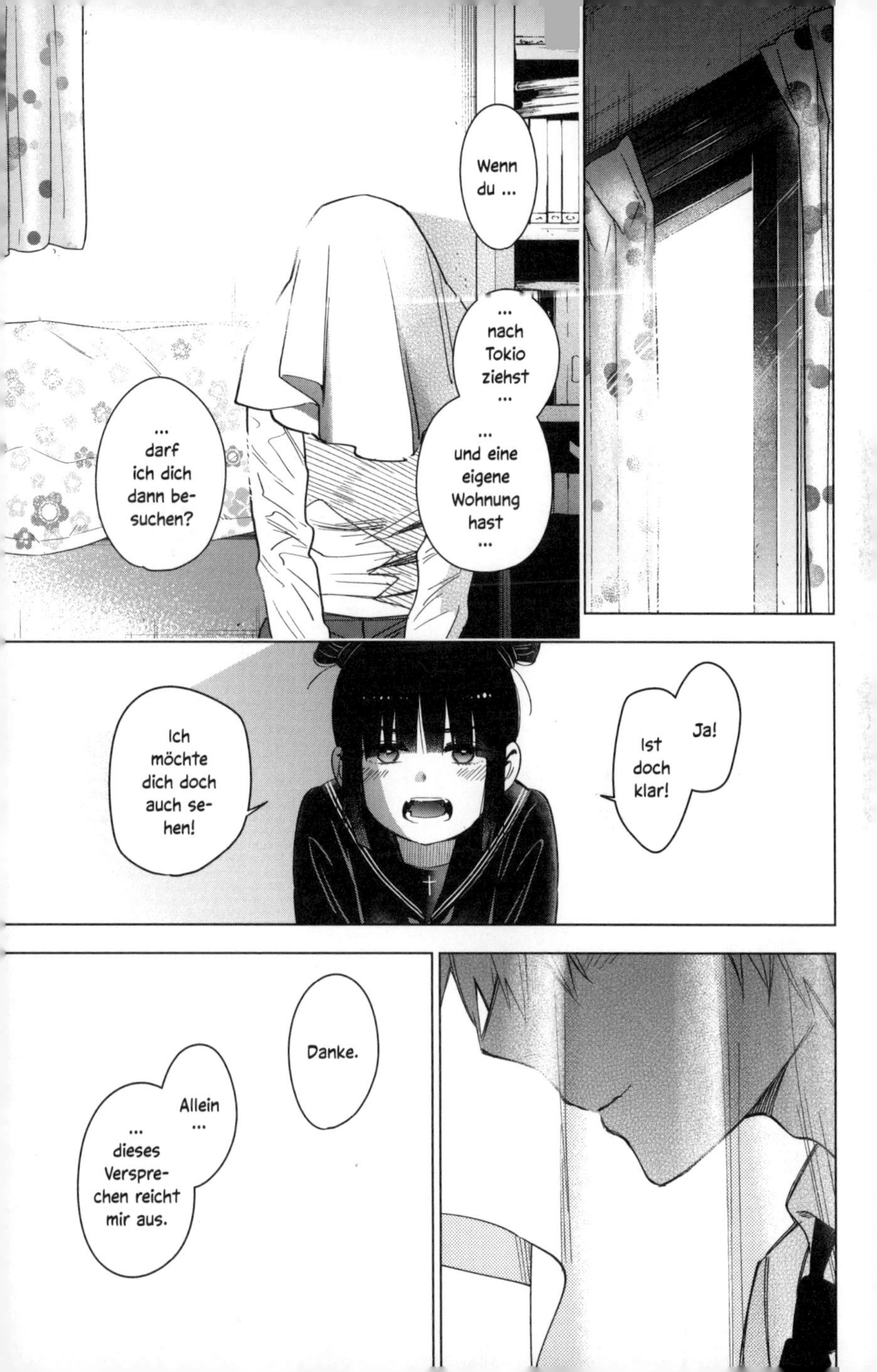
Wenn du ...
... nach Tokio ziehst ...
... und eine eigene Wohnung hast ...
... darf ich dich dann be-suchen?
Ja! Ist doch klar!
Ich möchte dich doch auch se-hen!
Danke.
Allein ... ... dieses Verspre-chen reicht mir aus.

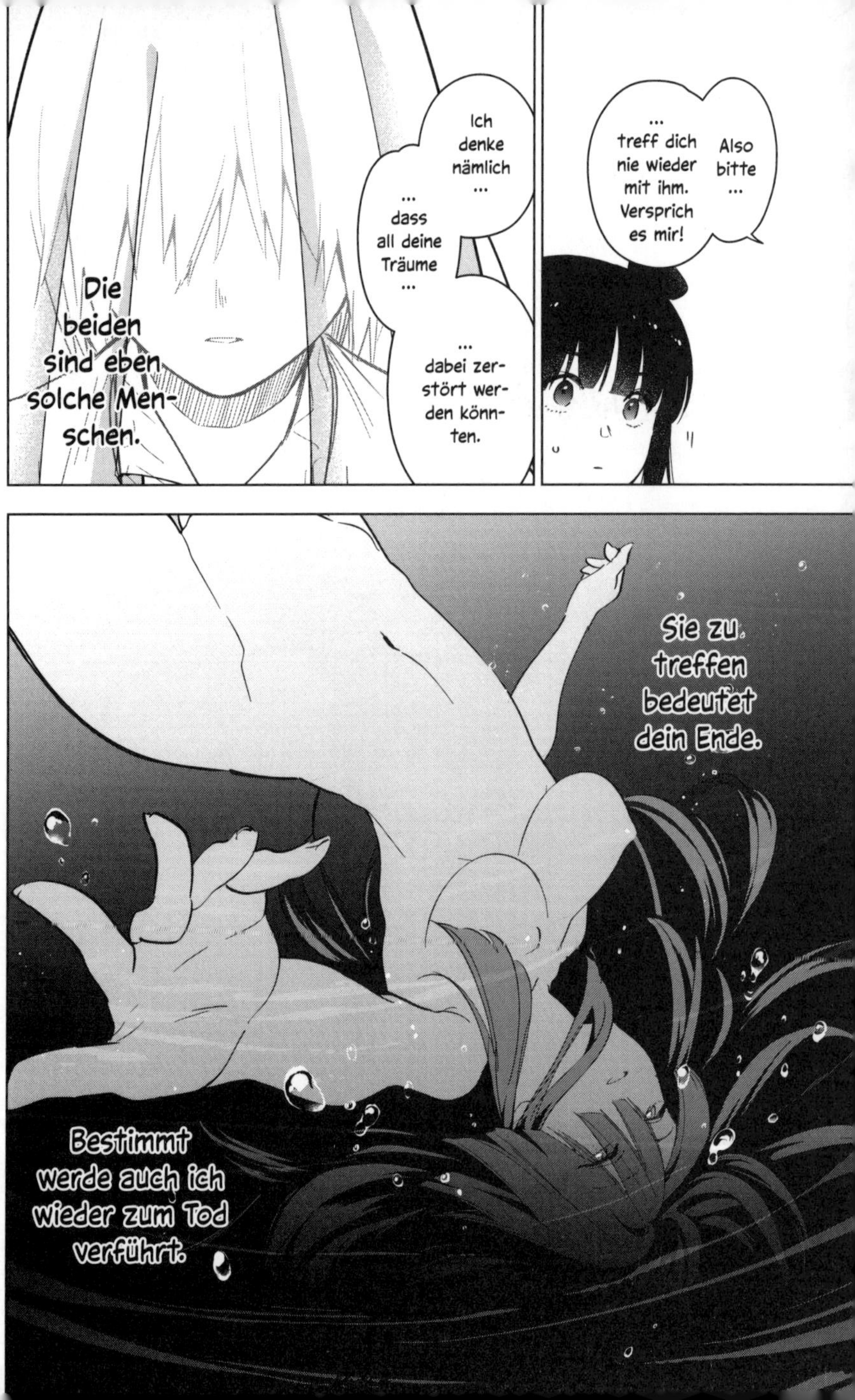
Also bitte ...
... treff dich nie wieder mit ihm. Versprich es mir!
Ich denke nämlich ...
... dass all deine Träume ...
... dabei zerstört werden könnten.
Die beiden sind eben solche Menschen.
Sie zu treffen bedeutet dein Ende.
Bestimmt werde auch ich wieder zum Tod verführt.

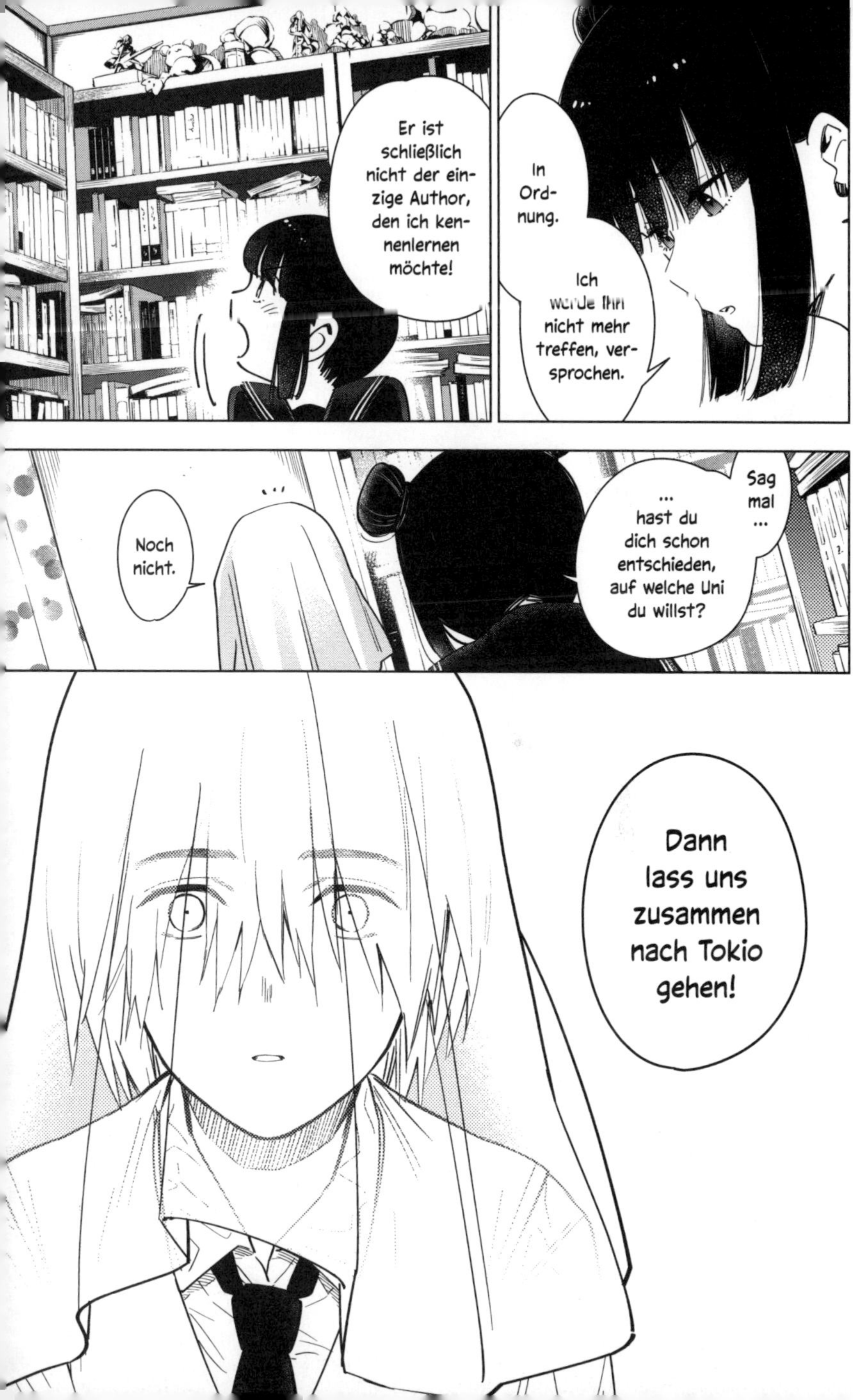
In Ordnung.
Ich werde ihn nicht mehr treffen, versprochen.
Er ist schließlich nicht der einzige Author, den ich kennenlernen möchte!
Sag mal ...
... hast du dich schon entschieden, auf welche Uni du willst?
...
Noch nicht.
Dann lass uns zusammen nach Tokio gehen!

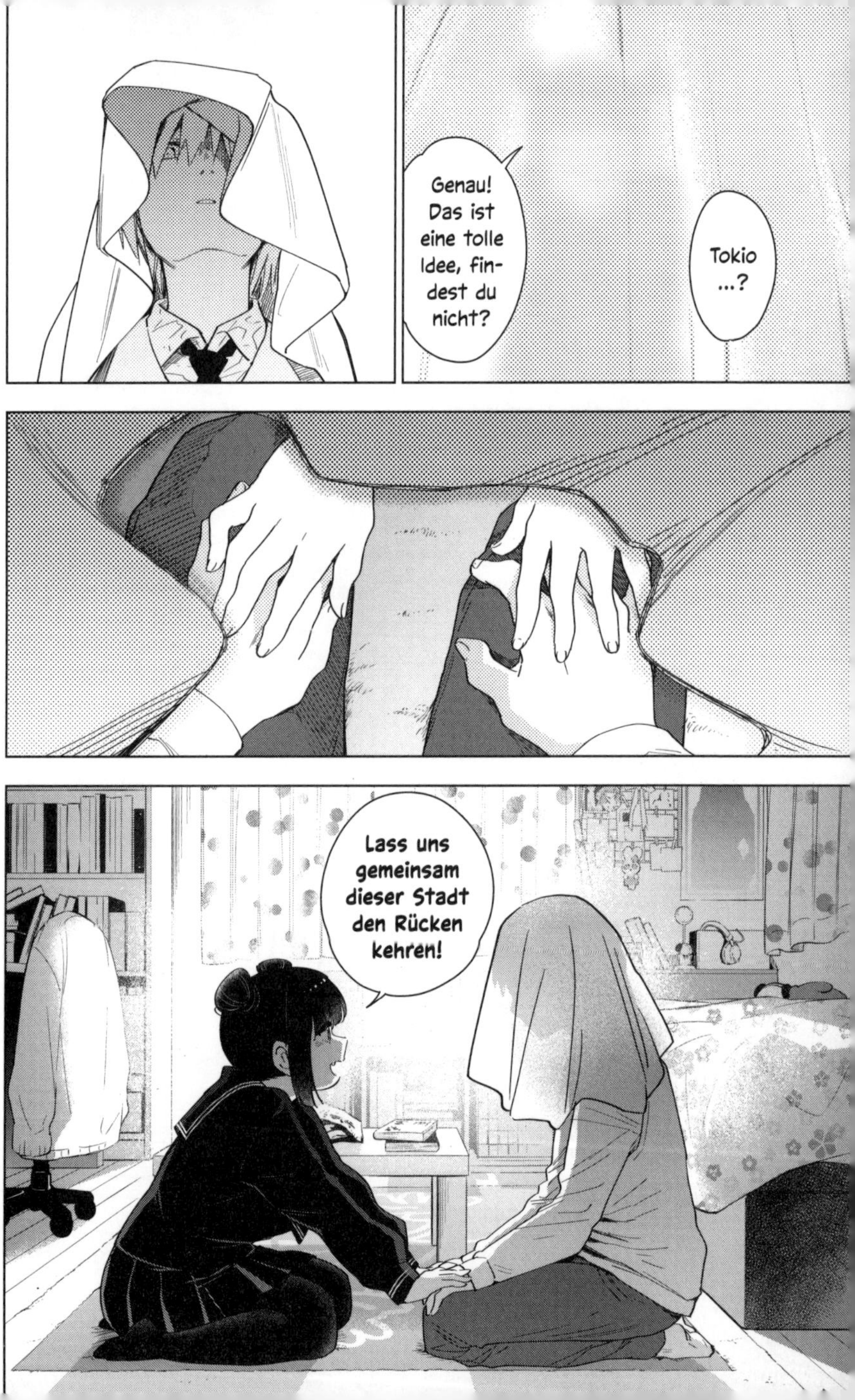
Tokio ...?
Genau! Das ist eine tolle Idee, findest du nicht?
Lass uns gemeinsam dieser Stadt den Rücken kehren!

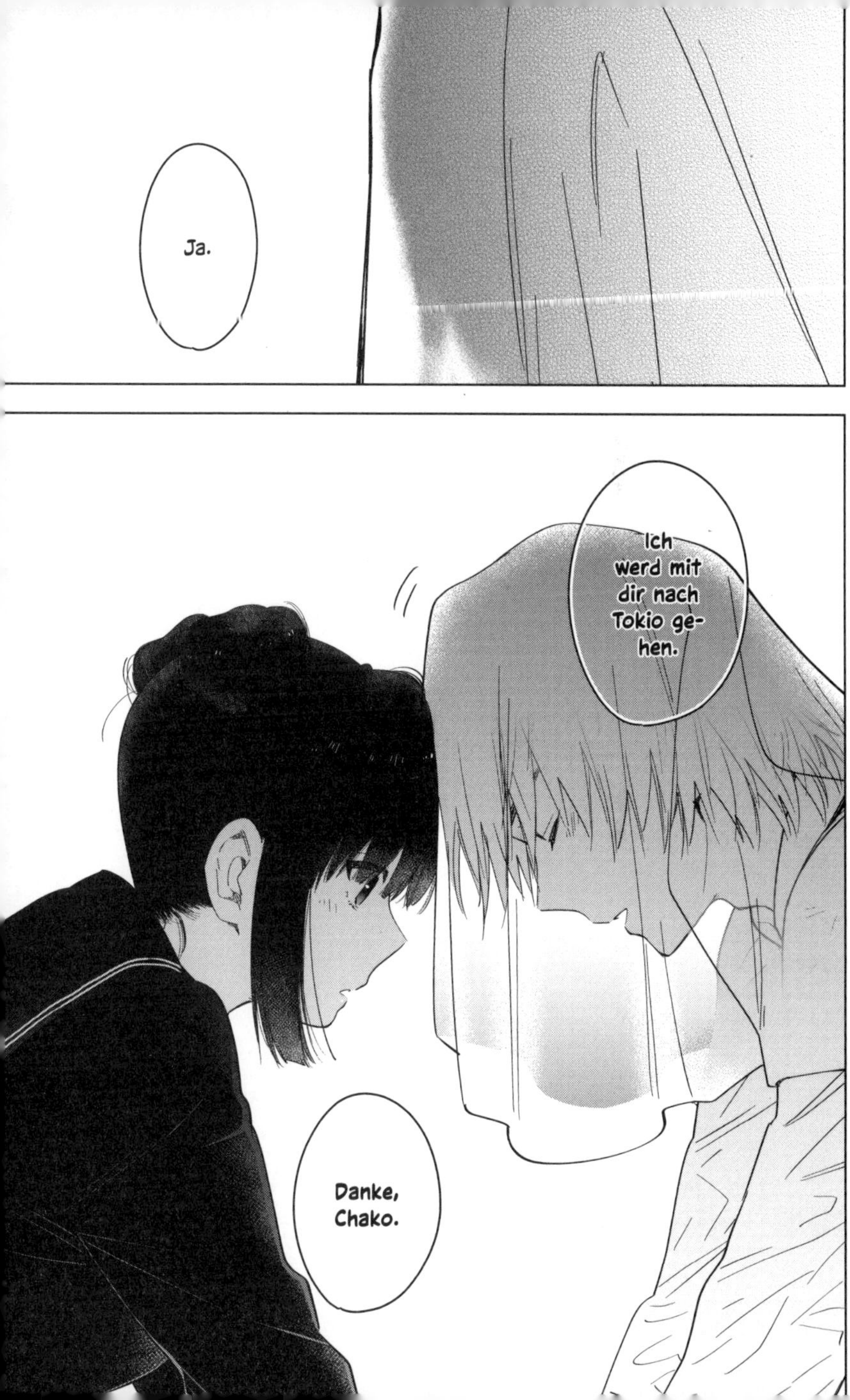
Ja.
Ich werd mit dir nach Tokio ge-hen.
Danke, Chako.

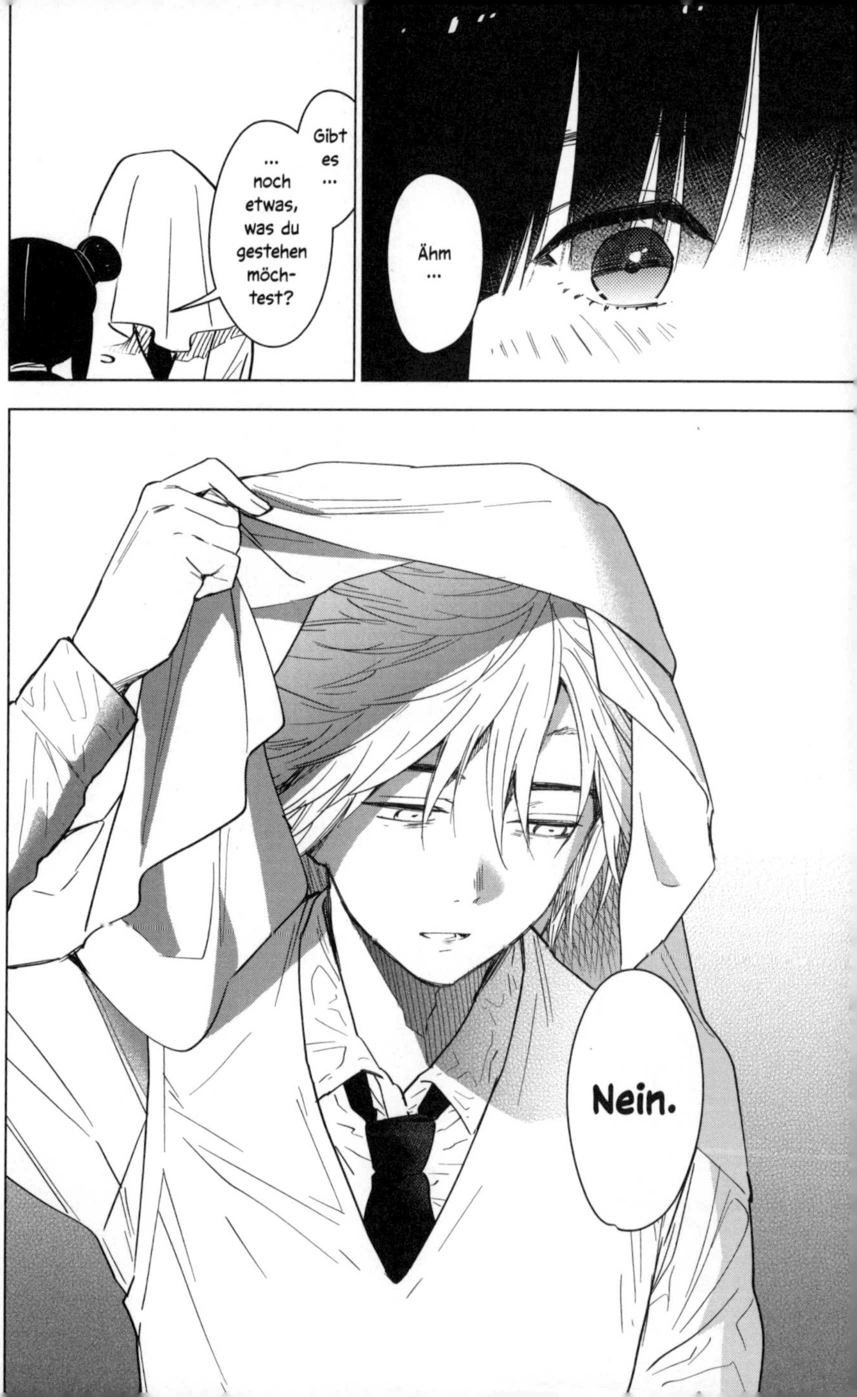
Ähm …
Gibt es … … noch etwas, was du gestehen möchtest?
Nein.

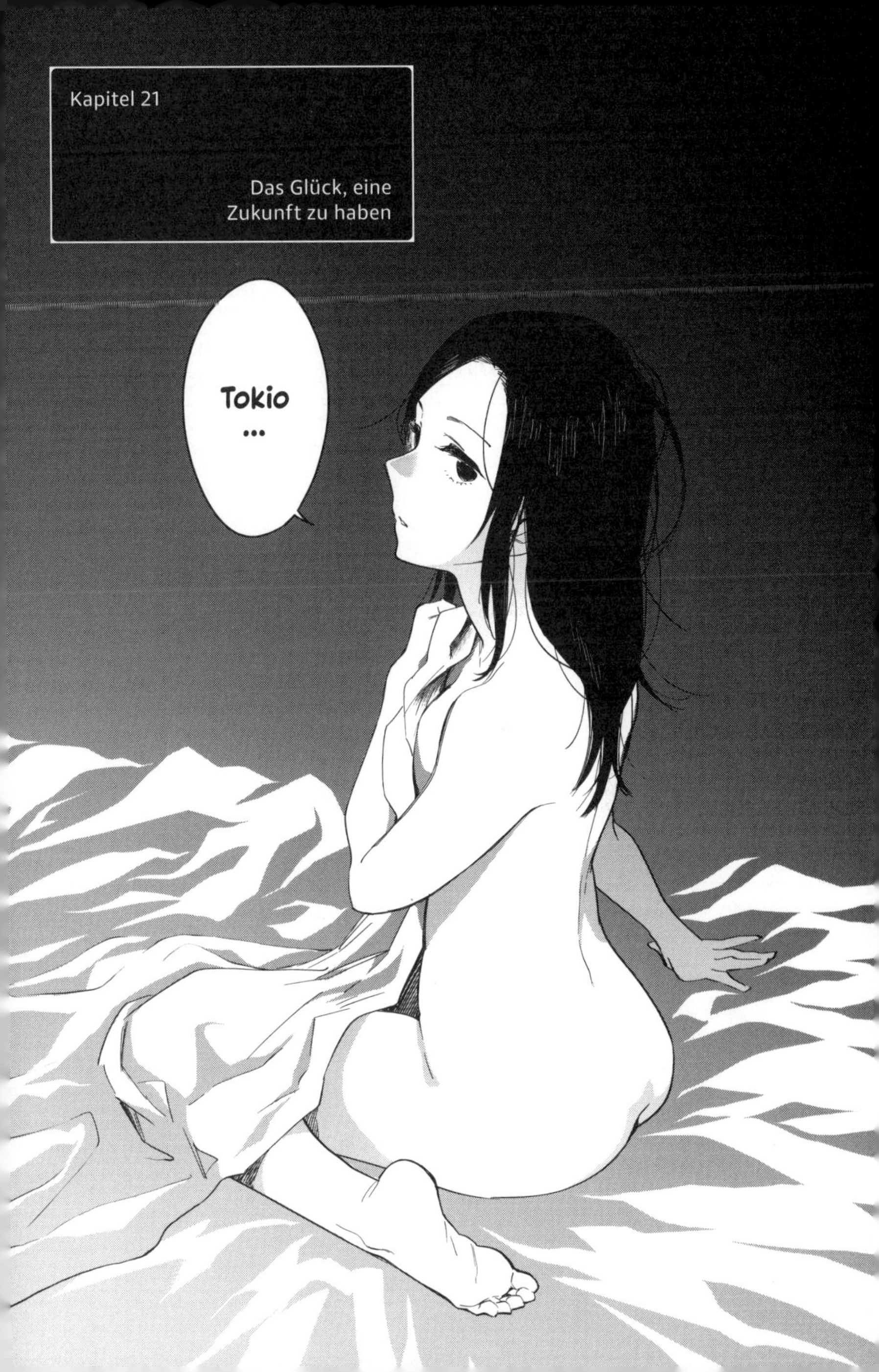
Kapitel 21
Das Glück, eine Zukunft zu haben
Tokio ...

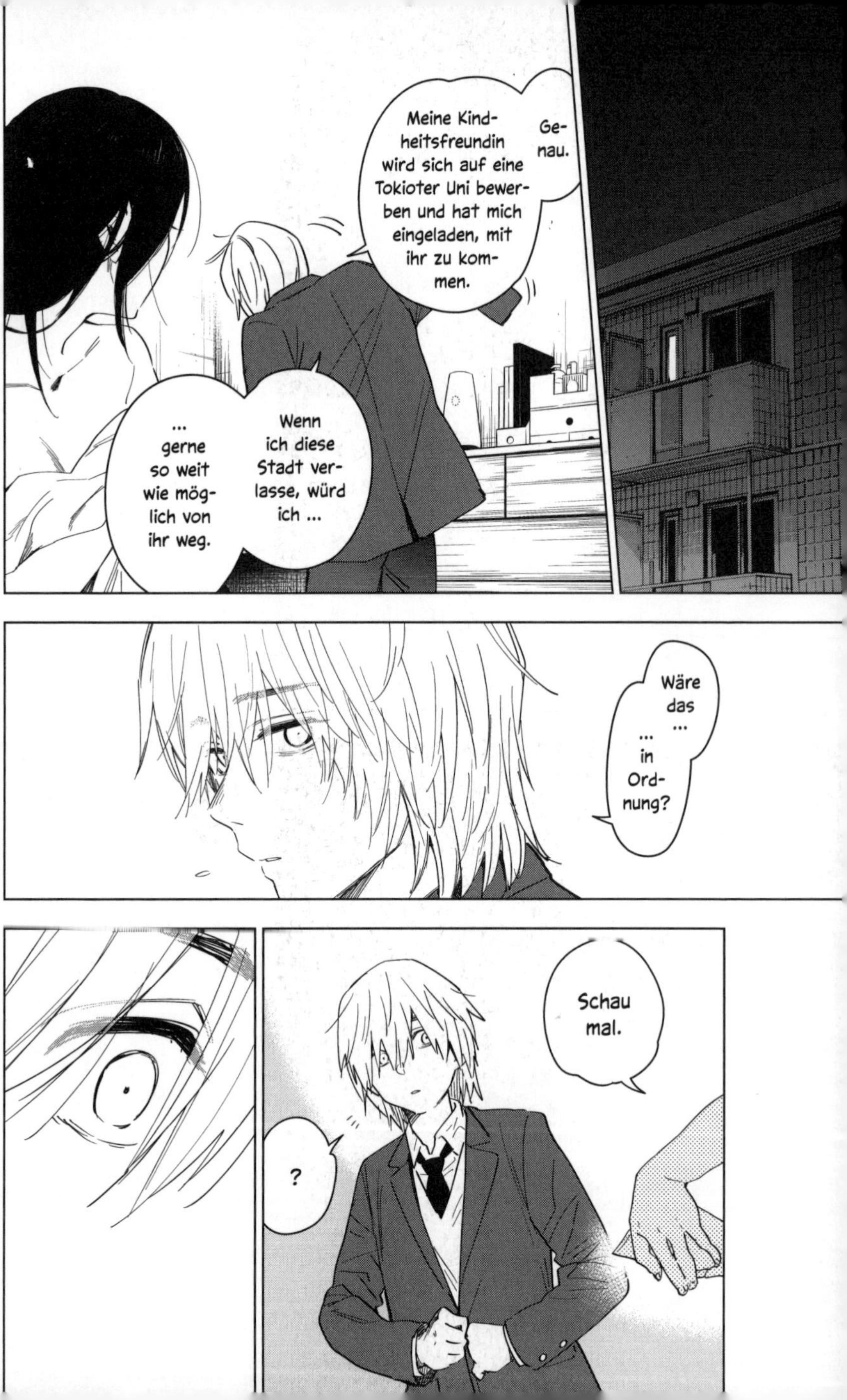
Genau.
Meine Kindheitsfreundin wird sich auf eine Tokioter Uni bewerben und hat mich eingeladen, mit ihr zu kommen.
Wenn ich diese Stadt verlasse, würd ich ...
... gerne so weit wie möglich von ihr weg.
Wäre das ... ... in Ordnung?
Schau mal.
?

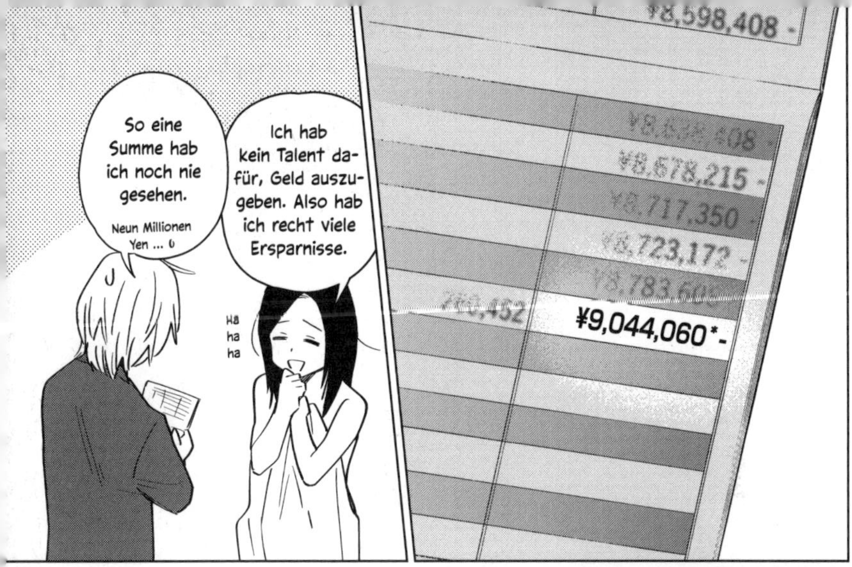

* In etwa 70.861,66 €.

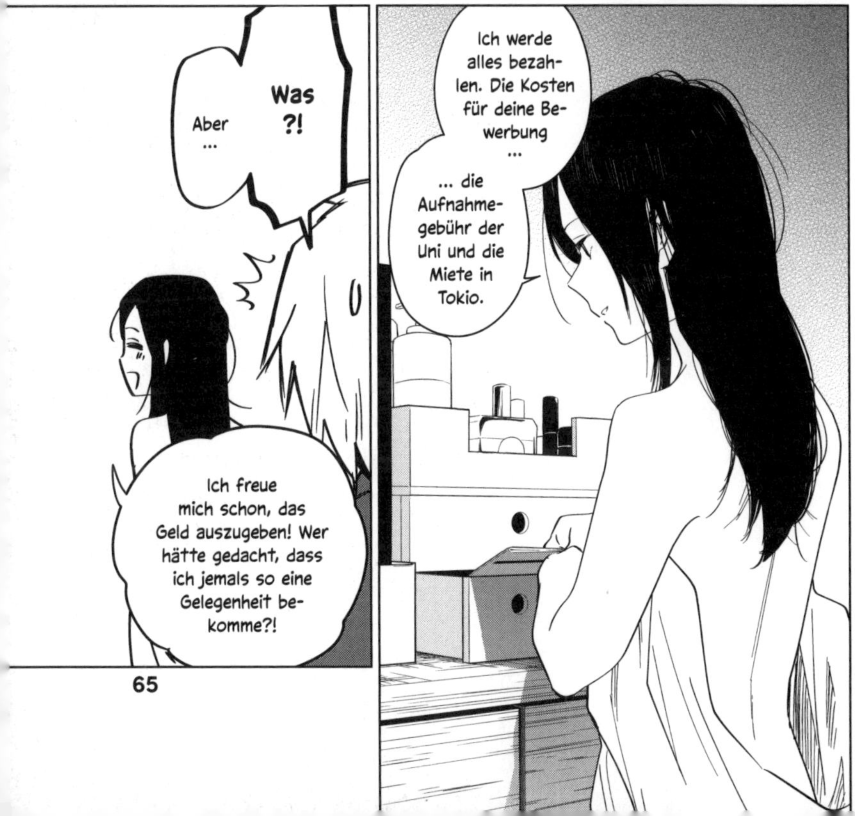

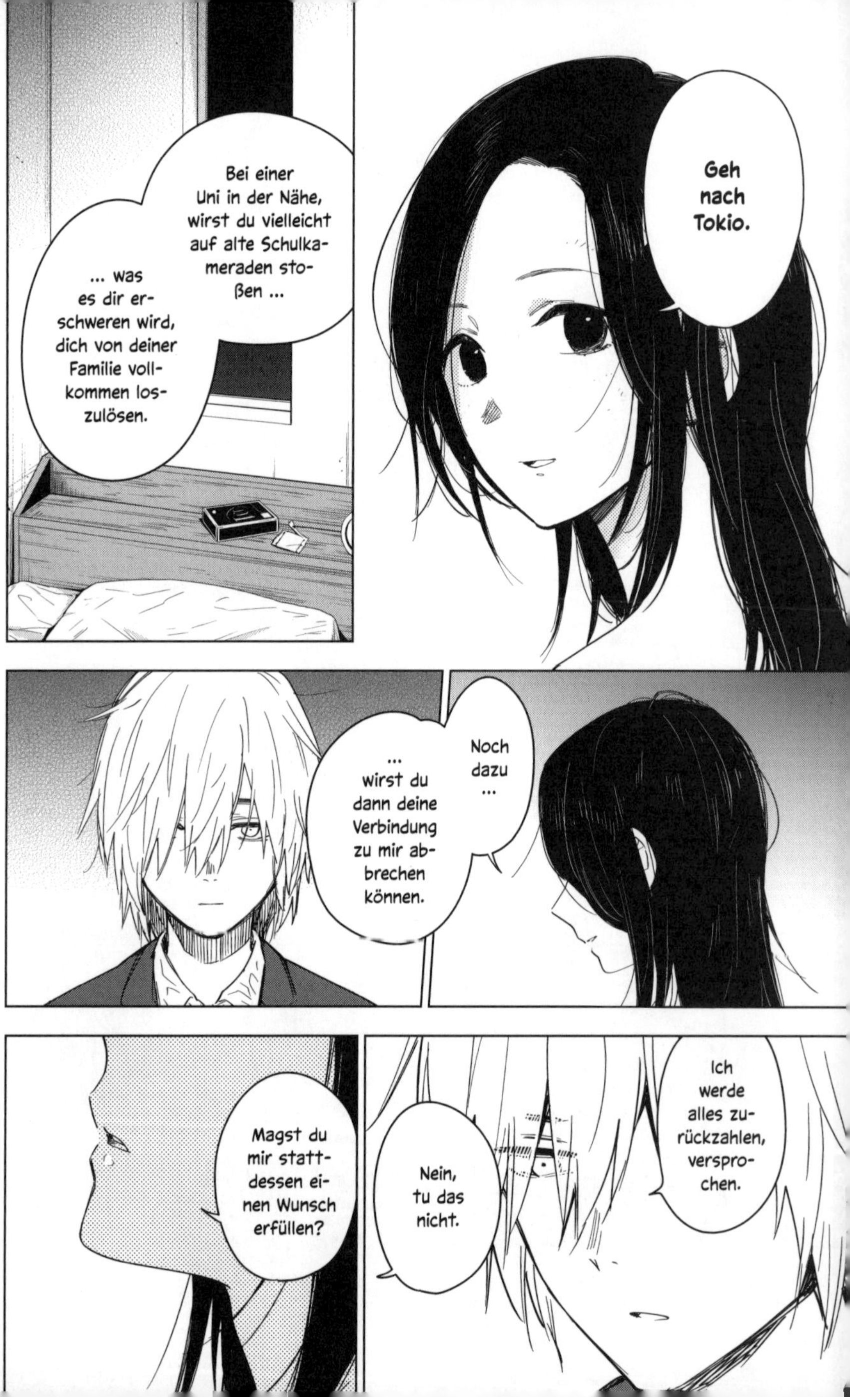
Geh nach Tokio.
Bei einer Uni in der Nähe, wirst du vielleicht auf alte Schulkameraden stoßen ...
... was es dir erschweren wird, dich von deiner Familie vollkommen loszulösen.
Noch dazu ...
... wirst du dann deine Verbindung zu mir abbrechen können.
Ich werde alles zurückzahlen, versprochen.
Nein, tu das nicht.
Magst du mir stattdessen einen Wunsch erfüllen?

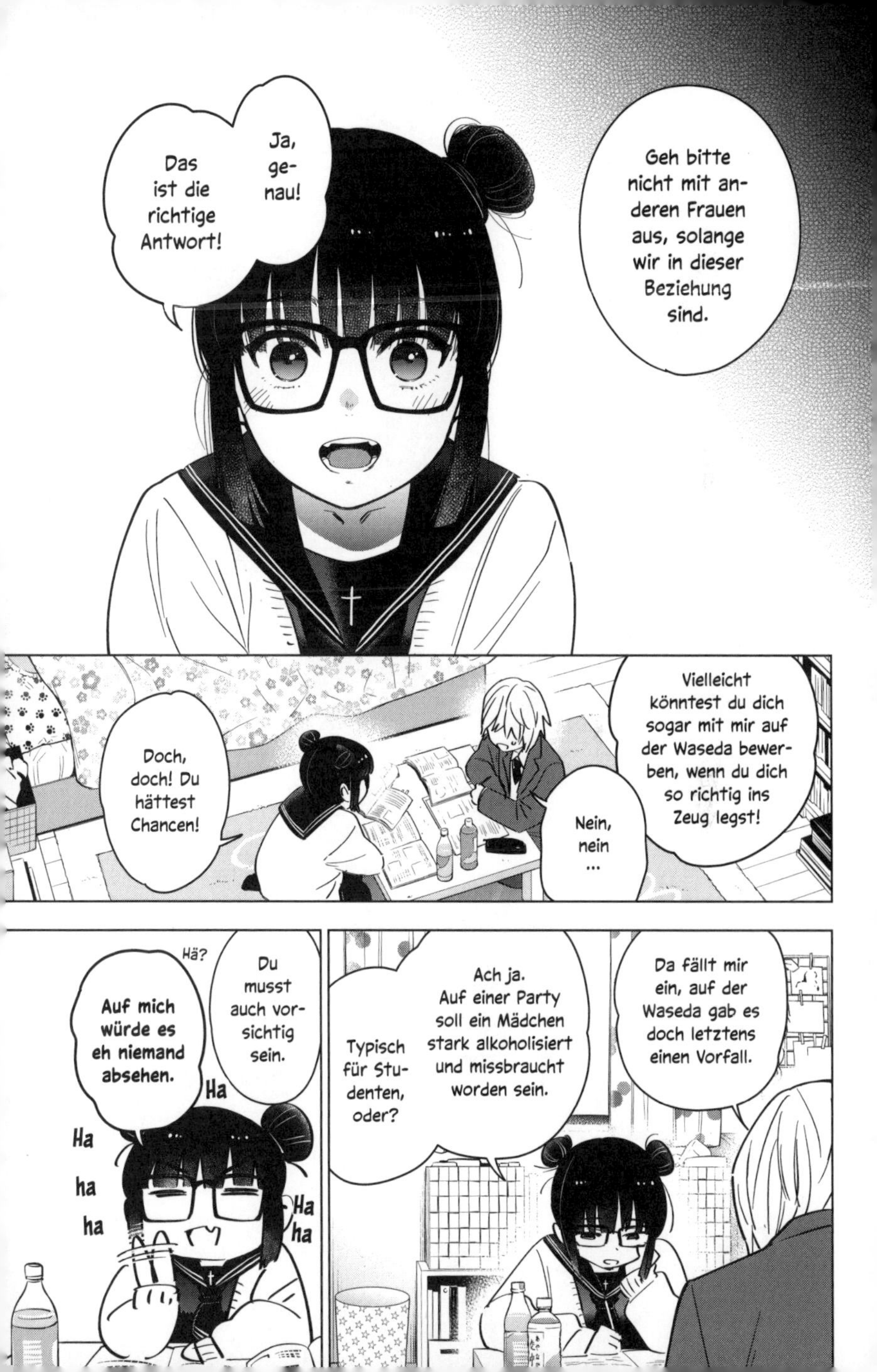

Geh bitte nicht mit anderen Frauen aus, solange wir in dieser Beziehung sind.
Ja, genau!
Das ist die richtige Antwort!
Vielleicht könntest du dich sogar mit mir auf der Waseda bewerben, wenn du dich so richtig ins Zeug legst!
Nein, nein ...
Doch, doch! Du hättest Chancen!
Da fällt mir ein, auf der Waseda gab es doch letztens einen Vorfall.
Ach ja. Auf einer Party soll ein Mädchen stark alkoholisiert und missbraucht worden sein.
Typisch für Studenten, oder?
Du musst auch vorsichtig sein.
Hä?
Auf mich würde es eh niemand absehen.
Ha
Ha
ha
ha
Ha
ha

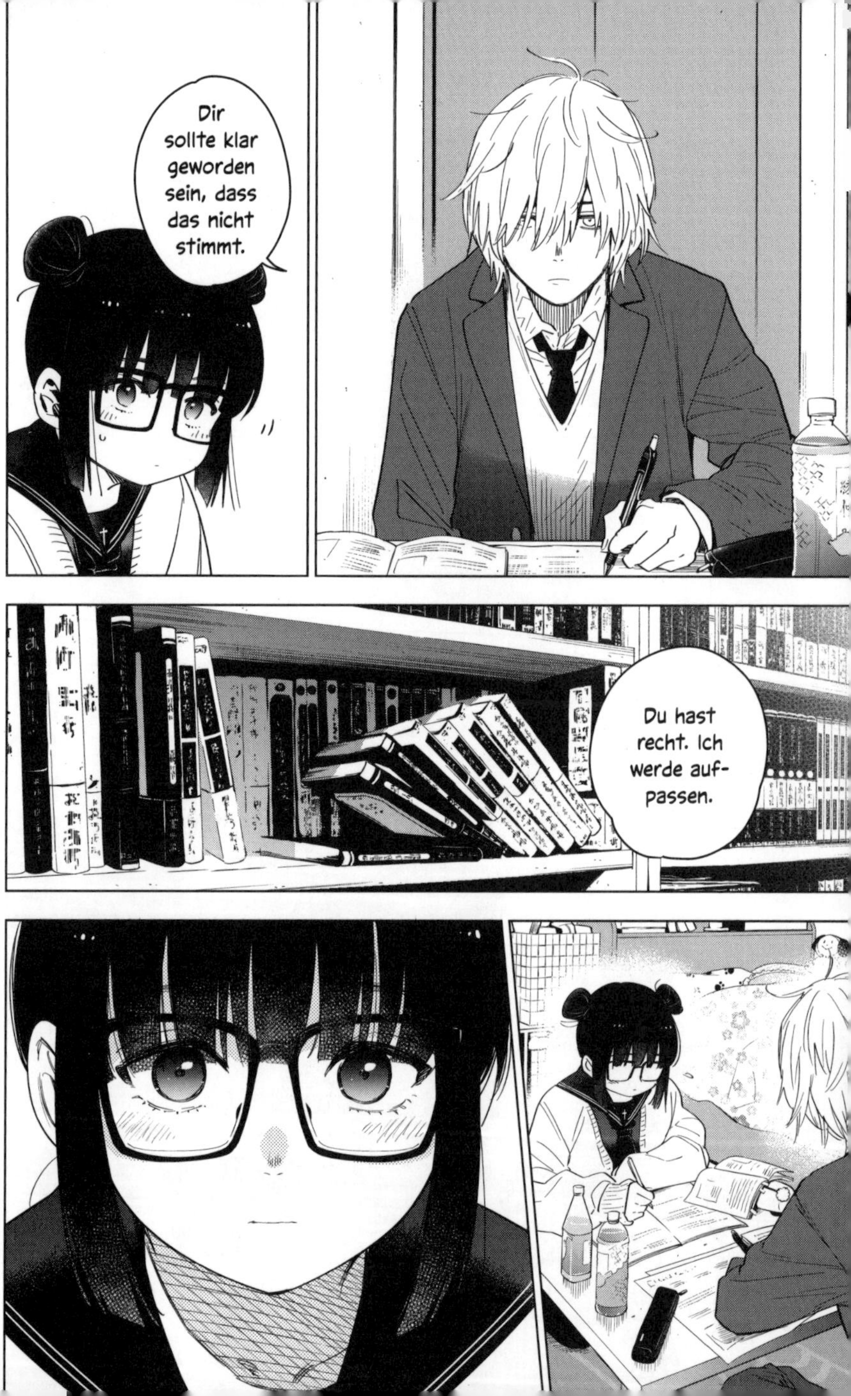
Dir sollte klar geworden sein, dass das nicht stimmt.
Du hast recht. Ich werde aufpassen.

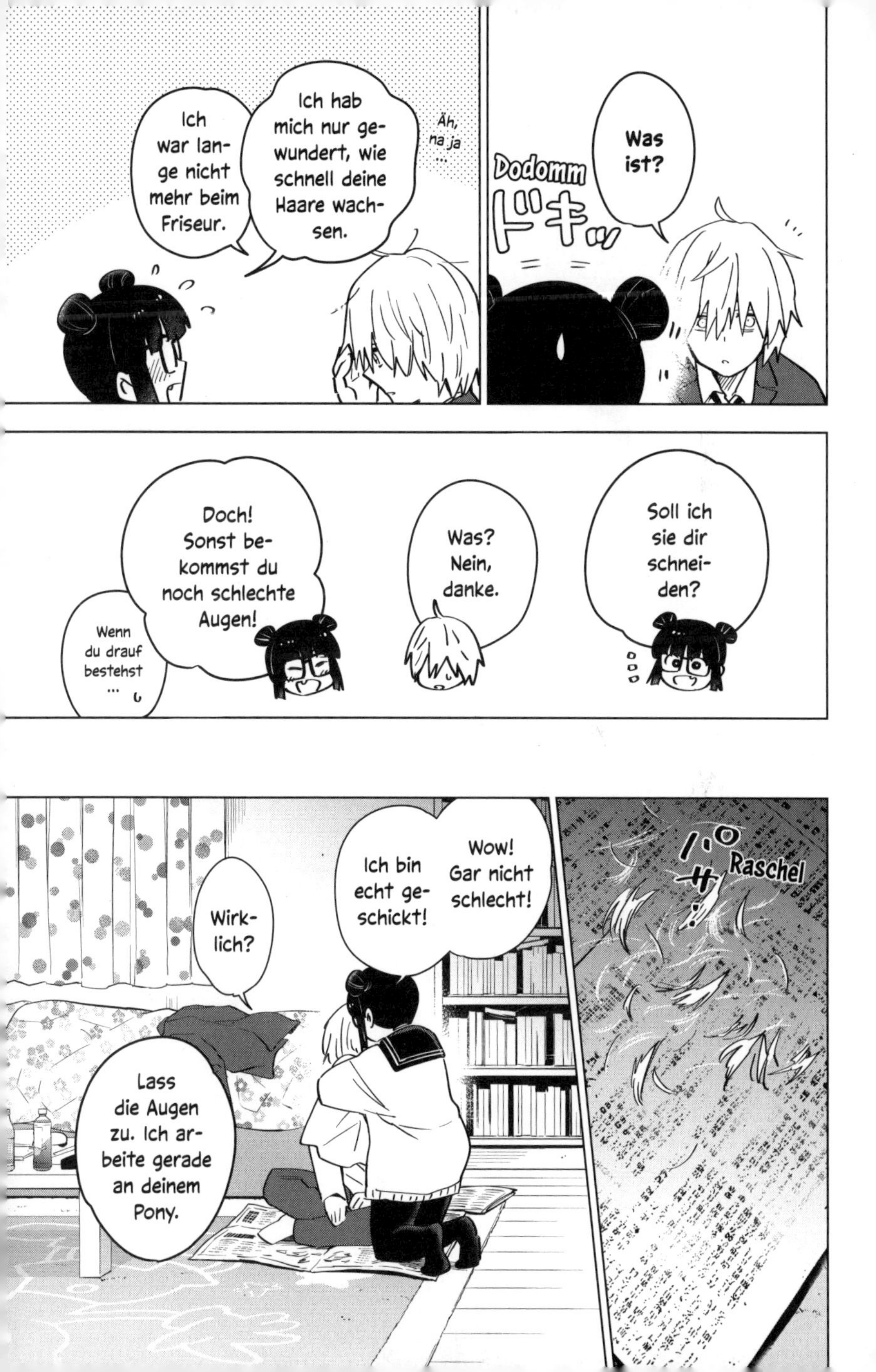
Was ist?
Dodomm
ドキッ
Äh, na ja …
Ich hab mich nur gewundert, wie schnell deine Haare wachsen.
Ich war lange nicht mehr beim Friseur.
Soll ich sie dir schneiden?
Was? Nein, danke.
Doch! Sonst bekommst du noch schlechte Augen!
Wenn du drauf bestehst …
Raschel
パサ
Wow! Gar nicht schlecht!
Ich bin echt geschickt!
Wirklich?
Lass die Augen zu. Ich arbeite gerade an deinem Pony.

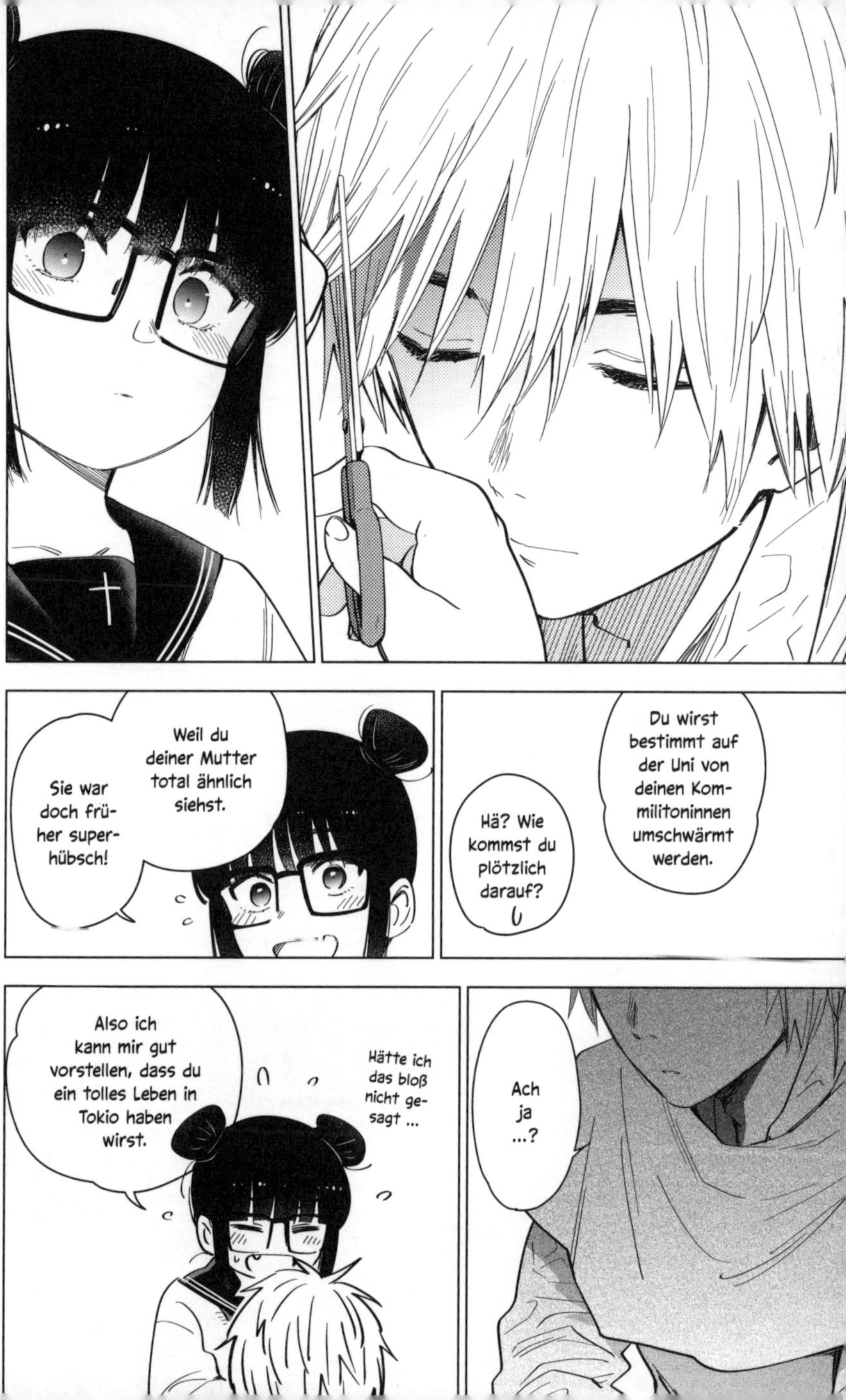
Du wirst bestimmt auf der Uni von deinen Kommilitoninnen umschwärmt werden.
Hä? Wie kommst du plötzlich darauf?
Weil du deiner Mutter total ähnlich siehst.
Sie war doch früher superhübsch!
Ach ja ...?
Also ich kann mir gut vorstellen, dass du ein tolles Leben in Tokio haben wirst.
Hätte ich das bloß nicht gesagt ...

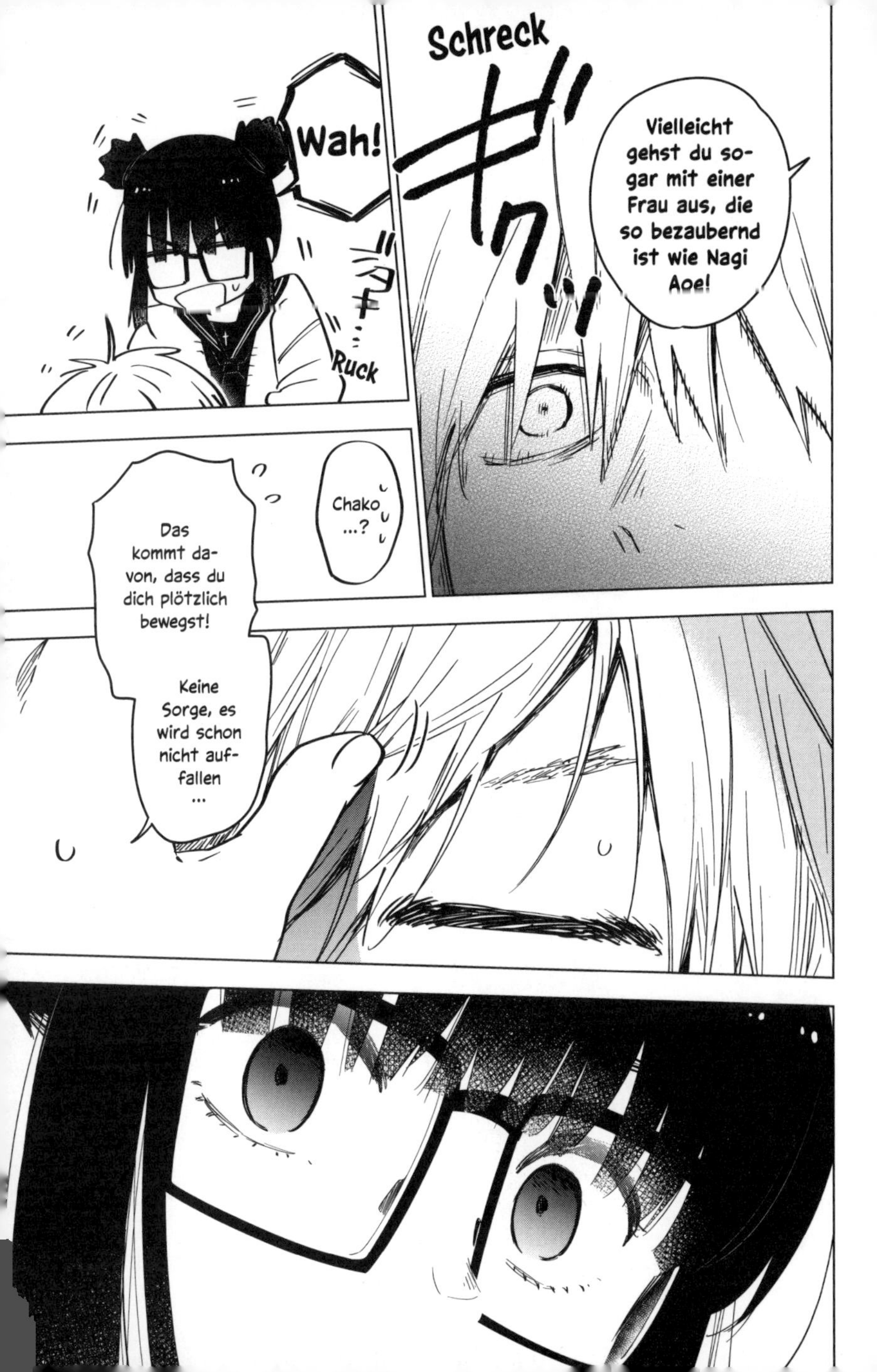
Schreck
Vielleicht gehst du sogar mit einer Frau aus, die so bezaubernd ist wie Nagi Aoe!
Wah!
Ruck
Chako …?
Das kommt davon, dass du dich plötzlich bewegst!
Keine Sorge, es wird schon nicht auffallen …

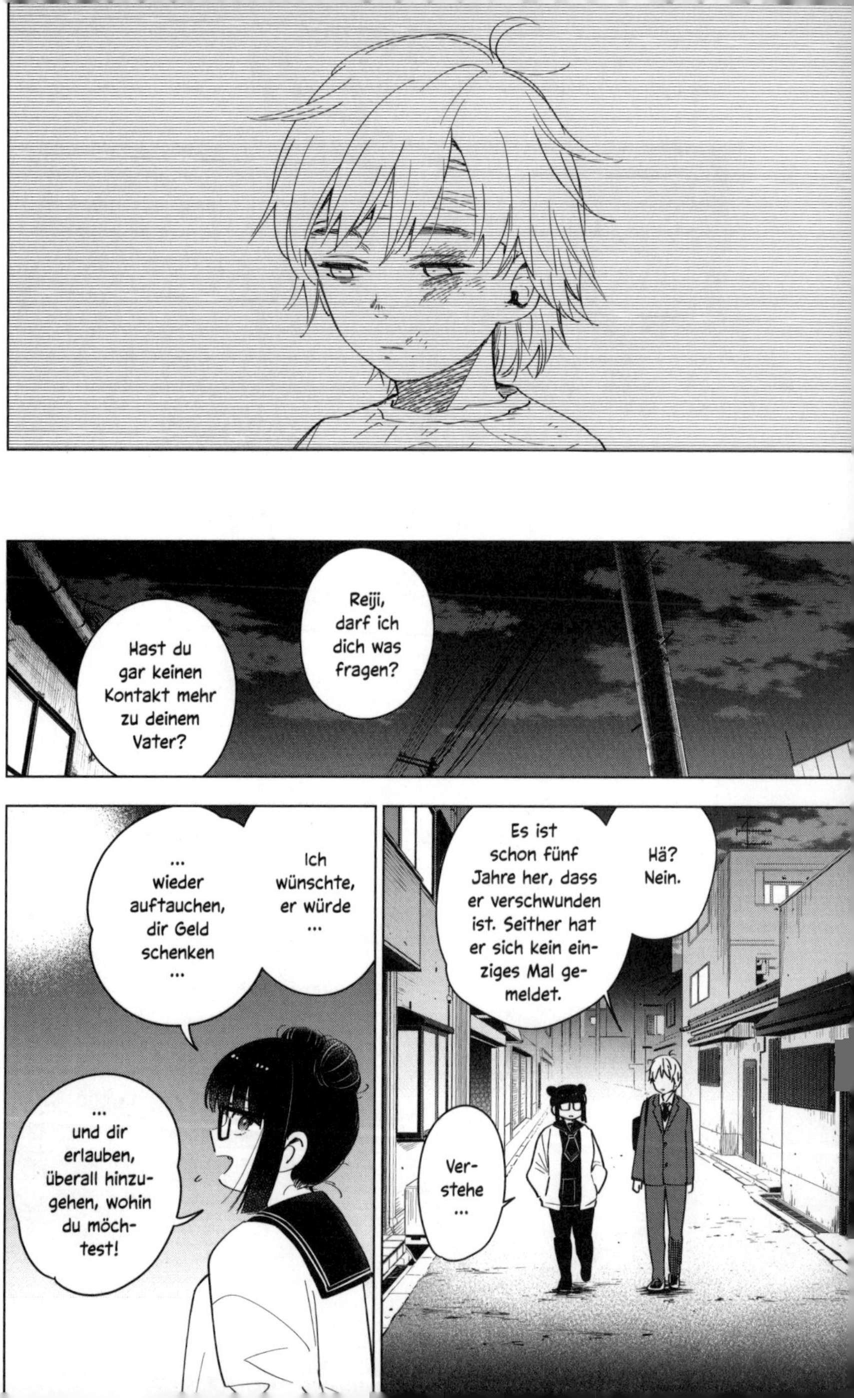
Reiji, darf ich dich was fragen?
Hast du gar keinen Kontakt mehr zu deinem Vater?
Hä? Nein.
Es ist schon fünf Jahre her, dass er verschwunden ist. Seither hat er sich kein einziges Mal gemeldet.
Verstehe ...
Ich wünschte, er würde ...
... wieder auftauchen, dir Geld schenken ...
... und dir erlauben, überall hinzugehen, wohin du möchtest!

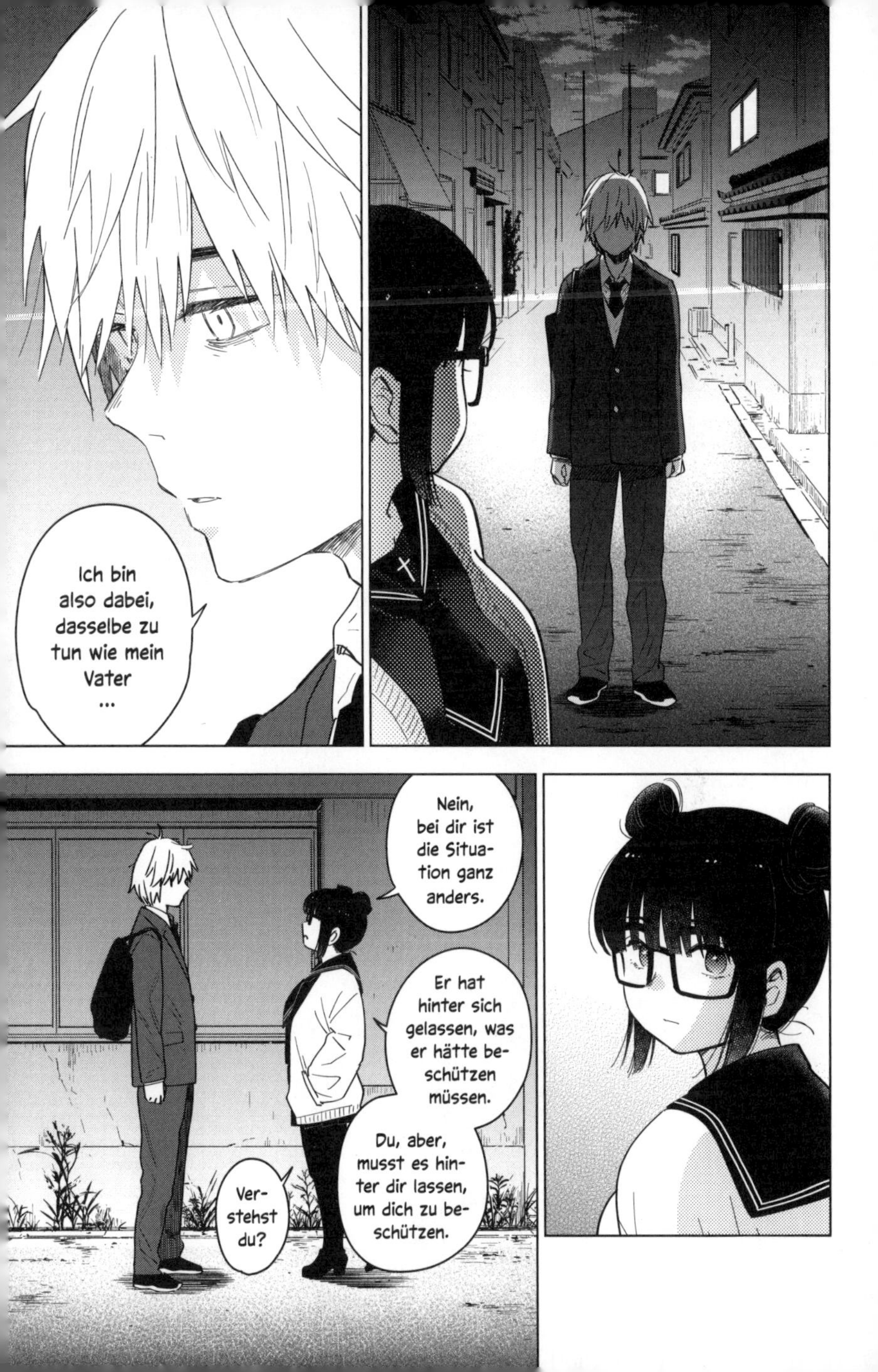
Ich bin also dabei, dasselbe zu tun wie mein Vater ...
Nein, bei dir ist die Situation ganz anders.
Er hat hinter sich gelassen, was er hätte beschützen müssen.
Du, aber, musst es hinter dir lassen, um dich zu beschützen.
Verstehst du?

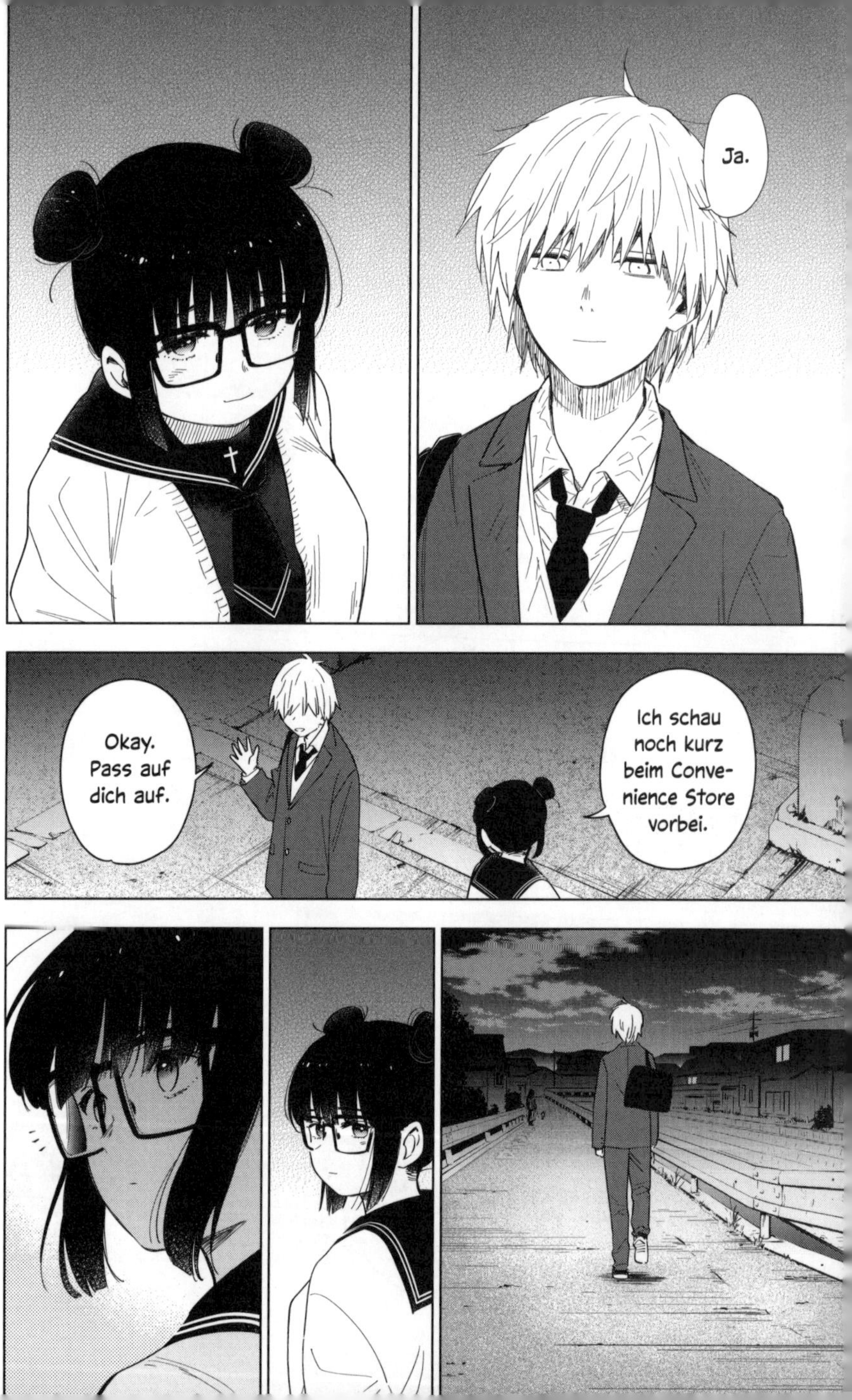
Ja.
Ich schau noch kurz beim Convenience Store vorbei.
Okay. Pass auf dich auf.

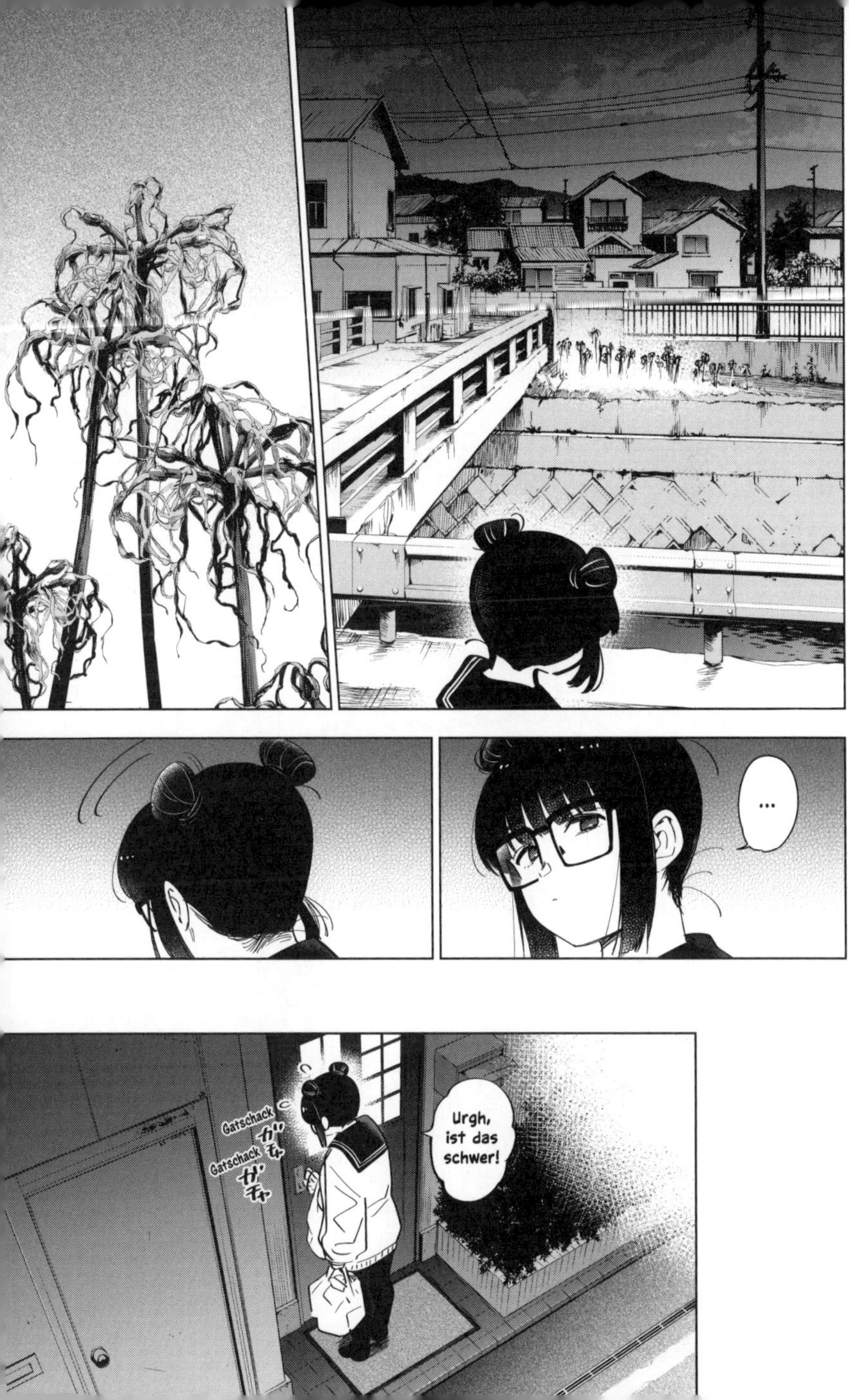
...
Gatschack ガチャ
Gatschack ガチャ
Urgh, ist das schwer!

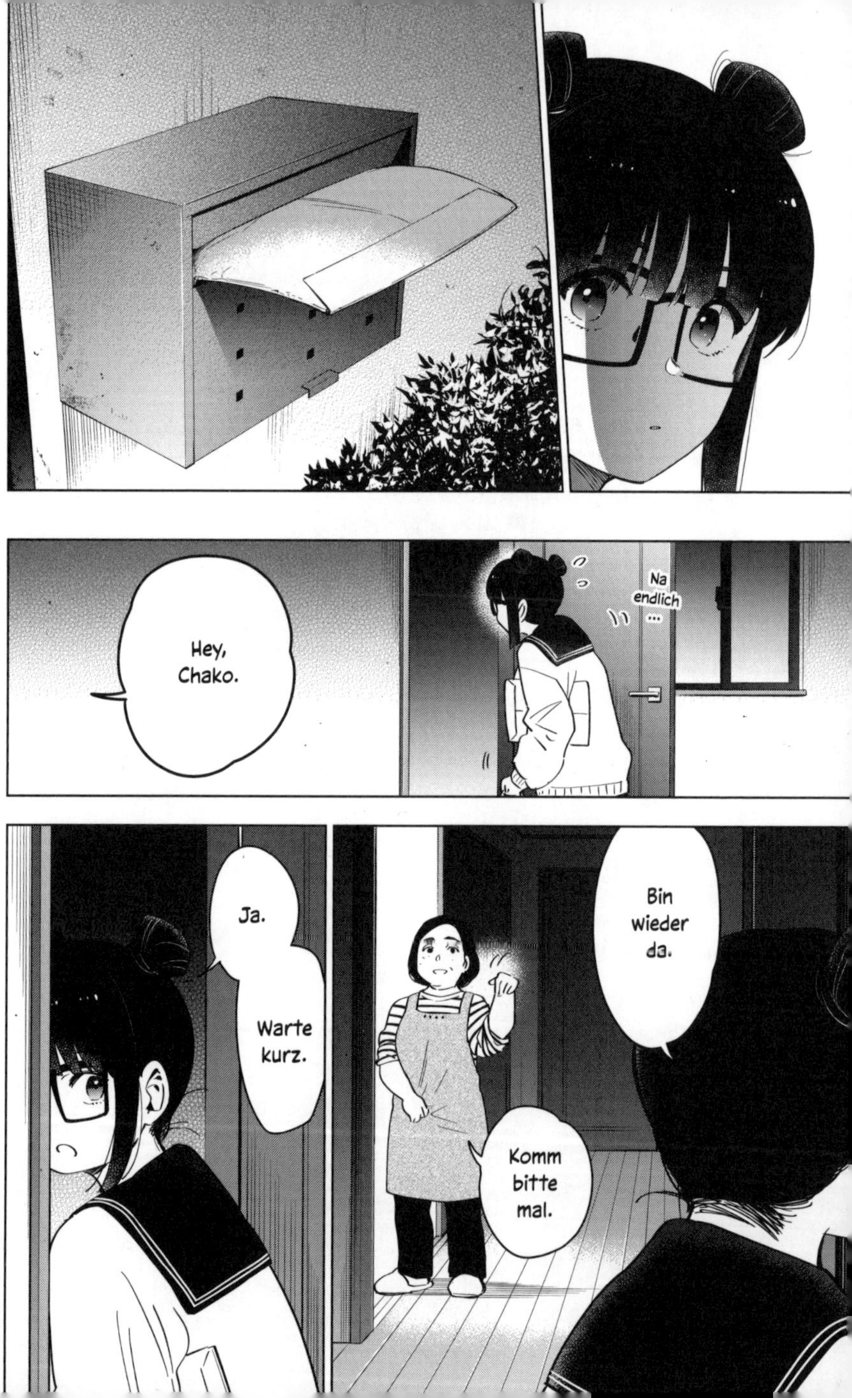

Na endlich ...
Hey, Chako.
Bin wieder da.
Komm bitte mal.
Ja.
Warte kurz.

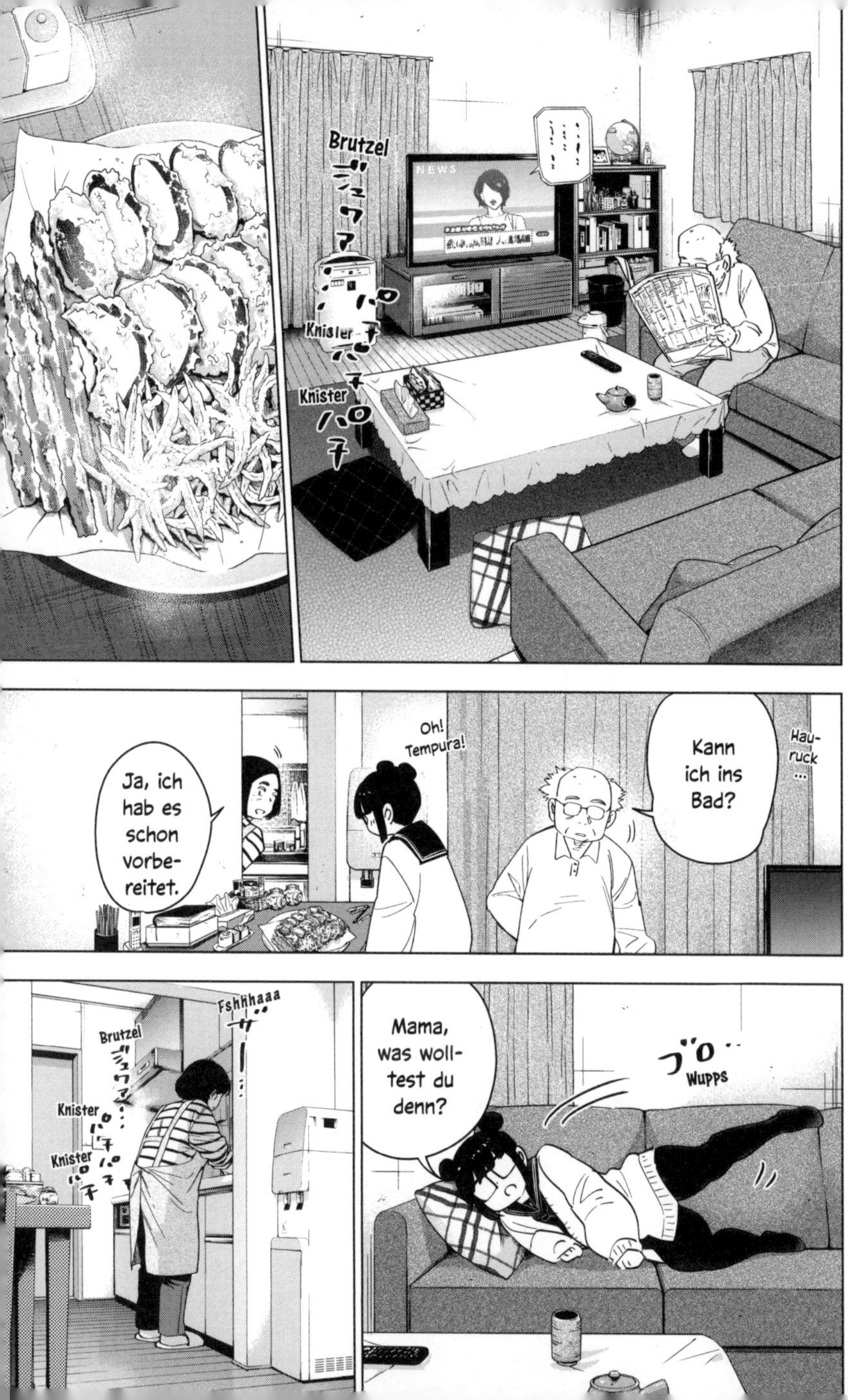
Brutzel
Knister
Knister
Hau-
ruck
...
Kann
ich ins
Bad?
Oh!
Tempura!
Ja, ich
hab es
schon
vorbe-
reitet.
Fshhhaaa
Brutzel
Knister
Knister
Wupps
Mama,
was woll-
test du
denn?

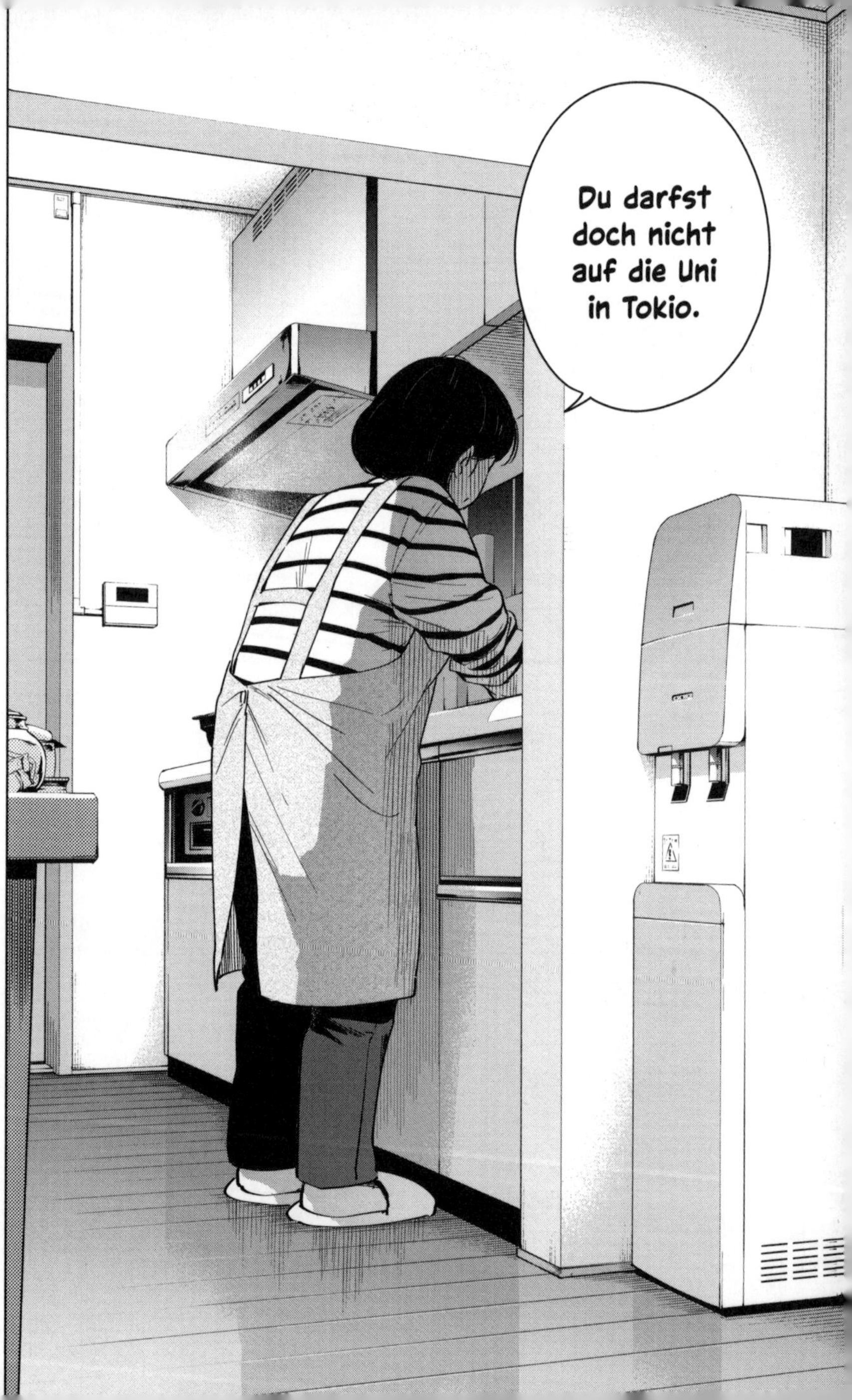
Du darfst doch nicht auf die Uni in Tokio.

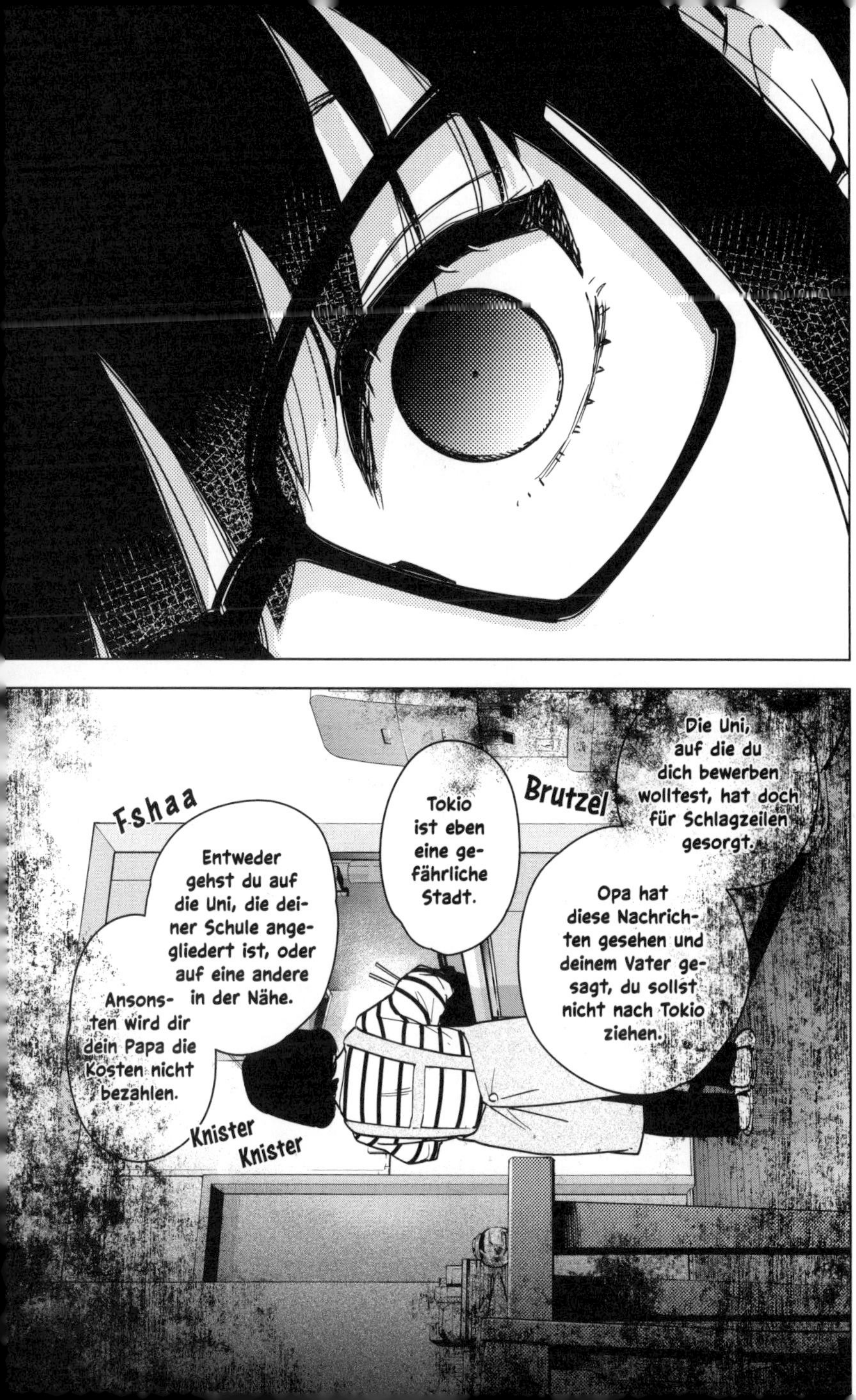
Die Uni, auf die du dich bewerben wolltest, hat doch für Schlagzeilen gesorgt.
Opa hat diese Nachrichten gesehen und deinem Vater gesagt, du sollst nicht nach Tokio ziehen.
Brutzel
Tokio ist eben eine gefährliche Stadt.
Fshaa
Entweder gehst du auf die Uni, die deiner Schule angegliedert ist, oder auf eine andere in der Nähe.
Ansonsten wird dir dein Papa die Kosten nicht bezahlen.
Knister Knister

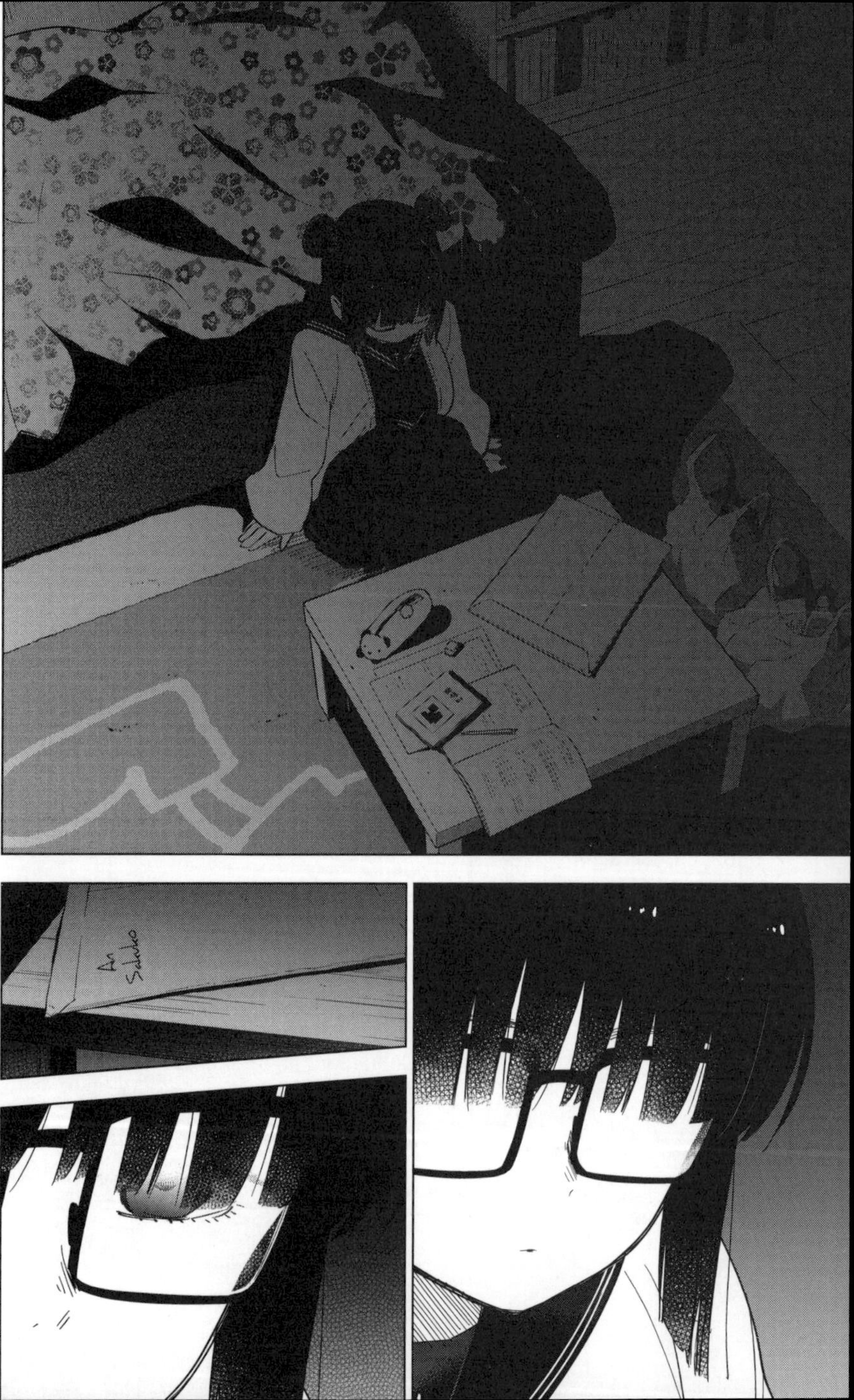
An
Sadako

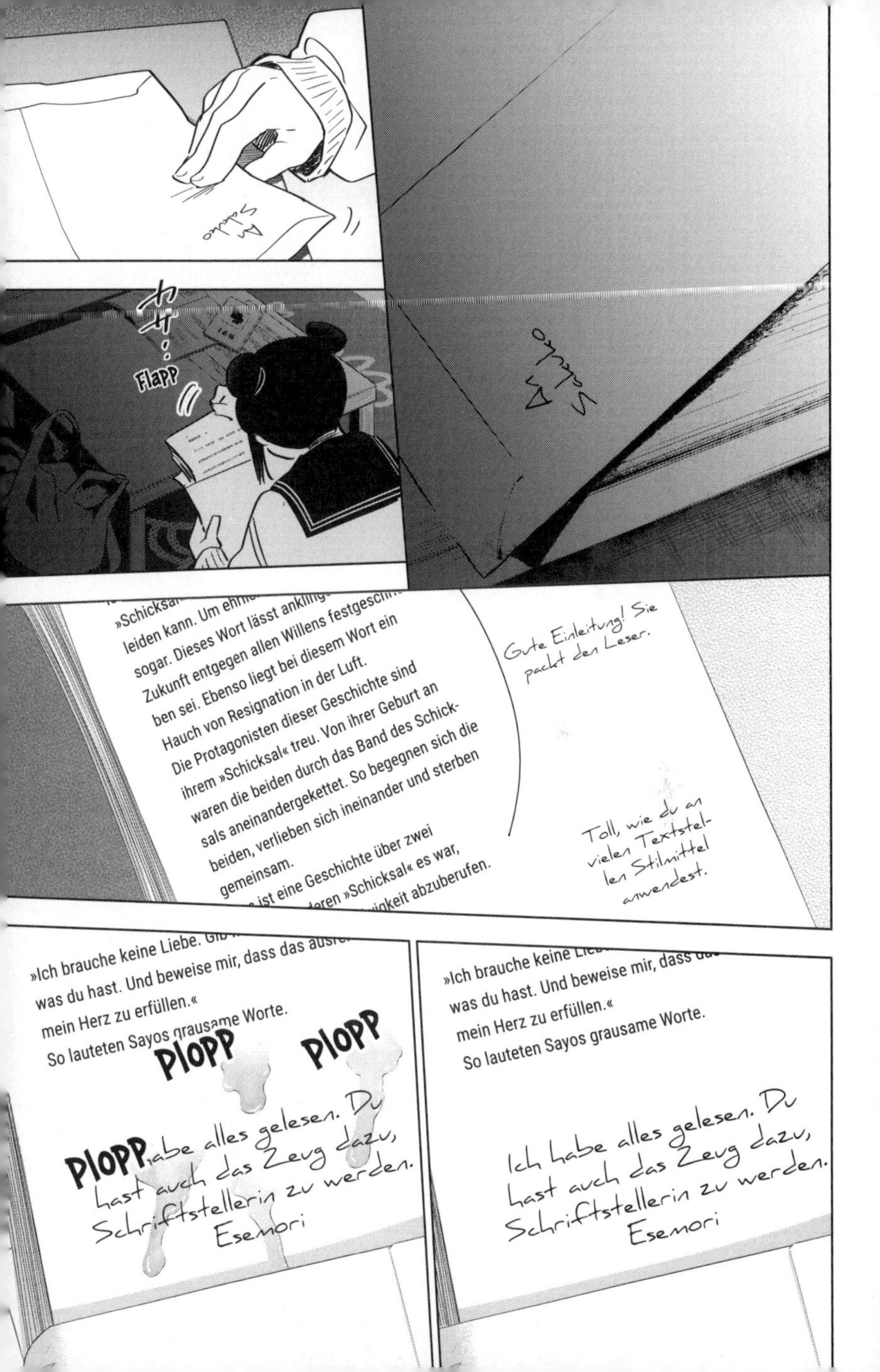
An Sakuko
Flapp
An Sakuko
»Schicksal
leiden kann. Um
sogar. Dieses Wort lässt
Zukunft entgegen allen Willens
ben sei. Ebenso liegt bei diesem Wort ein
Hauch von Resignation in der Luft.
Die Protagonisten dieser Geschichte sind
ihrem »Schicksal« treu. Von ihrer Geburt an
waren die beiden durch das Band des Schick-
sals aneinandergekettet. So begegnen sich die
beiden, verlieben sich ineinander und sterben
gemeinsam.
ist eine Geschichte über zwei
»Schicksal« es war,
abzuberufen.
Gute Einleitung! Sie packt den Leser.
Toll, wie du an vielen Textstellen Stilmittel anwendest.
»Ich brauche keine Liebe.
was du hast. Und beweise mir, dass das
mein Herz zu erfüllen.«
So lauteten Sayos grausame Worte.
Plopp
Plopp
Plopp
habe alles gelesen. Du hast auch das Zeug dazu, Schriftstellerin zu werden.
Esemori
»Ich brauche keine
was du hast. Und beweise mir, dass
mein Herz zu erfüllen.«
So lauteten Sayos grausame Worte.
Ich habe alles gelesen. Du hast auch das Zeug dazu, Schriftstellerin zu werden.
Esemori

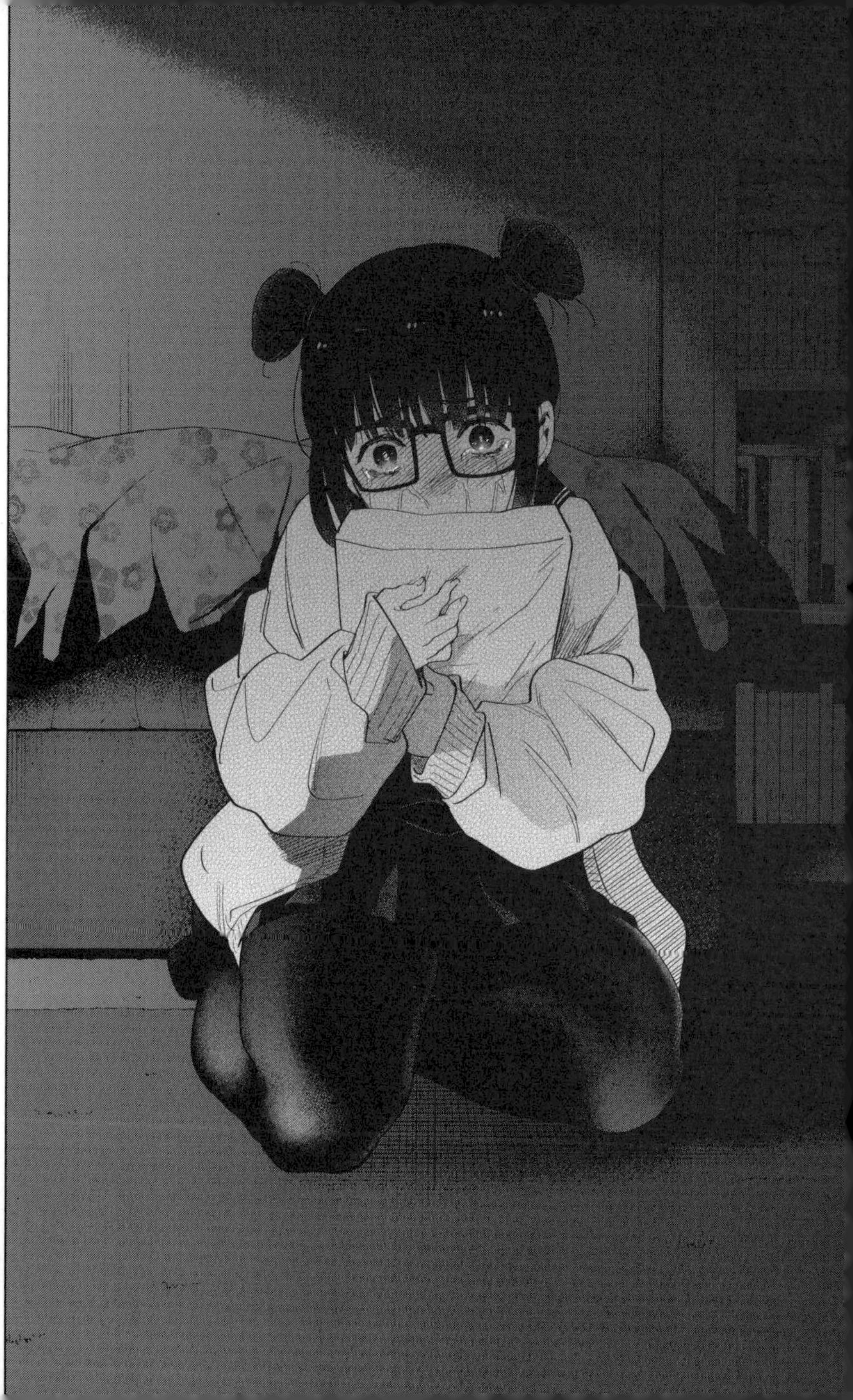

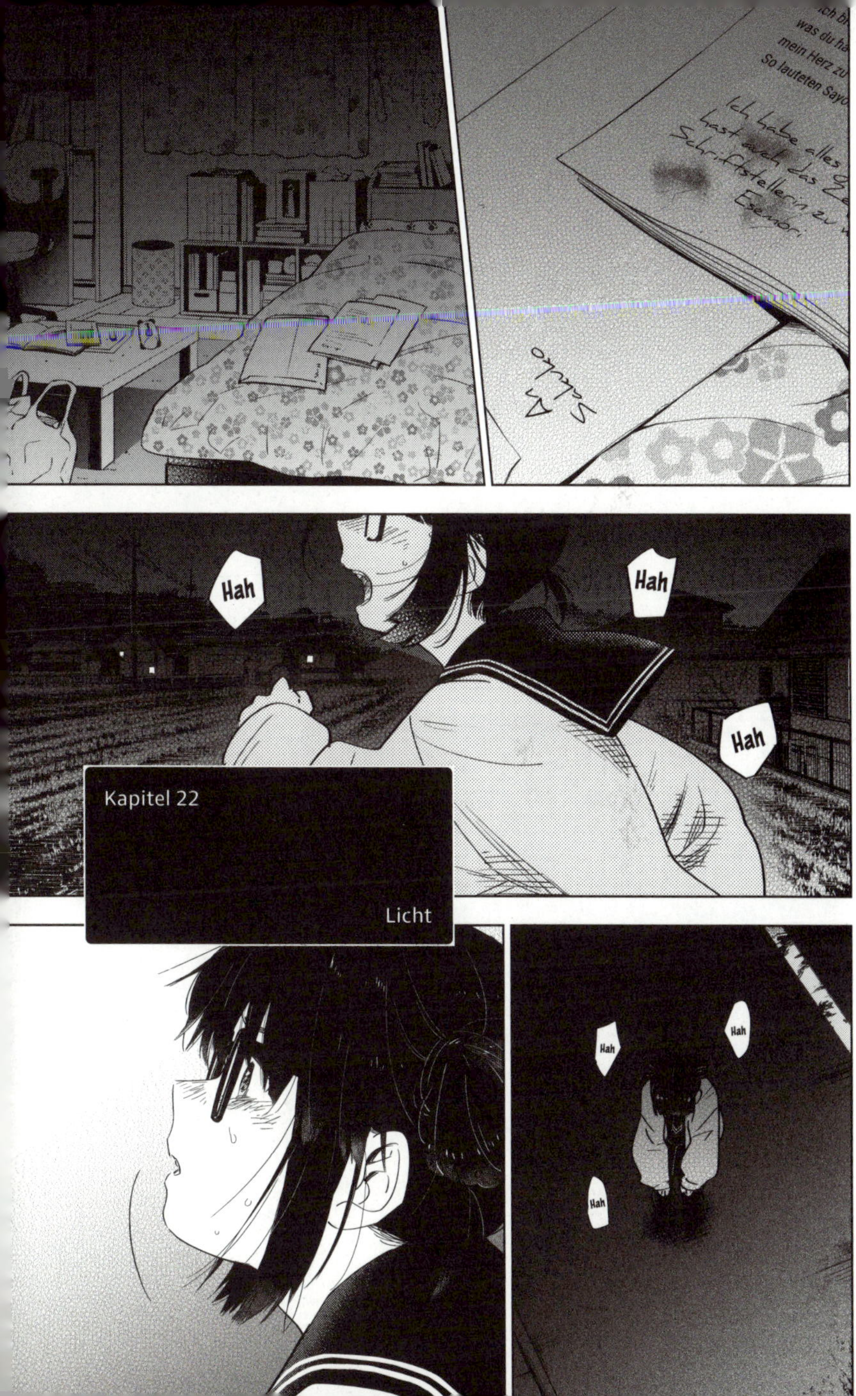
Hah
Hah
Hah
Kapitel 22
Licht
Hah
Hah
Hah

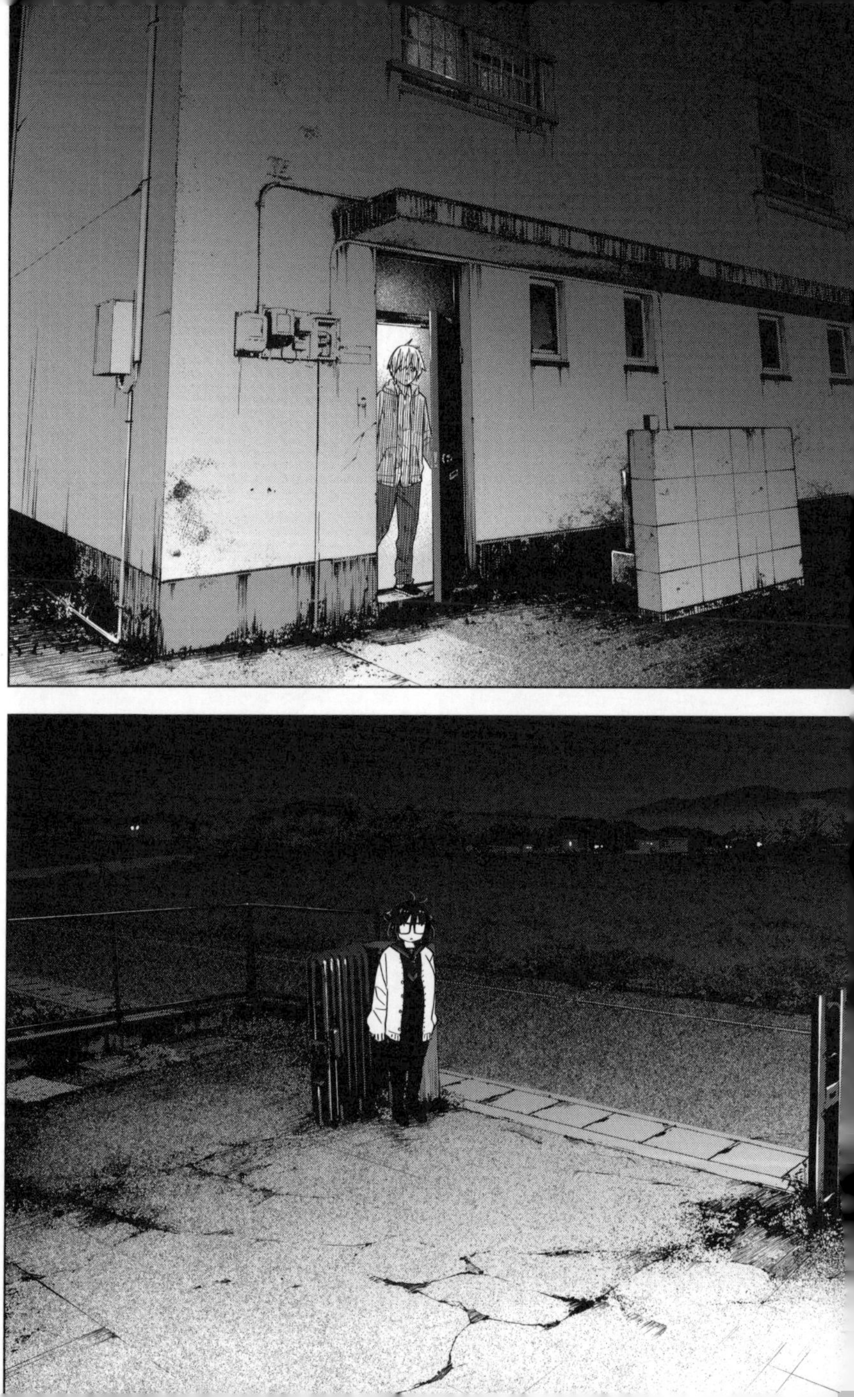

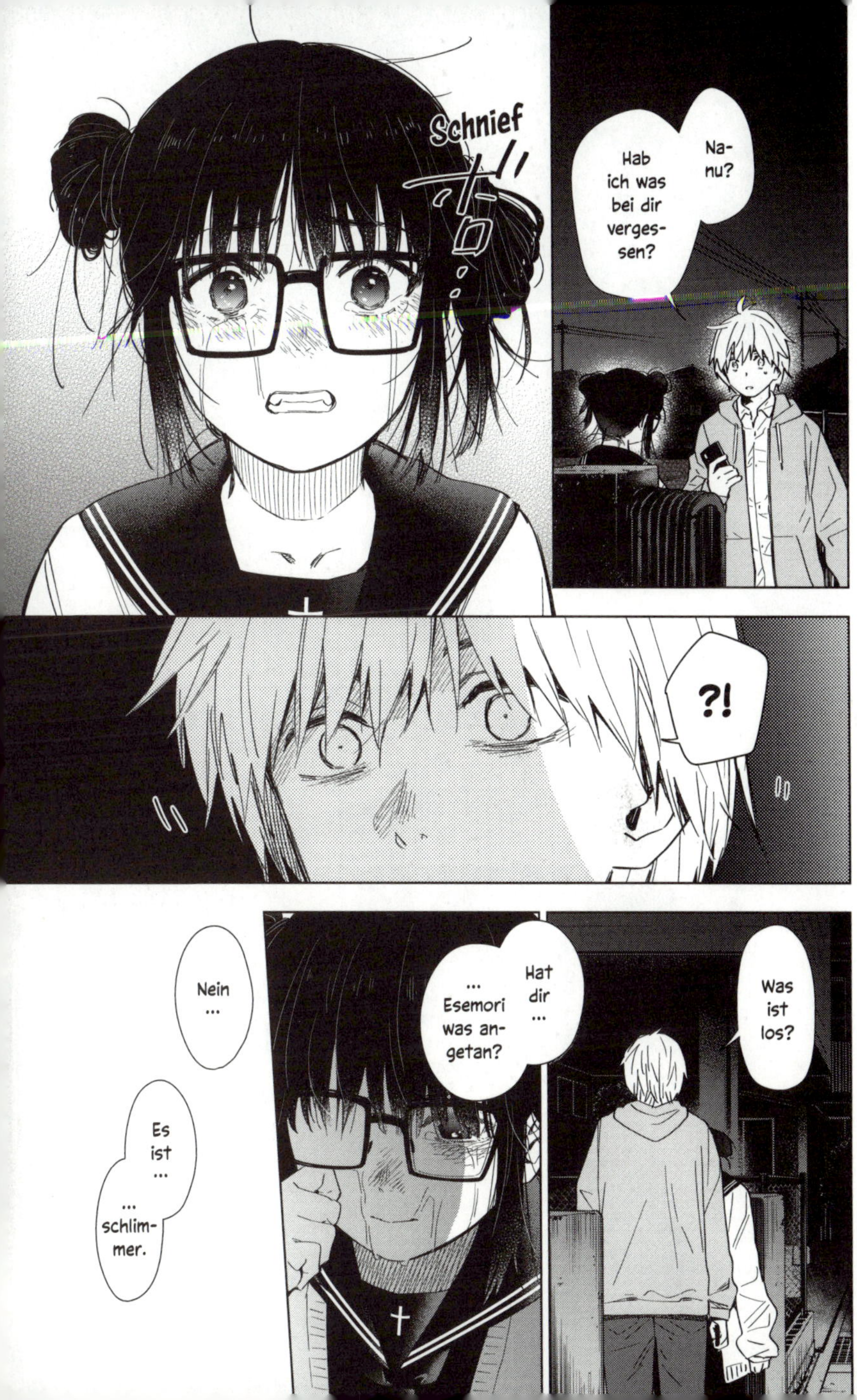
Na-
nu?
Hab ich was bei dir verges-
sen?
Schnief
?!
Was ist los?
Hat dir ...
... Esemori was an-
getan?
Nein ...
Es ist ...
... schlim-
mer.

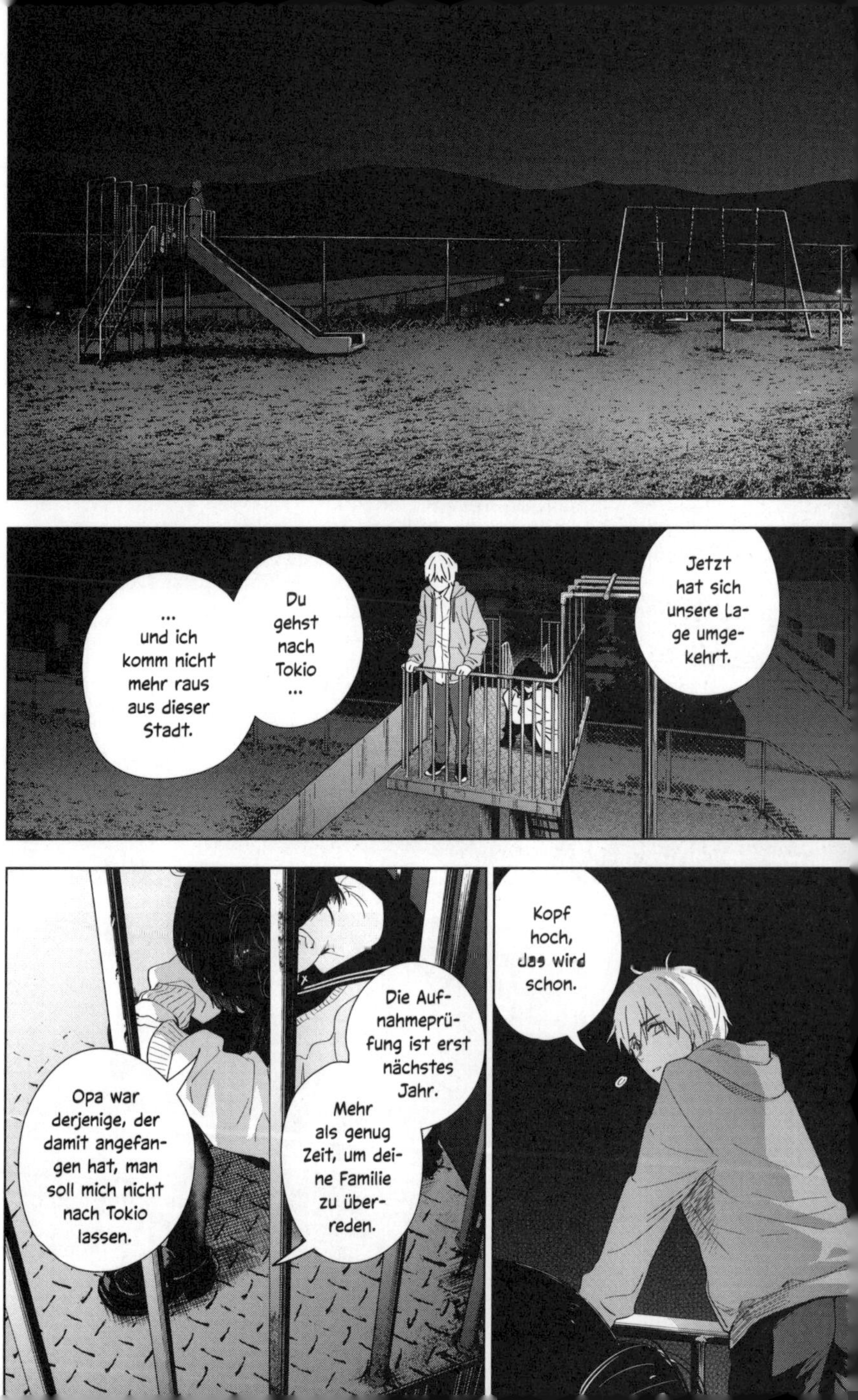

Jetzt hat sich unsere Lage umgekehrt.
Du gehst nach Tokio ...
... und ich komm nicht mehr raus aus dieser Stadt.
Kopf hoch, das wird schon.
Die Aufnahmeprüfung ist erst nächstes Jahr.
Mehr als genug Zeit, um deine Familie zu überreden.
Opa war derjenige, der damit angefangen hat, man soll mich nicht nach Tokio lassen.

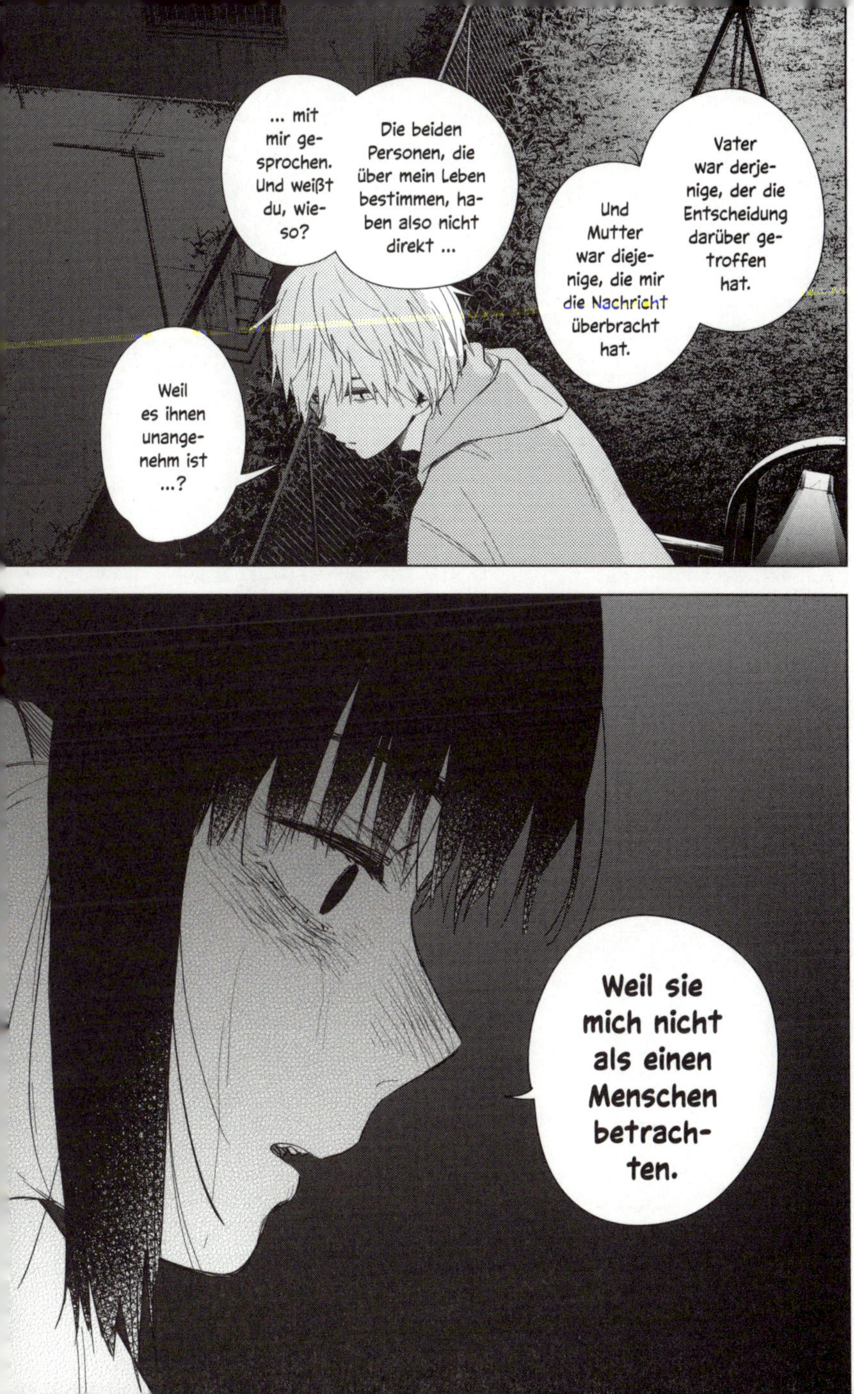
Vater war derjenige, der die Entscheidung darüber getroffen hat.
Und Mutter war diejenige, die mir die Nachricht überbracht hat.
Die beiden Personen, die über mein Leben bestimmen, haben also nicht direkt ...
... mit mir gesprochen. Und weißt du, wieso?
Weil es ihnen unangenehm ist ...?
Weil sie mich nicht als einen Menschen betrachten.

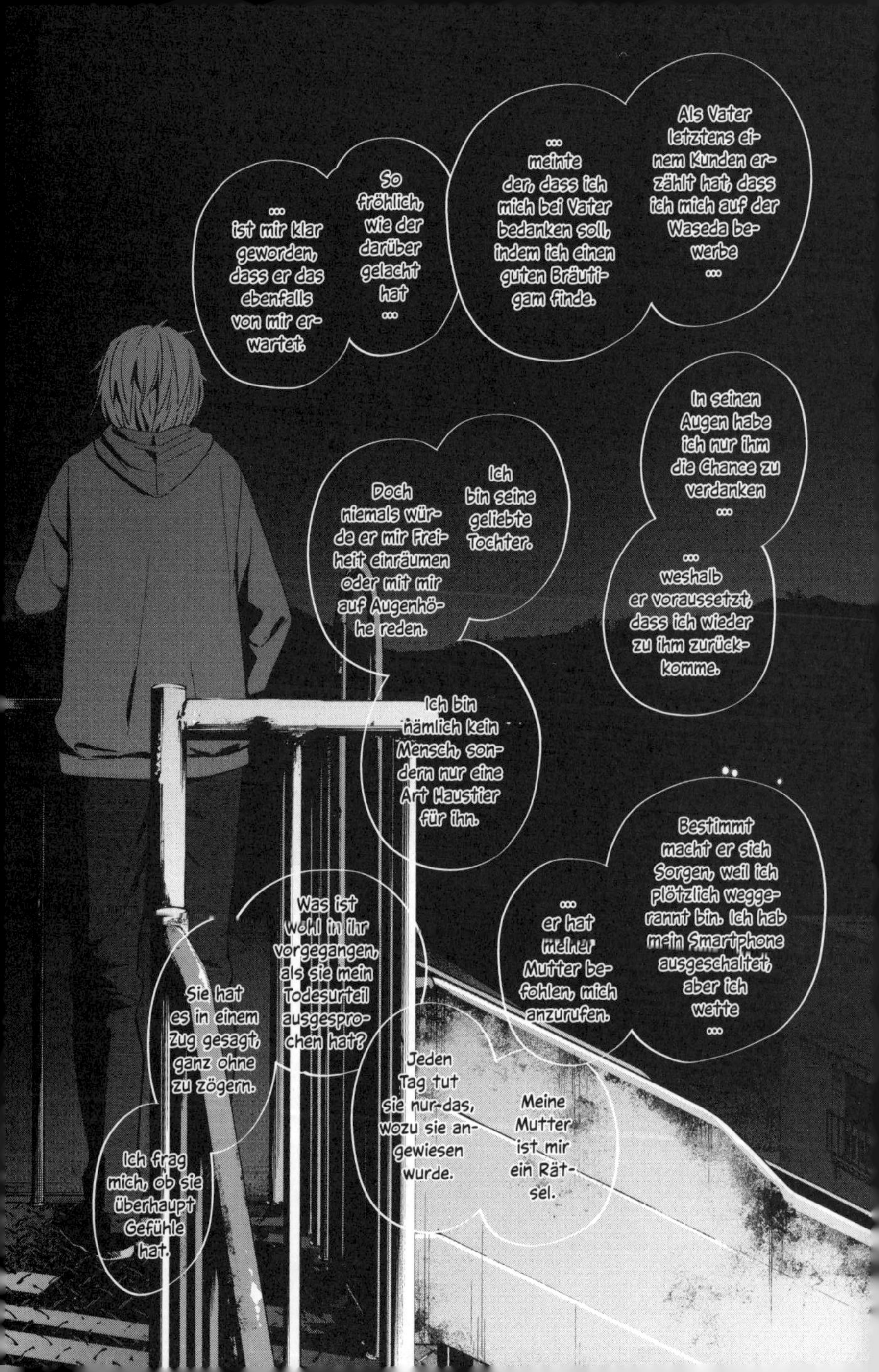
Als Vater letztens einem Kunden erzählt hat, dass ich mich auf der Waseda bewerbe …
… meinte der, dass ich mich bei Vater bedanken soll, indem ich einen guten Bräutigam finde.
So fröhlich, wie der darüber gelacht hat …
… ist mir klar geworden, dass er das ebenfalls von mir erwartet.
In seinen Augen habe ich nur ihm die Chance zu verdanken …
… weshalb er voraussetzt, dass ich wieder zu ihm zurückkomme.
Ich bin seine geliebte Tochter.
Doch niemals würde er mir Freiheit einräumen oder mit mir auf Augenhöhe reden.
Ich bin nämlich kein Mensch, sondern nur eine Art Haustier für ihn.
Bestimmt macht er sich Sorgen, weil ich plötzlich weggerannt bin. Ich hab mein Smartphone ausgeschaltet, aber ich wette …
… er hat meiner Mutter befohlen, mich anzurufen.
Was ist wohl in ihr vorgegangen, als sie mein Todesurteil ausgesprochen hat?
Sie hat es in einem Zug gesagt, ganz ohne zu zögern.
Meine Mutter ist mir ein Rätsel.
Jeden Tag tut sie nur das, wozu sie angewiesen wurde.
Ich frag mich, ob sie überhaupt Gefühle hat.

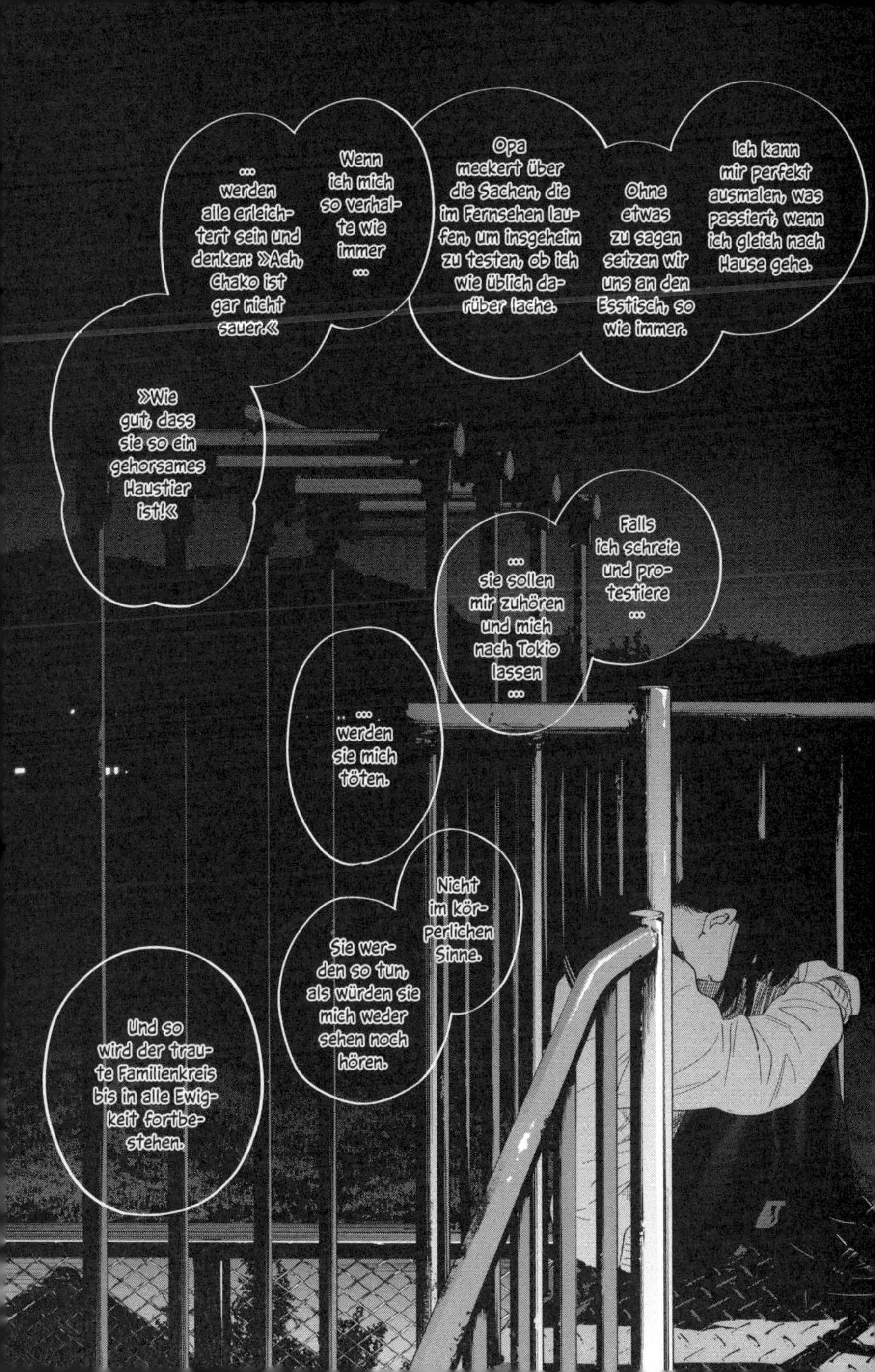
Ich kann mir perfekt ausmalen, was passiert, wenn ich gleich nach Hause gehe.
Ohne etwas zu sagen setzen wir uns an den Esstisch, so wie immer.
Opa meckert über die Sachen, die im Fernsehen laufen, um insgeheim zu testen, ob ich wie üblich darüber lache.
Wenn ich mich so verhalte wie immer …
… werden alle erleichtert sein und denken: »Ach, Chako ist gar nicht sauer.«
»Wie gut, dass sie so ein gehorsames Haustier ist!«
Falls ich schreie und protestiere …
… sie sollen mir zuhören und mich nach Tokio lassen …
… werden sie mich töten.
Nicht im körperlichen Sinne.
Sie werden so tun, als würden sie mich weder sehen noch hören.
Und so wird der traute Familienkreis bis in alle Ewigkeit fortbestehen.

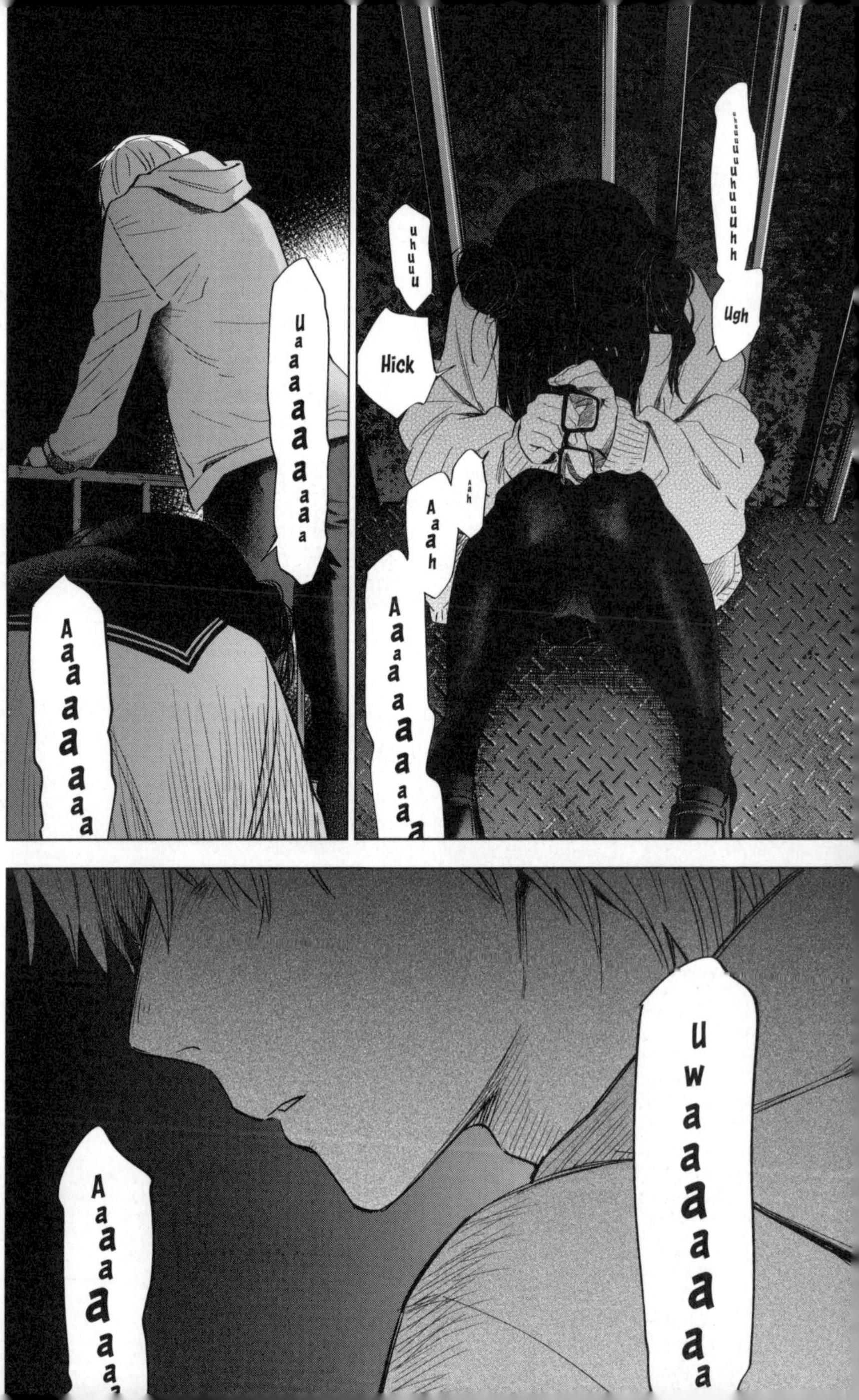
uuuuuuuuuhuuuhh
Ugh
uhuuu
Hick
aah
Aaah
Aaaaaaaaaaa
Uaaaaaaaaaaa
Aaaaaaaaaa
Uwaaaaaaaaaa
Aaaaaaaa

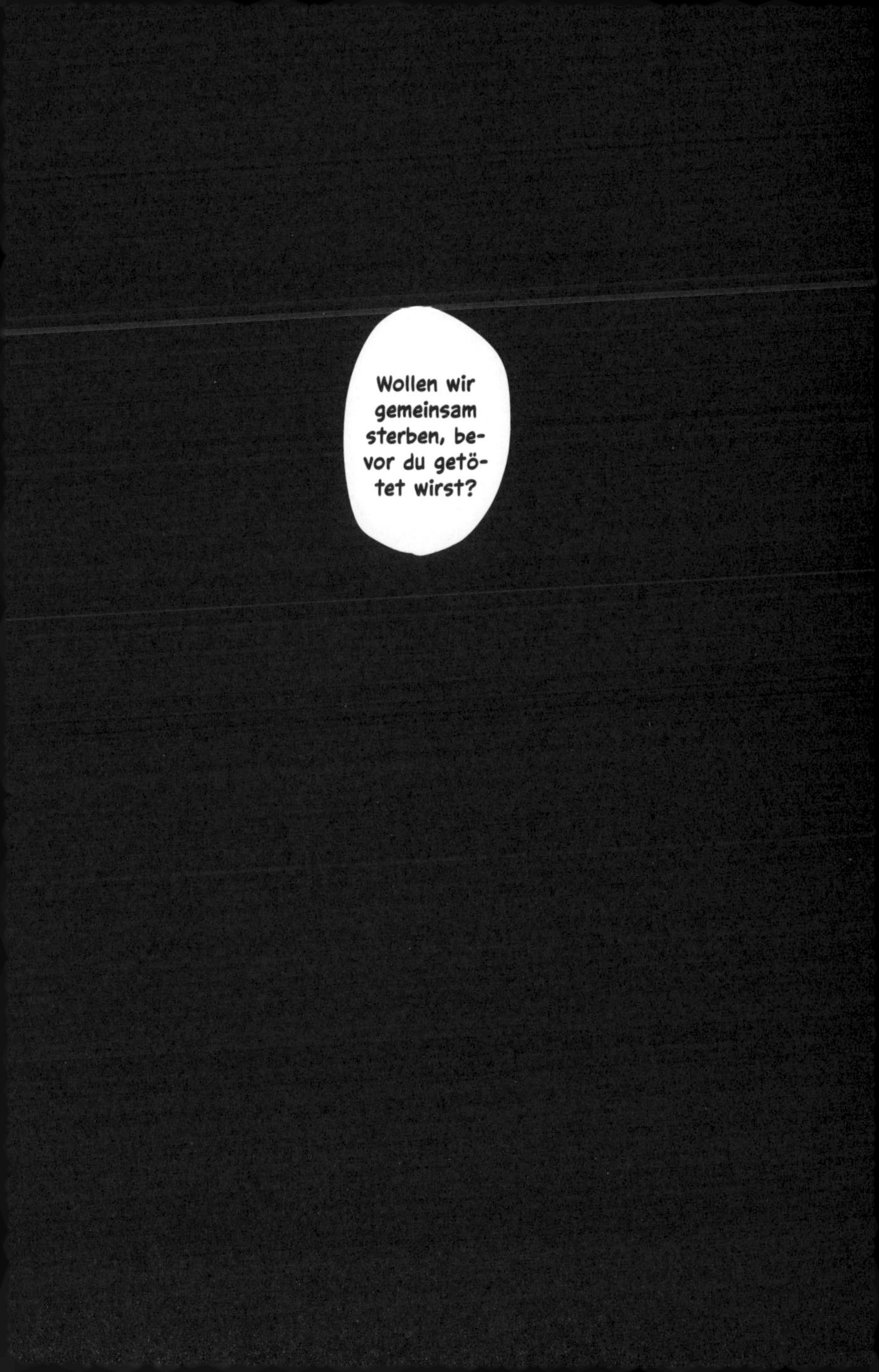
Wollen wir gemeinsam sterben, bevor du getötet wirst?

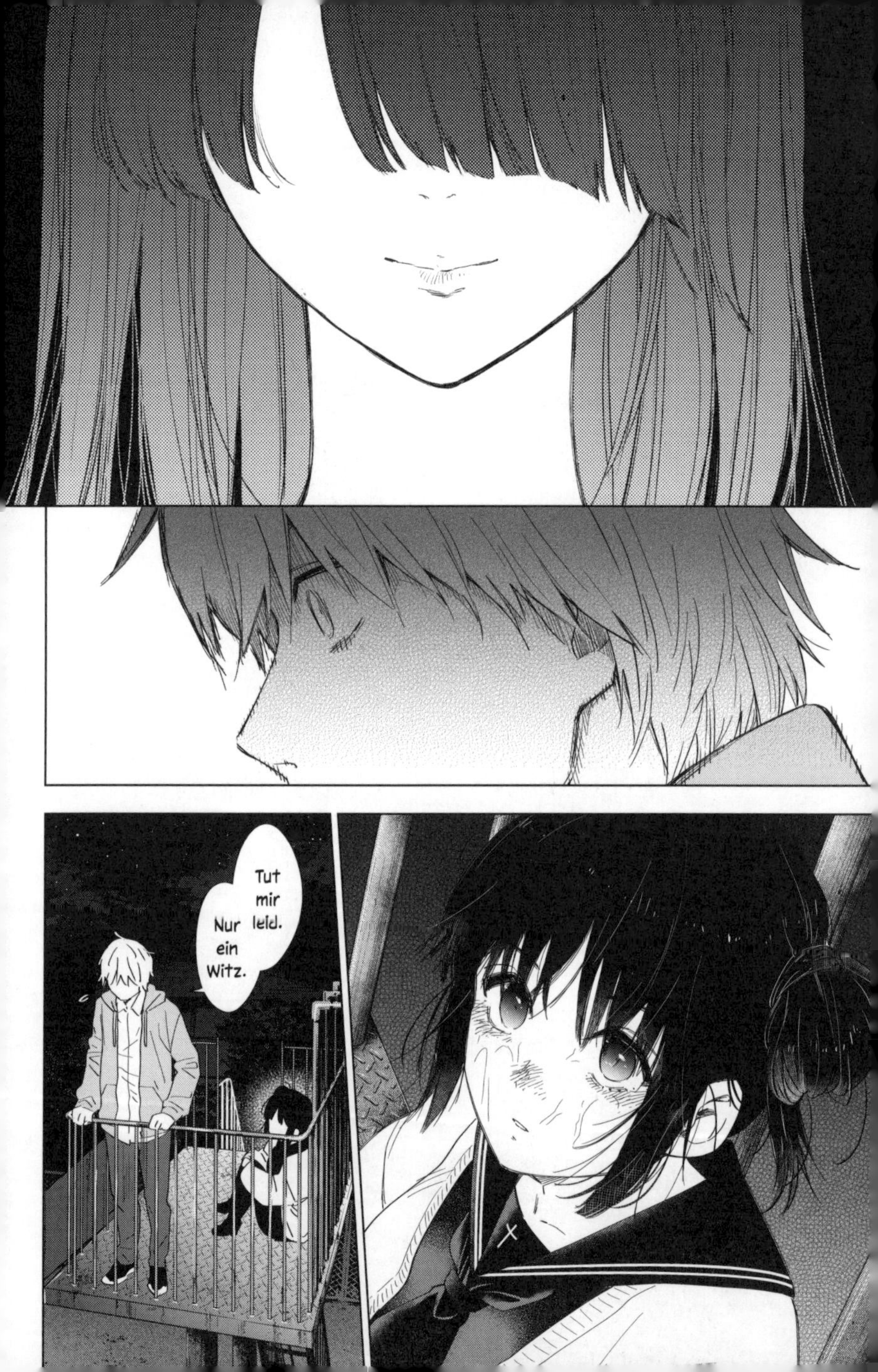
Tut mir leid.
Nur ein Witz.

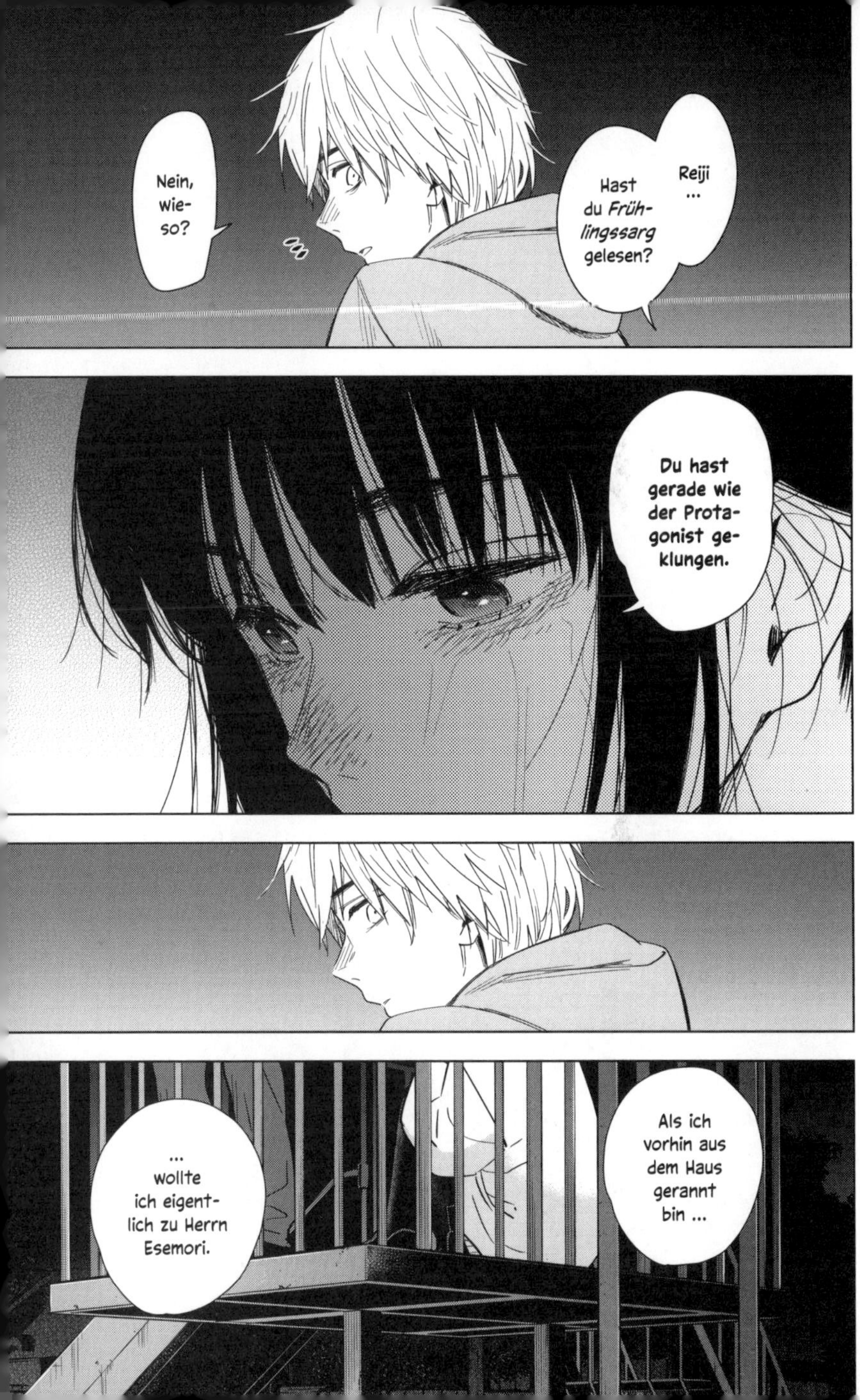
Reiji …
Hast du *Frühlingssarg* gelesen?
Nein, wieso?
Du hast gerade wie der Protagonist geklungen.
Als ich vorhin aus dem Haus gerannt bin …
… wollte ich eigentlich zu Herrn Esemori.

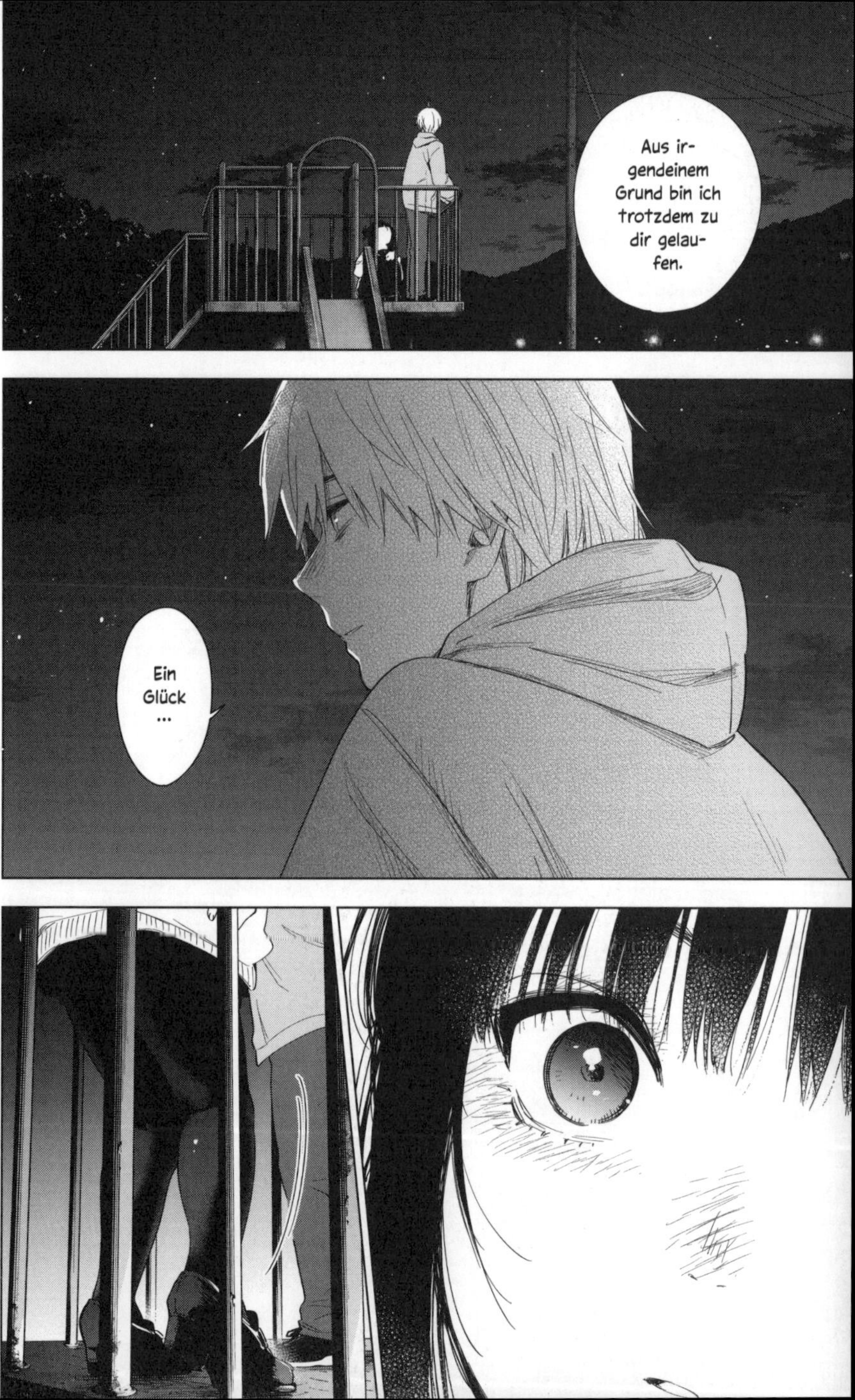
Aus irgendeinem Grund bin ich trotzdem zu dir gelaufen.
Ein Glück ...

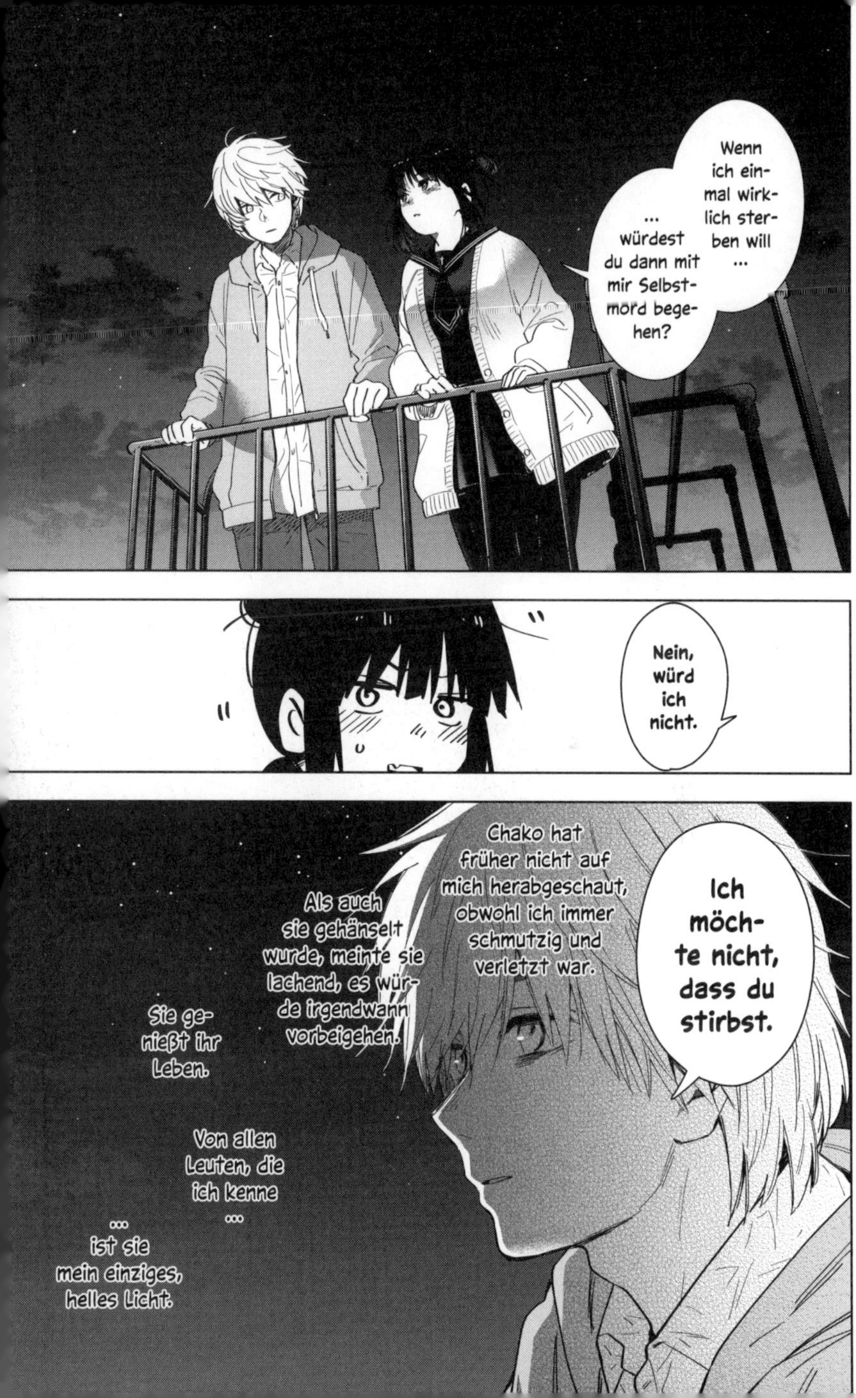
Wenn ich einmal wirklich sterben will ...
... würdest du dann mit mir Selbstmord begehen?
Nein, würd ich nicht.
Ich möchte nicht, dass du stirbst.
Chako hat früher nicht auf mich herabgeschaut, obwohl ich immer schmutzig und verletzt war.
Als auch sie gehänselt wurde, meinte sie lachend, es würde irgendwann vorbeigehen.
Sie genießt ihr Leben.
Von allen Leuten, die ich kenne ...
... ist sie mein einziges, helles Licht.

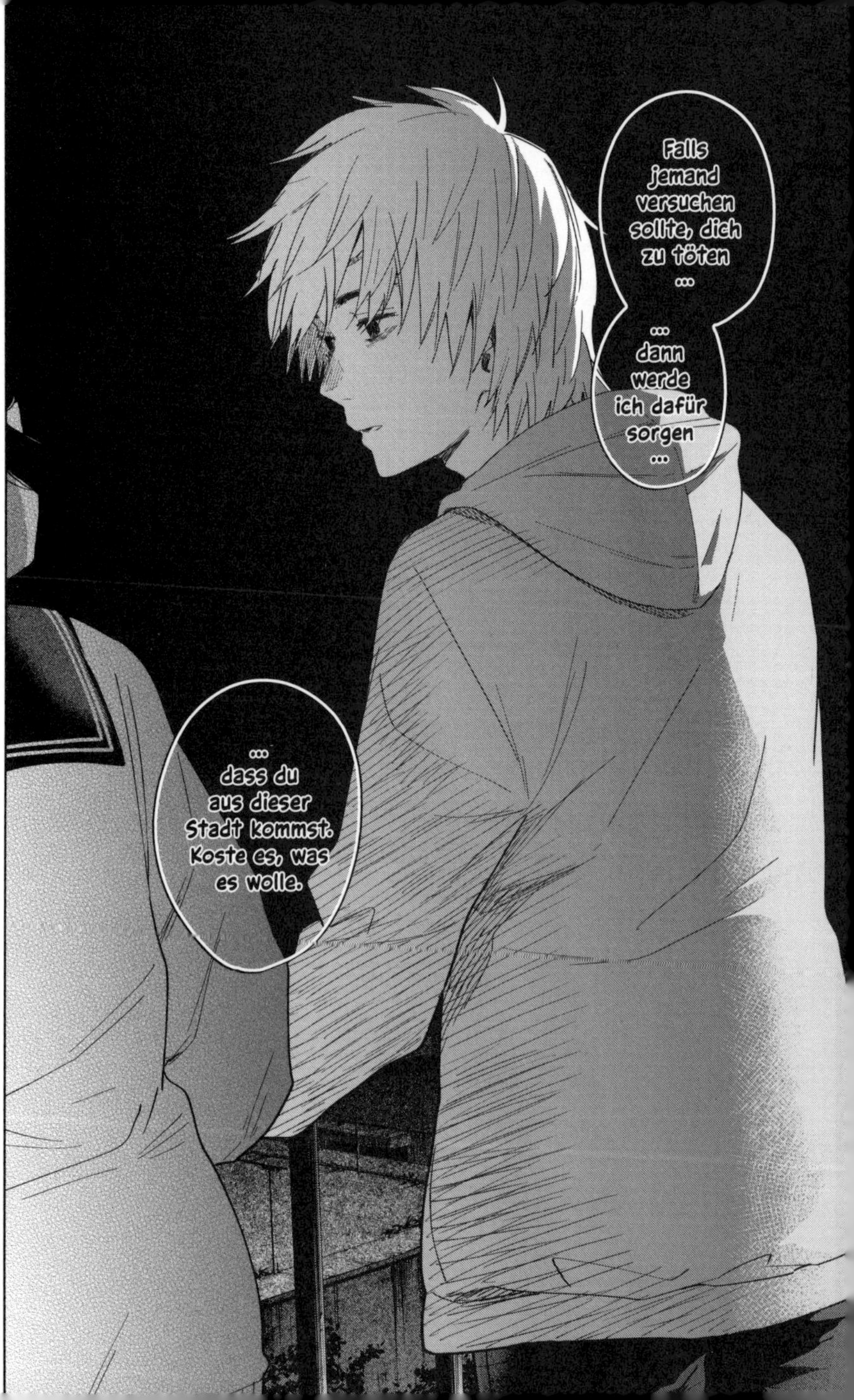
Falls jemand versuchen sollte, dich zu töten ...
... dann werde ich dafür sorgen ...
... dass du aus dieser Stadt kommst. Koste es, was es wolle.

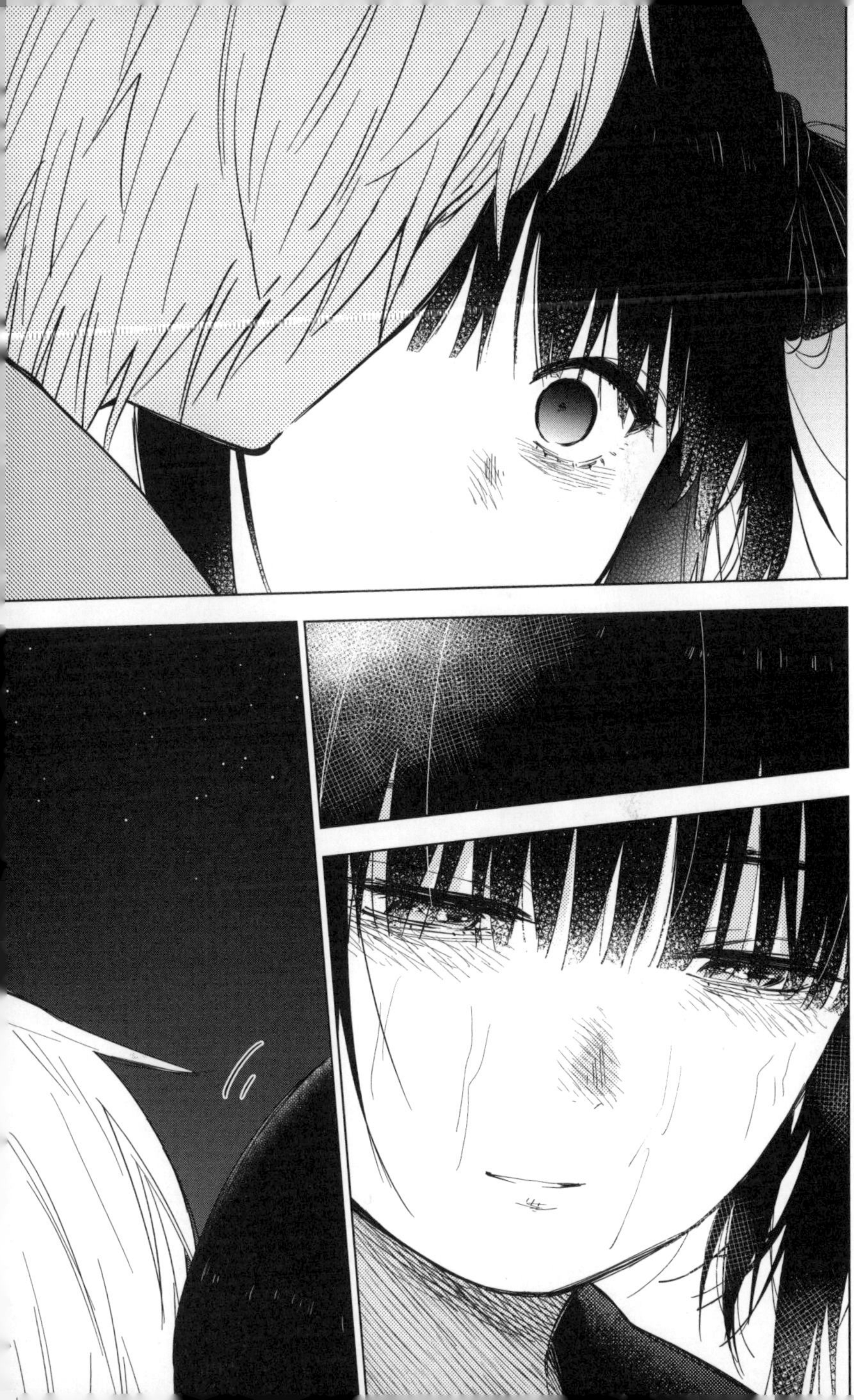

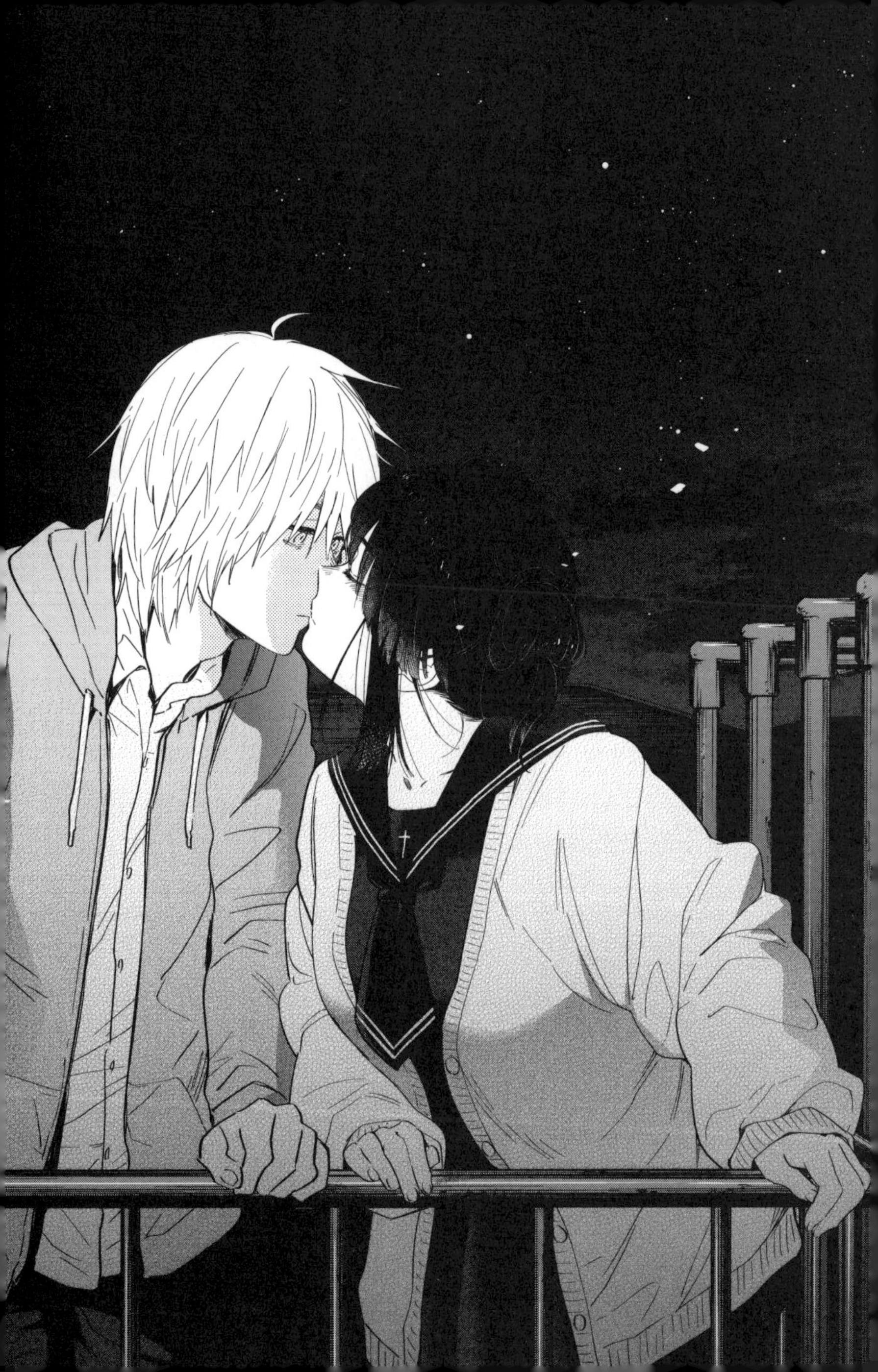

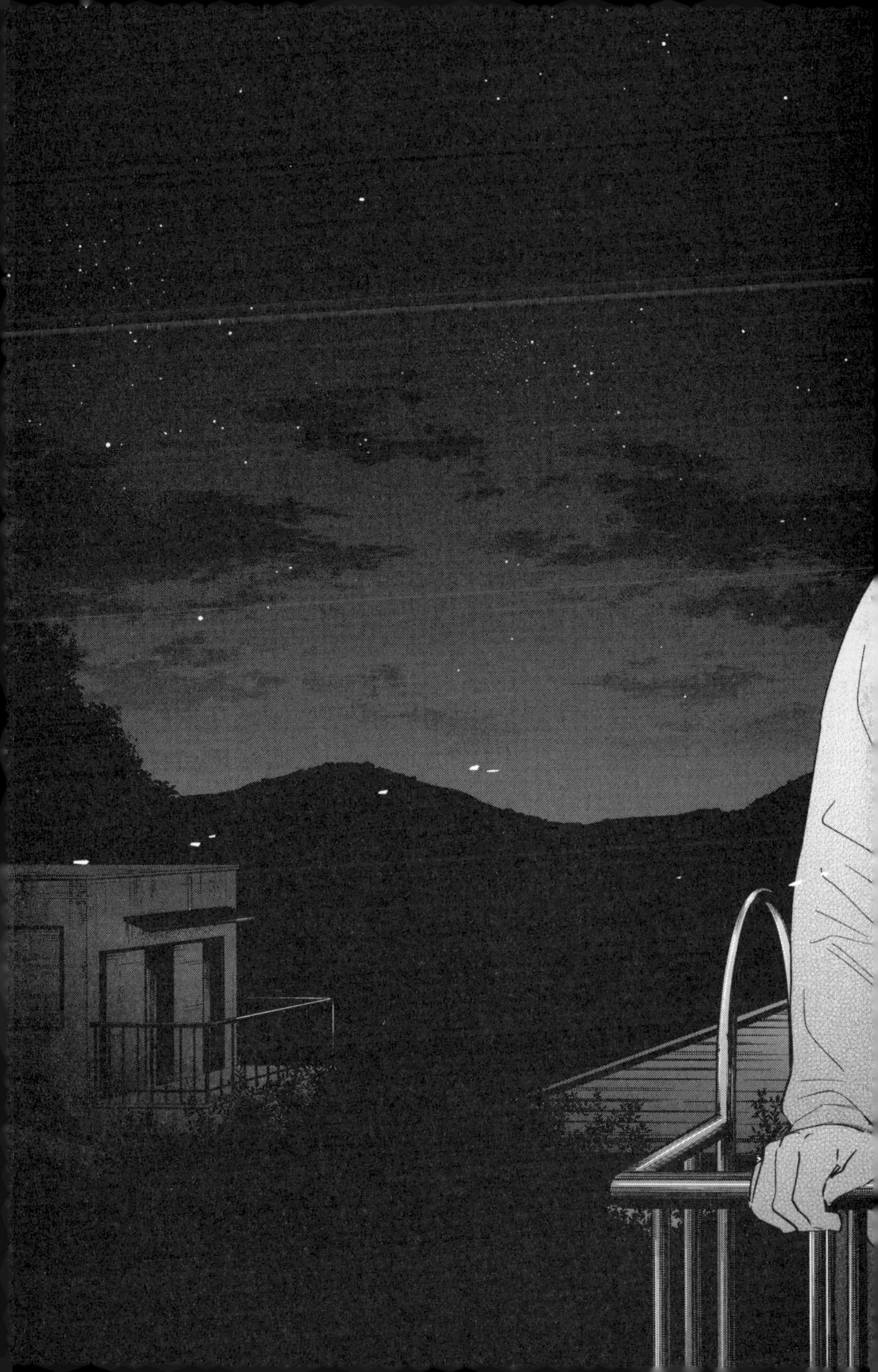

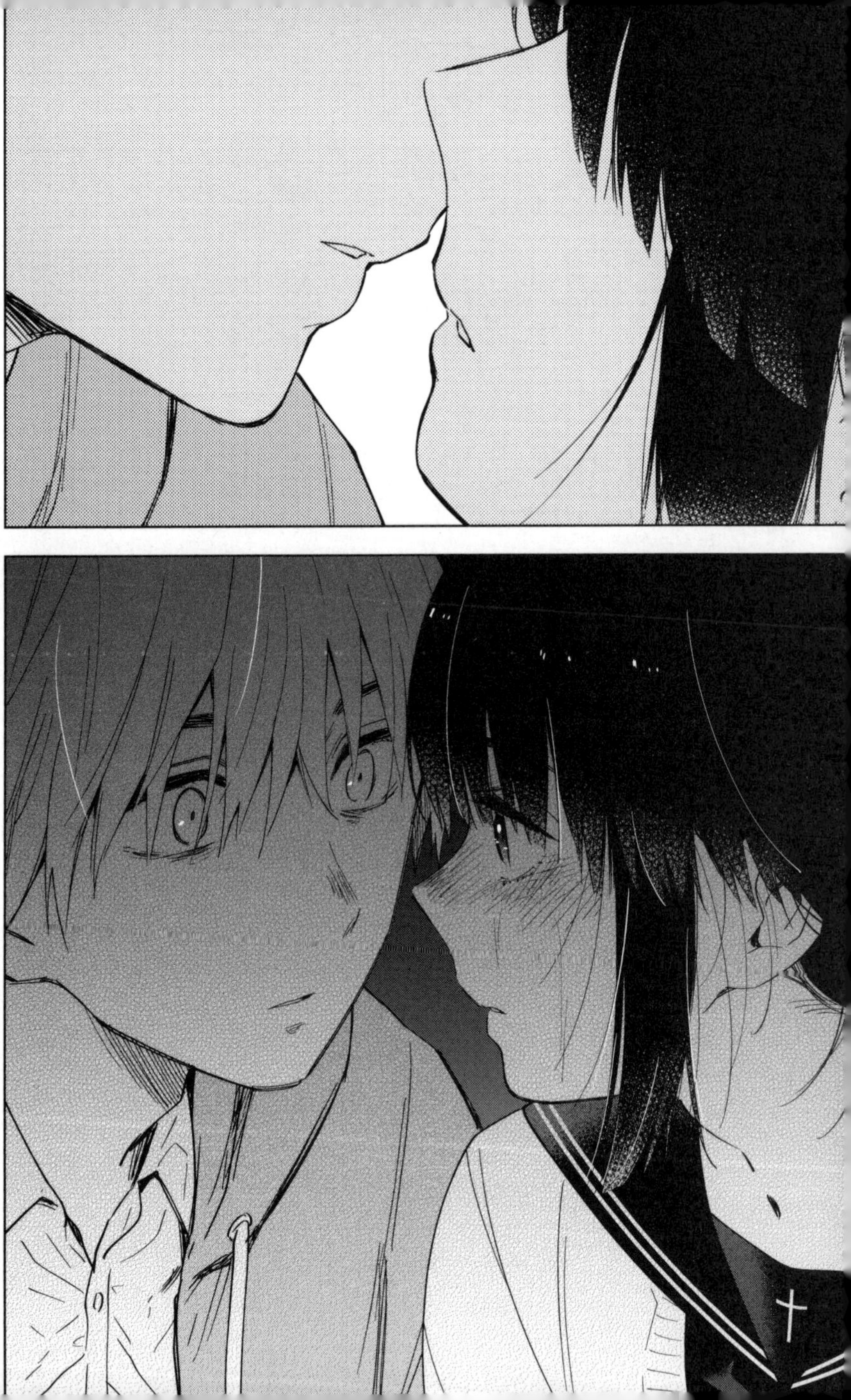

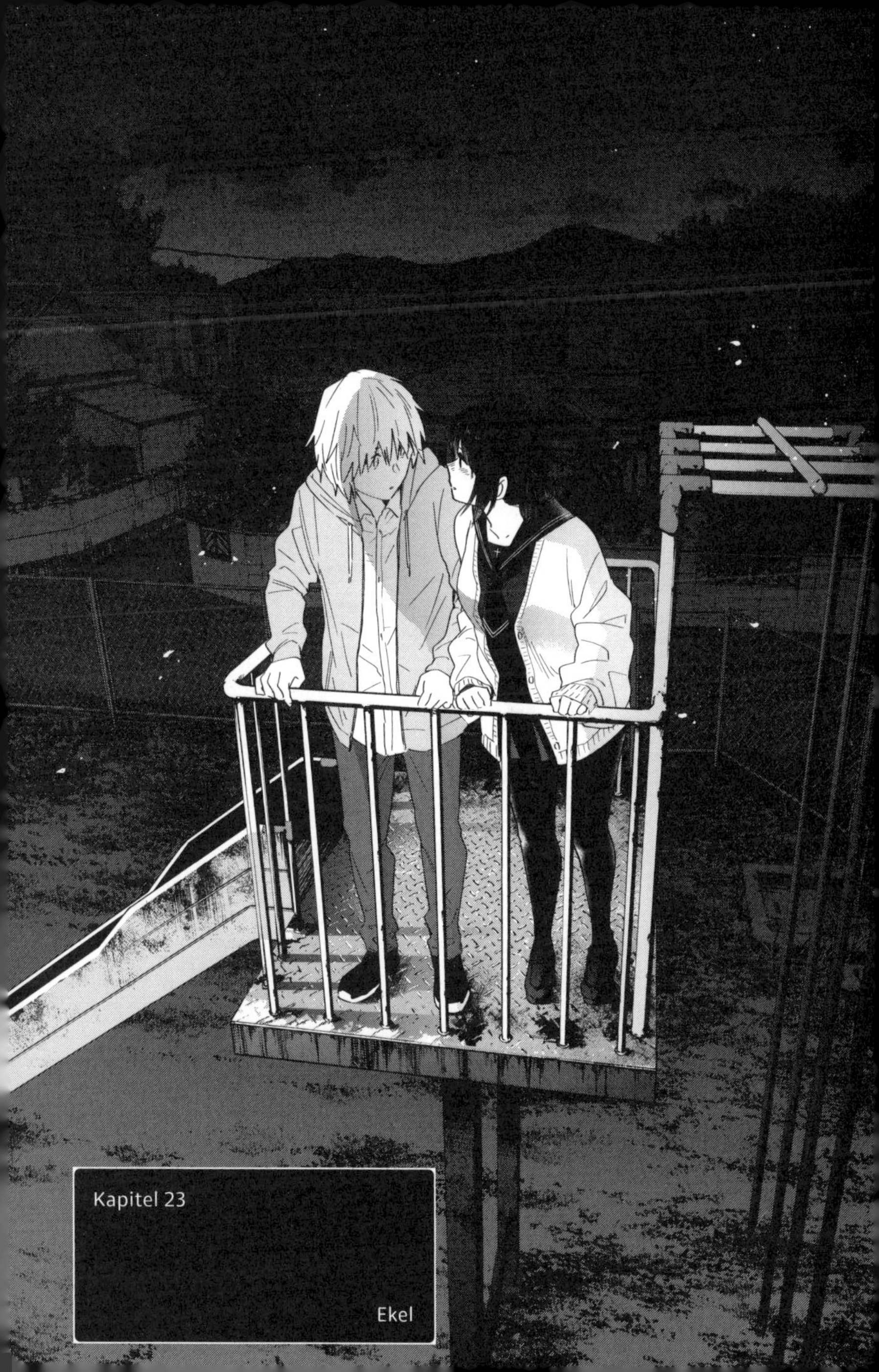
Kapitel 23
Ekel

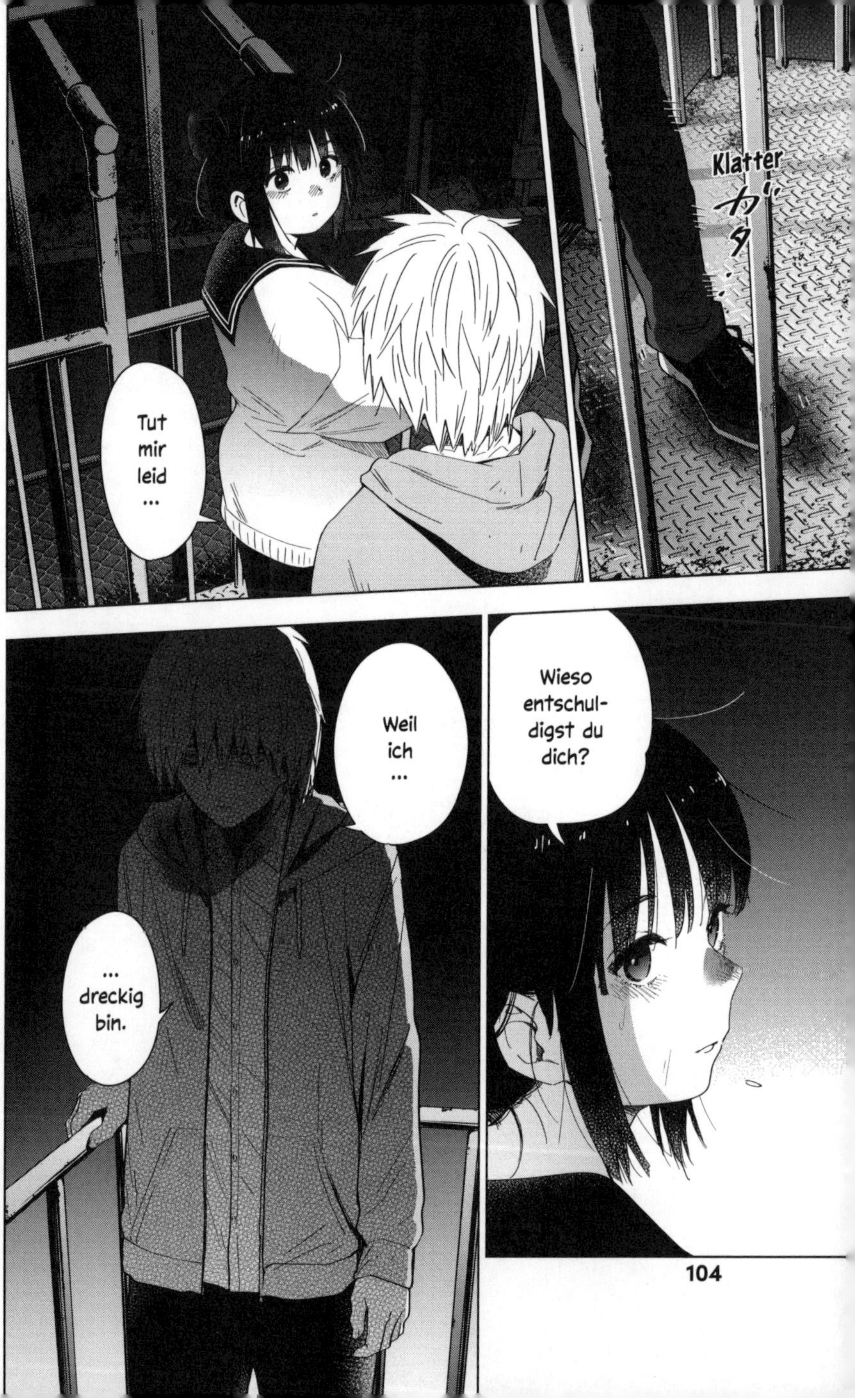
Klatter
カタ…
Tut mir leid …
Wieso entschul-digst du dich?
Weil ich …
… dreckig bin.

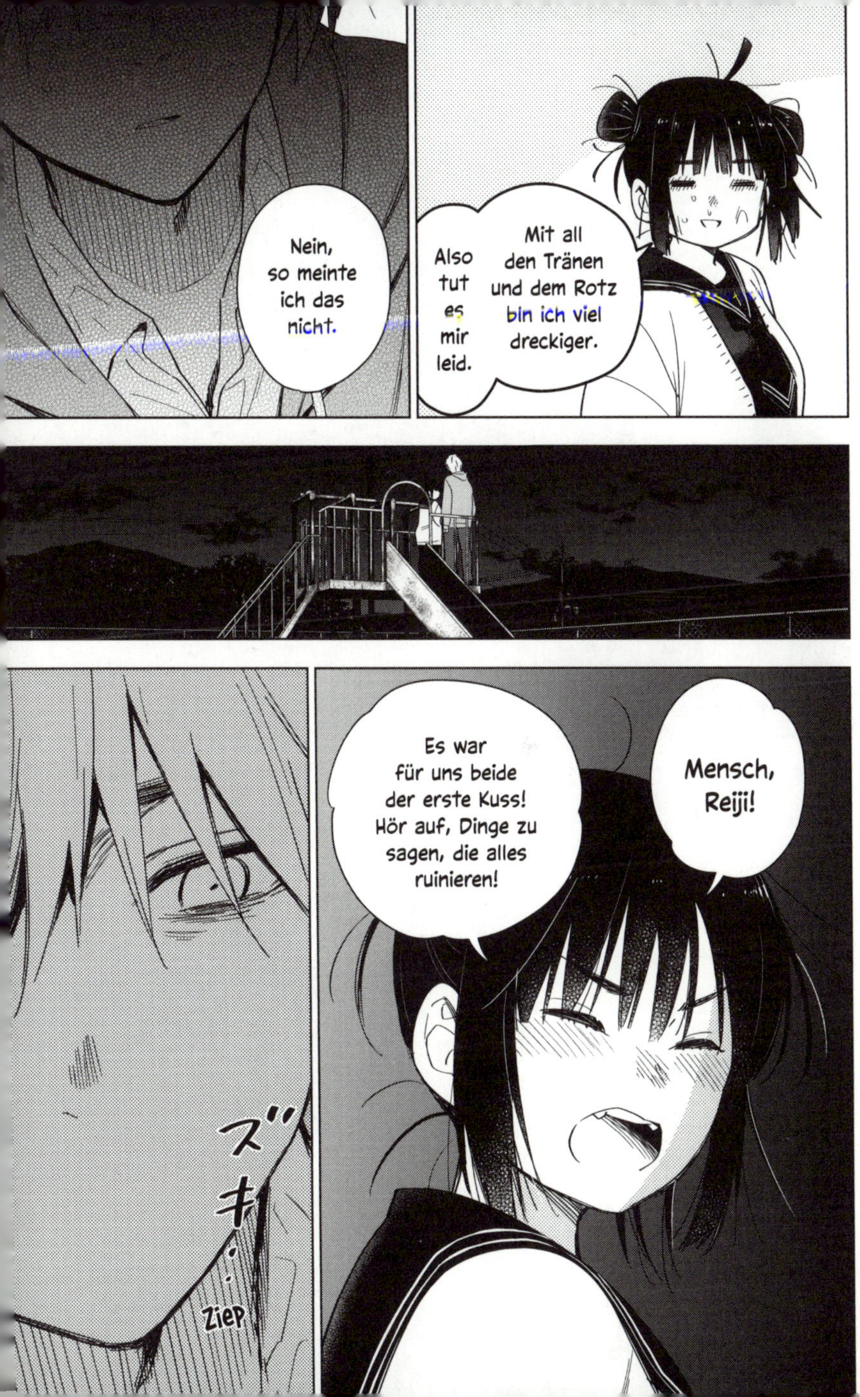
Mit all den Tränen und dem Rotz bin ich viel dreckiger.
Also tut es mir leid.
Nein, so meinte ich das nicht.
Mensch, Reiji!
Es war für uns beide der erste Kuss! Hör auf, Dinge zu sagen, die alles ruinieren!
ズキ…
Ziep

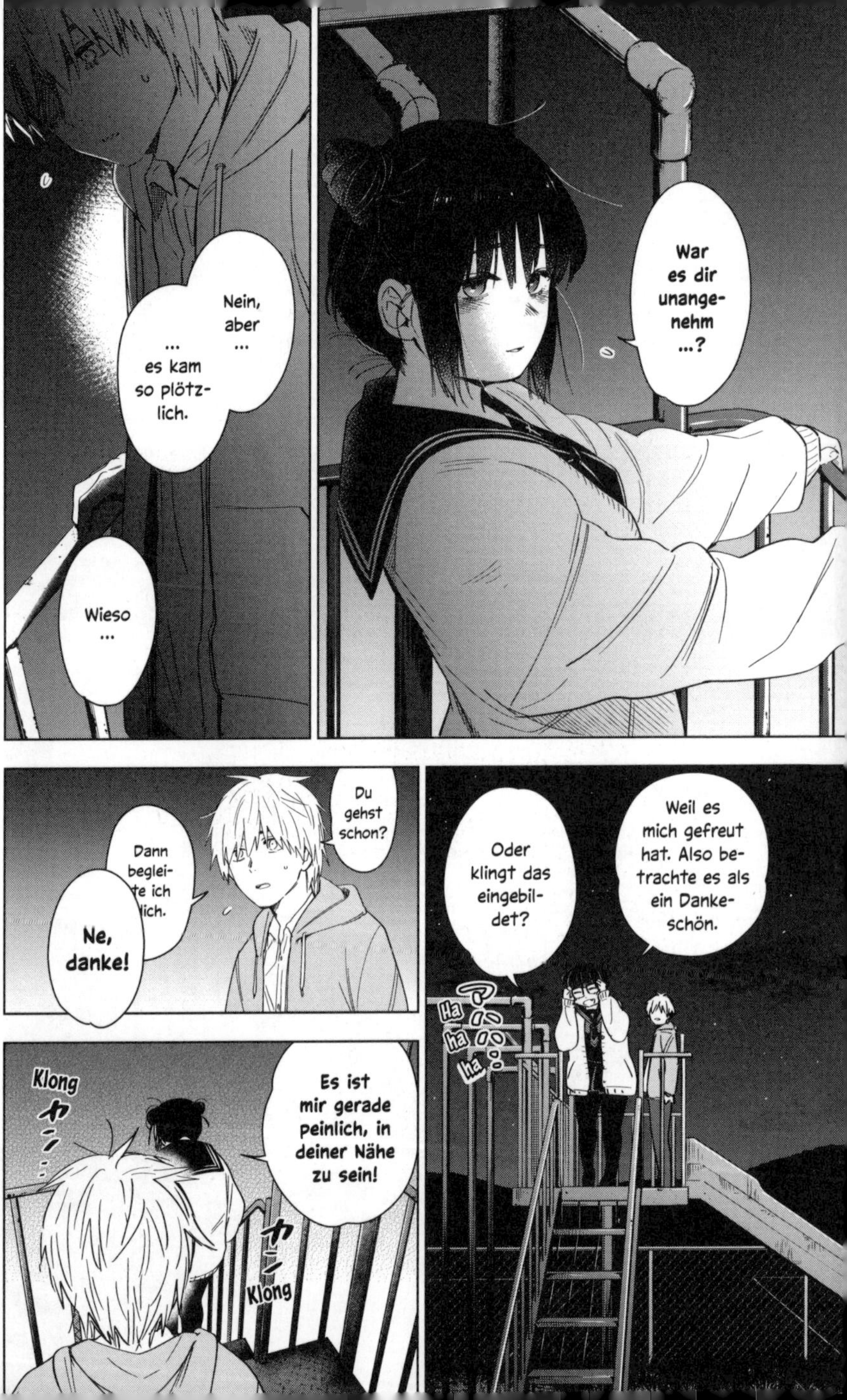
War es dir unangenehm ...?
Nein, aber ...
... es kam so plötzlich.
Wieso ...
Weil es mich gefreut hat. Also betrachte es als ein Dankeschön.
Oder klingt das eingebildet?
Ha ha ha
Du gehst schon?
Dann begleite ich dich.
Ne, danke!
Es ist mir gerade peinlich, in deiner Nähe zu sein!
Klong
Klong

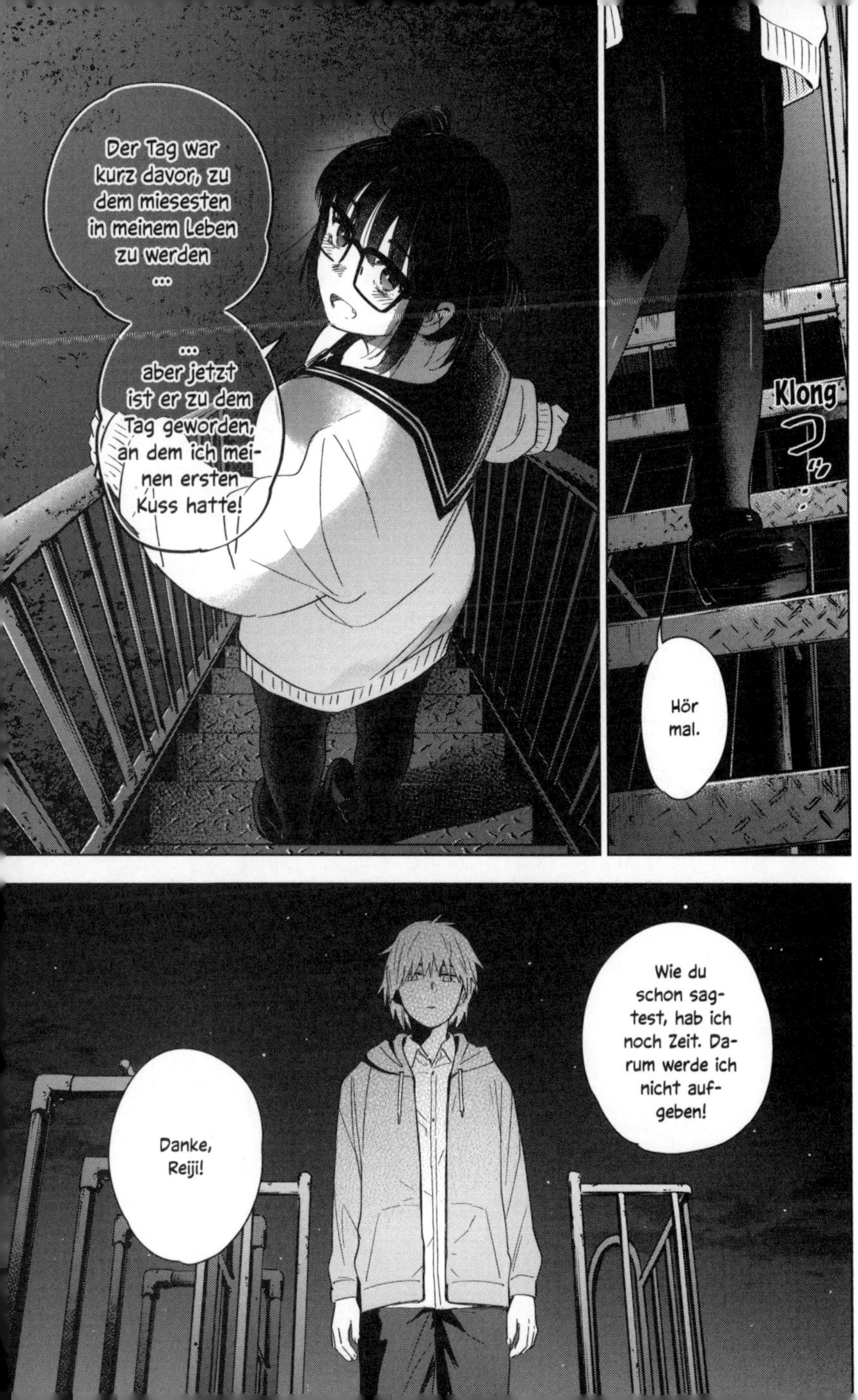
Klong
Hör mal.
Der Tag war kurz davor, zu dem miesesten in meinem Leben zu werden ...
... aber jetzt ist er zu dem Tag geworden, an dem ich meinen ersten Kuss hatte!
Wie du schon sagtest, hab ich noch Zeit. Darum werde ich nicht aufgeben!
Danke, Reiji!

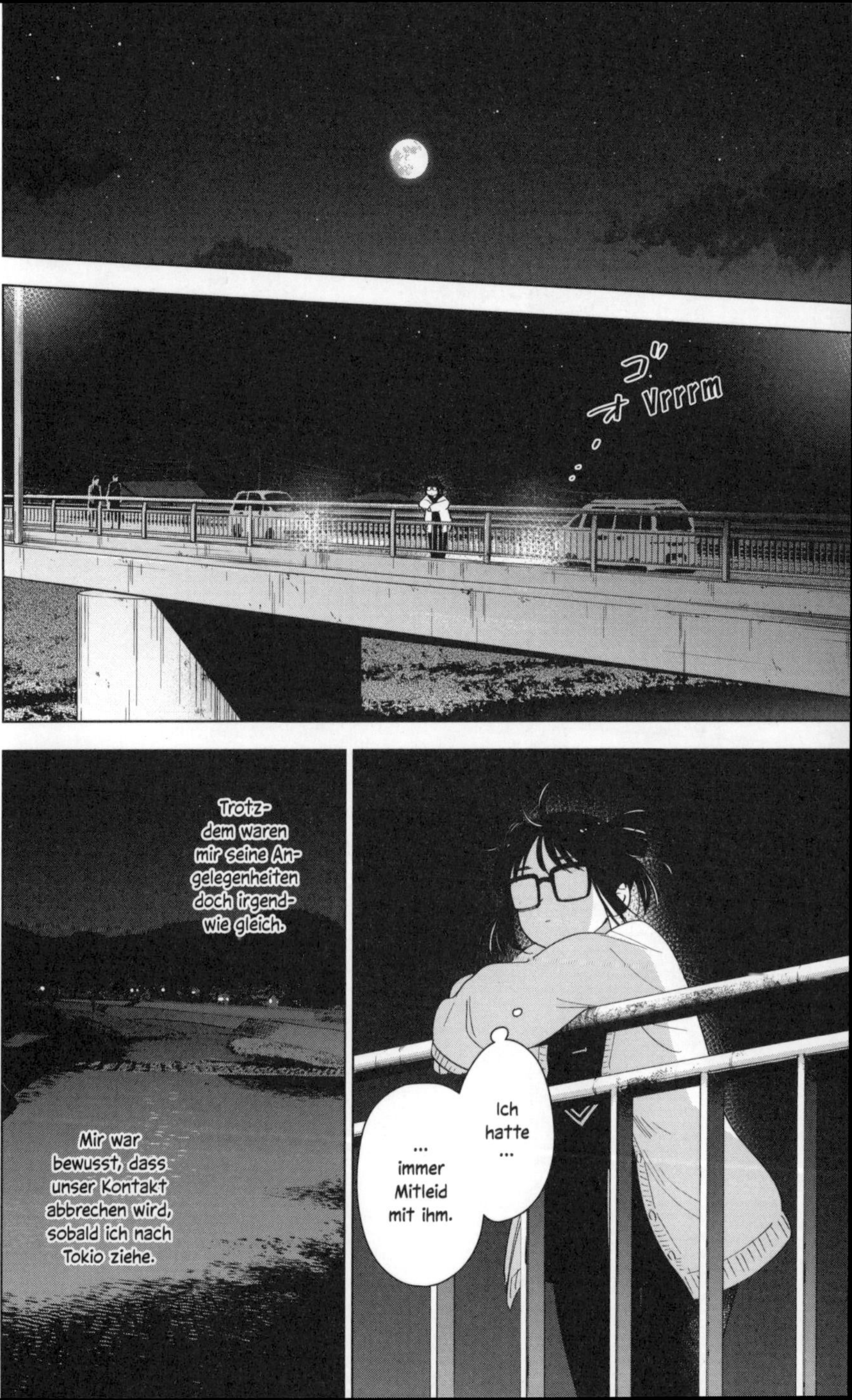
ゴォ Vrrrm
Ich hatte ...
... immer Mitleid mit ihm.
Trotz-dem waren mir seine An-gelegenheiten doch irgend-wie gleich.
Mir war bewusst, dass unser Kontakt abbrechen wird, sobald ich nach Tokio ziehe.

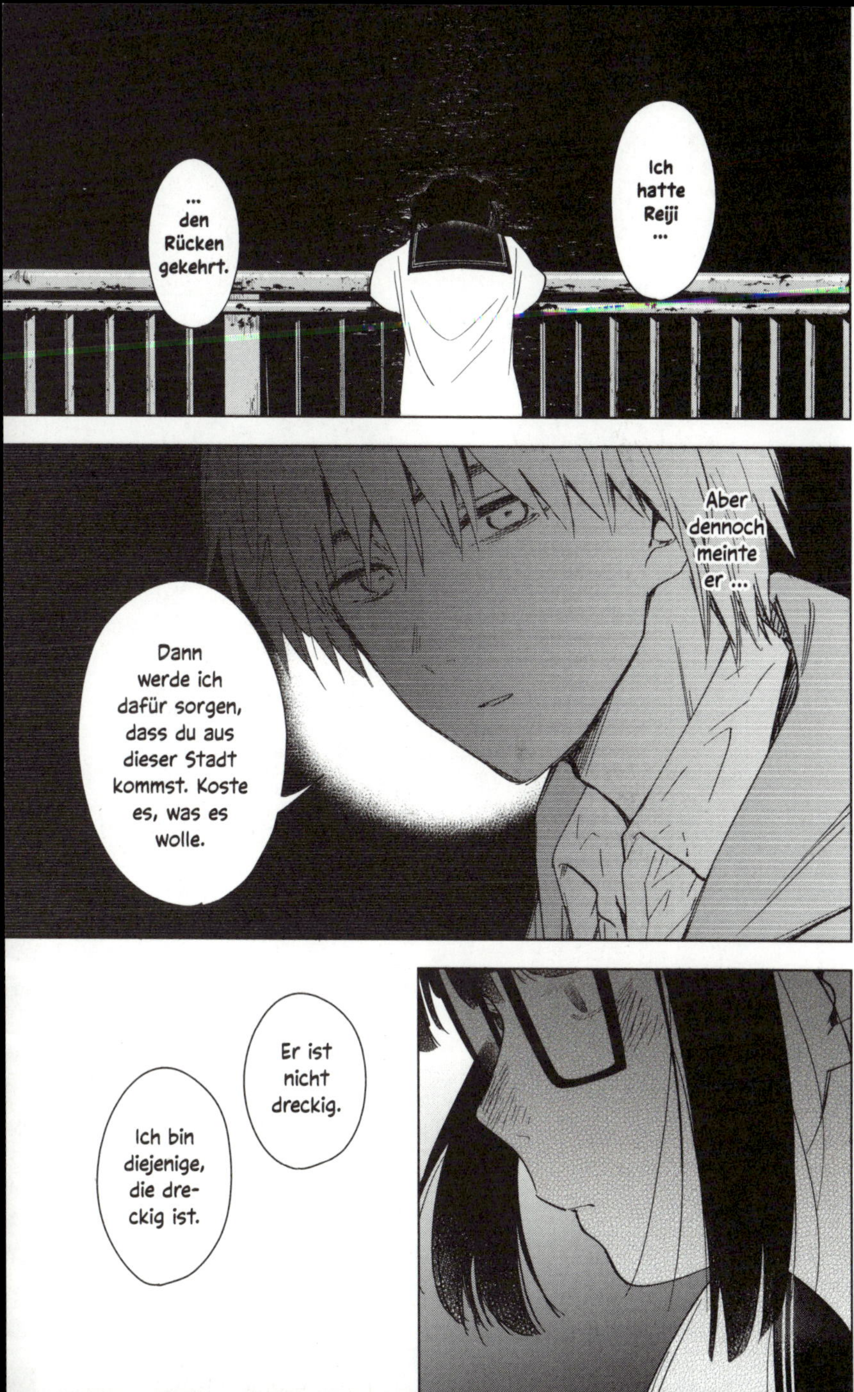
Ich hatte Reiji …
… den Rücken gekehrt.
Aber dennoch meinte er …
Dann werde ich dafür sorgen, dass du aus dieser Stadt kommst. Koste es, was es wolle.
Er ist nicht dreckig.
Ich bin diejenige, die dre-ckig ist.

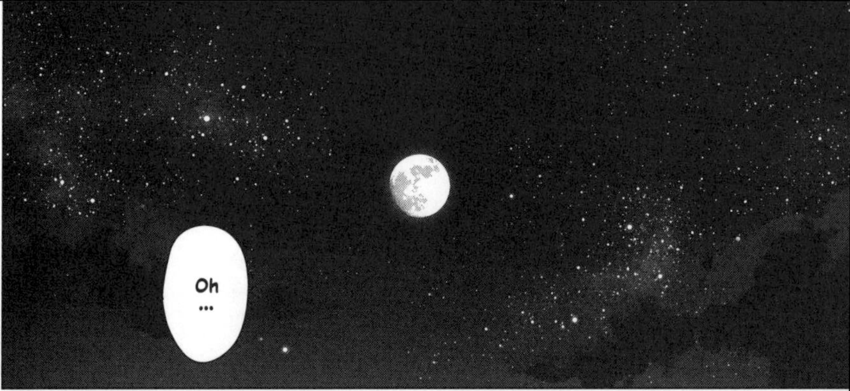
Oh ...

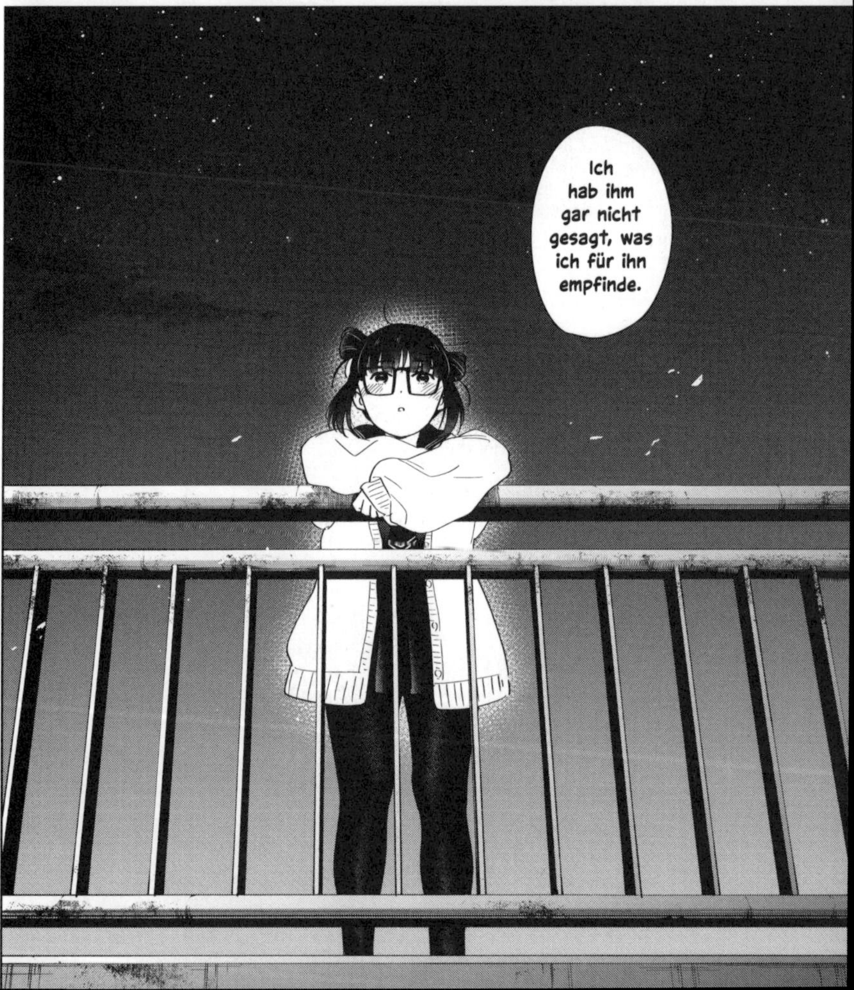
Ich hab ihm gar nicht gesagt, was ich für ihn empfinde.

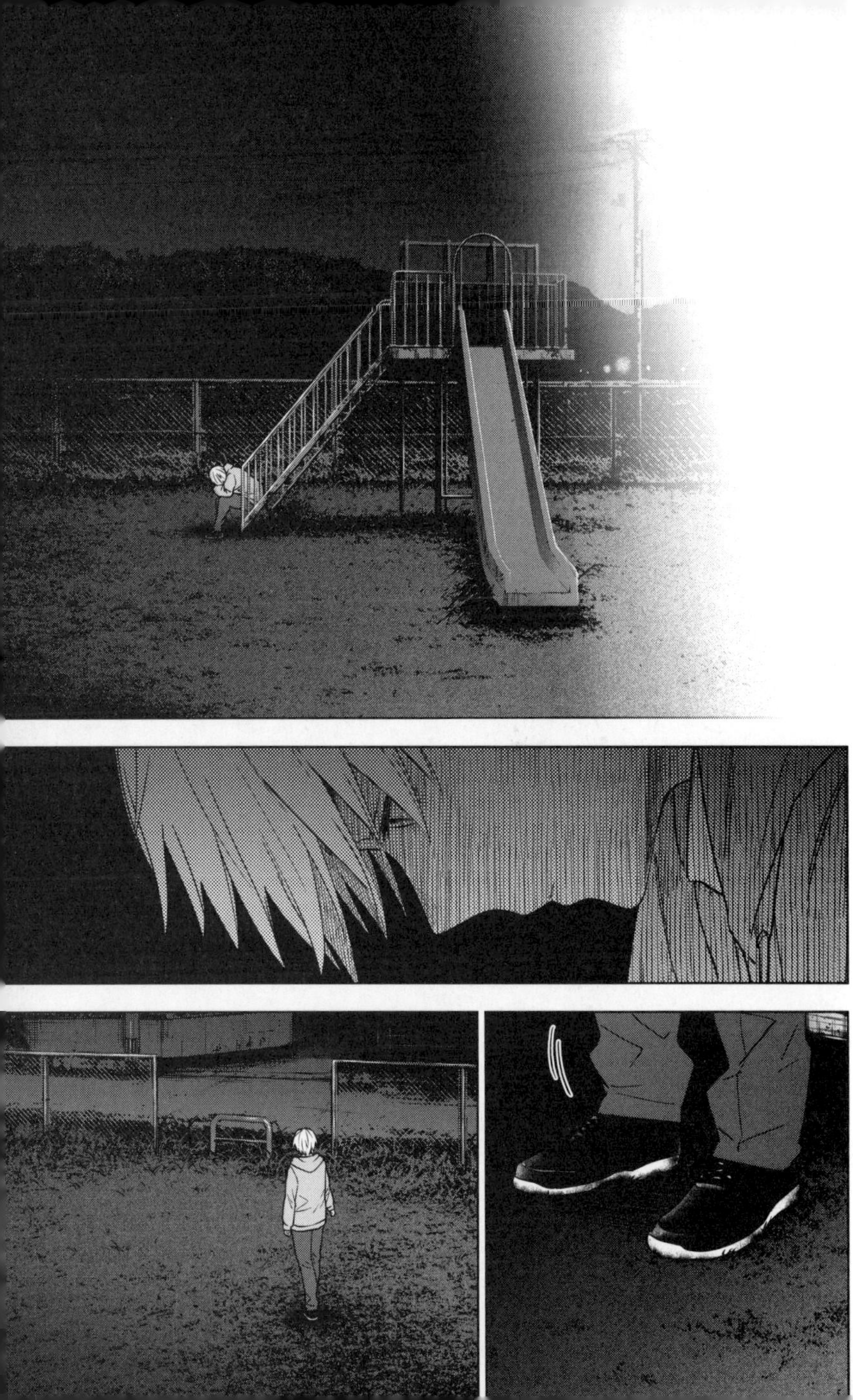

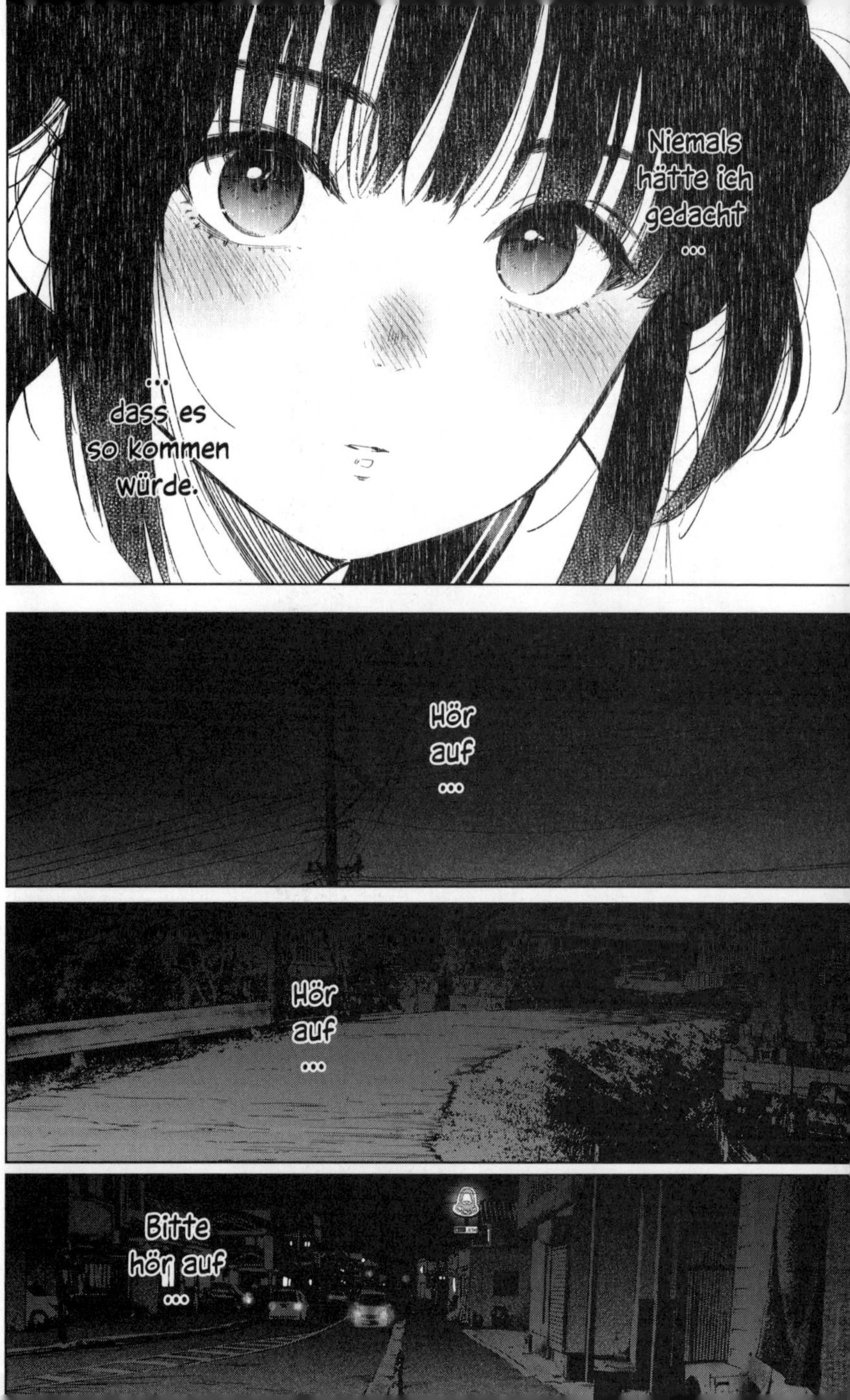
Niemals hätte ich gedacht ...
... dass es so kommen würde.
Hör auf ...
Hör auf ...
Bitte hör auf ...

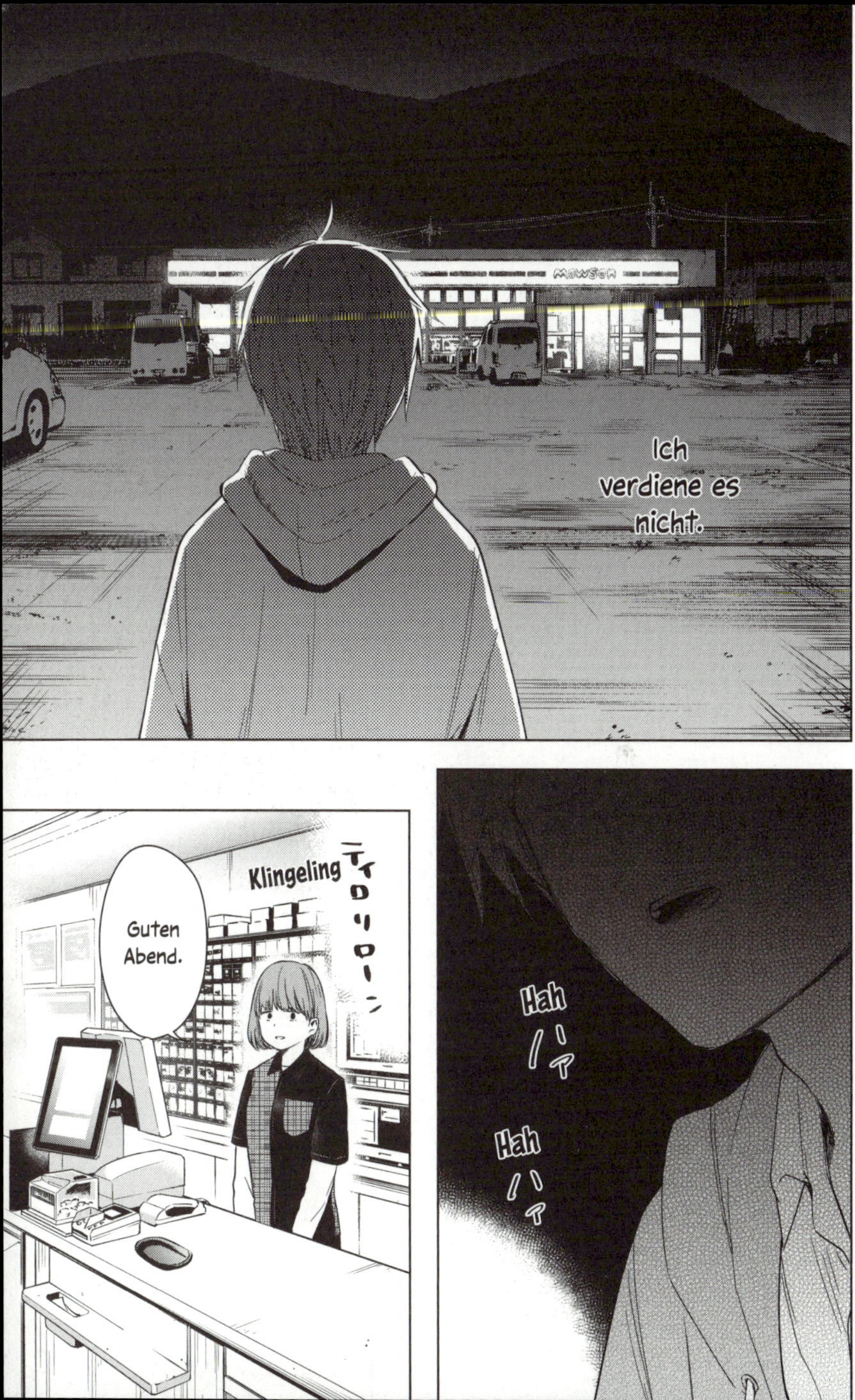
Ich verdiene es nicht.
Hah ハァ
Hah ハァ
Klingeling テイロリローン
Guten Abend.

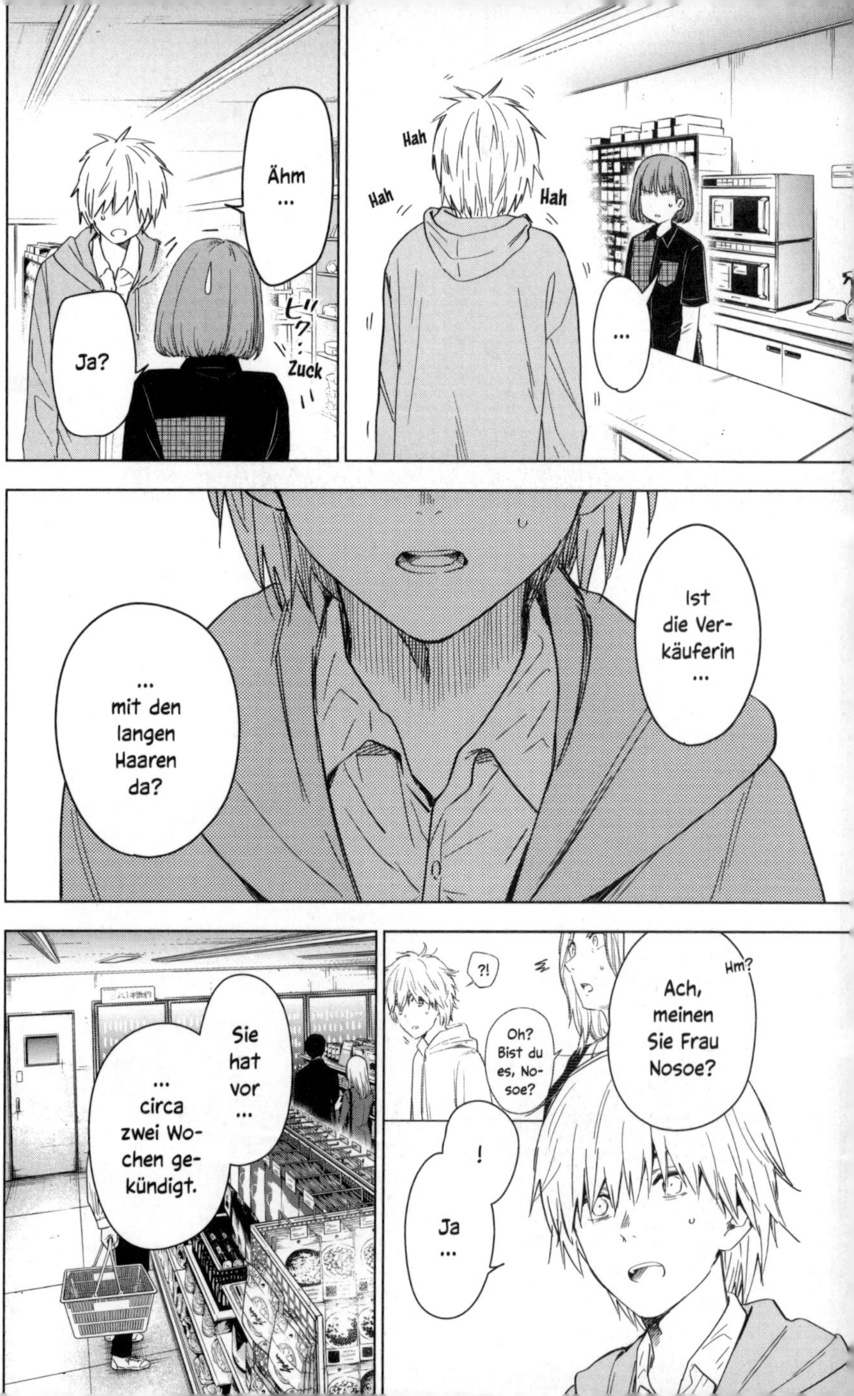
Hah
Hah
Hah
...
Ähm ...
Ja?
Zuck
Ist die Verkäuferin ...
... mit den langen Haaren da?
Hm?
Ach, meinen Sie Frau Nosoe?
?!
Oh? Bist du es, Nosoe?
!
Ja ...
Sie hat vor ...
... circa zwei Wochen gekündigt.

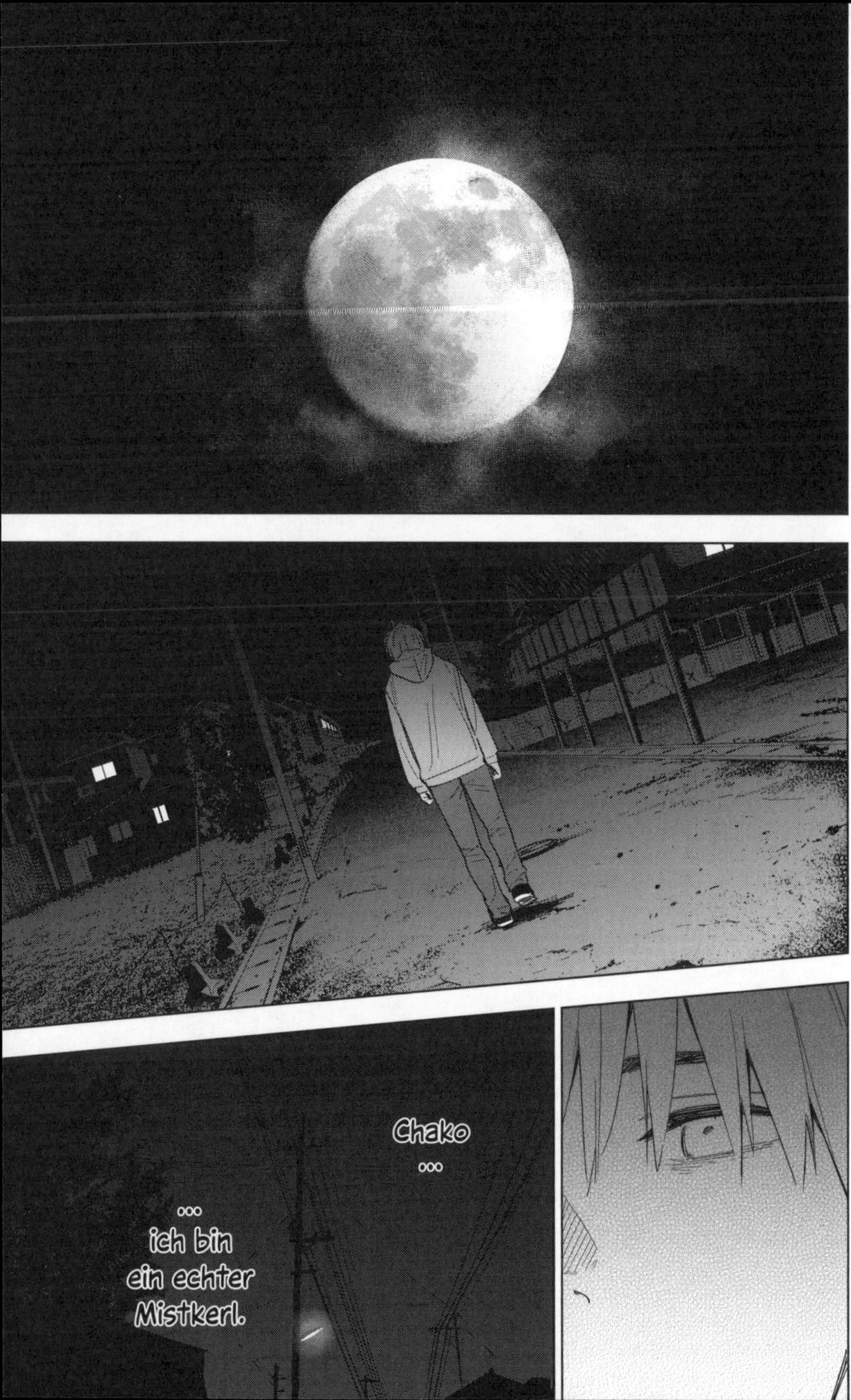
Chako
...
...
ich bin
ein echter
Mistkerl.

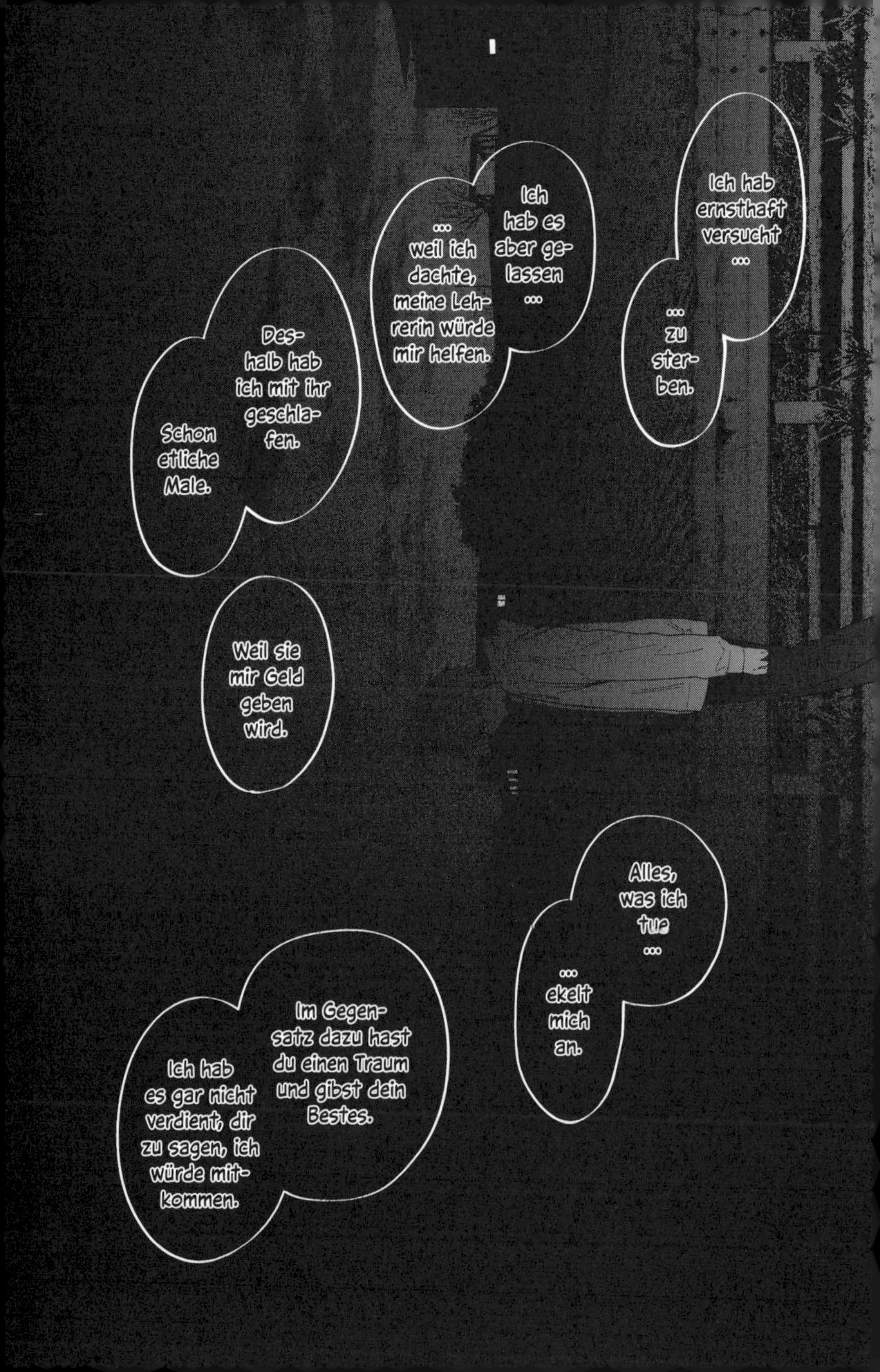

Ich hab ernsthaft versucht ...
... zu sterben.
Ich hab es aber gelassen ...
... weil ich dachte, meine Lehrerin würde mir helfen.
Deshalb hab ich mit ihr geschlafen.
Schon etliche Male.
Weil sie mir Geld geben wird.
Alles, was ich tue ...
... ekelt mich an.
Im Gegensatz dazu hast du einen Traum und gibst dein Bestes.
Ich hab es gar nicht verdient, dir zu sagen, ich würde mitkommen.

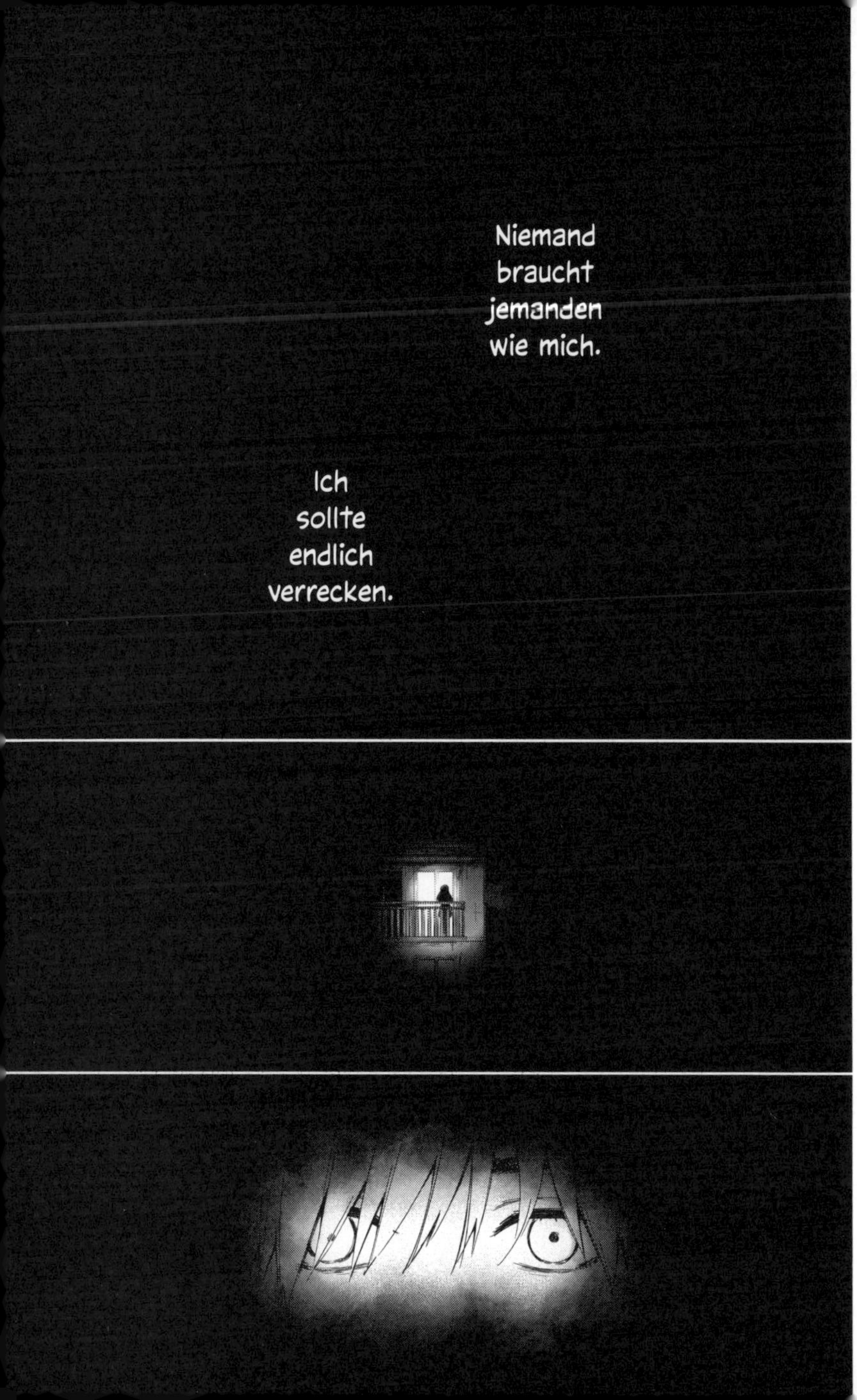
Niemand braucht jemanden wie mich.
Ich sollte endlich verrecken.

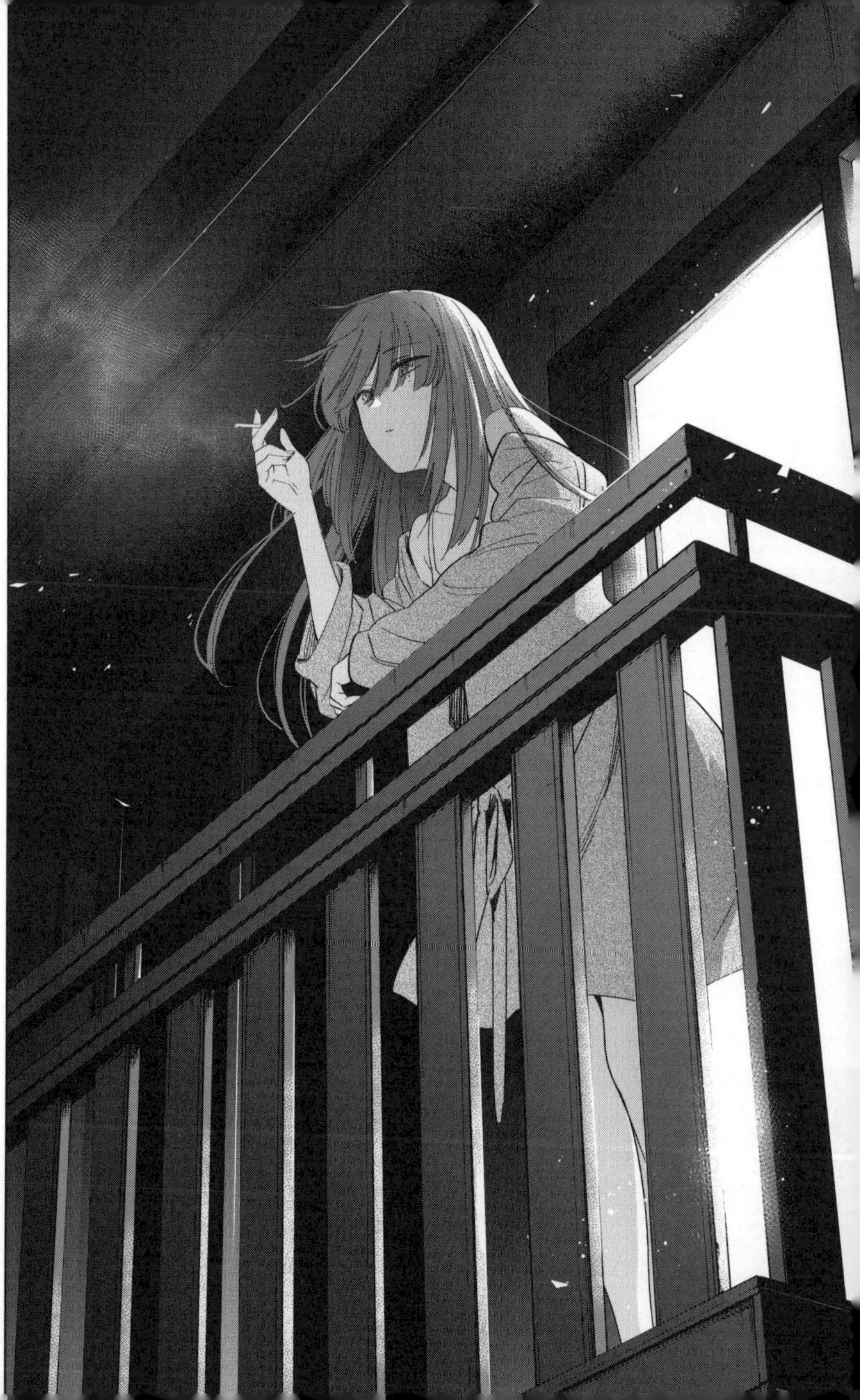

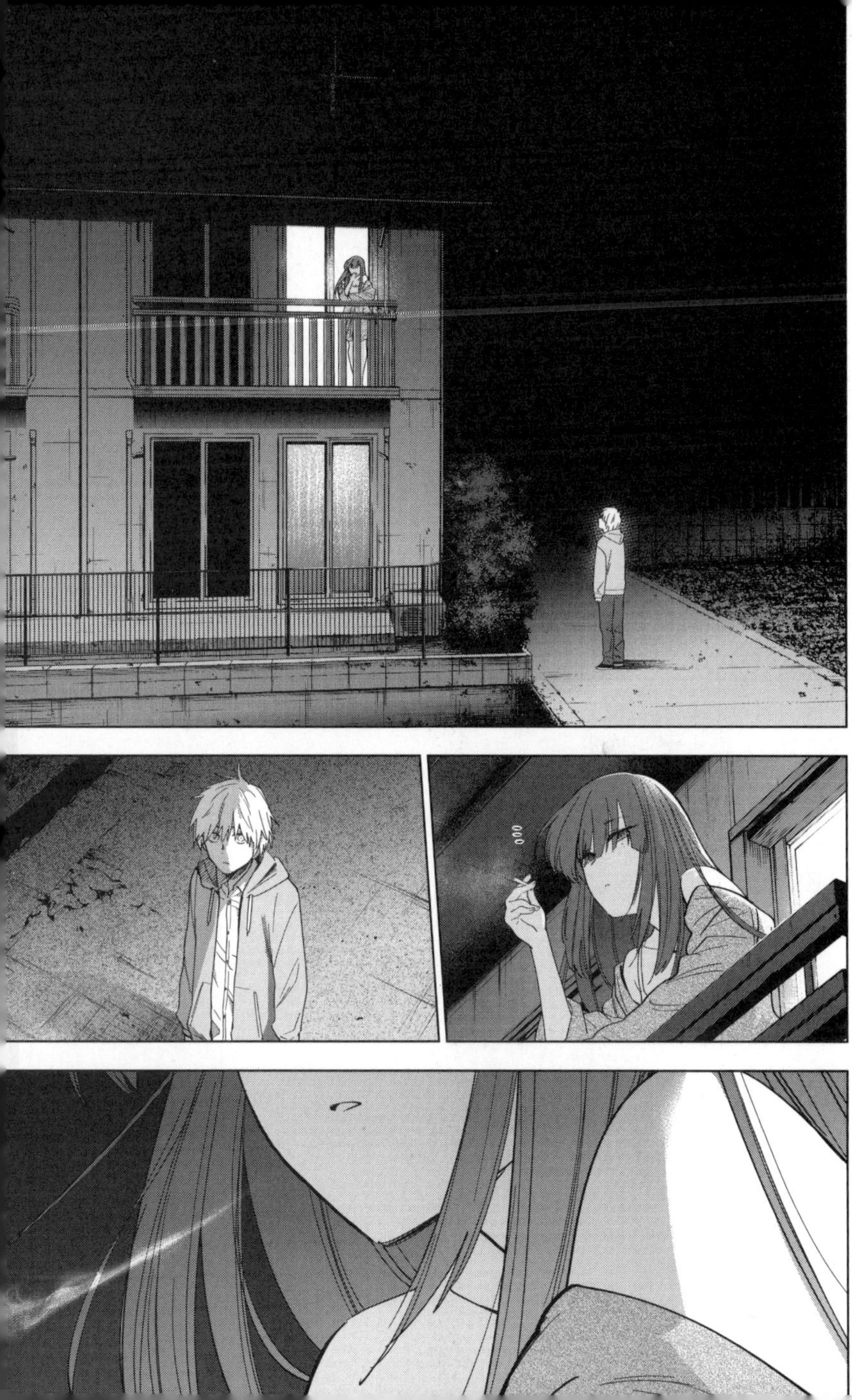

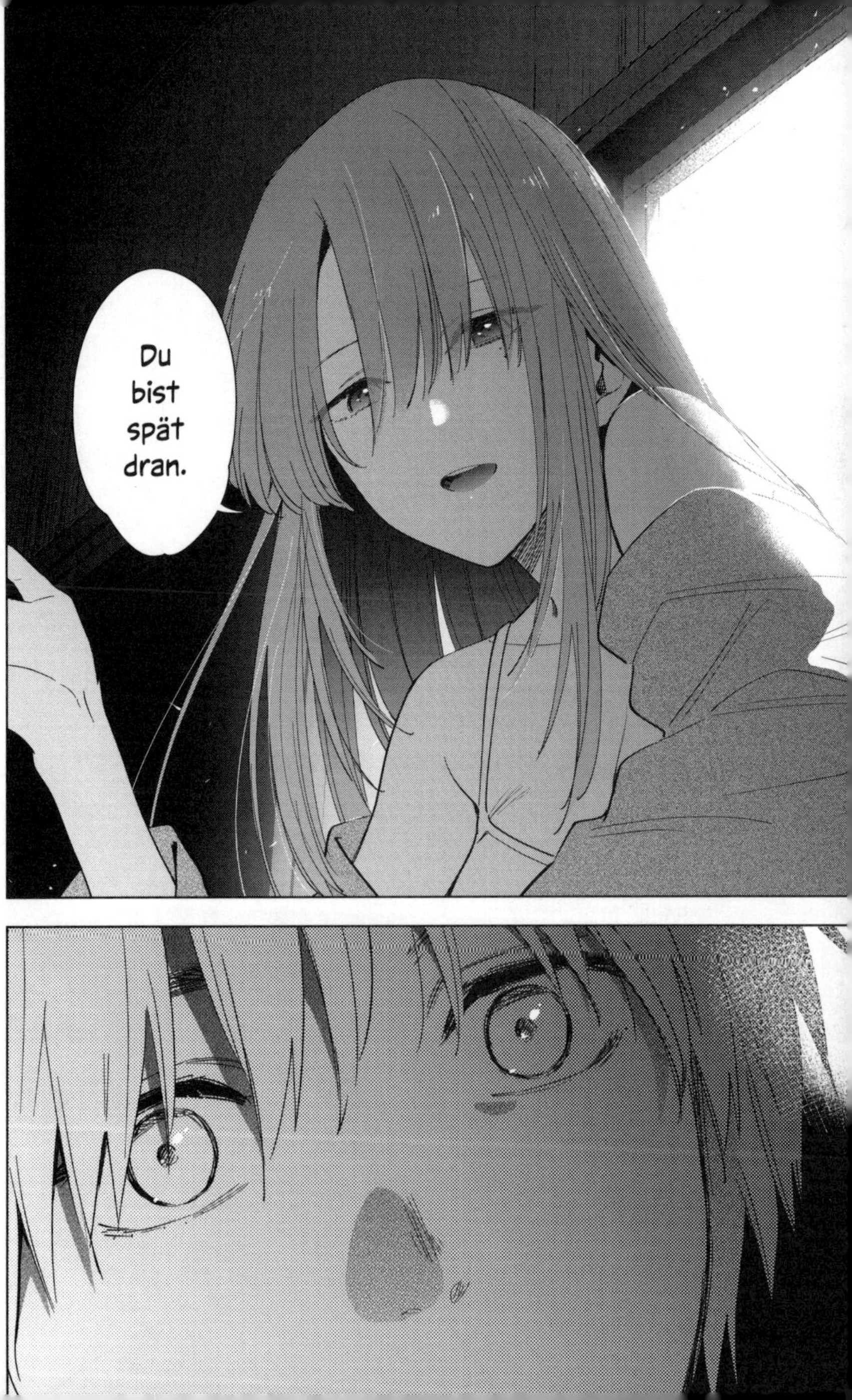
Du bist spät dran.

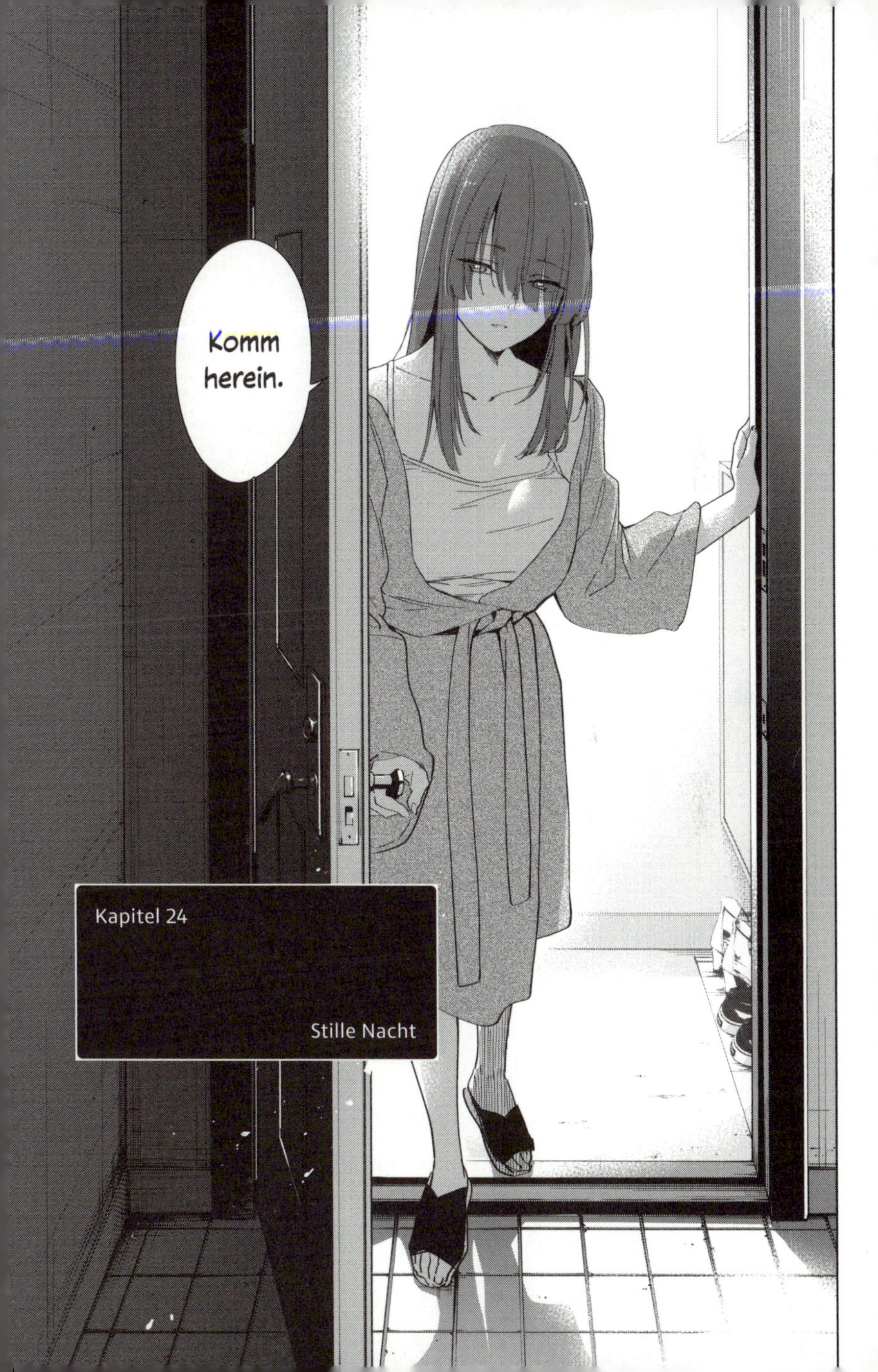

Kapitel 24

Stille Nacht

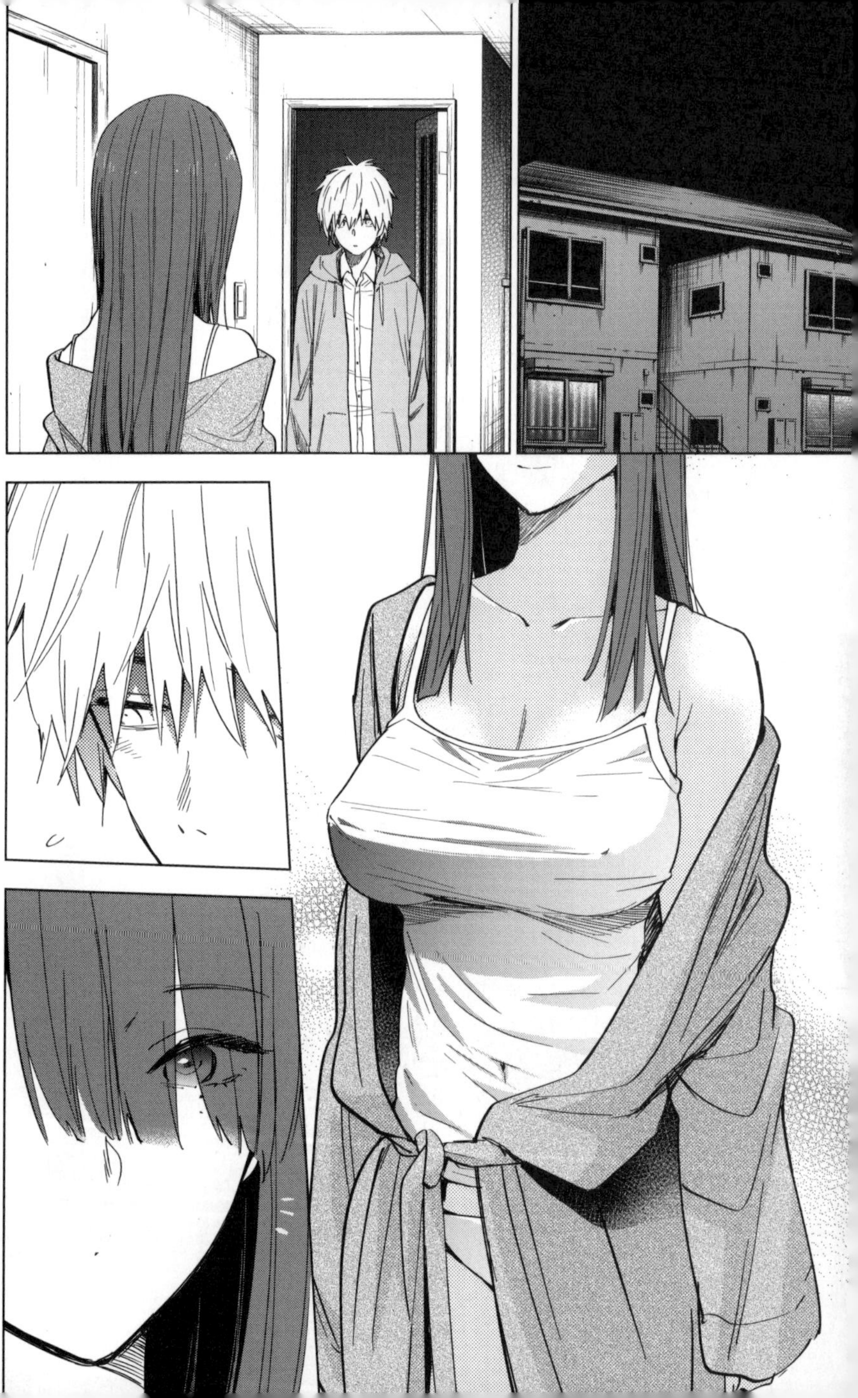

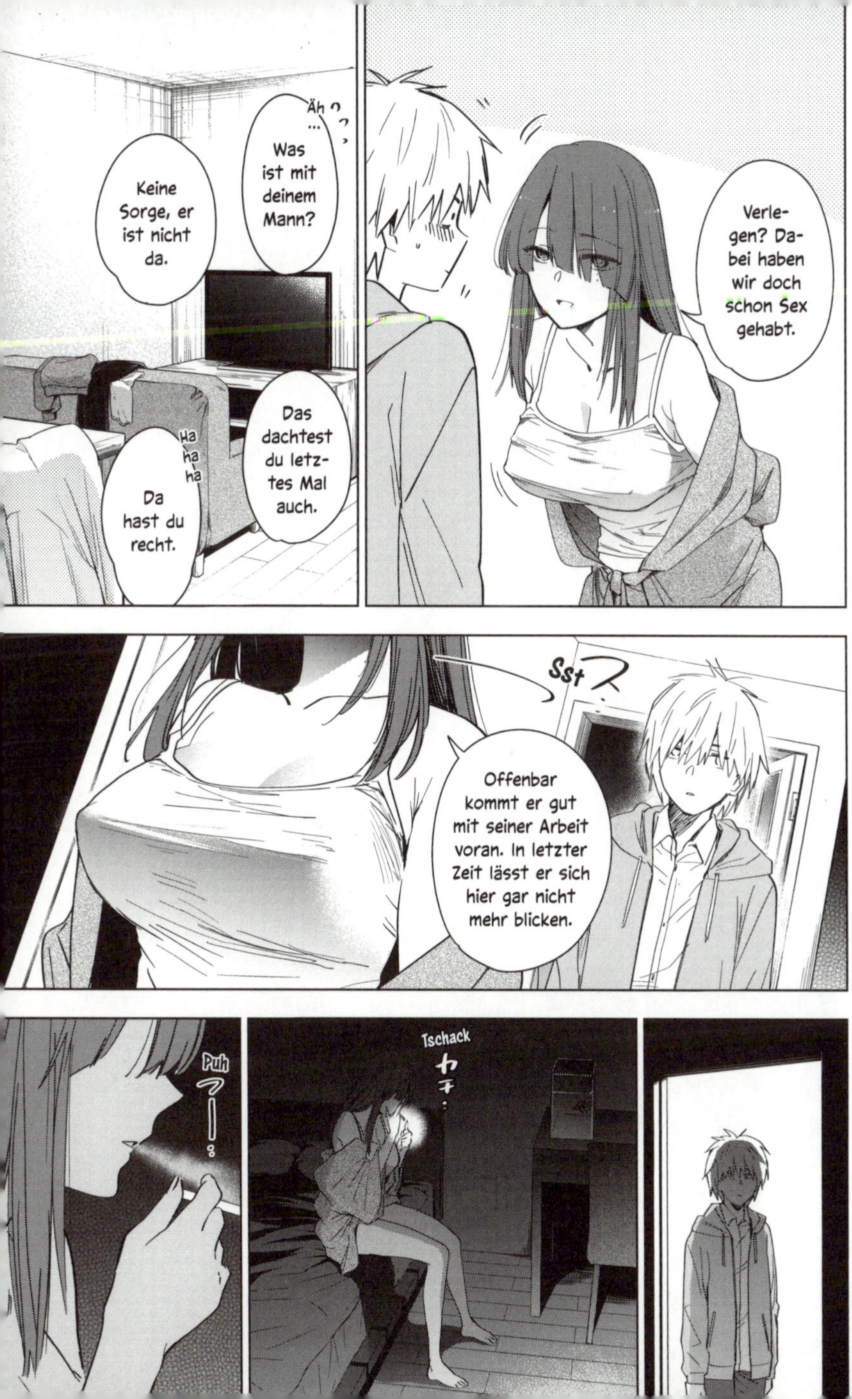

Verlegen? Dabei haben wir doch schon Sex gehabt.
Äh ...
Was ist mit deinem Mann?
Keine Sorge, er ist nicht da.
Das dachtest du letztes Mal auch.
Ha ha ha
Da hast du recht.
Sst
Offenbar kommt er gut mit seiner Arbeit voran. In letzter Zeit lässt er sich hier gar nicht mehr blicken.
Tschack
Puh

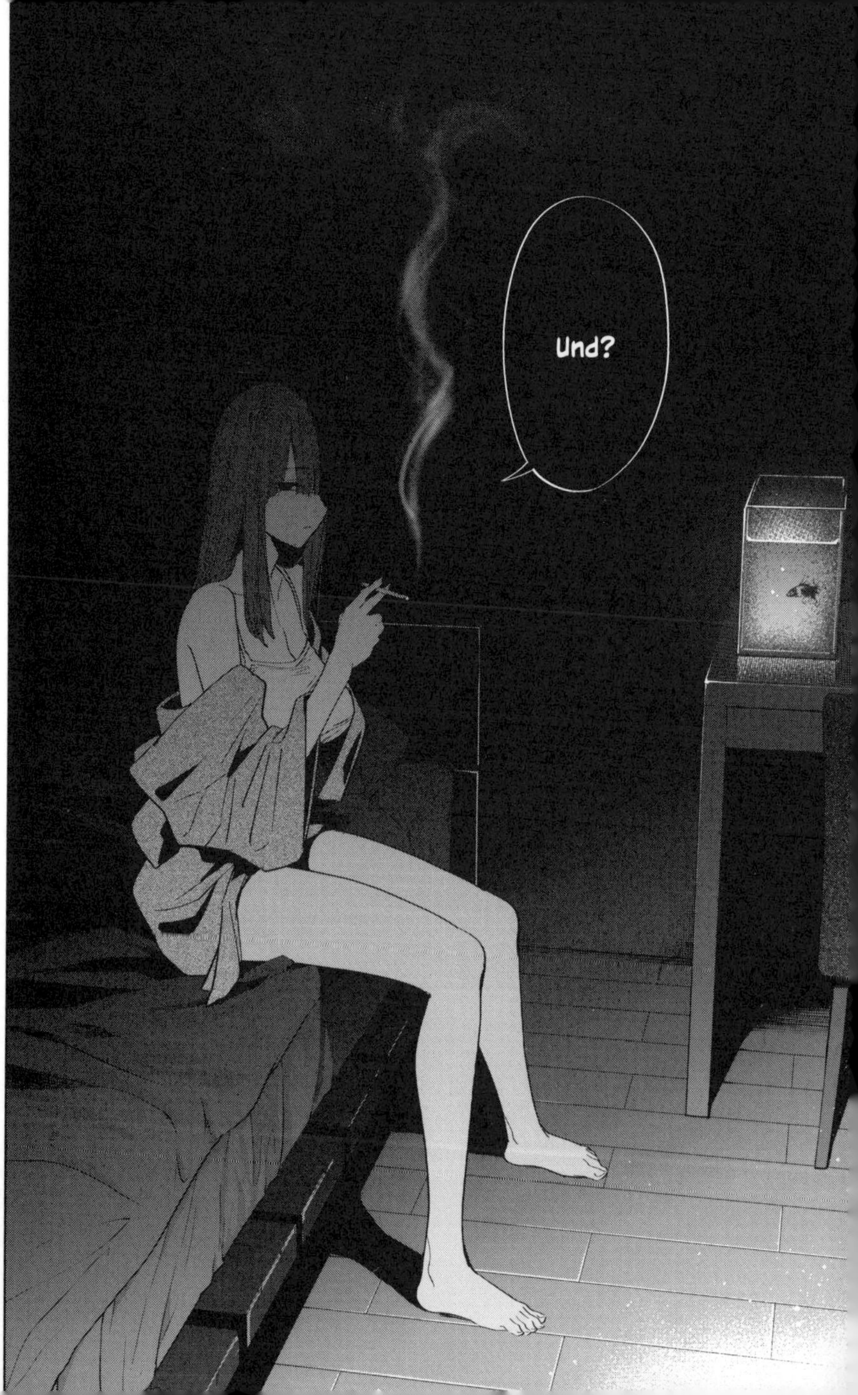
Und?

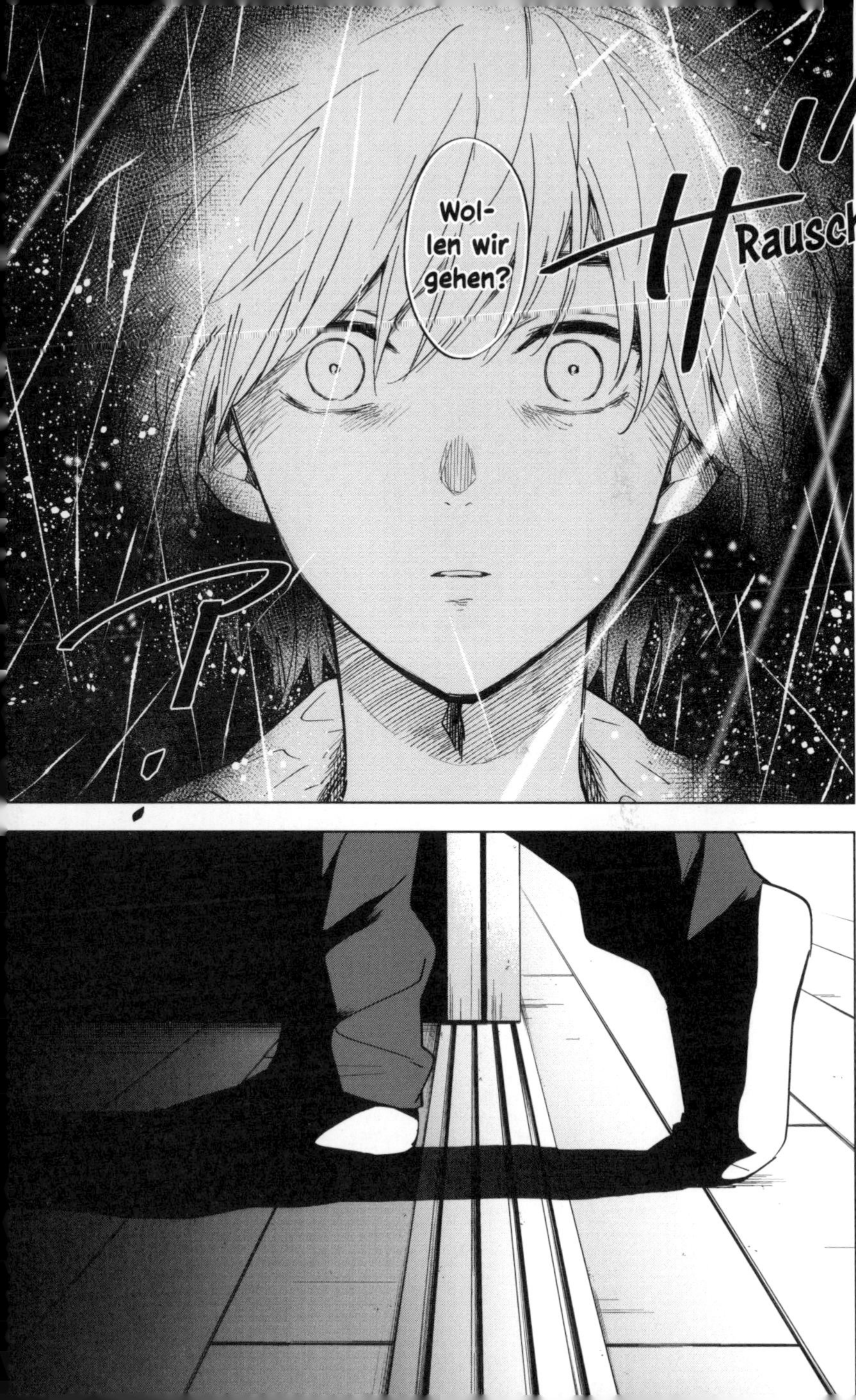
Wol-
len wir
gehen?
Rausch

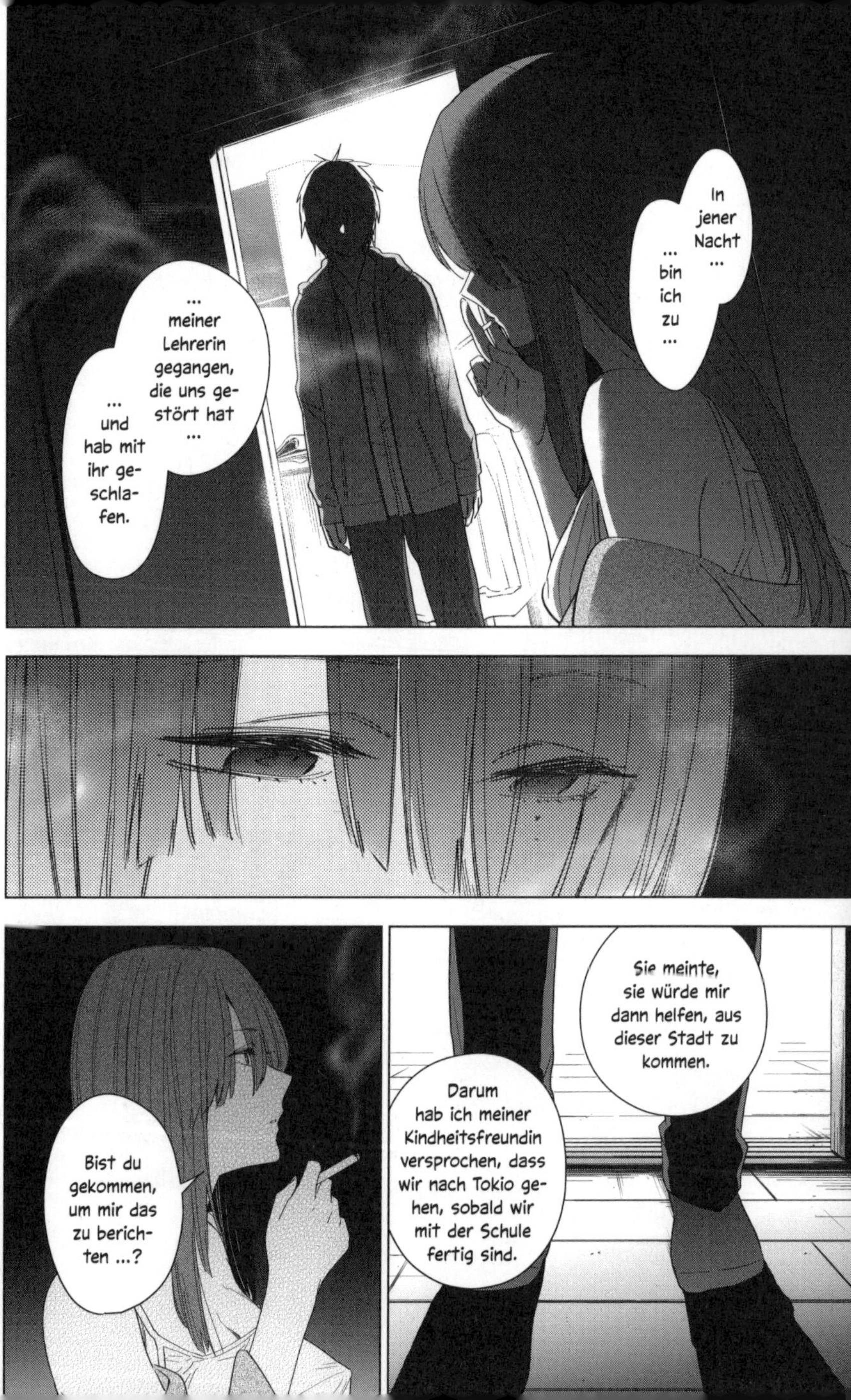
In jener Nacht ...
... bin ich zu ...
... meiner Lehrerin gegangen, die uns gestört hat ...
... und hab mit ihr geschlafen.
Sie meinte, sie würde mir dann helfen, aus dieser Stadt zu kommen.
Darum hab ich meiner Kindheitsfreundin versprochen, dass wir nach Tokio gehen, sobald wir mit der Schule fertig sind.
Bist du gekommen, um mir das zu berichten ...?

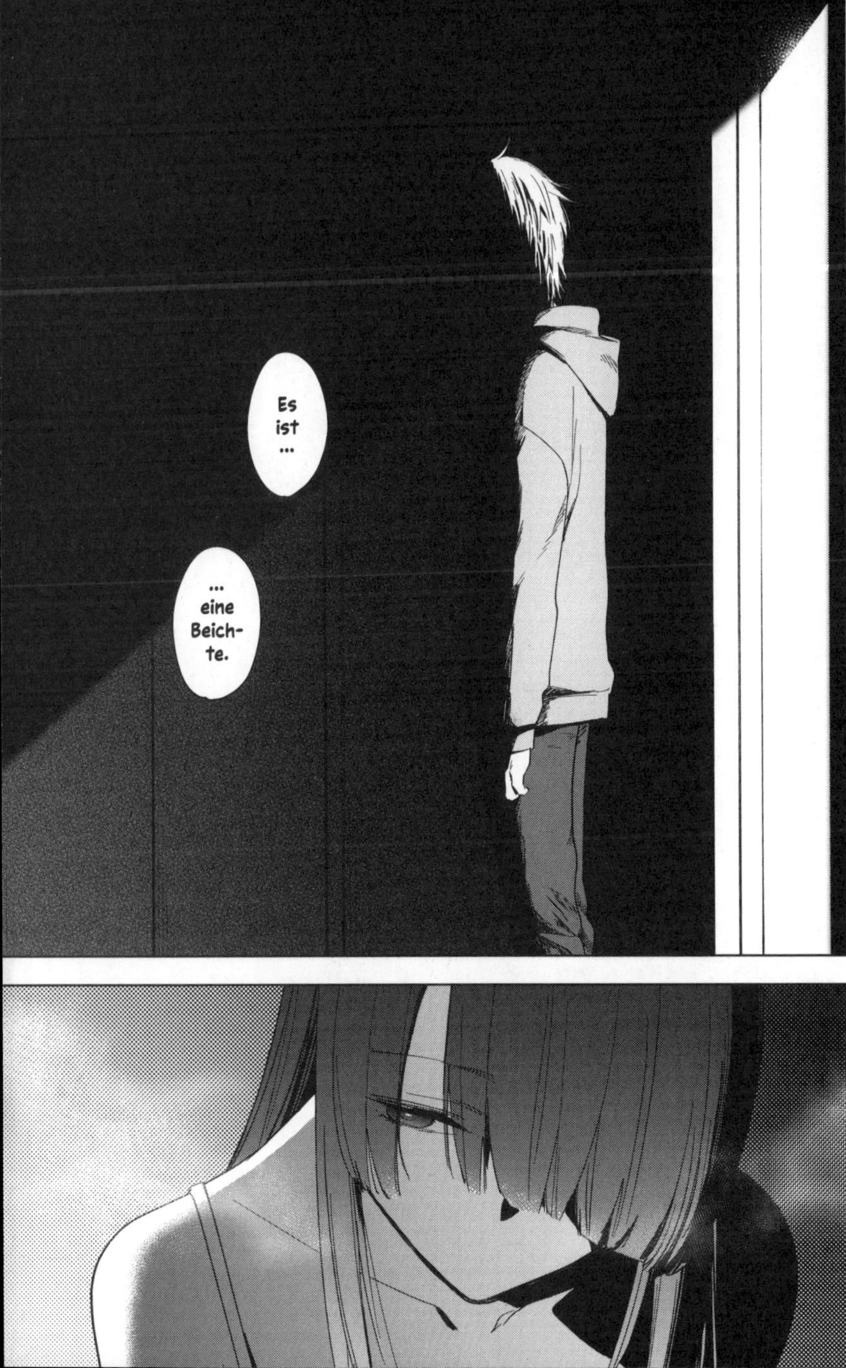
Es ist ...
... eine Beich- te.

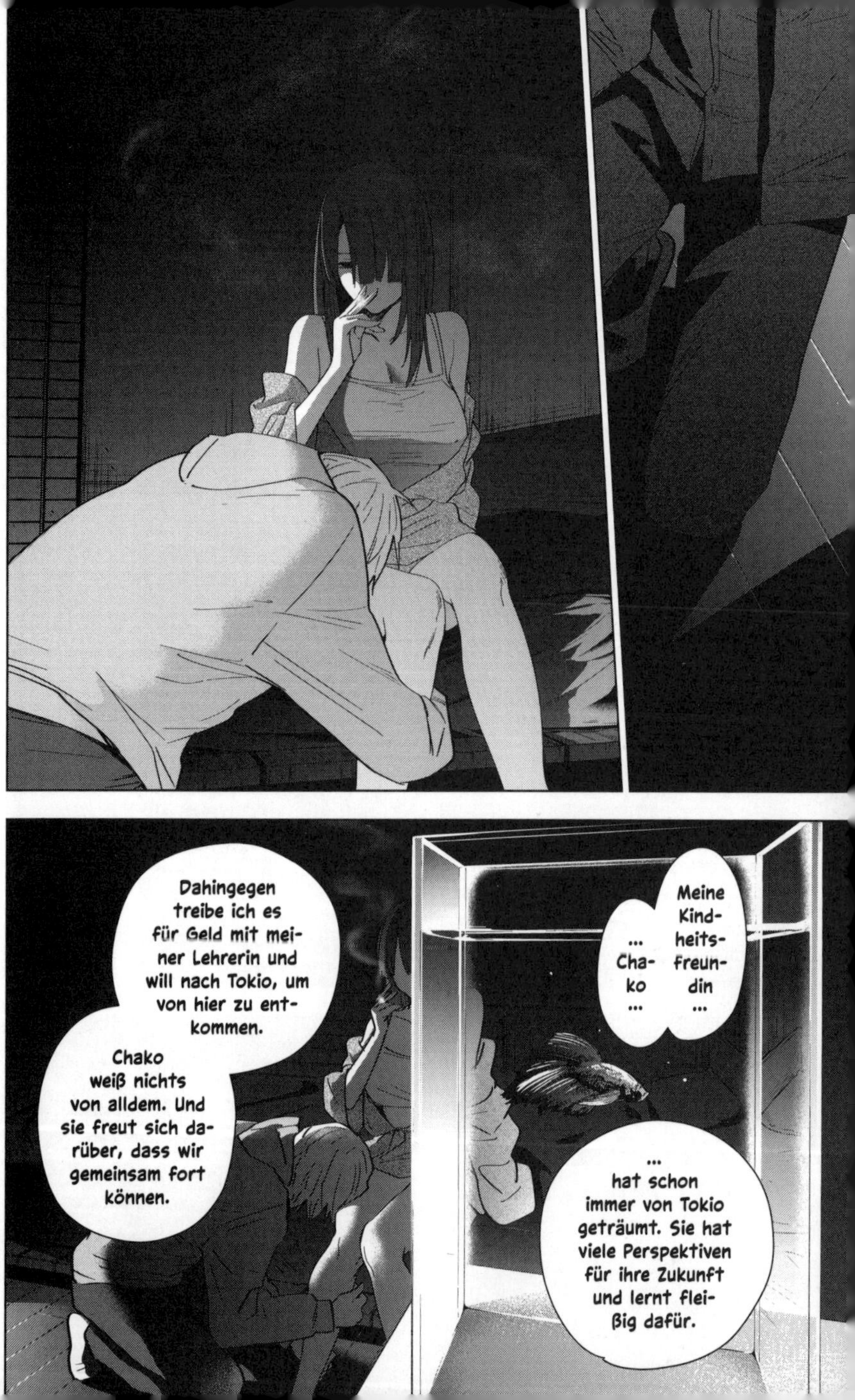
Meine Kindheitsfreundin …
… Chako …
… hat schon immer von Tokio geträumt. Sie hat viele Perspektiven für ihre Zukunft und lernt fleißig dafür.
Dahingegen treibe ich es für Geld mit meiner Lehrerin und will nach Tokio, um von hier zu entkommen.
Chako weiß nichts von alldem. Und sie freut sich darüber, dass wir gemeinsam fort können.

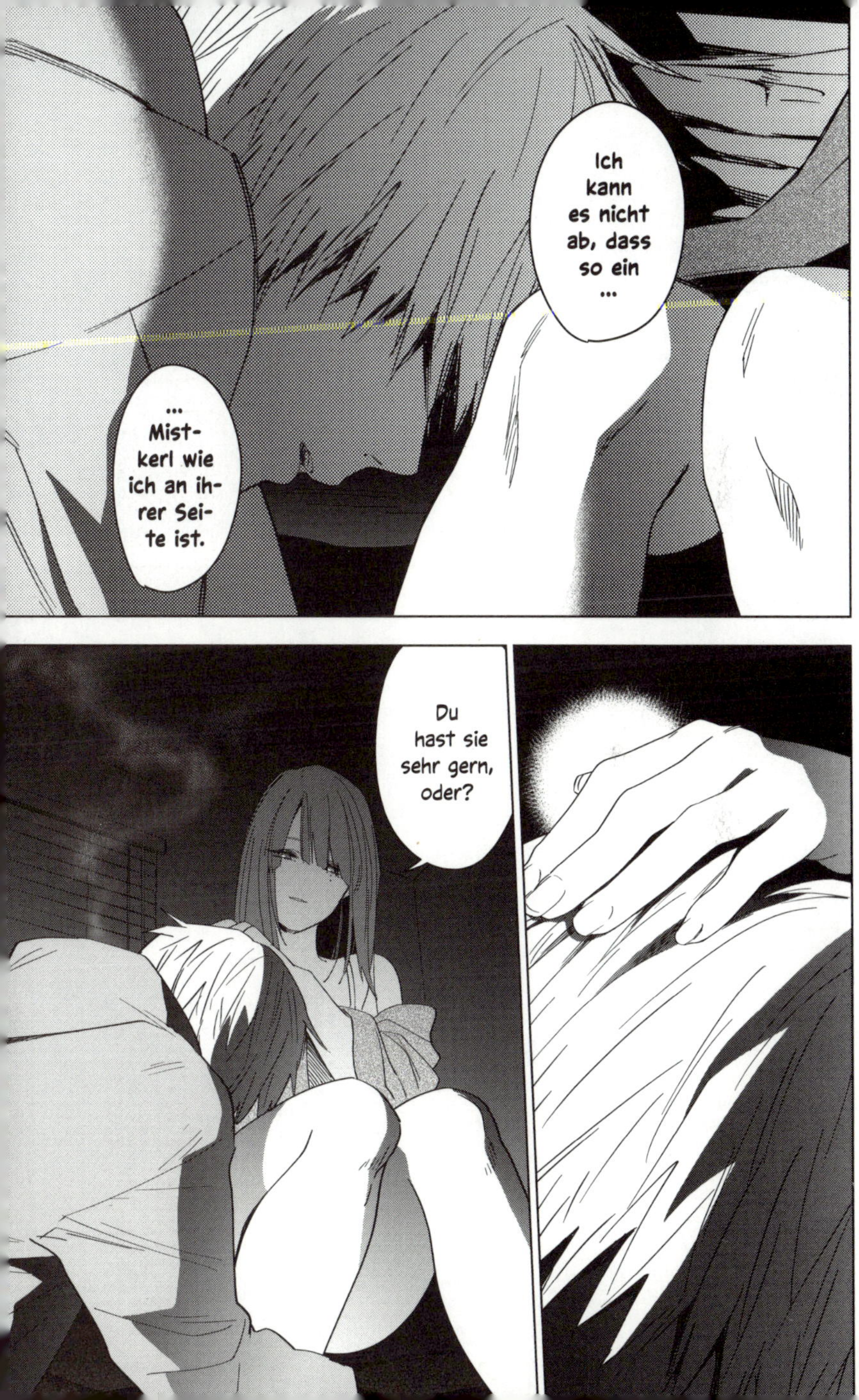
Ich kann es nicht ab, dass so ein ...
... Mist-kerl wie ich an ih-rer Sei-te ist.
Du hast sie sehr gern, oder?

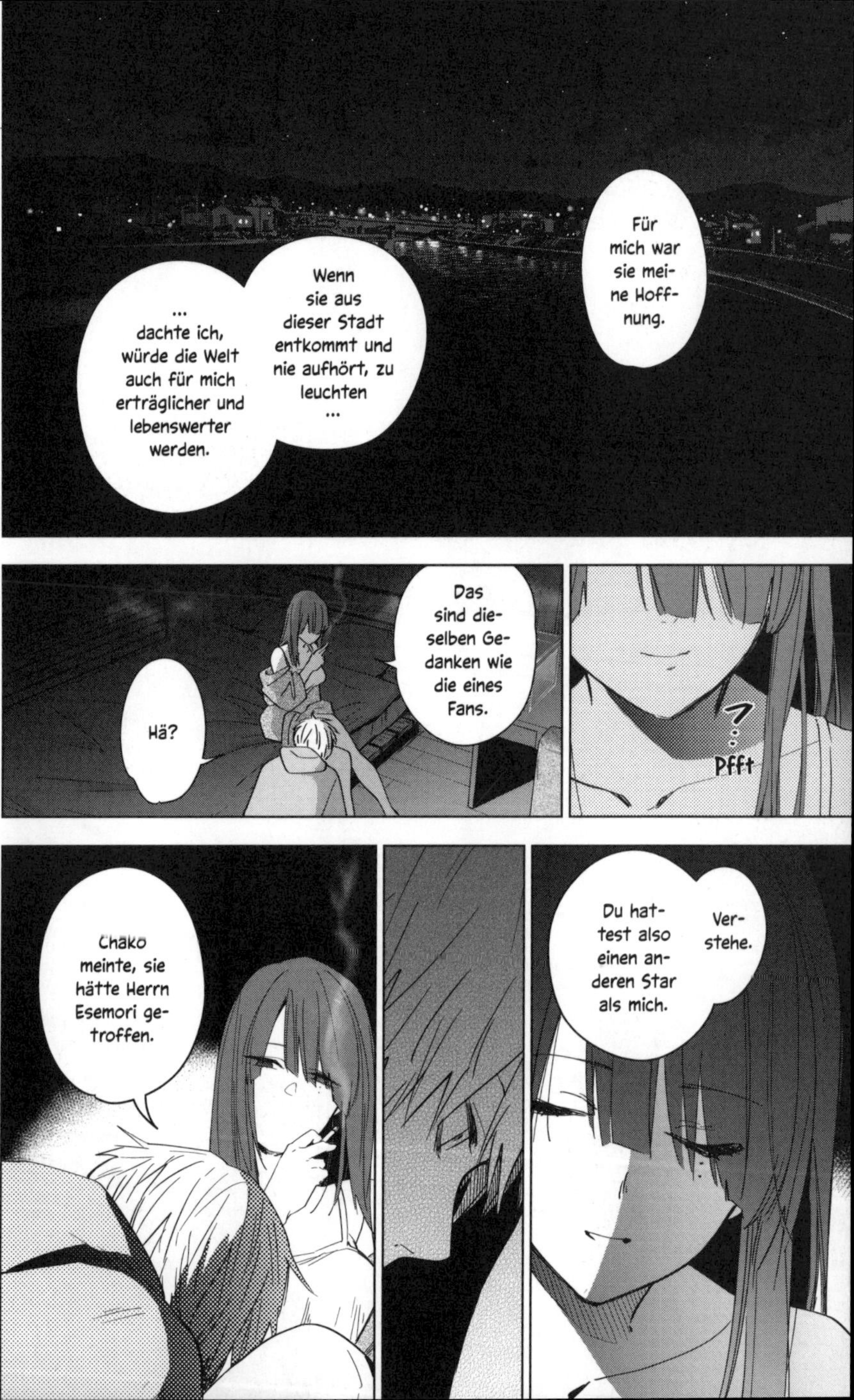
Für mich war sie meine Hoffnung.
Wenn sie aus dieser Stadt entkommt und nie aufhört, zu leuchten ...
... dachte ich, würde die Welt auch für mich erträglicher und lebenswerter werden.
Pfft
Das sind dieselben Gedanken wie die eines Fans.
Hä?
Verstehe.
Du hattest also einen anderen Star als mich.
Chako meinte, sie hätte Herrn Esemori getroffen.

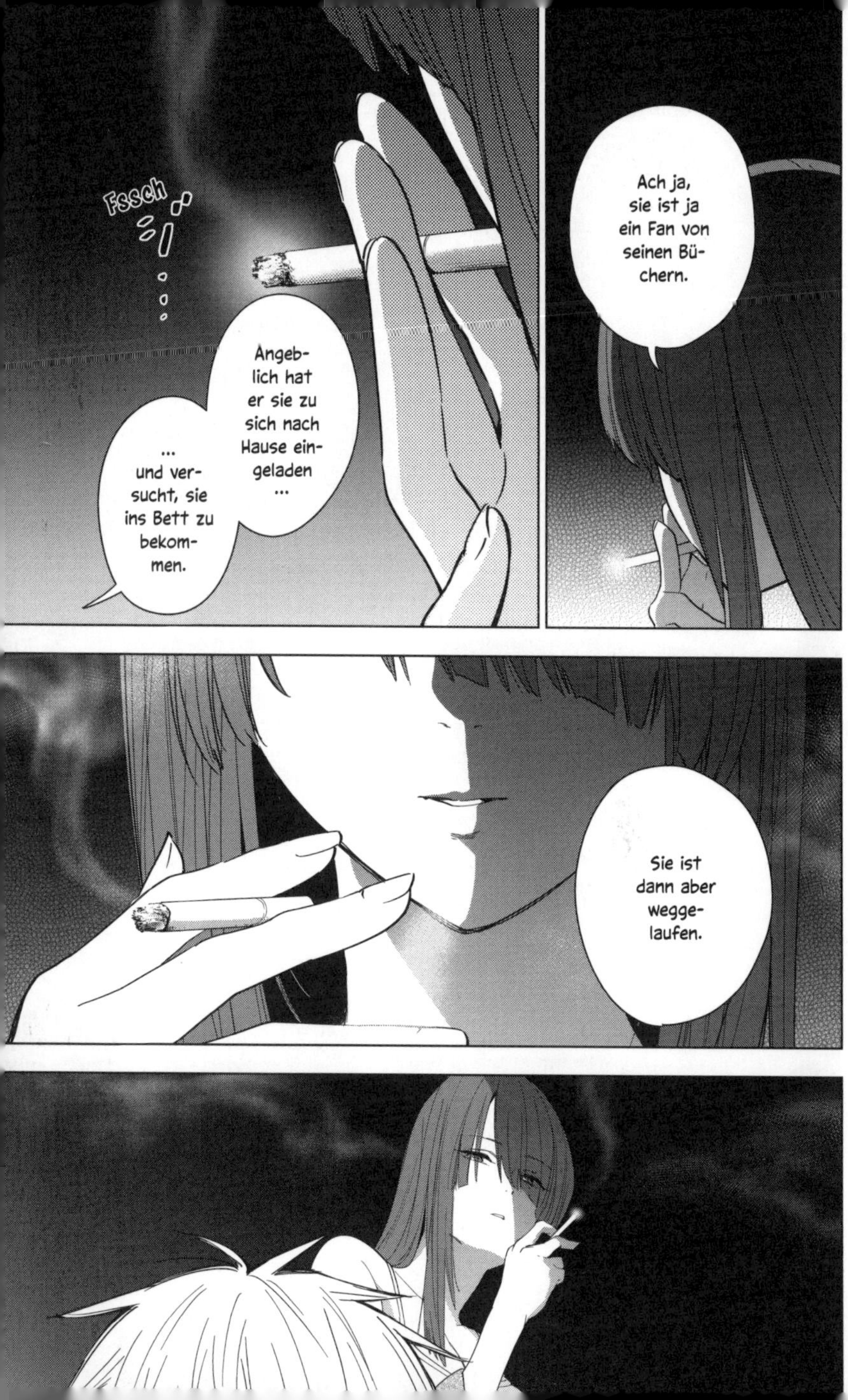
Ach ja, sie ist ja ein Fan von seinen Büchern.
Fssch
Angeblich hat er sie zu sich nach Hause eingeladen ...
... und versucht, sie ins Bett zu bekommen.
Sie ist dann aber weggelaufen.

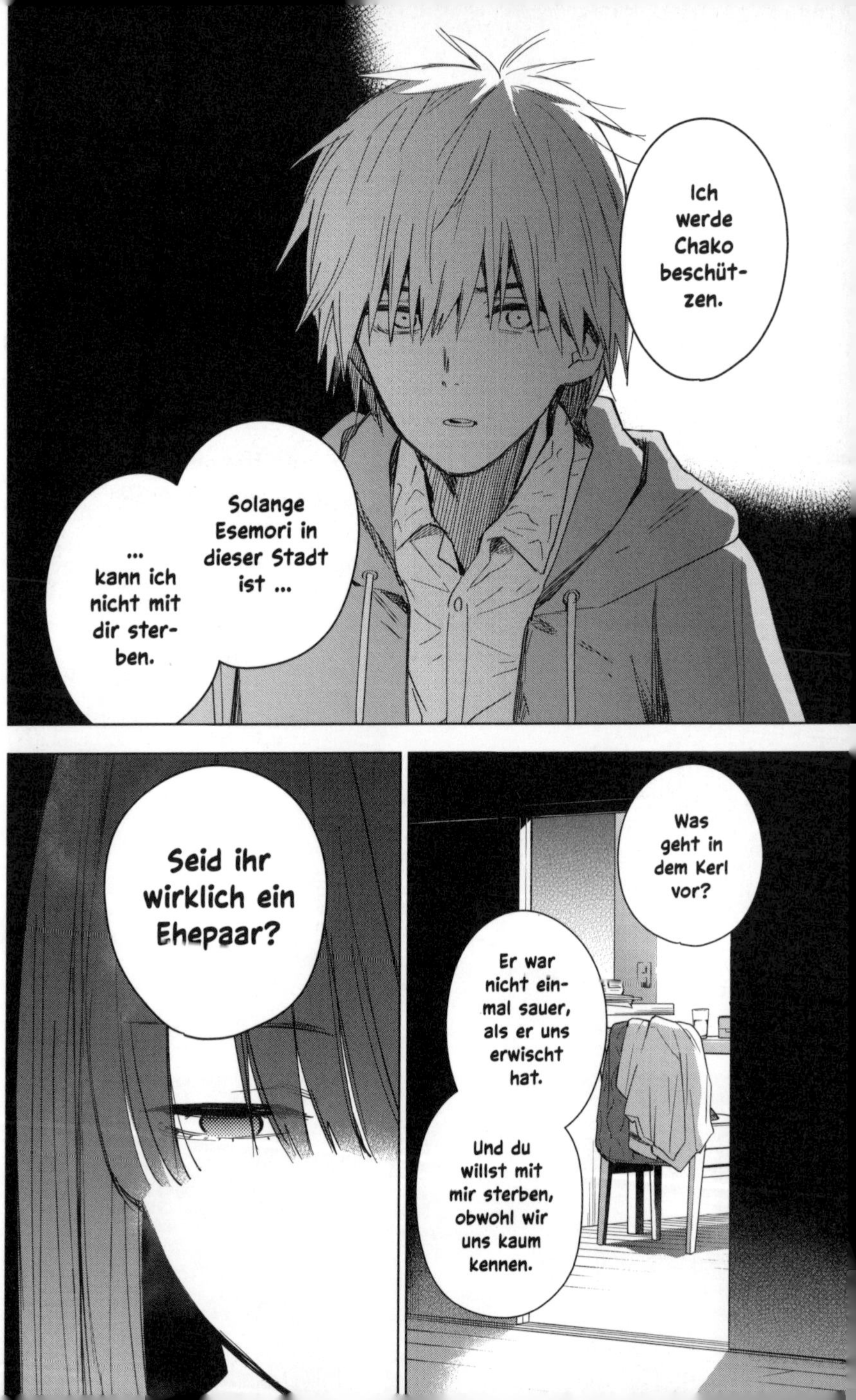
Ich werde Chako beschüt-zen.
Solange Esemori in dieser Stadt ist ...
... kann ich nicht mit dir ster-ben.
Was geht in dem Kerl vor?
Er war nicht ein-mal sauer, als er uns erwischt hat.
Und du willst mit mir sterben, obwohl wir uns kaum kennen.
Seid ihr wirklich ein Ehepaar?

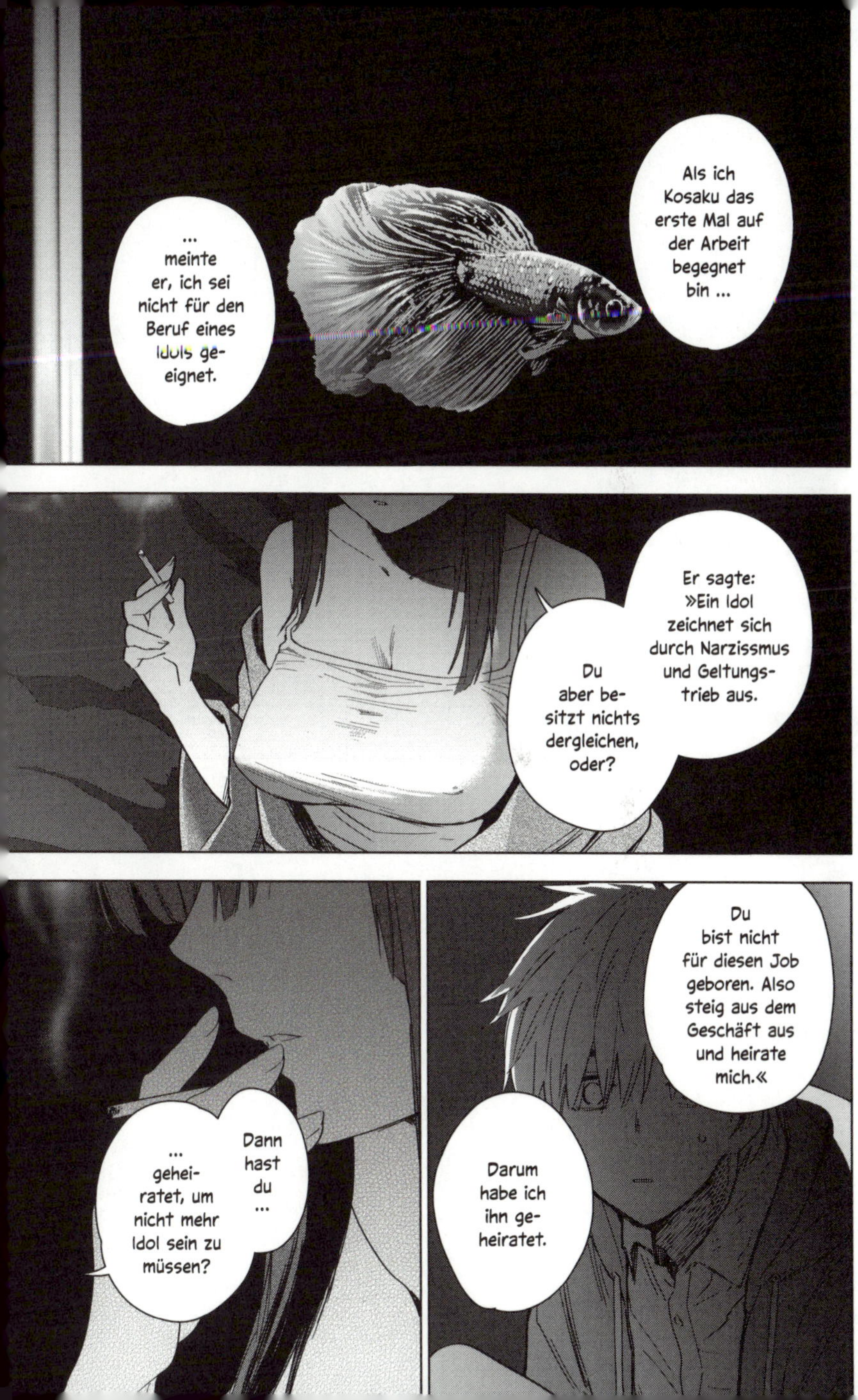
Als ich Kosaku das erste Mal auf der Arbeit begegnet bin ...
... meinte er, ich sei nicht für den Beruf eines Idols geeignet.
Er sagte: »Ein Idol zeichnet sich durch Narzissmus und Geltungstrieb aus.
Du aber besitzt nichts dergleichen, oder?
Du bist nicht für diesen Job geboren. Also steig aus dem Geschäft aus und heirate mich.«
Darum habe ich ihn geheiratet.
Dann hast du ...
... geheiratet, um nicht mehr Idol sein zu müssen?

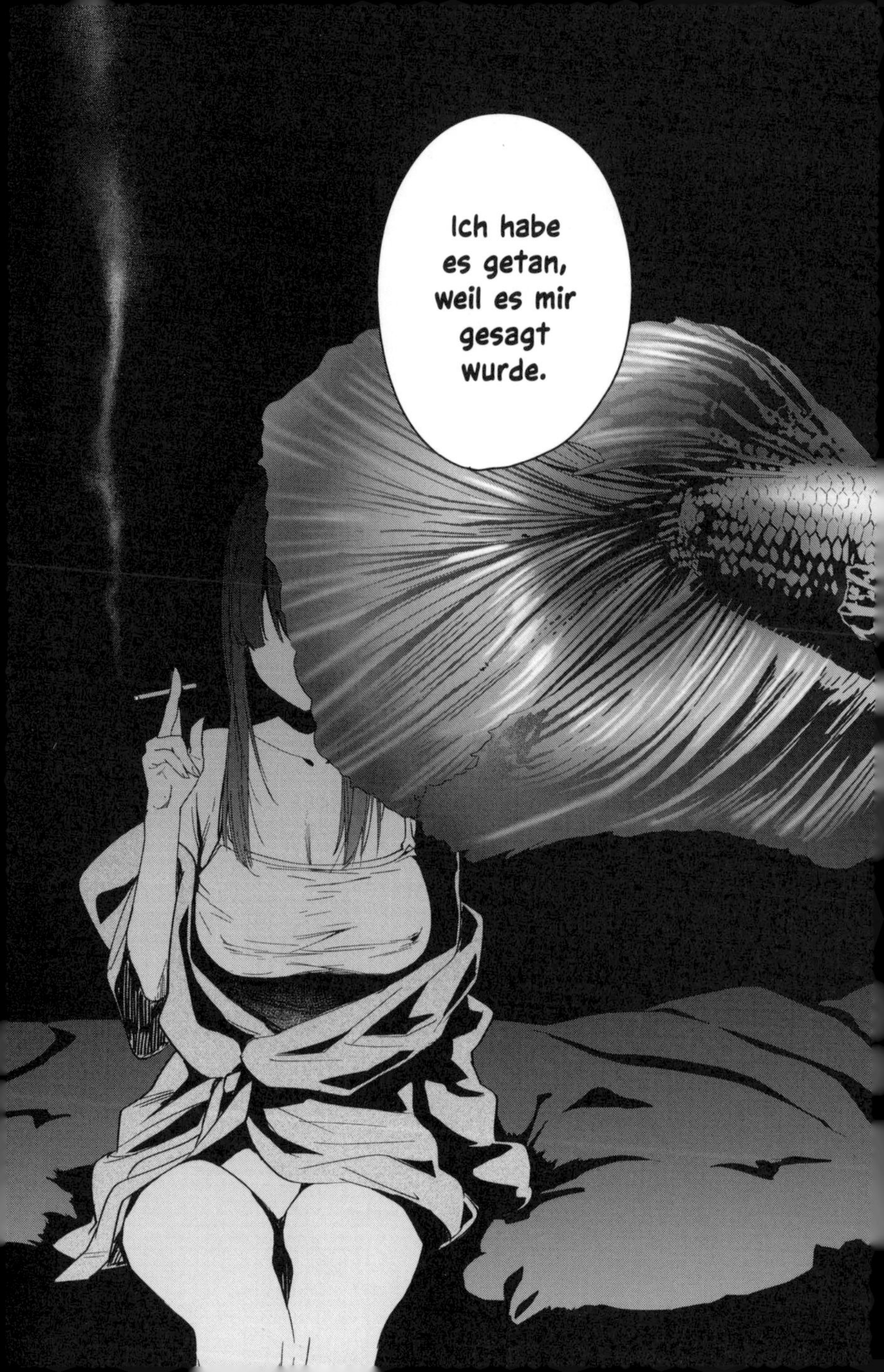
Ich habe es getan, weil es mir gesagt wurde.

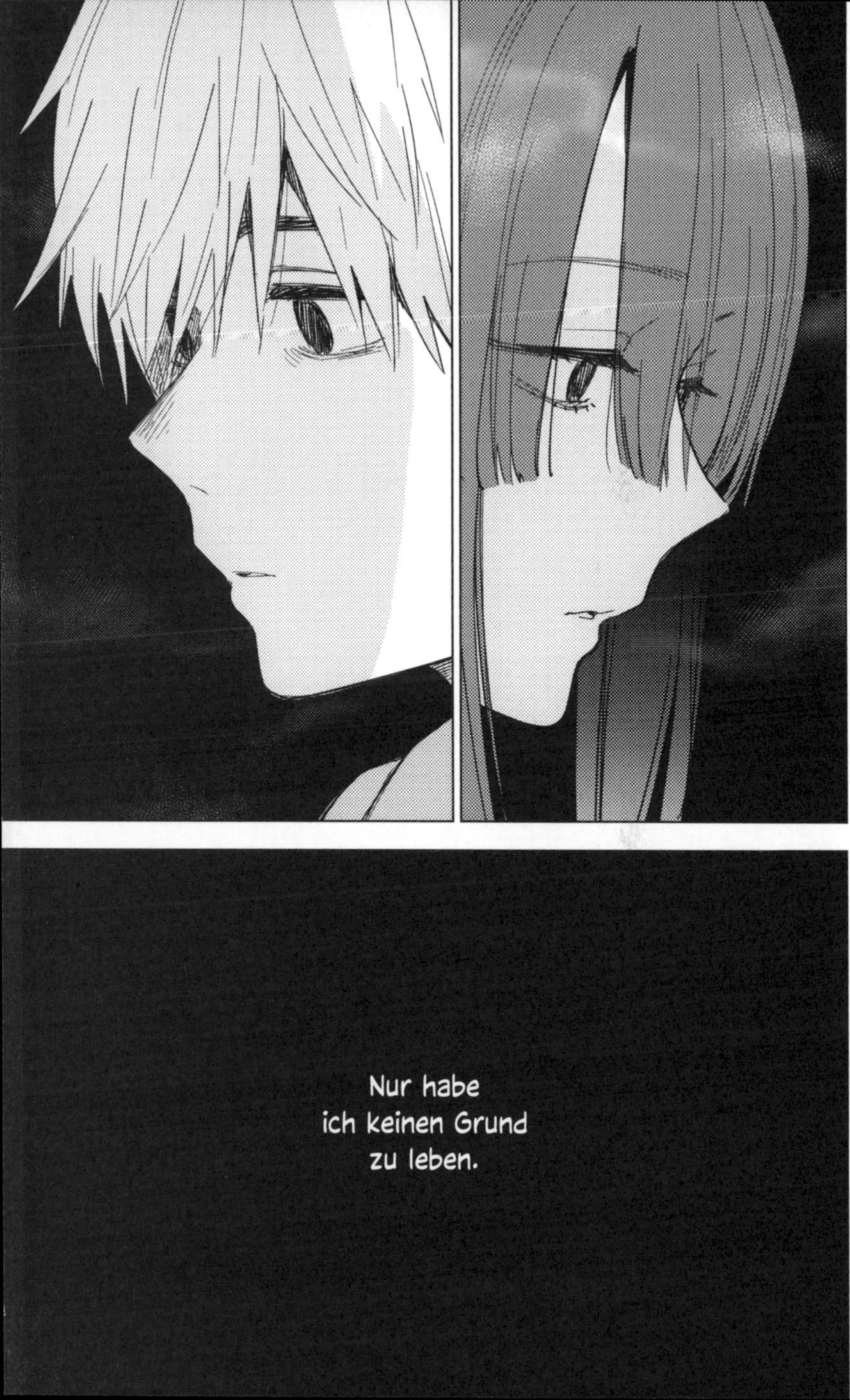
Nur habe
ich keinen Grund
zu leben.

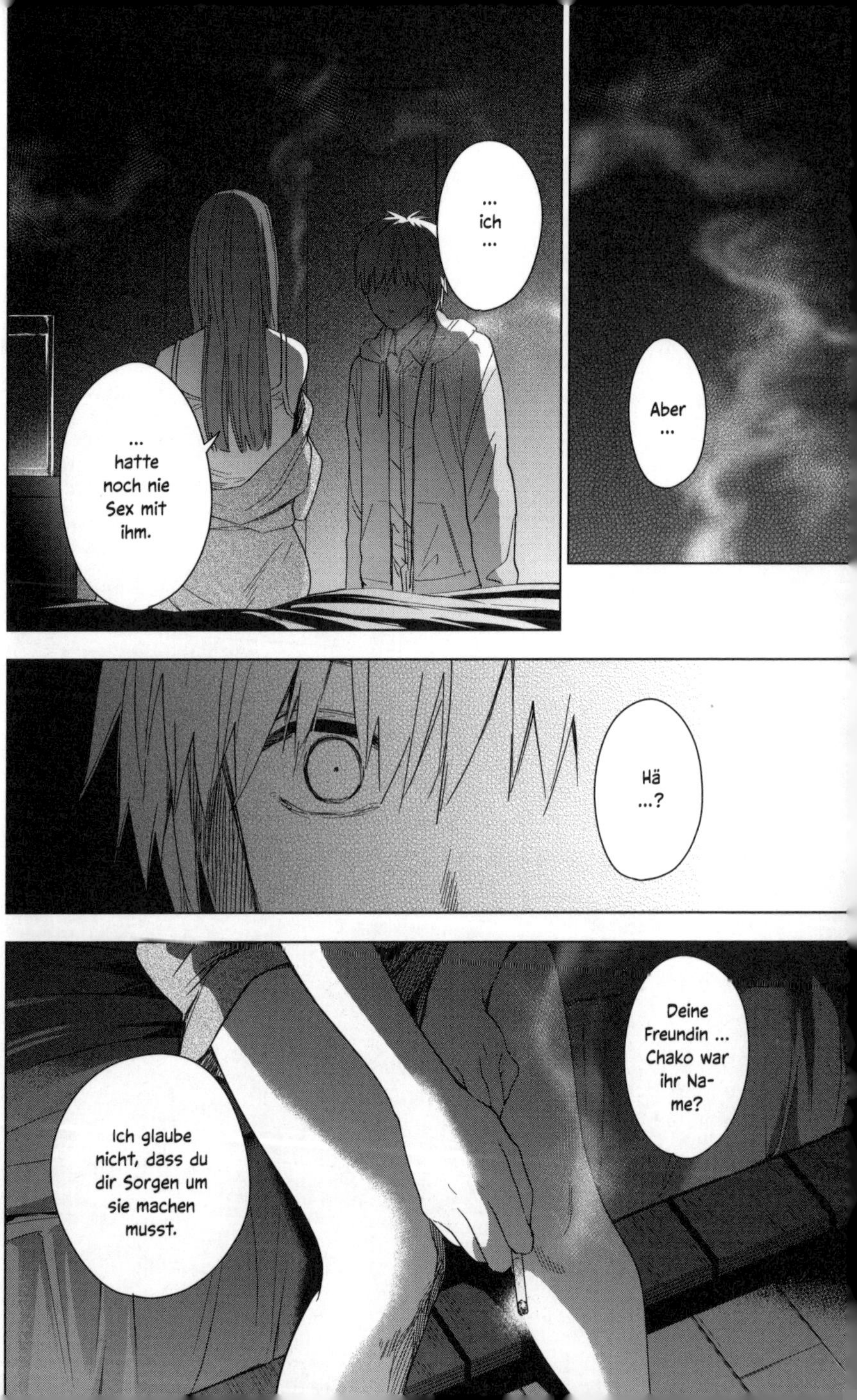
Aber ...
... ich ...
... hatte noch nie Sex mit ihm.
Hä ...?
Deine Freundin ... Chako war ihr Na-me?
Ich glaube nicht, dass du dir Sorgen um sie machen musst.

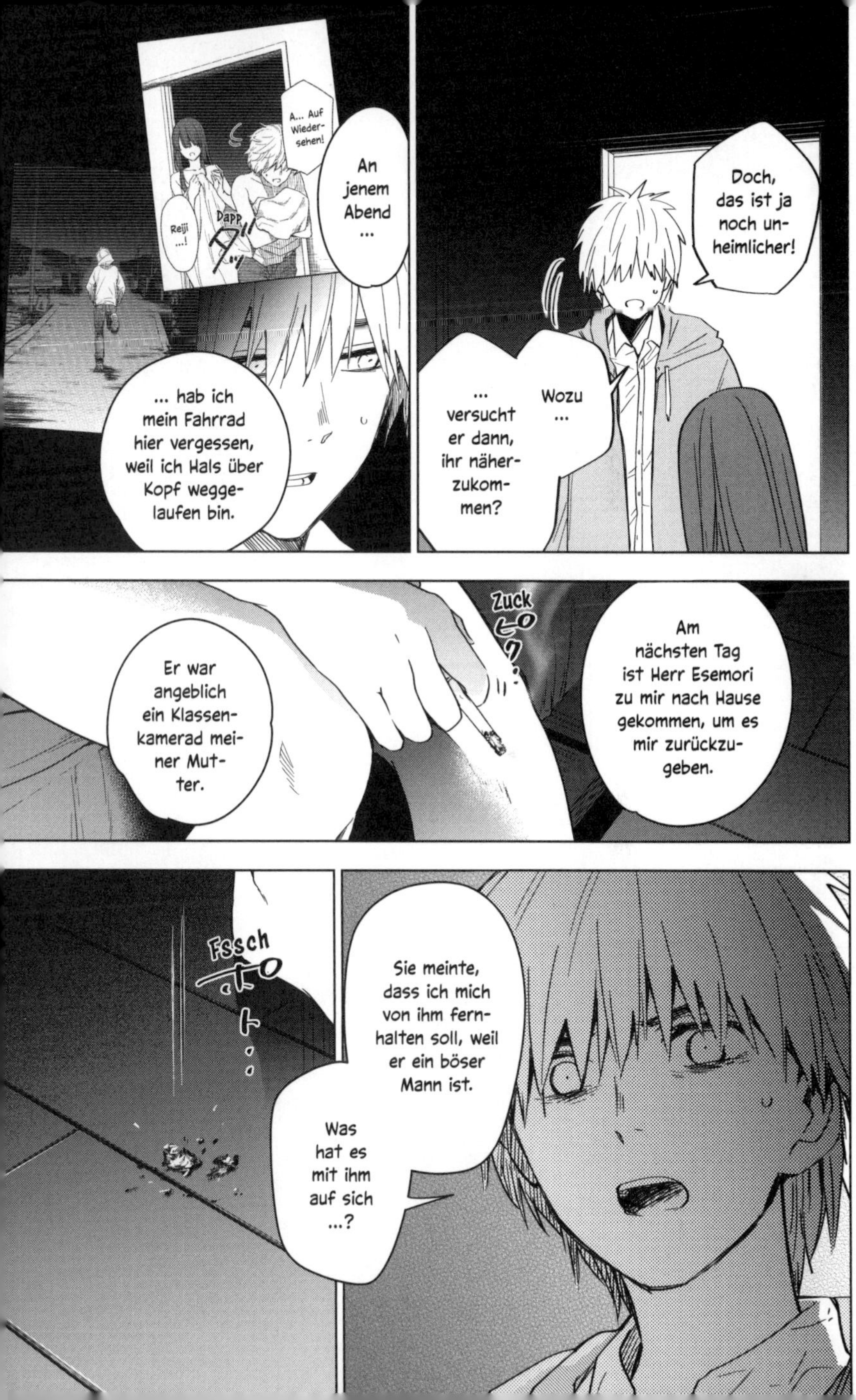

Doch, das ist ja noch unheimlicher!
Wozu ...
... versucht er dann, ihr näherzukommen?
A... Auf Wiedersehen!
Reiji ...!
Dapp
An jenem Abend ...
... hab ich mein Fahrrad hier vergessen, weil ich Hals über Kopf weggelaufen bin.
Am nächsten Tag ist Herr Esemori zu mir nach Hause gekommen, um es mir zurückzugeben.
Zuck
Er war angeblich ein Klassenkamerad meiner Mutter.
Sie meinte, dass ich mich von ihm fernhalten soll, weil er ein böser Mann ist.
Was hat es mit ihm auf sich ...?
Fssch

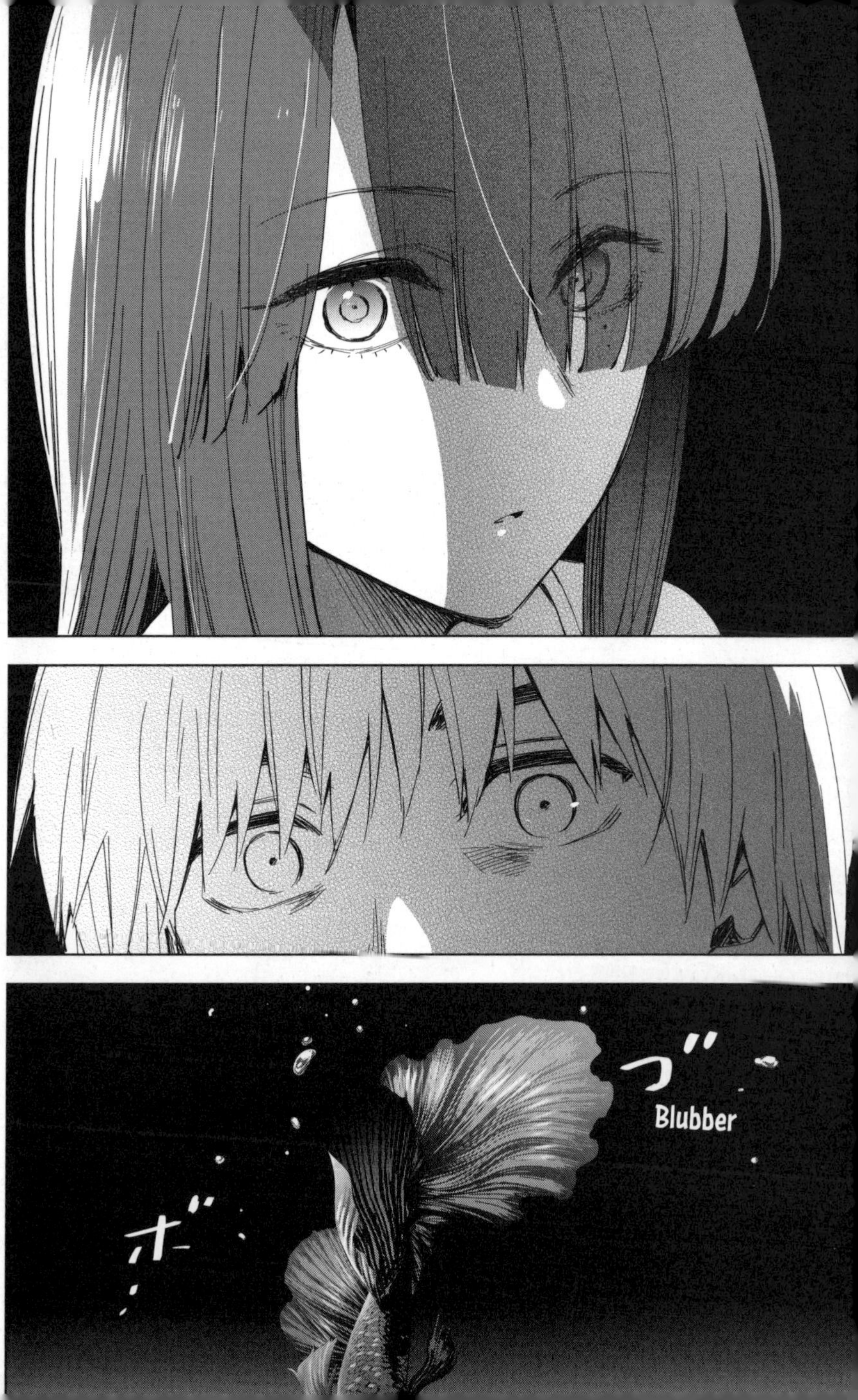
ゴ
Blubber
ボ

Kapitel 25

Erneute Begierde

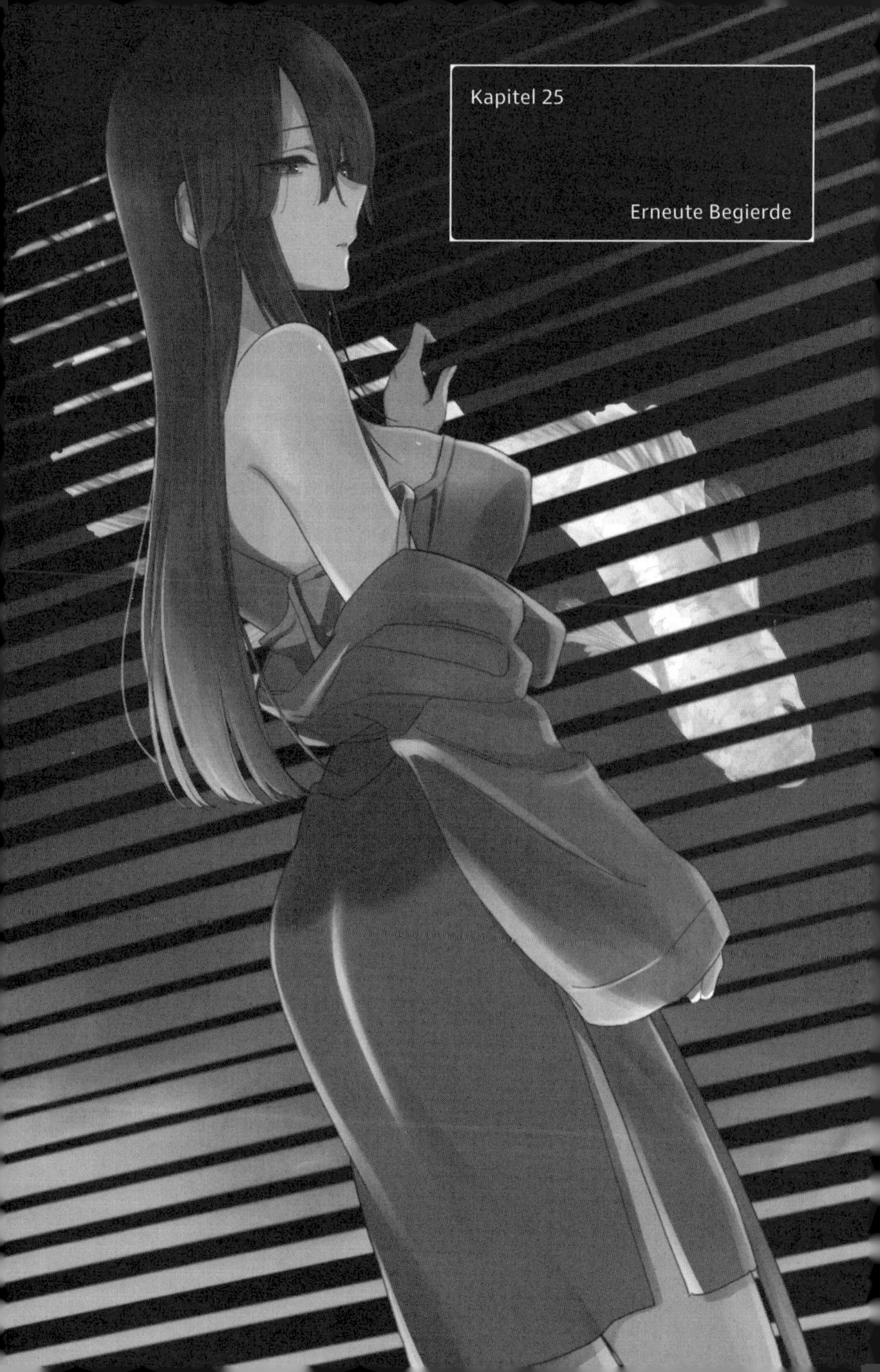

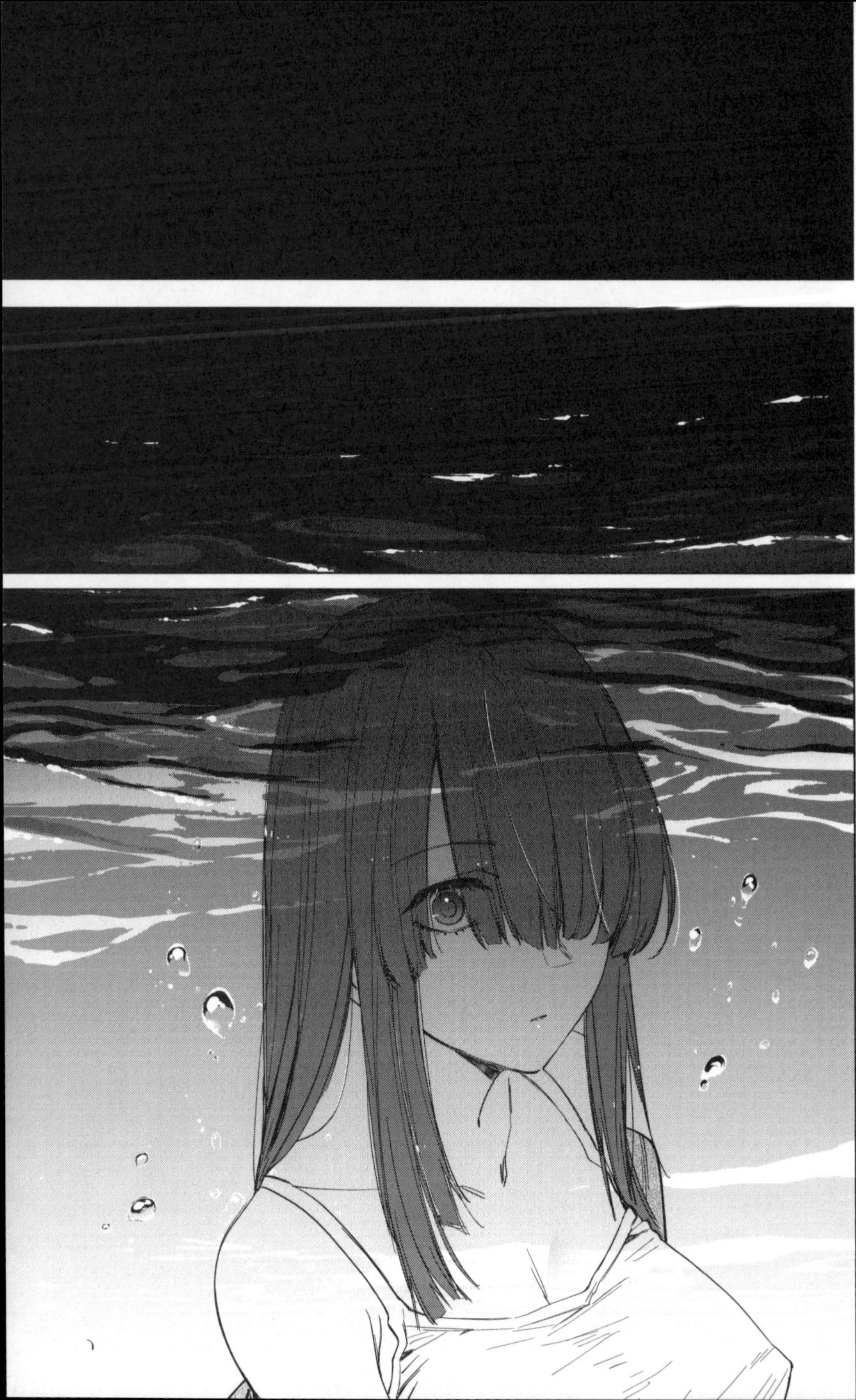

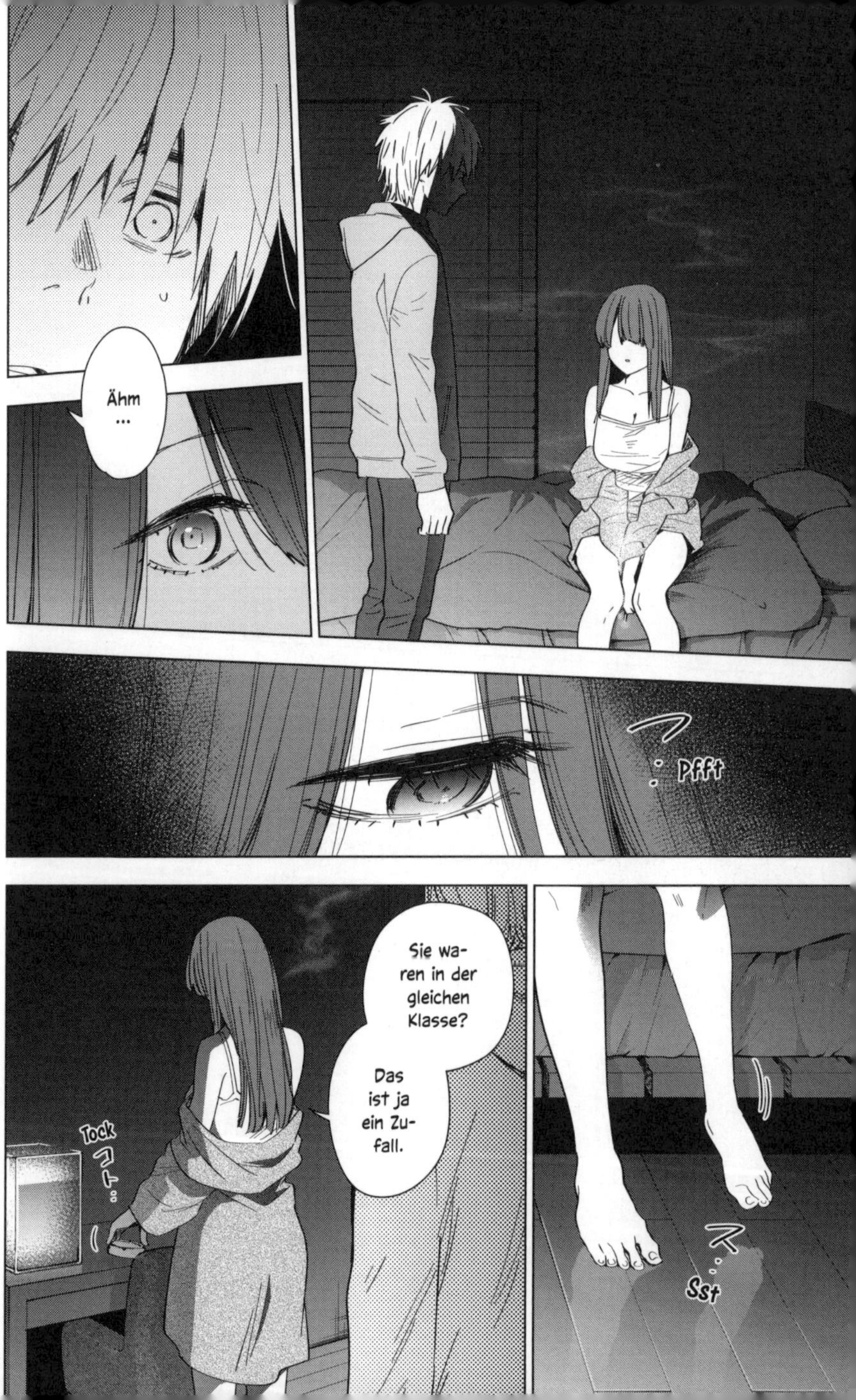
Ähm ...
Pfft
Sie waren in der gleichen Klasse?
Das ist ja ein Zufall.
Tock
Sst

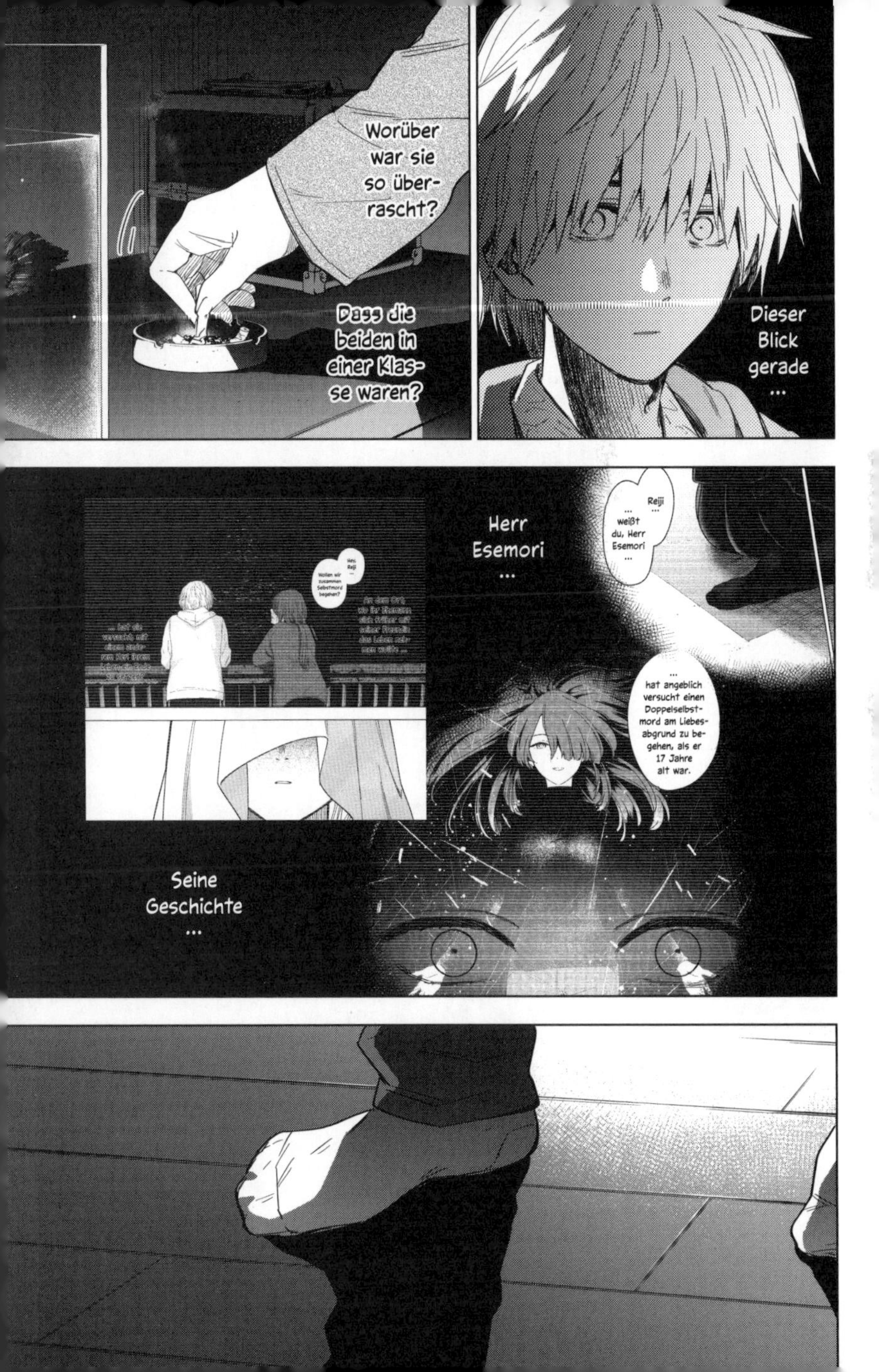
Dieser Blick gerade ...
Worüber war sie so überrascht?
Dass die beiden in einer Klasse waren?
Herr Esemori ...
Reiji ... weißt du, Herr Esemori ...
... hat angeblich versucht einen Doppelselbstmord am Liebesabgrund zu begehen, als er 17 Jahre alt war.
Hey, Reiji ...
Wollen wir zusammen Selbstmord begehen?
An dem Ort, wo ihr Ehemann sich früher mit seiner Freundin das Leben nehmen wollte ...
... hat sie versucht, mit einem anderen Kerl ihrem Leben ein Ende zu setzen?
Seine Geschichte ...

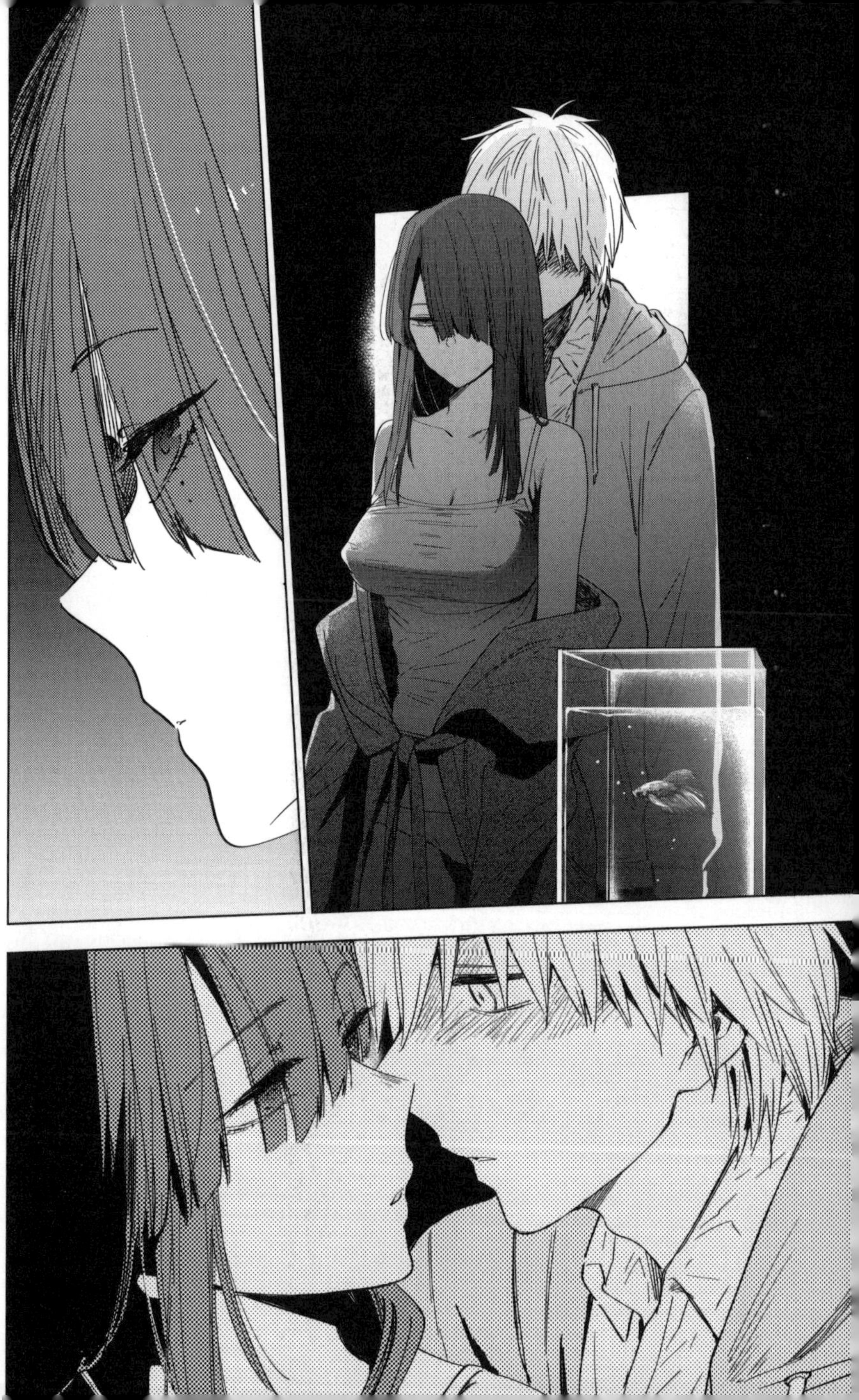

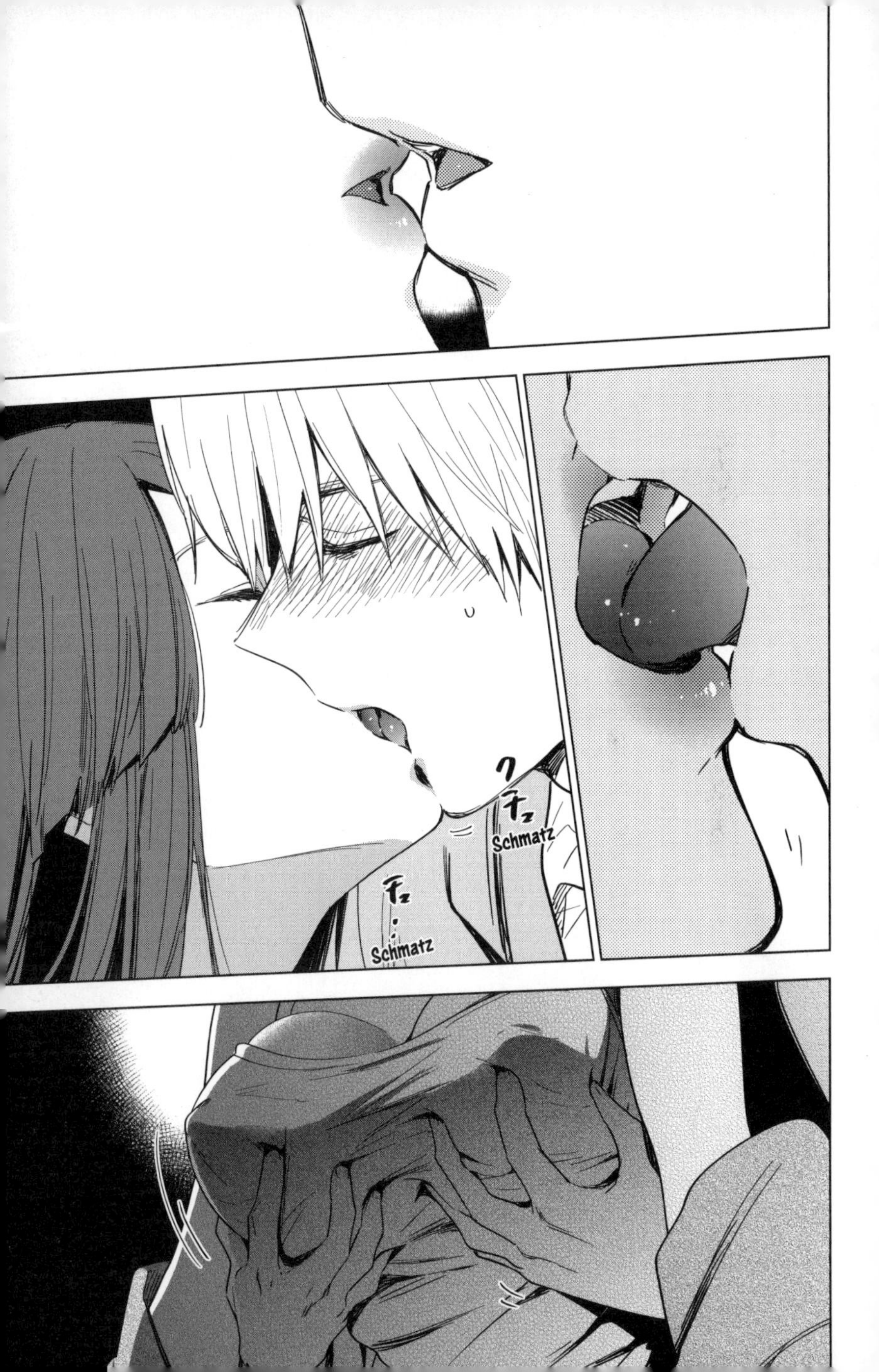
Schmatz
Schmatz

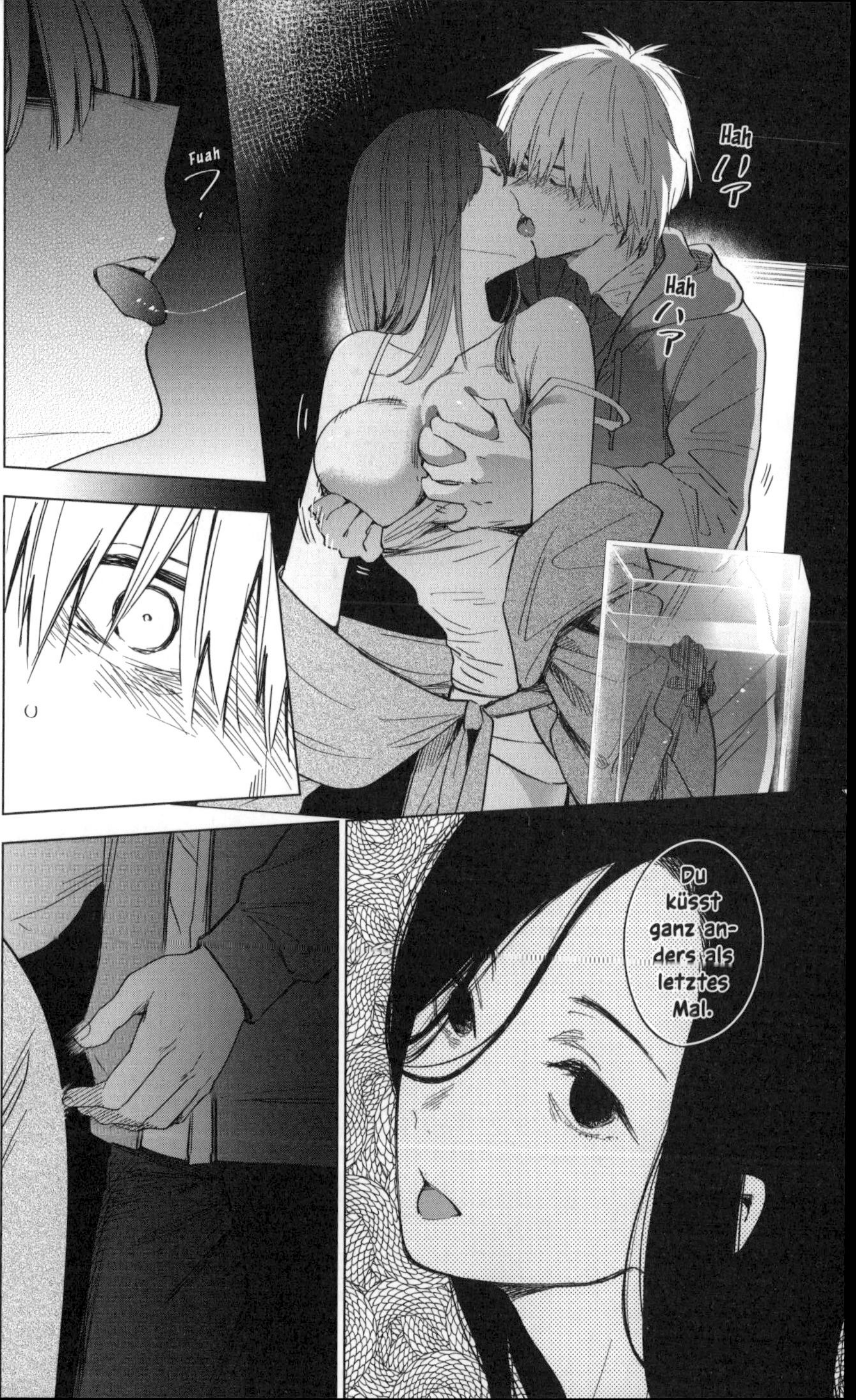
Hah
Hah
Fuah
Du küsst ganz anders als letztes Mal.

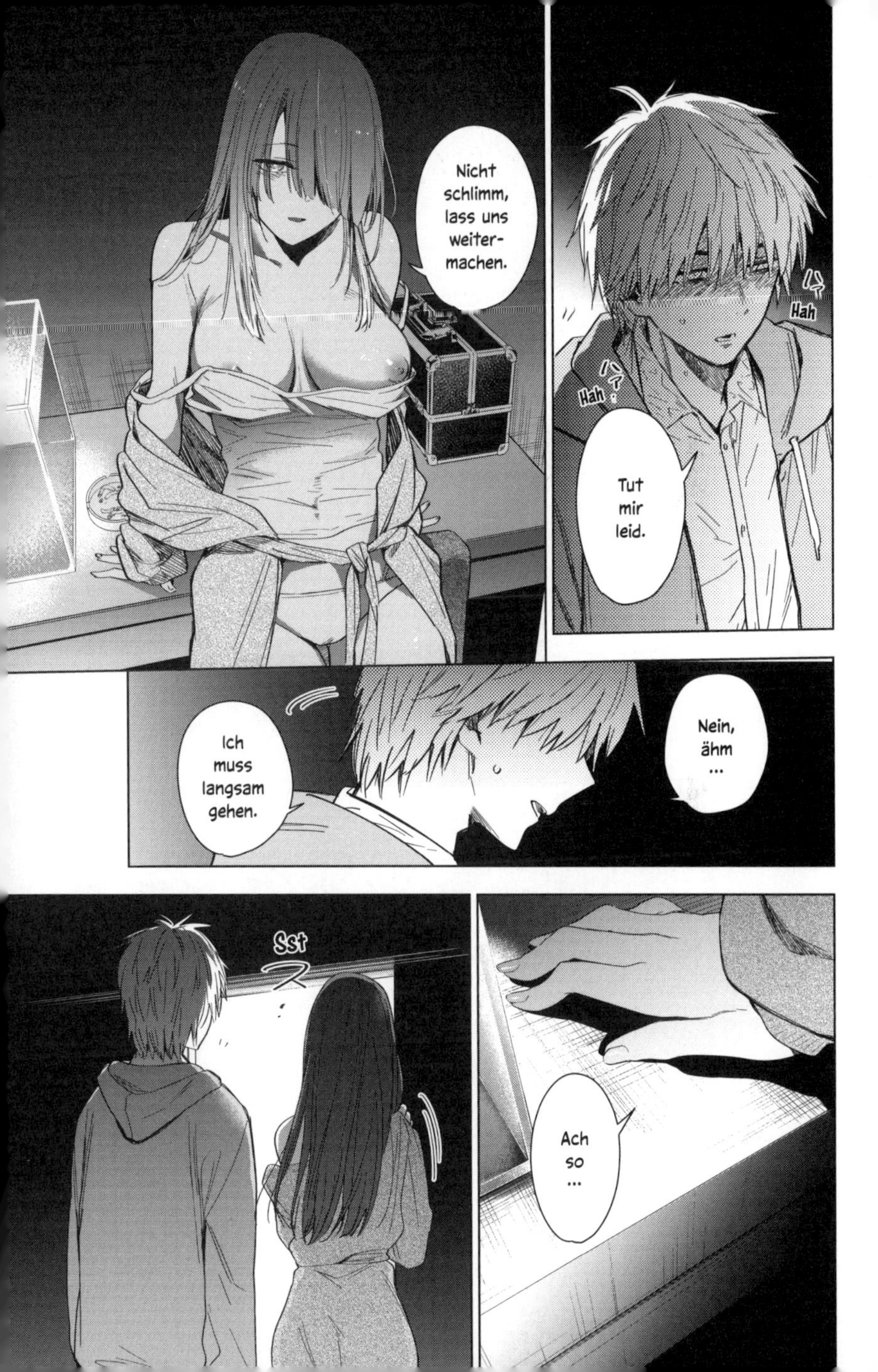
ハァ Hah
ハァ Hah
Tut mir leid.
Nicht schlimm, lass uns weitermachen.
Nein, ähm ...
Ich muss langsam gehen.
Ach so ...
ス Sst

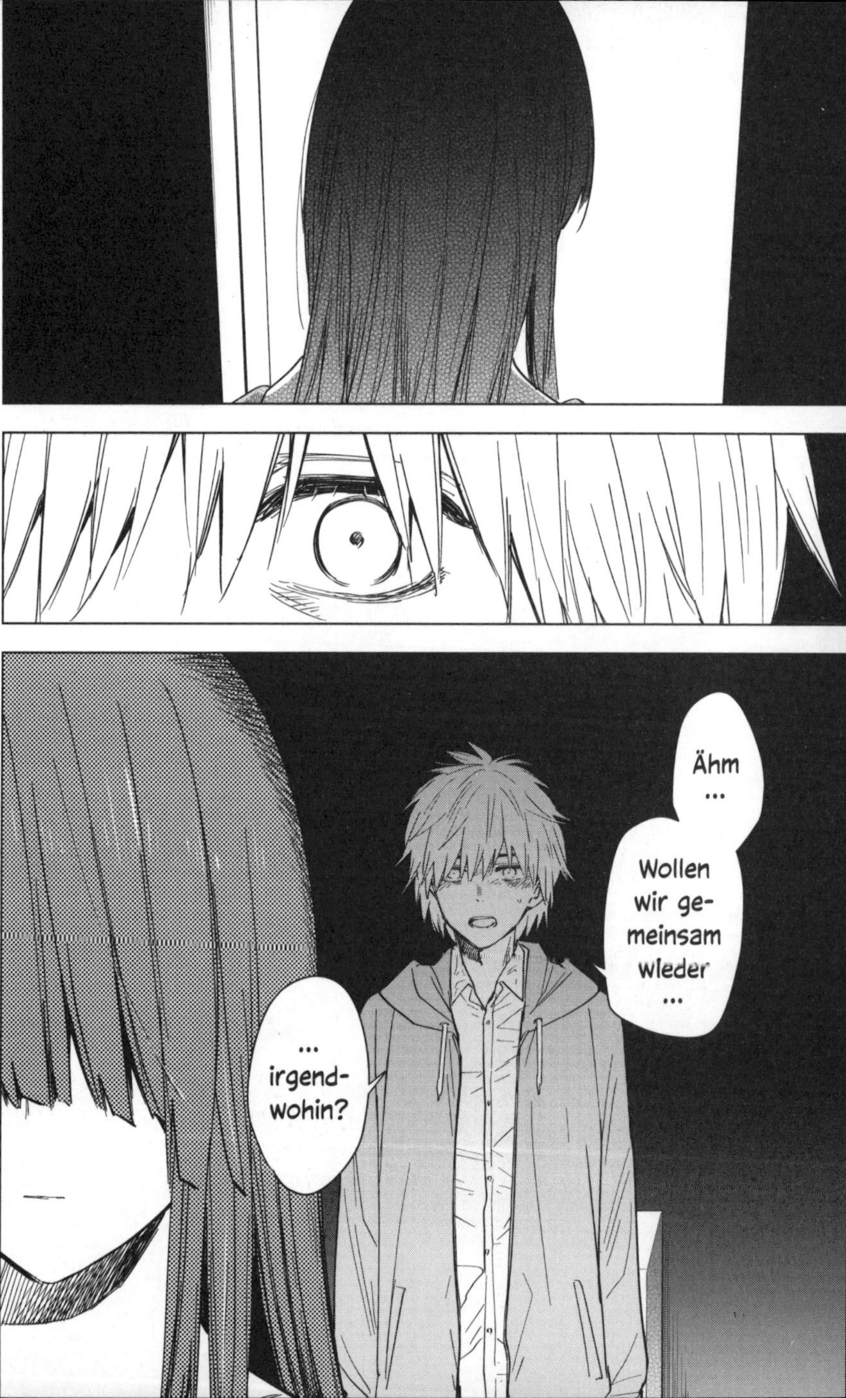
Ähm ...
Wollen wir gemeinsam wieder ...
... irgendwohin?

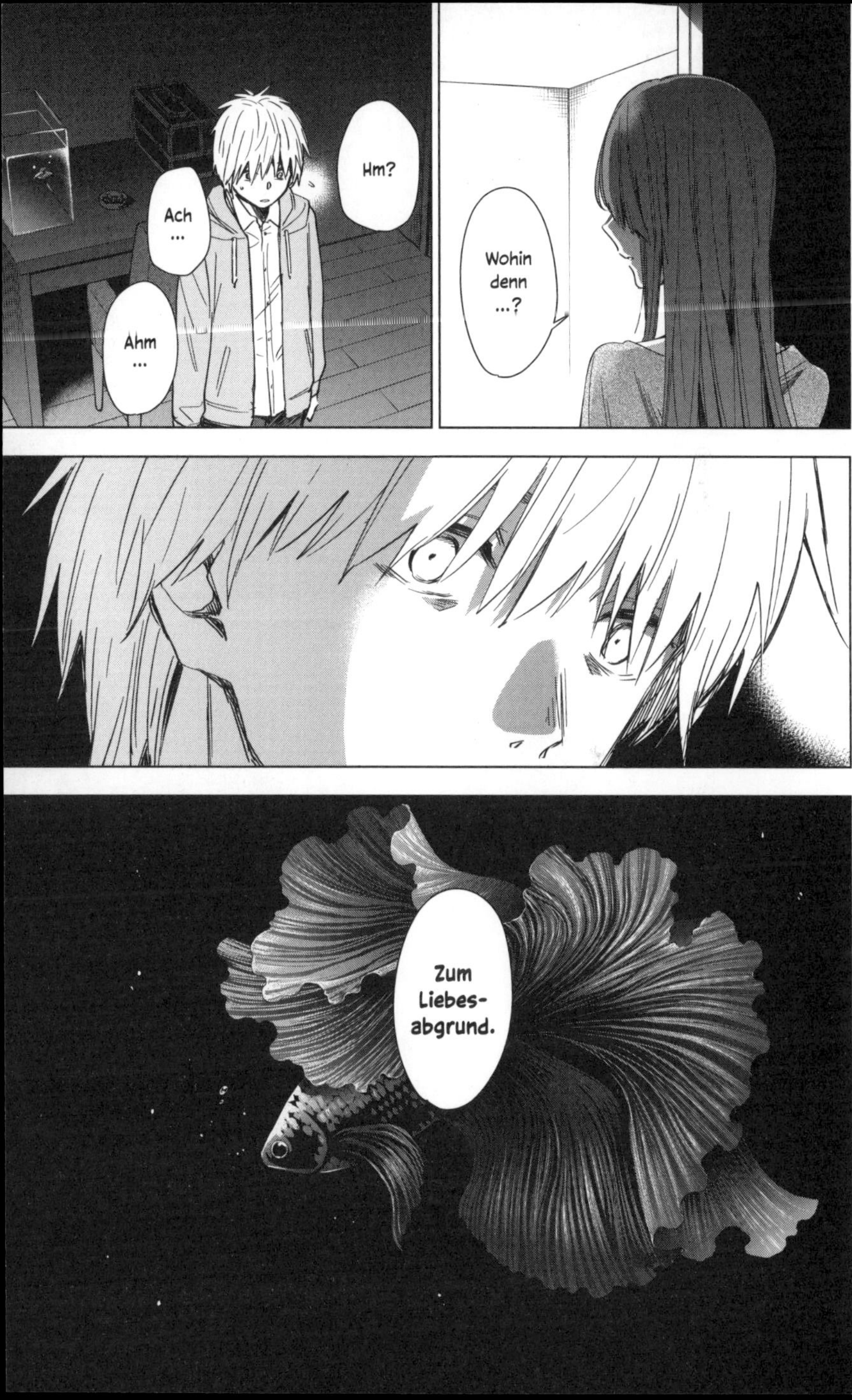
Wohin denn ...?
Hm?
Ach ...
Ahm ...
Zum Liebes-abgrund.

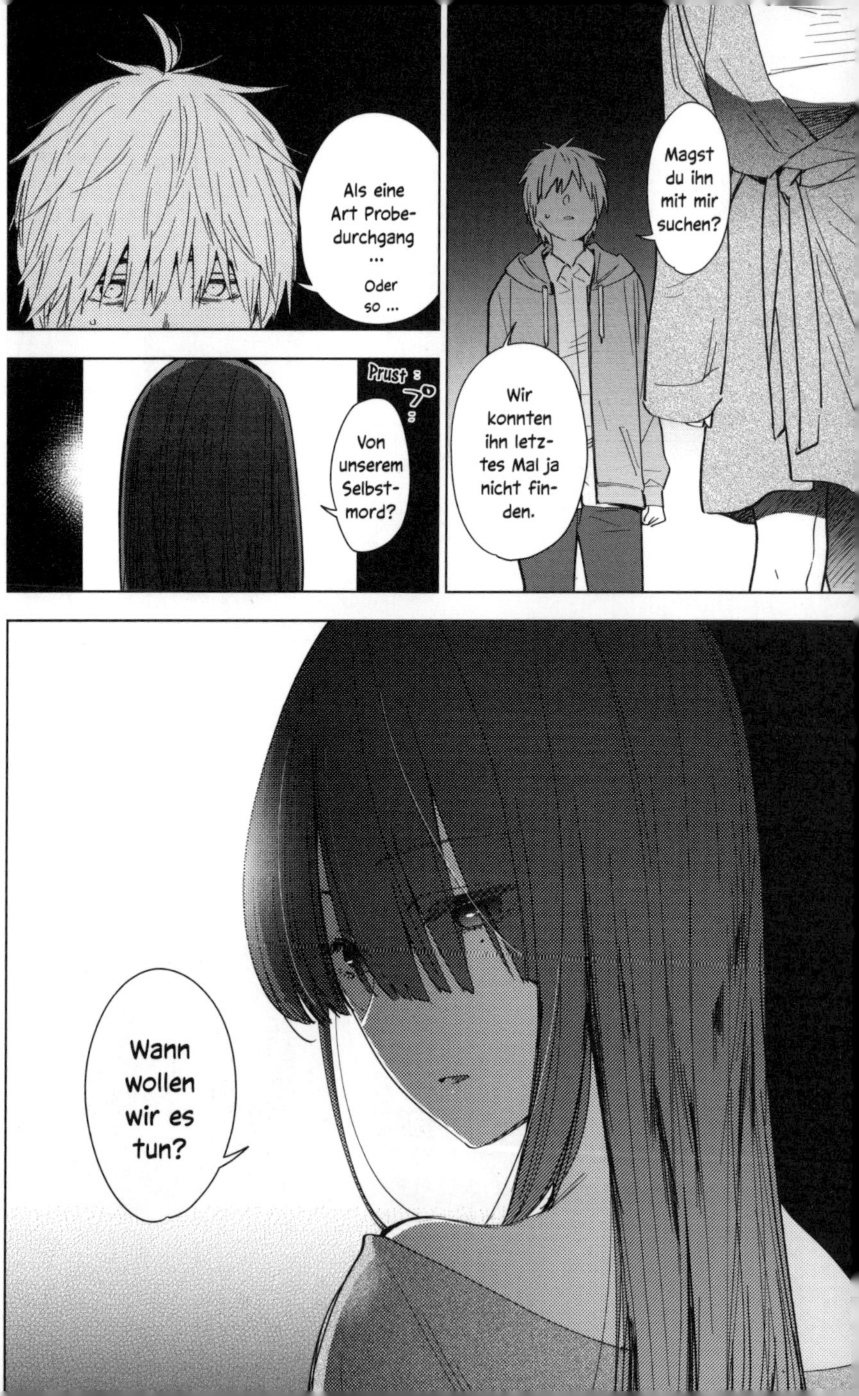
Magst du ihn mit mir suchen?
Wir konnten ihn letztes Mal ja nicht finden.
Als eine Art Probedurchgang ...
Oder so ...
Prust
Von unserem Selbstmord?
Wann wollen wir es tun?

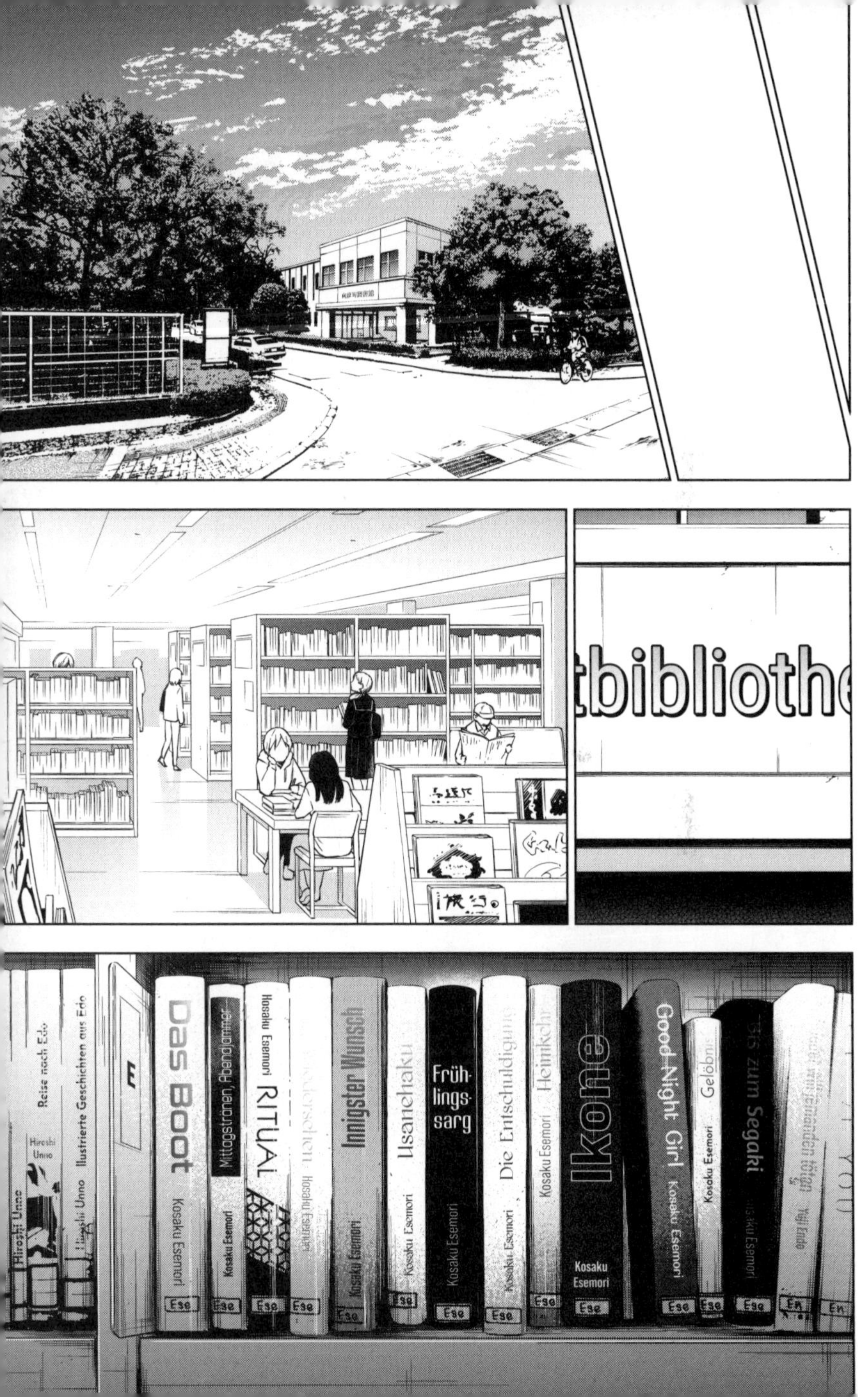
tbibliothe
Reise nach Edo
Hiroshi Unno
Illustrierte Geschichten aus Edo
Hiroshi Unno
Das Boot
Kosaku Esemori
Kosaku Esemori
RITUAL
Innigster Wunsch
Kosaku Esemori
Usanehaku
Kosaku Esemori
Früh-
lings-
sarg
Kosaku Esemori
Die Entschuldigung
Kosaku Esemori
Heimkehr
Kosaku Esemori
Ikone
Kosaku Esemori
Good Night Girl
Kosaku Esemori
Gelöbnis
Kosaku Esemori
Bis zum Segaki
Yuji Endo

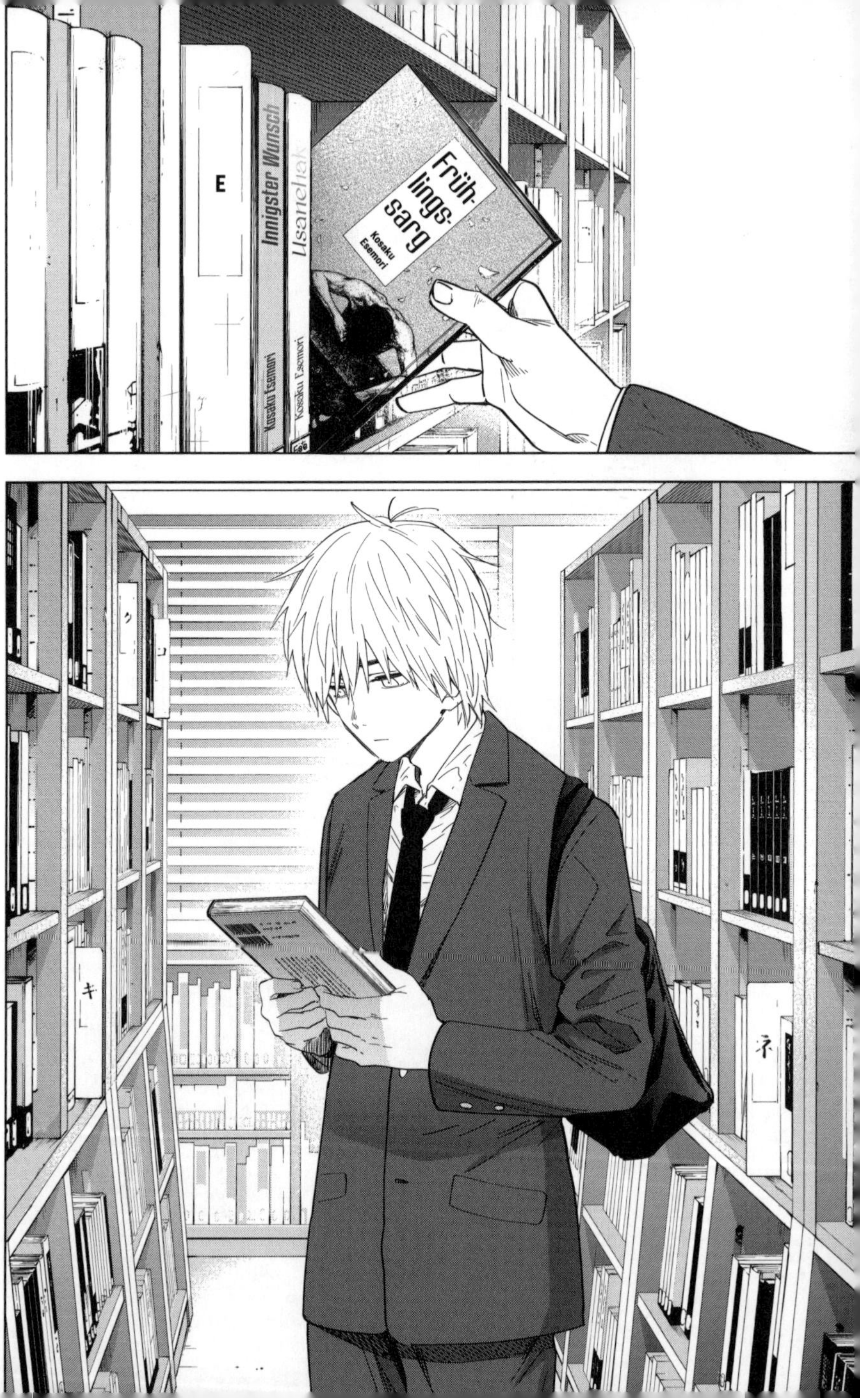
Früh-
lings-
sarg
Kosaku
Esemori
E
Innigster Wunsch
Usanehak
Kosaku Esemori
Kosaku Esemori

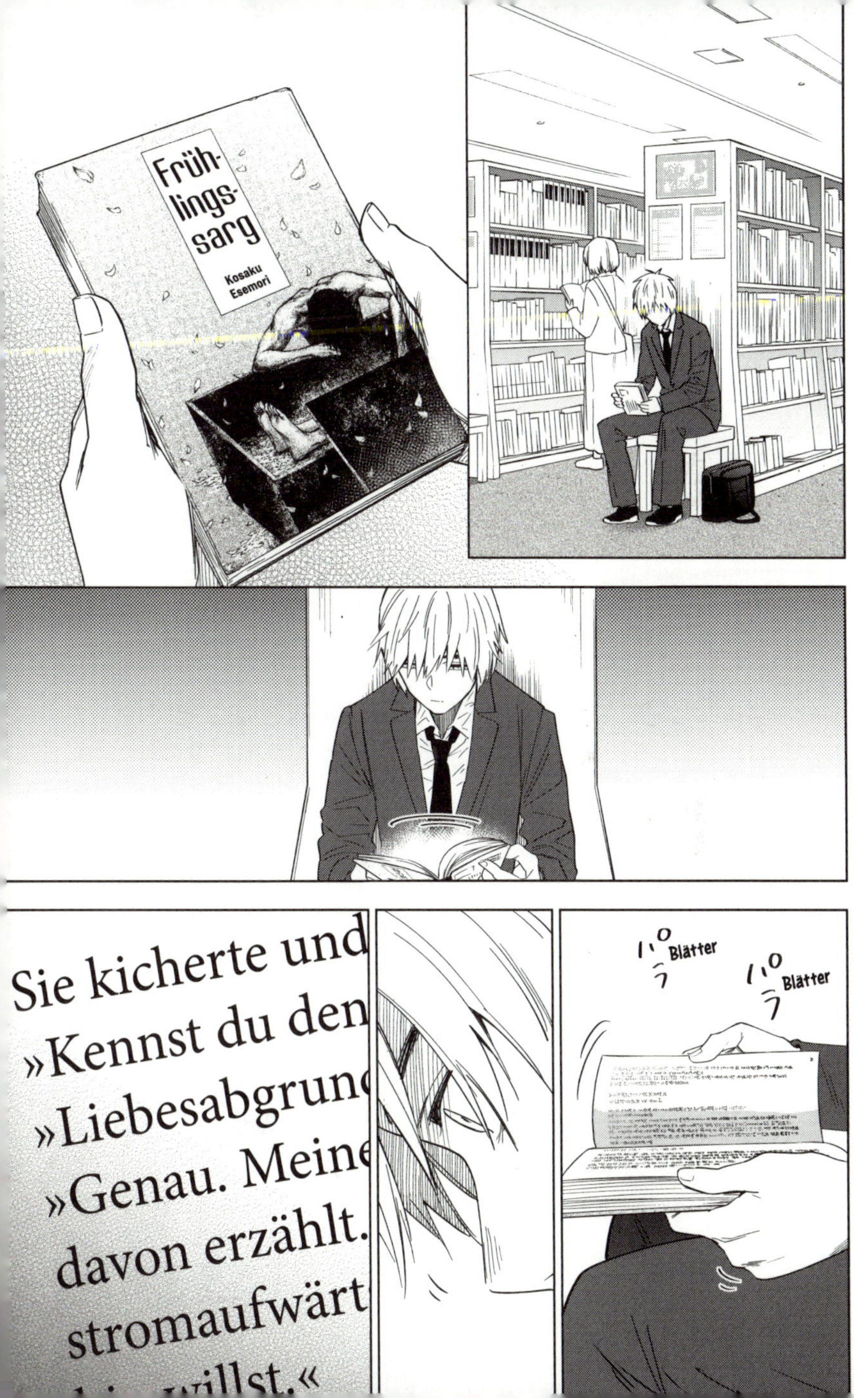
Früh-
lings-
sarg
Kosaku
Esemori
Sie kicherte und
»Kennst du den
»Liebesabgrun
»Genau. Meine
davon erzählt.
stromaufwärt
willst.«
パラ Blätter
パラ Blätter

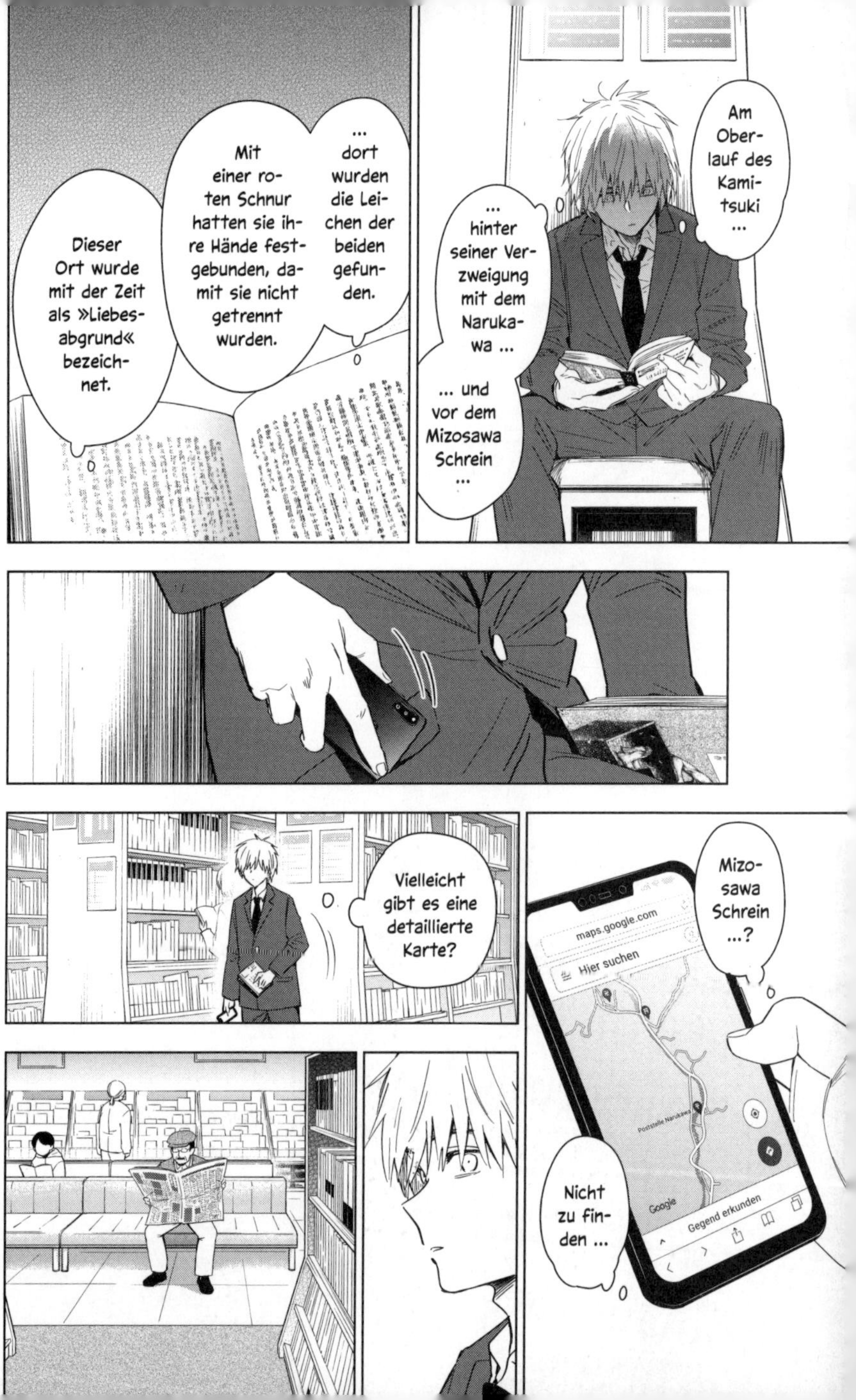
Am Oberlauf des Kamitsuki ...
... hinter seiner Verzweigung mit dem Narukawa ...
... und vor dem Mizosawa Schrein ...
... dort wurden die Leichen der beiden gefunden.
Mit einer roten Schnur hatten sie ihre Hände festgebunden, damit sie nicht getrennt wurden.
Dieser Ort wurde mit der Zeit als »Liebesabgrund« bezeichnet.
Mizosawa Schrein ...?
maps.google.com
Hier suchen
Poststelle Narukawa
Google
Gegend erkunden
Nicht zu finden ...
Vielleicht gibt es eine detaillierte Karte?

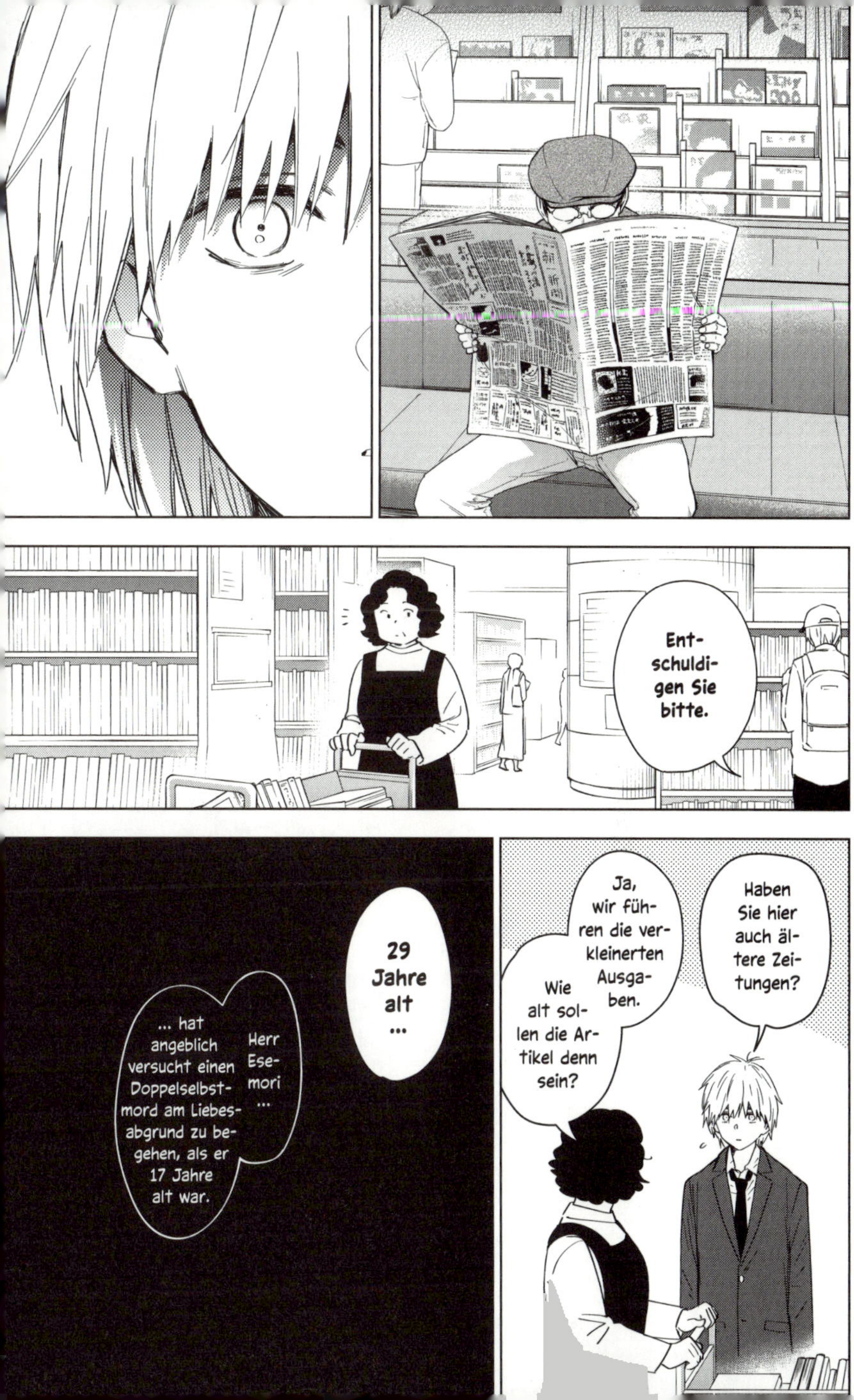

Entschuldigen Sie bitte.
Haben Sie hier auch ältere Zeitungen?
Ja, wir führen die verkleinerten Ausgaben.
Wie alt sollen die Artikel denn sein?
29 Jahre alt ...
Herr Esemori ...
... hat angeblich versucht einen Doppelselbstmord am Liebesabgrund zu begehen, als er 17 Jahre alt war.

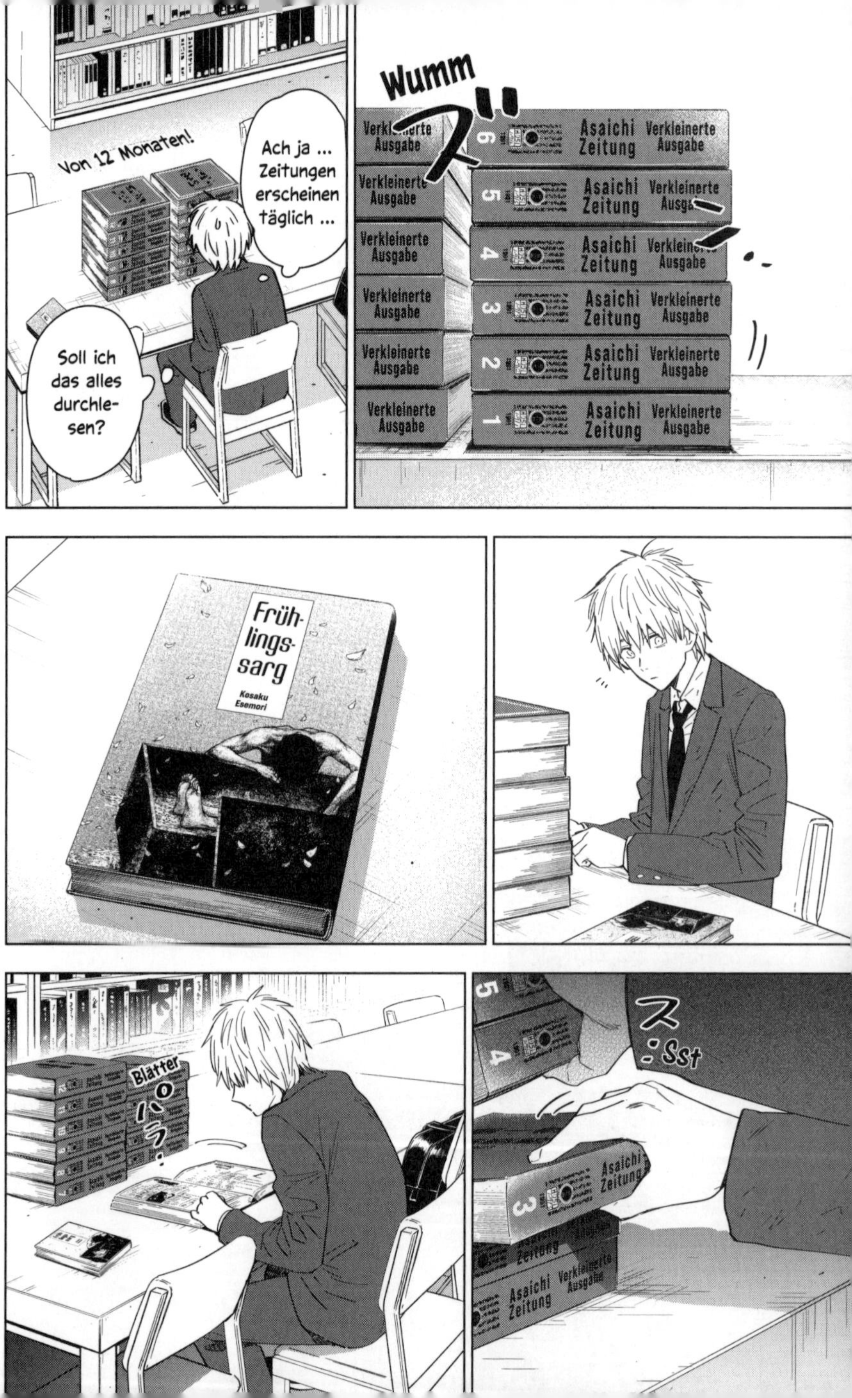
Wumm
ズ
Asaichi Zeitung Verkleinerte Ausgabe
Verkleinerte Ausgabe
Von 12 Monaten!
Ach ja ... Zeitungen erscheinen täglich ...
Soll ich das alles durchlesen?
Früh-lings-sarg
Kosaku Esemori
ス
Sst
Blätter
パラ

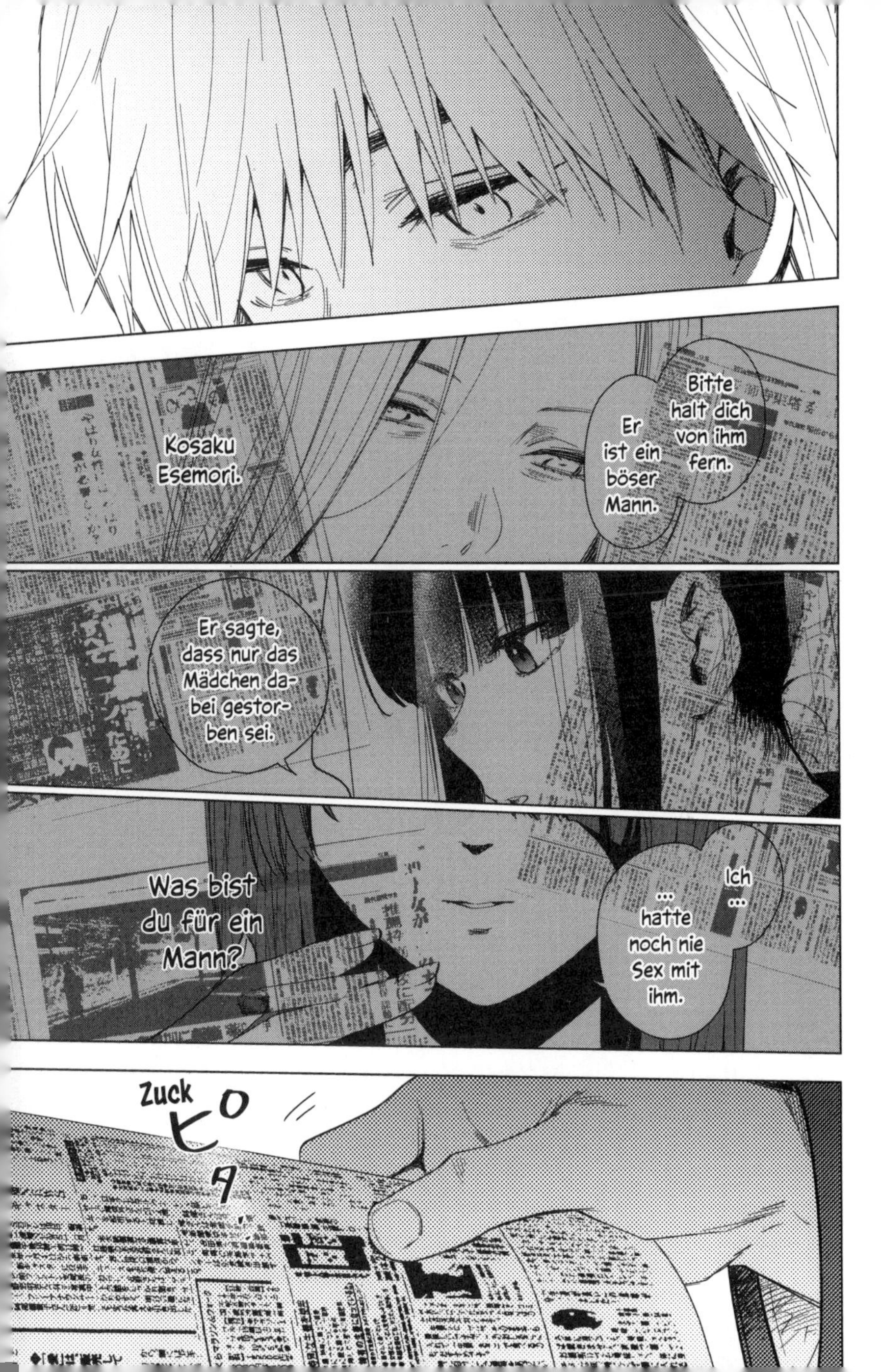
Bitte halt dich von ihm fern.
Er ist ein böser Mann.
Kosaku Esemori.
Er sagte, dass nur das Mädchen dabei gestorben sei.
Ich ...
... hatte noch nie Sex mit ihm.
Was bist du für ein Mann?
Zuck

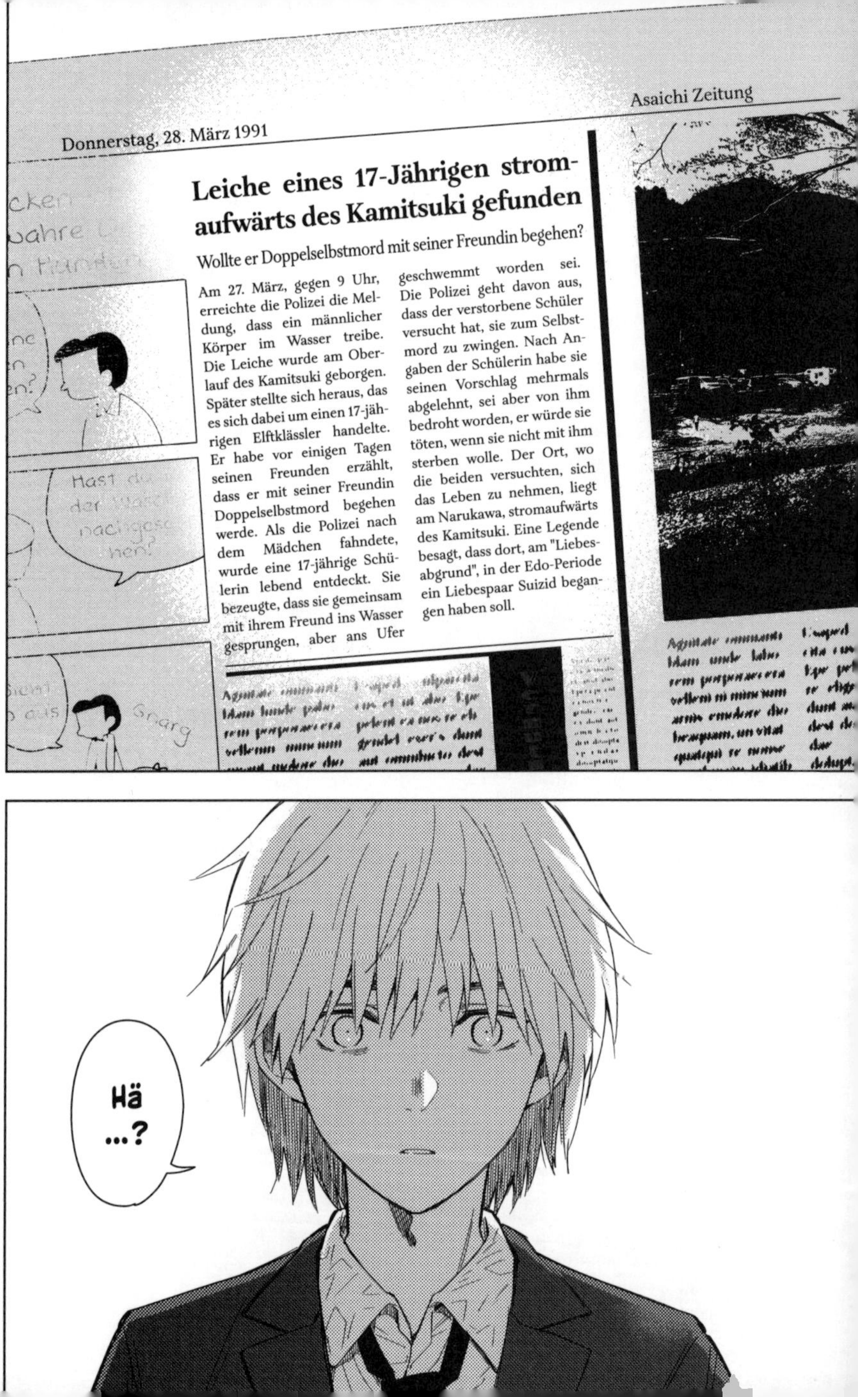
Asaichi Zeitung
Donnerstag, 28. März 1991
Leiche eines 17-Jährigen stromaufwärts des Kamitsuki gefunden
Wollte er Doppelselbstmord mit seiner Freundin begehen?
Am 27. März, gegen 9 Uhr, erreichte die Polizei die Meldung, dass ein männlicher Körper im Wasser treibe. Die Leiche wurde am Oberlauf des Kamitsuki geborgen. Später stellte sich heraus, das es sich dabei um einen 17-jährigen Elftklässler handelte. Er habe vor einigen Tagen seinen Freunden erzählt, dass er mit seiner Freundin Doppelselbstmord begehen werde. Als die Polizei nach dem Mädchen fahndete, wurde eine 17-jährige Schülerin lebend entdeckt. Sie bezeugte, dass sie gemeinsam mit ihrem Freund ins Wasser gesprungen, aber ans Ufer geschwemmt worden sei. Die Polizei geht davon aus, dass der verstorbene Schüler versucht hat, sie zum Selbstmord zu zwingen. Nach Angaben der Schülerin habe sie seinen Vorschlag mehrmals abgelehnt, sei aber von ihm bedroht worden, er würde sie töten, wenn sie nicht mit ihm sterben wolle. Der Ort, wo die beiden versuchten, sich das Leben zu nehmen, liegt am Narukawa, stromaufwärts des Kamitsuki. Eine Legende besagt, dass dort, am "Liebesabgrund", in der Edo-Periode ein Liebespaar Suizid begangen haben soll.
Hä ...?

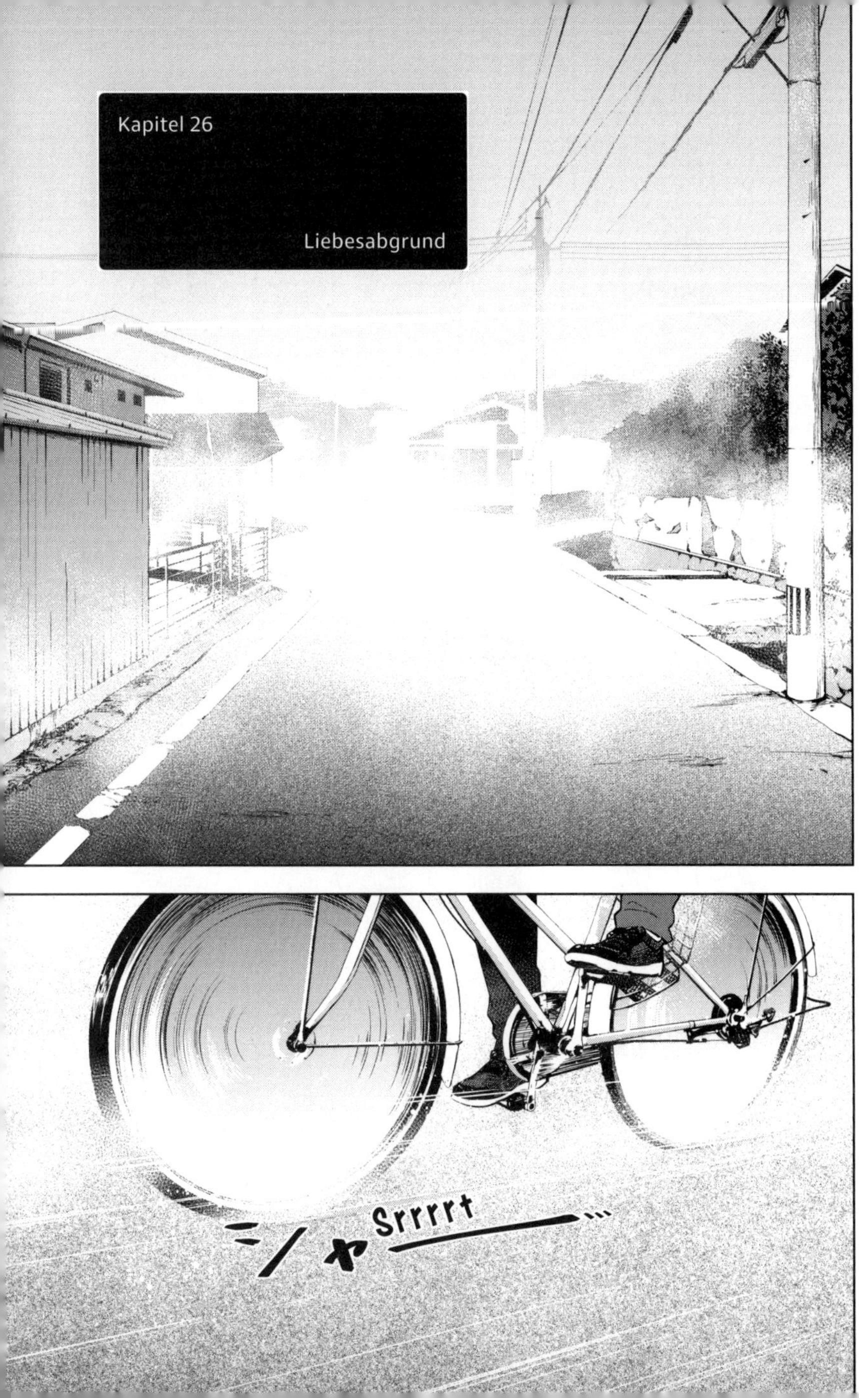
Kapitel 26
Liebesabgrund
Srrrrt

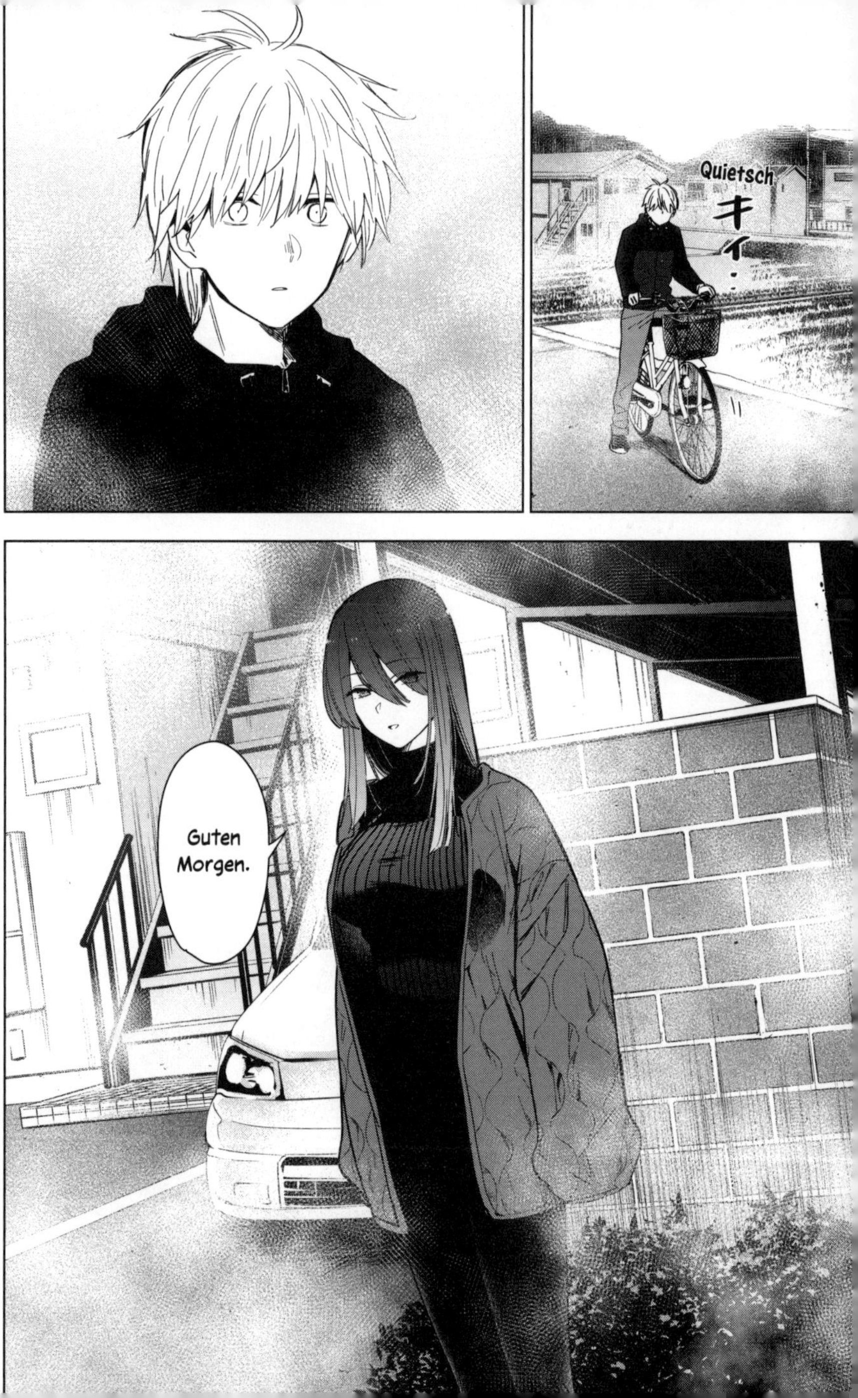
Quietsch
キィ…
Guten Morgen.

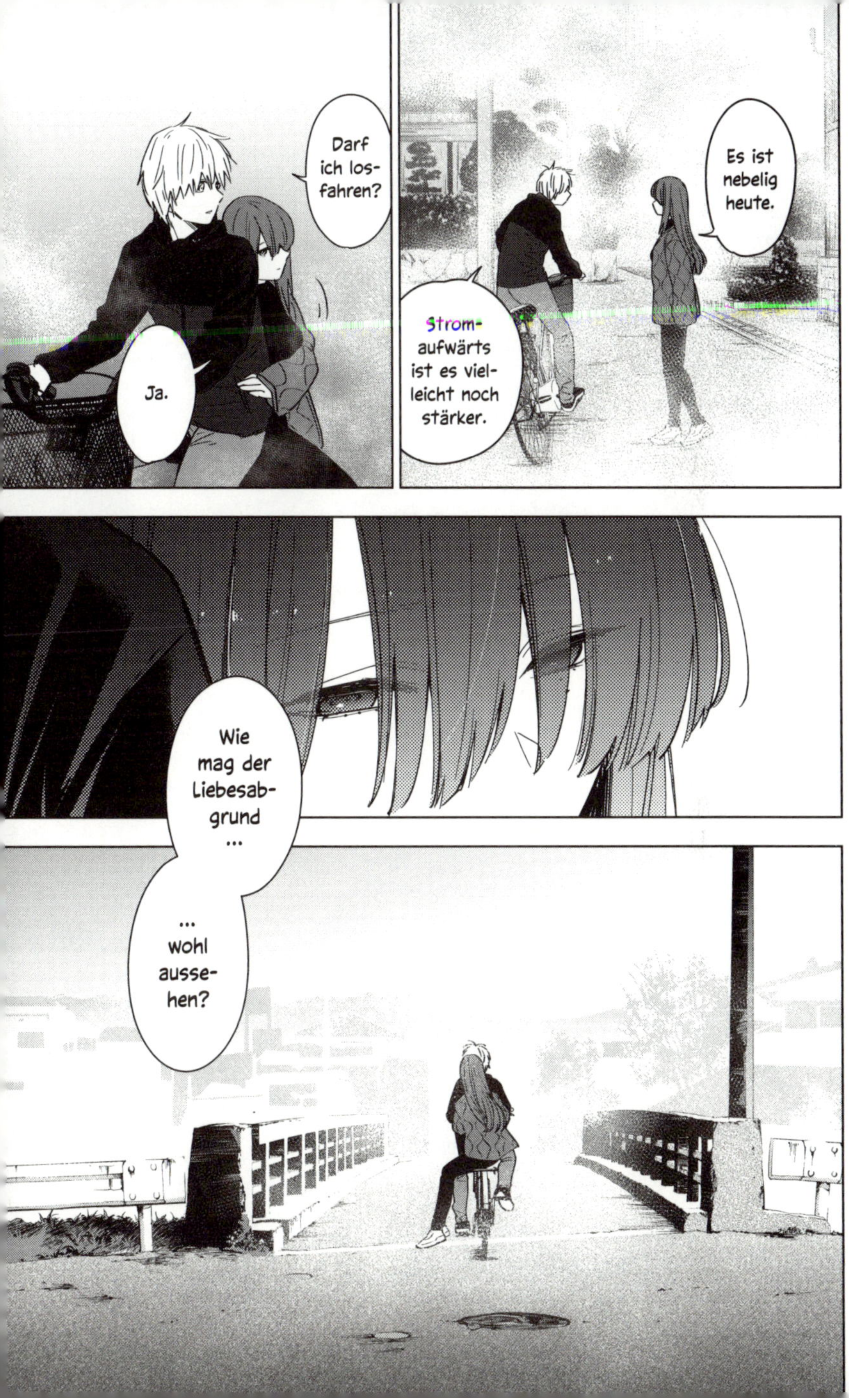
Es ist nebelig heute.
Stromaufwärts ist es vielleicht noch stärker.
Darf ich losfahren?
Ja.
Wie mag der Liebesabgrund ...
... wohl aussehen?

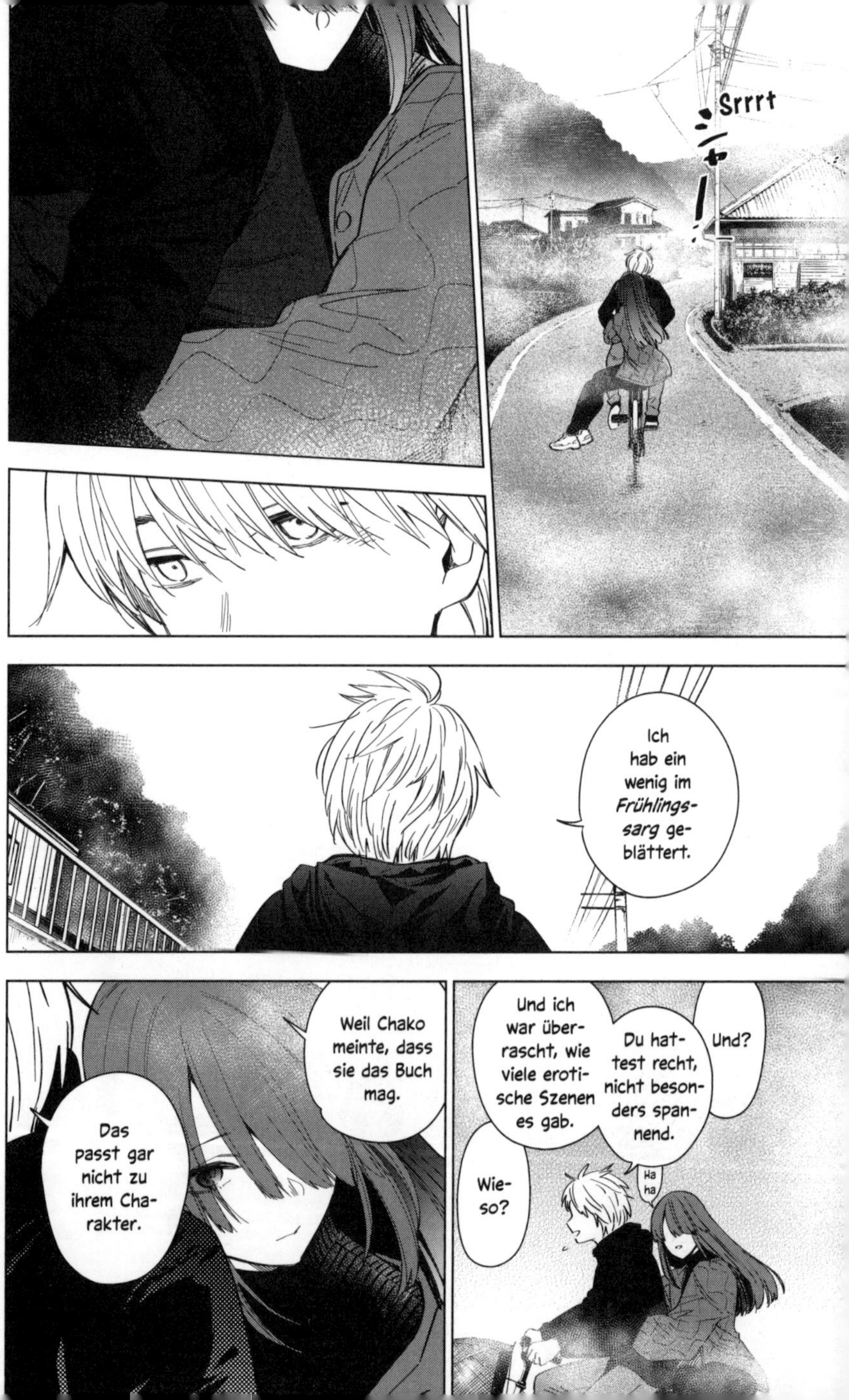
Srrrt
Ich hab ein wenig im *Frühlingssarg* geblättert.
Und?
Du hattest recht, nicht besonders spannend.
Ha ha
Und ich war überrascht, wie viele erotische Szenen es gab.
Wieso?
Weil Chako meinte, dass sie das Buch mag.
Das passt gar nicht zu ihrem Charakter.

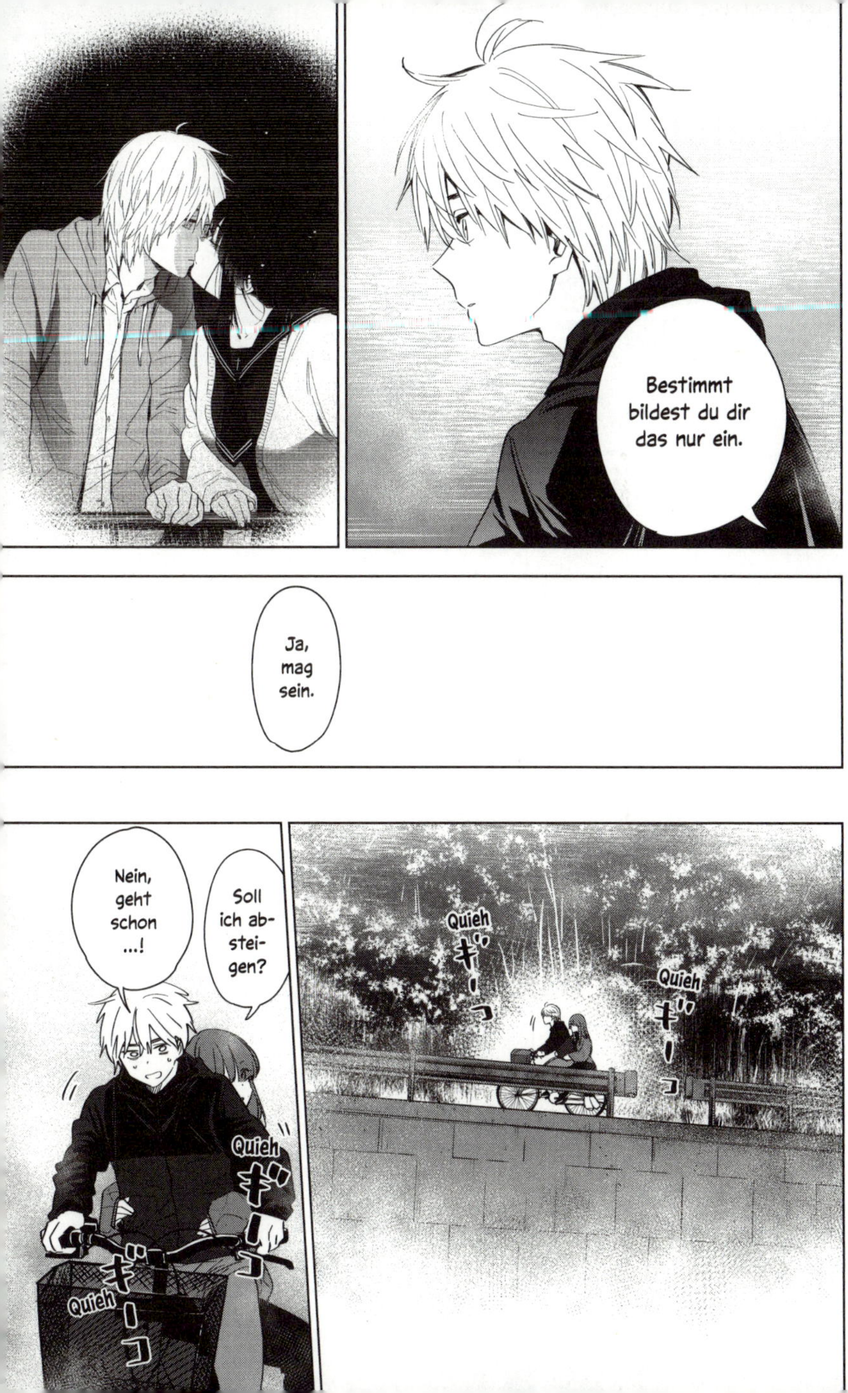
Bestimmt bildest du dir das nur ein.
Ja, mag sein.
Quieh
ギーコ
Quieh
ギーコ
Soll ich ab-stei-gen?
Nein, geht schon ...!
Quieh
ギーコ
Quieh
ギーコ

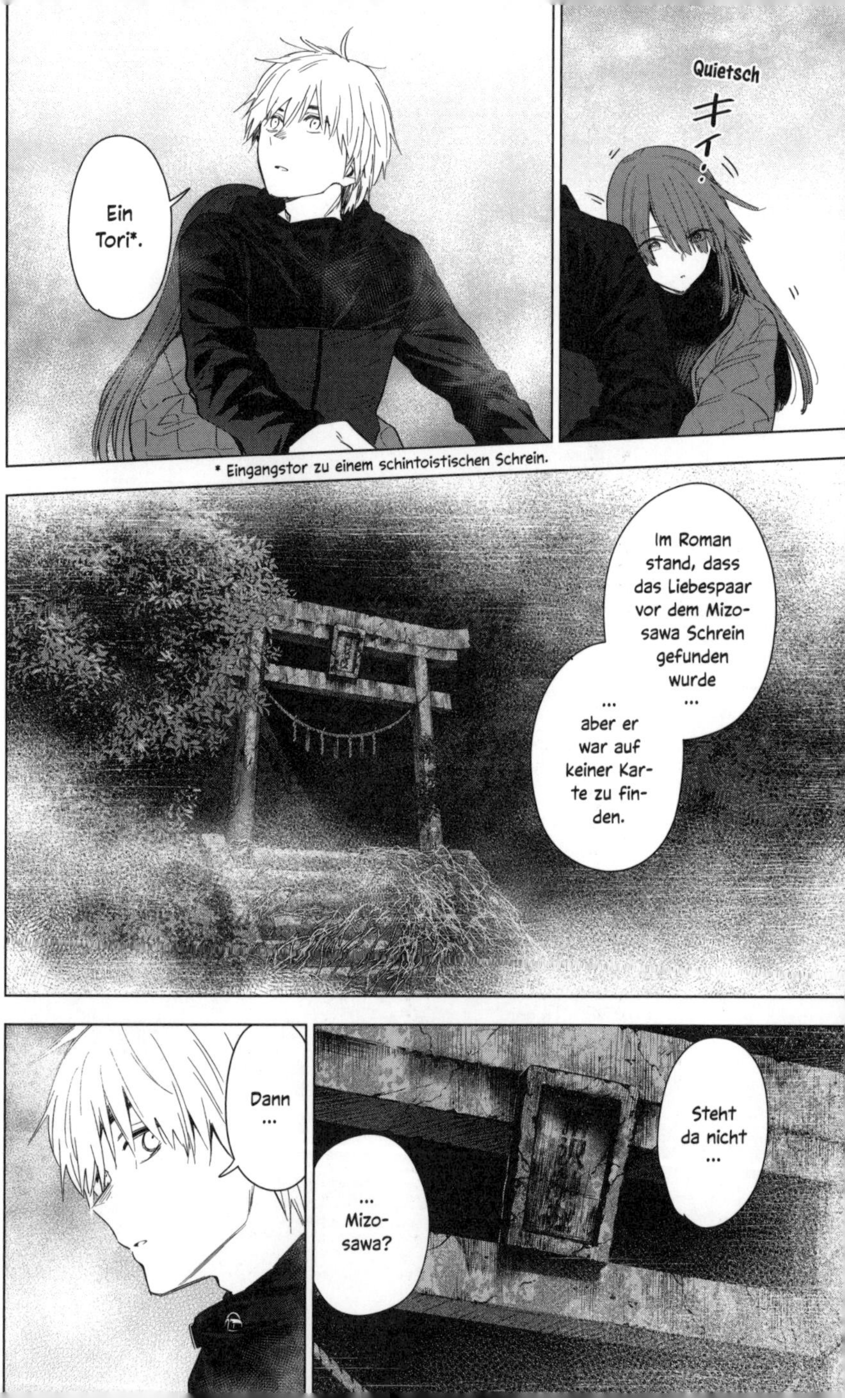

* Eingangstor zu einem schintoistischen Schrein.

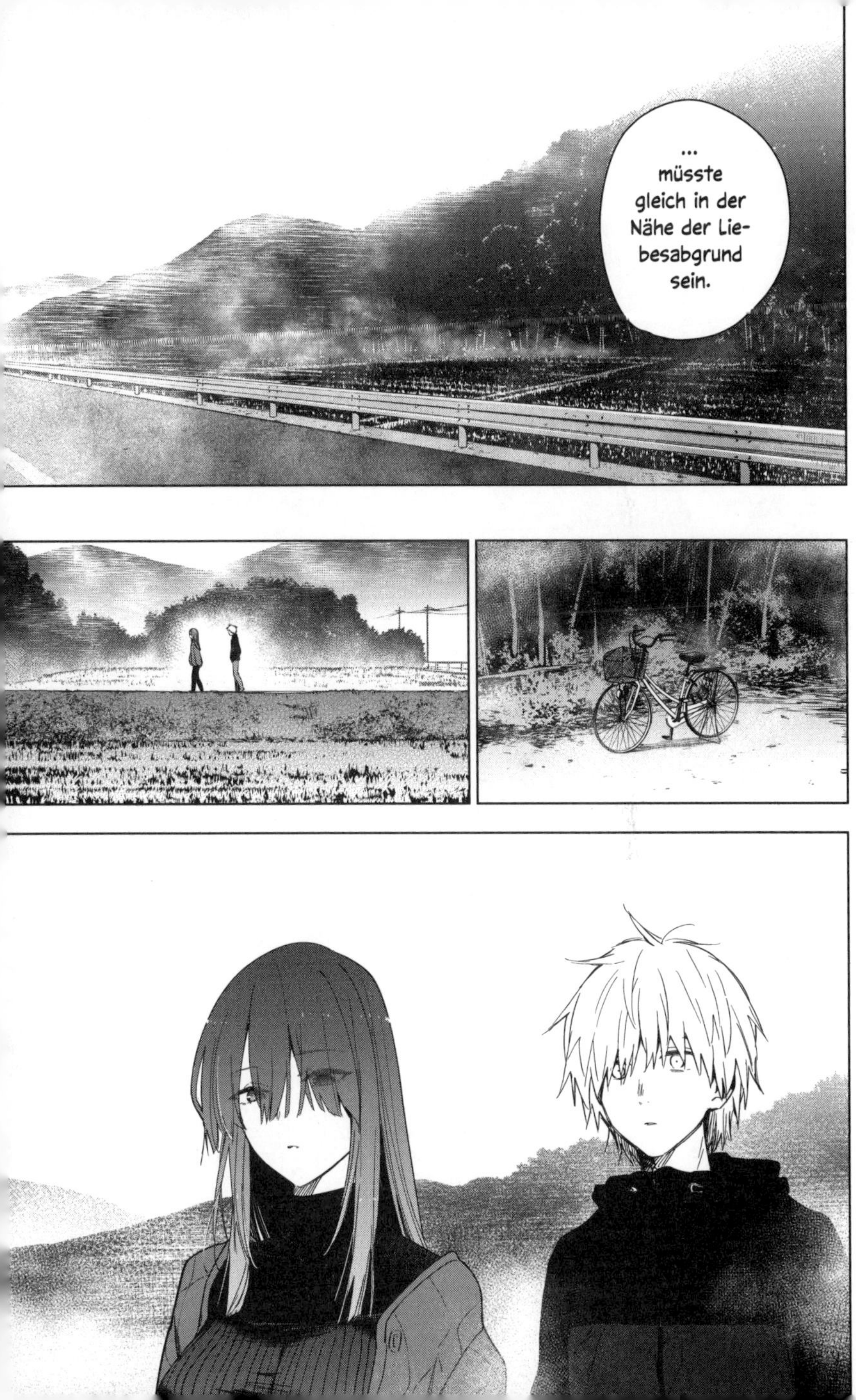
... müsste gleich in der Nähe der Liebesabgrund sein.

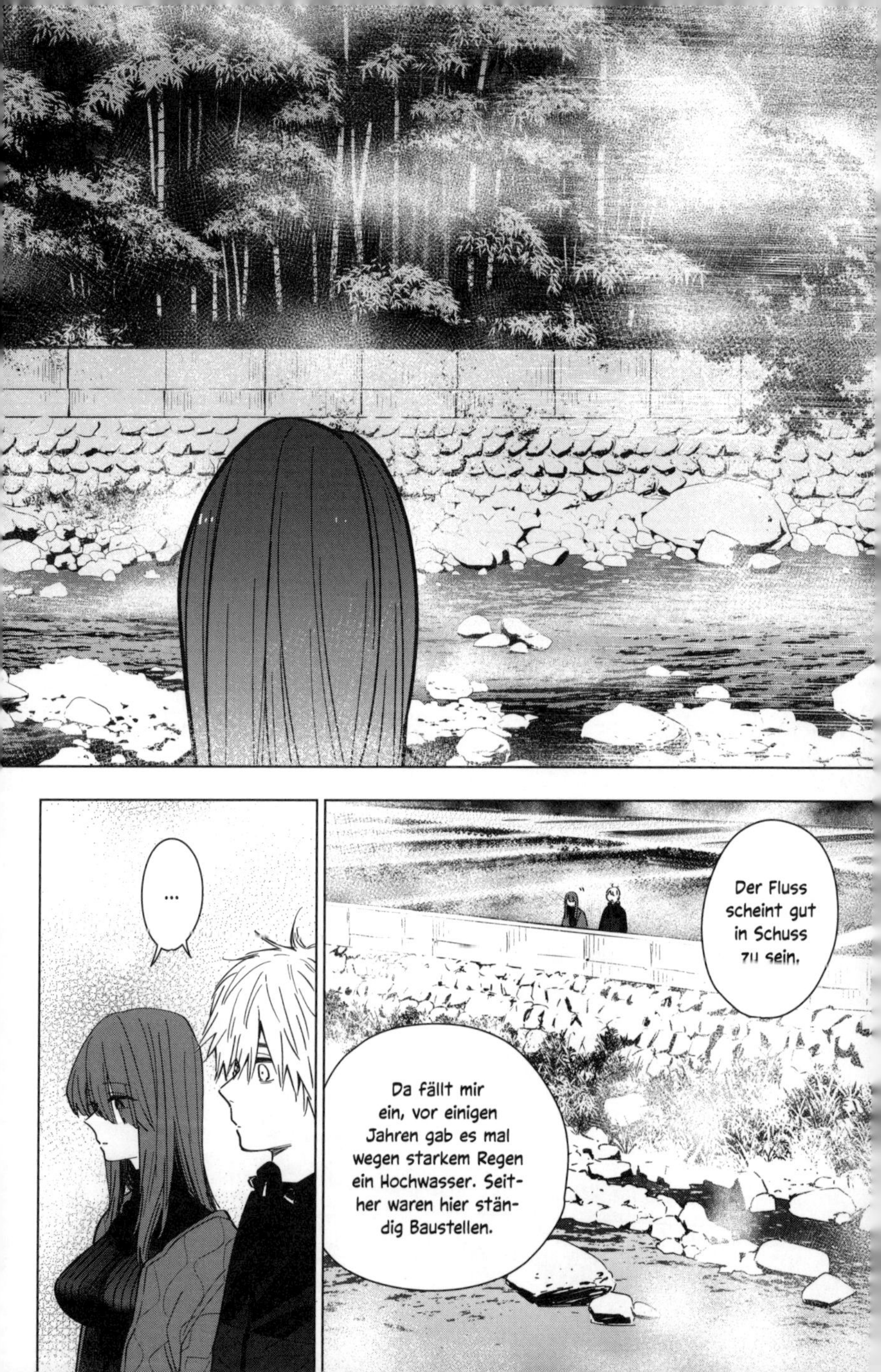
Der Fluss scheint gut in Schuss zu sein.
Da fällt mir ein, vor einigen Jahren gab es mal wegen starkem Regen ein Hochwasser. Seither waren hier ständig Baustellen.
...

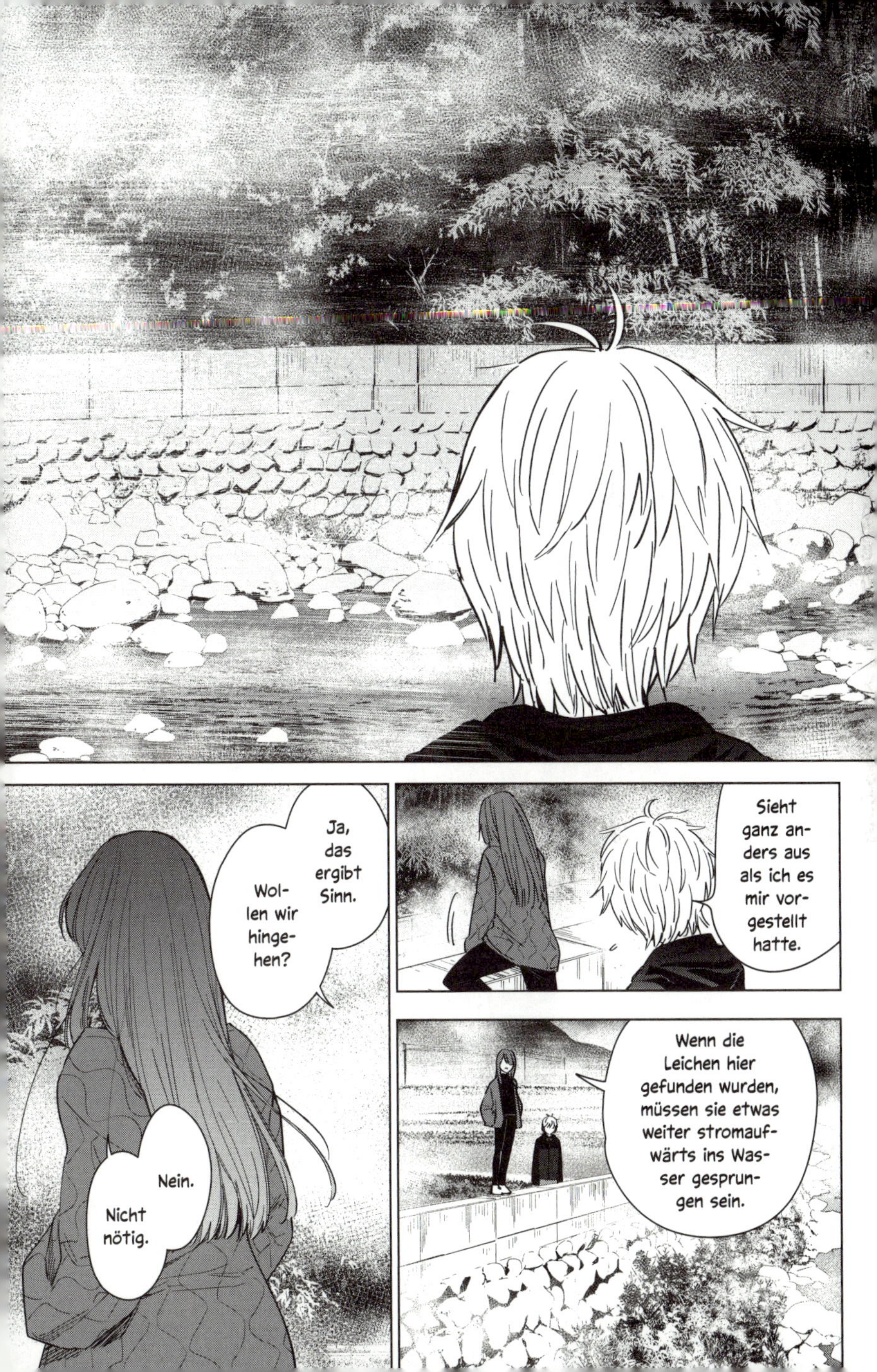
Sieht ganz anders aus als ich es mir vorgestellt hatte.
Wenn die Leichen hier gefunden wurden, müssen sie etwas weiter stromaufwärts ins Wasser gesprungen sein.
Ja, das ergibt Sinn.
Wollen wir hingehen?
Nein.
Nicht nötig.

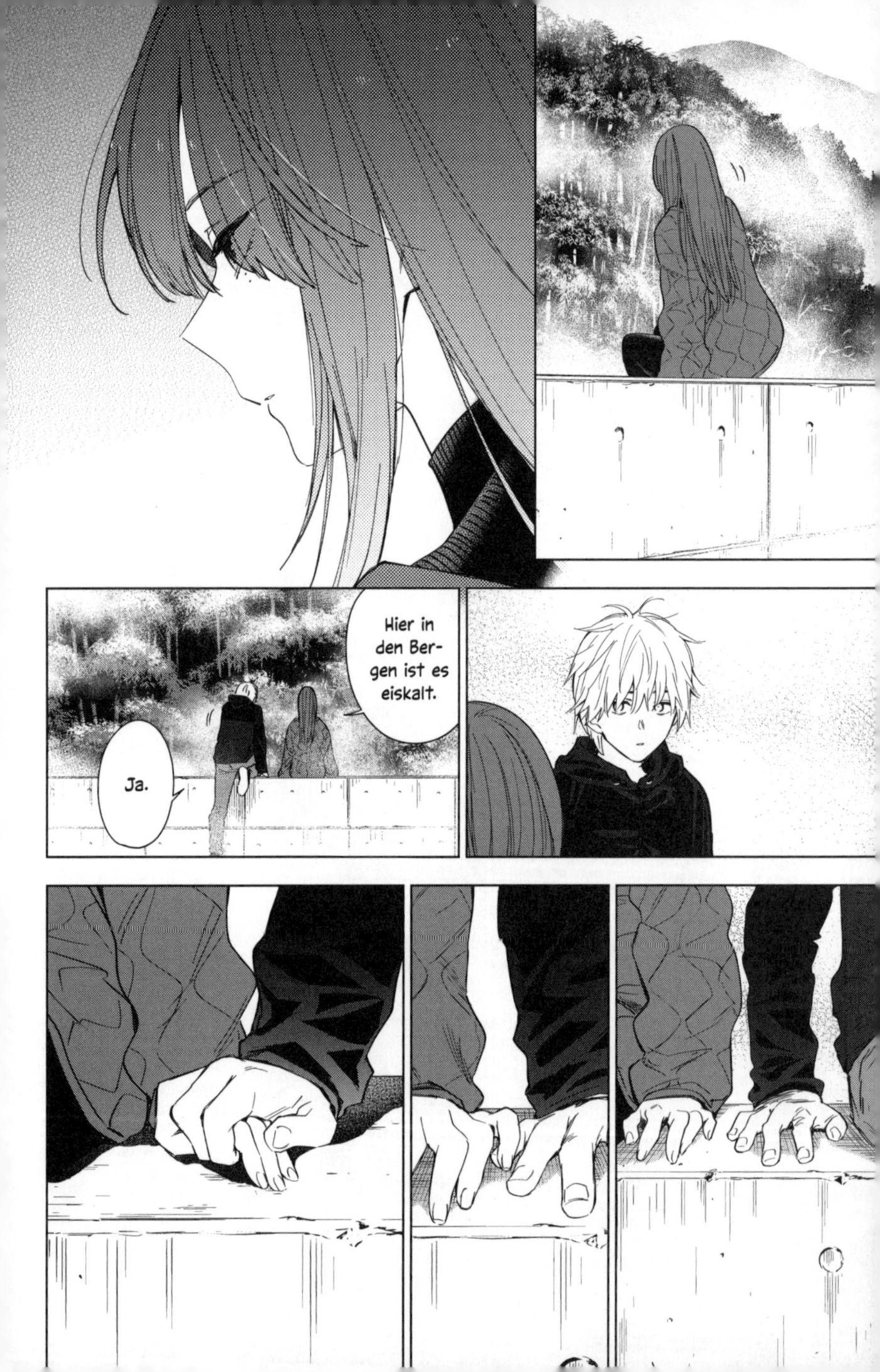
Hier in den Bergen ist es eiskalt.
Ja.

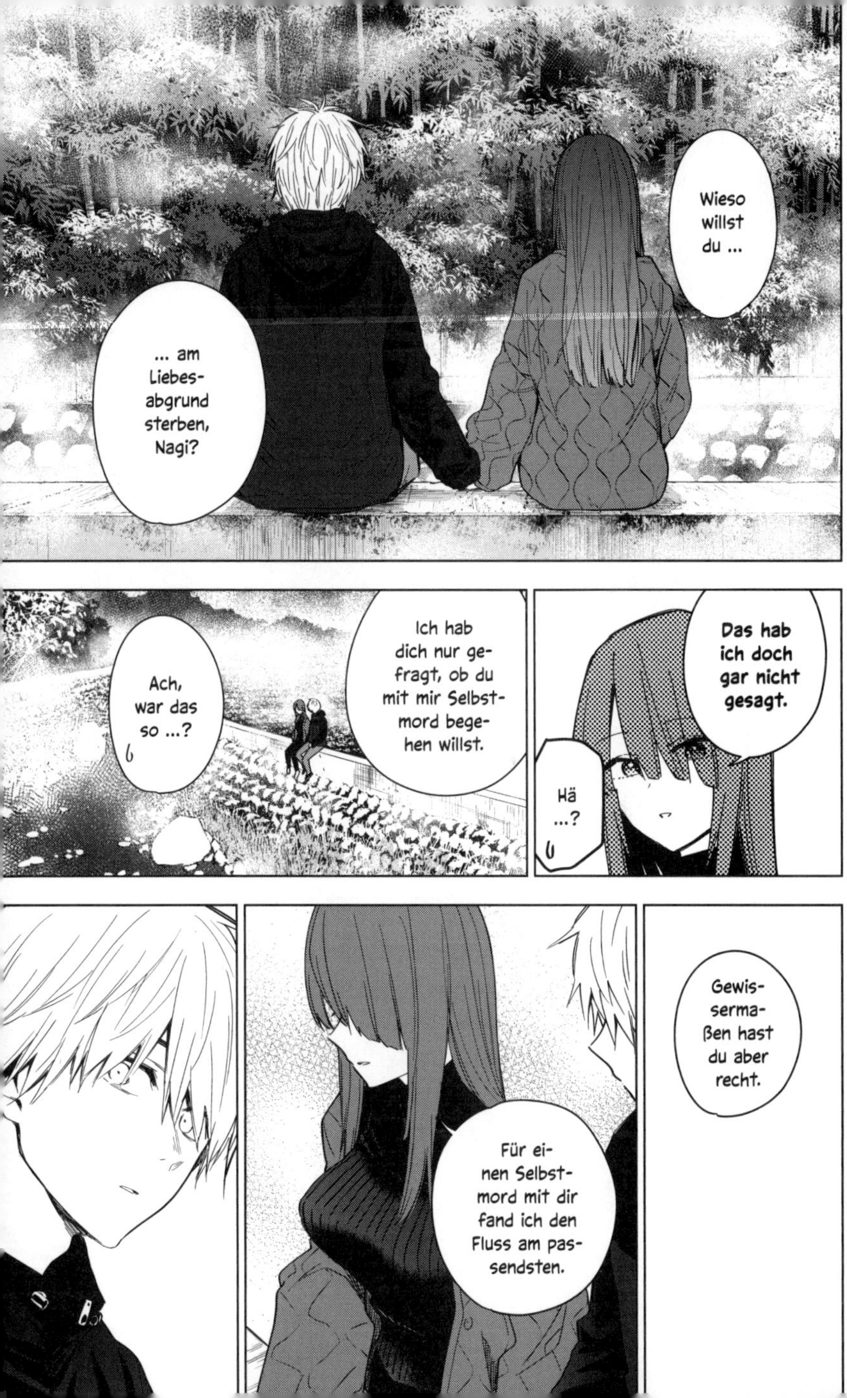

Wieso willst du ...
... am Liebesabgrund sterben, Nagi?
Das hab ich doch gar nicht gesagt.
Hä ...?
Ich hab dich nur gefragt, ob du mit mir Selbstmord begehen willst.
Ach, war das so ...?
Gewissermaßen hast du aber recht.
Für einen Selbstmord mit dir fand ich den Fluss am passendsten.

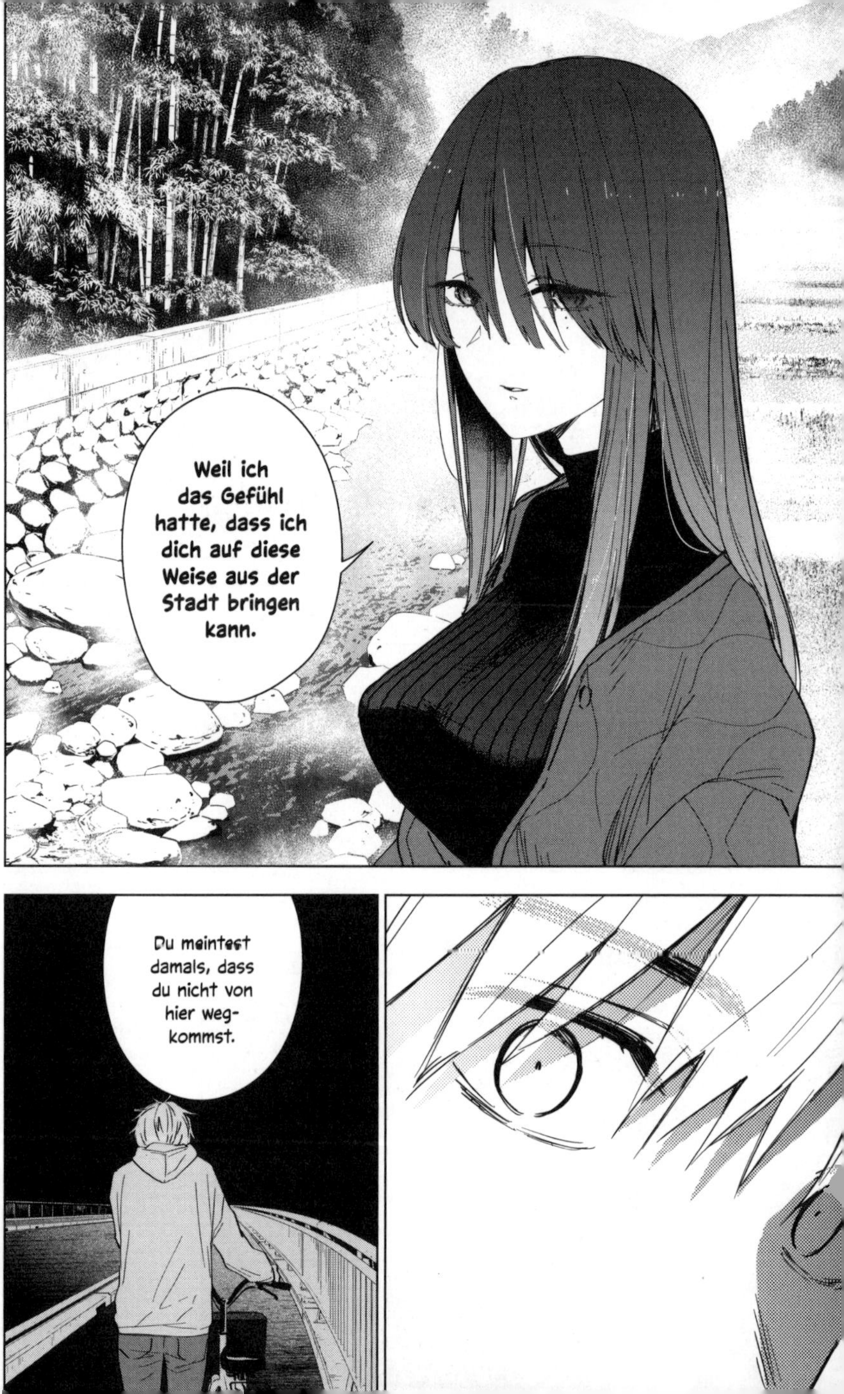
Weil ich das Gefühl hatte, dass ich dich auf diese Weise aus der Stadt bringen kann.
Du meintest damals, dass du nicht von hier weg-kommst.

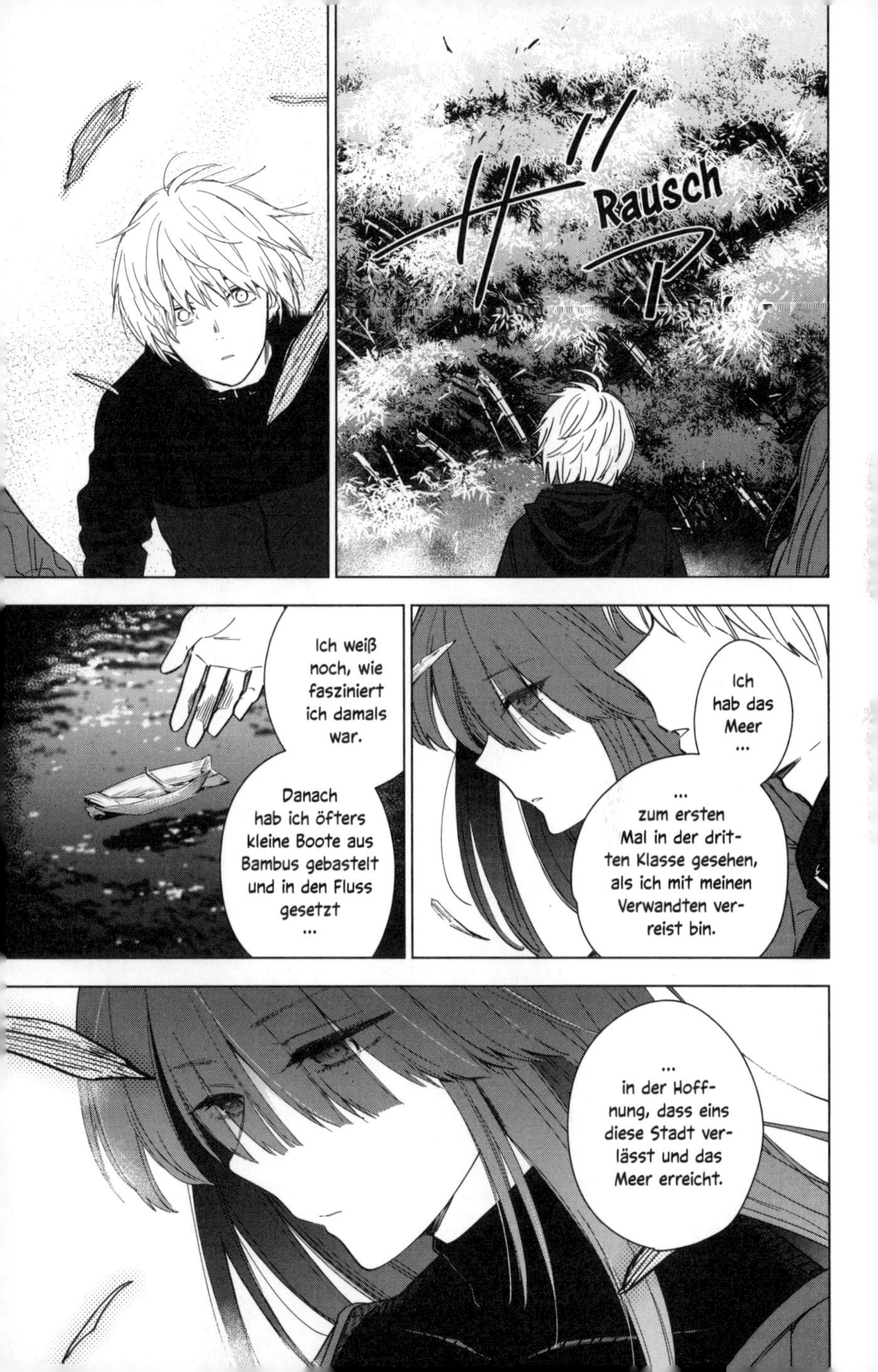
Rausch
Ich hab das Meer …
… zum ersten Mal in der dritten Klasse gesehen, als ich mit meinen Verwandten verreist bin.
Ich weiß noch, wie fasziniert ich damals war.
Danach hab ich öfters kleine Boote aus Bambus gebastelt und in den Fluss gesetzt …
… in der Hoffnung, dass eins diese Stadt verlässt und das Meer erreicht.

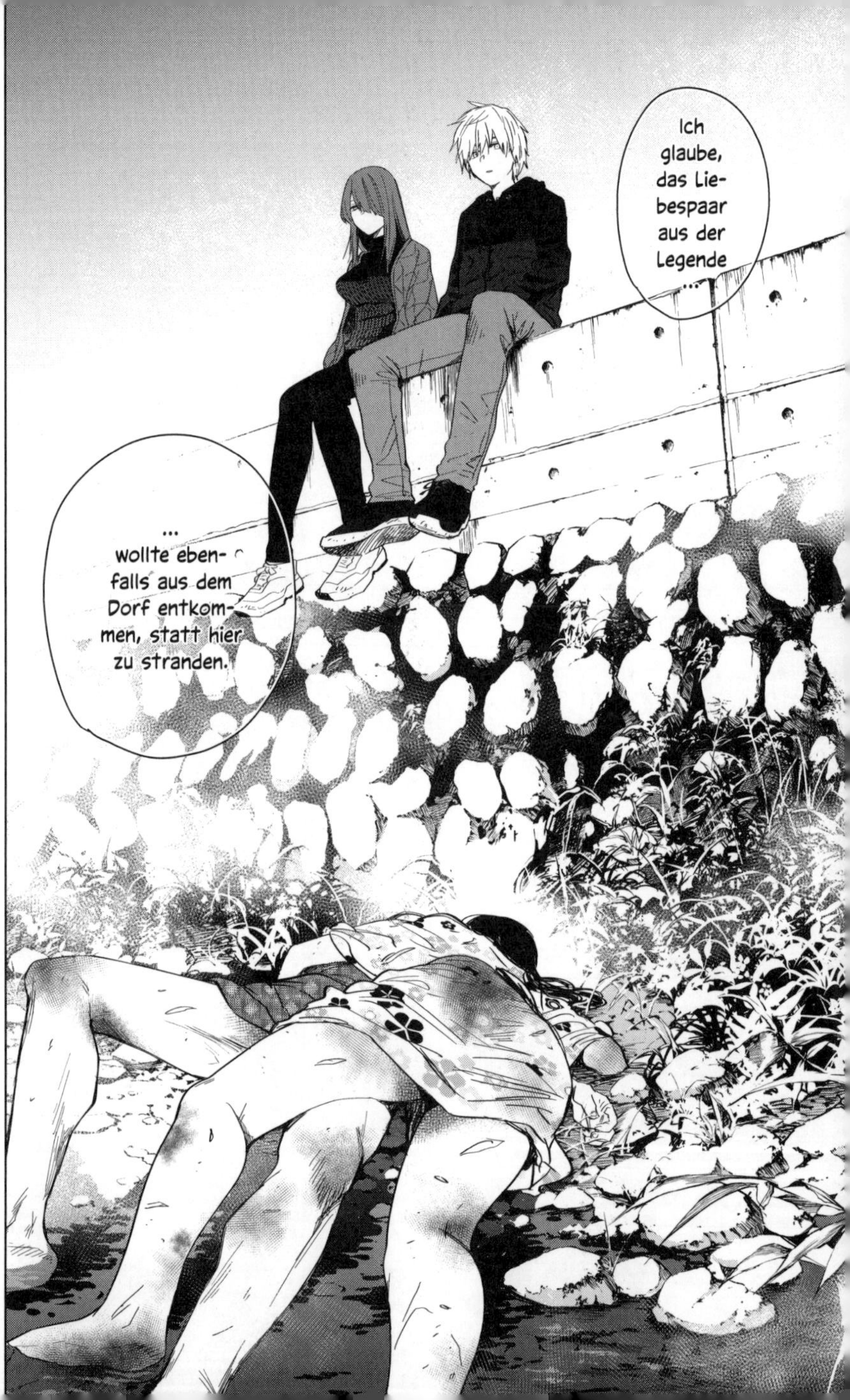
Ich glaube, das Liebespaar aus der Legende ...
... wollte ebenfalls aus dem Dorf entkommen, statt hier zu stranden.

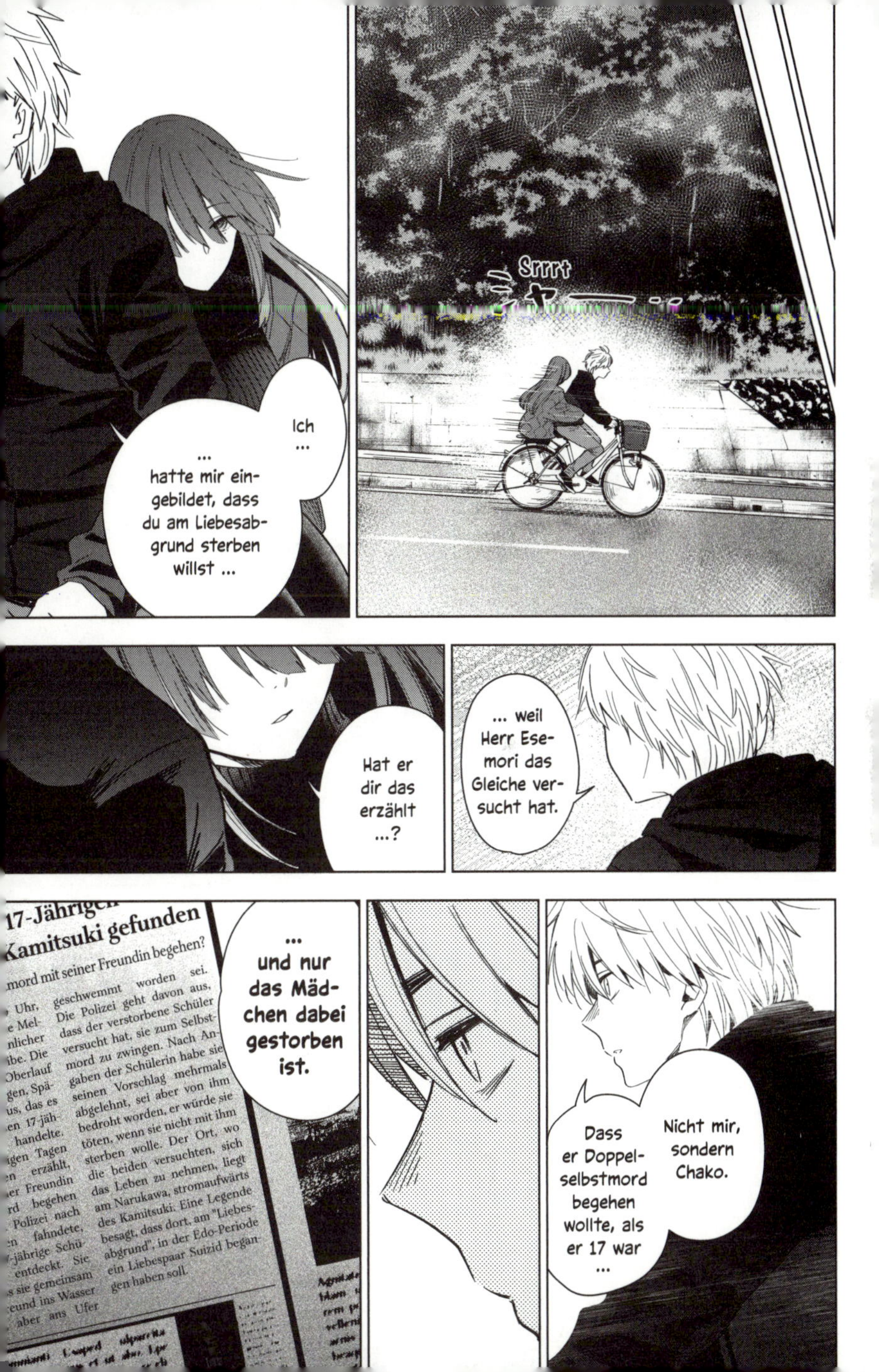
Srrrt
Ich ...
... hatte mir eingebildet, dass du am Liebesabgrund sterben willst ...
... weil Herr Esemori das Gleiche versucht hat.
Hat er dir das erzählt ...?
Nicht mir, sondern Chako.
Dass er Doppelselbstmord begehen wollte, als er 17 war ...
... und nur das Mädchen dabei gestorben ist.
17-Jährigen
Kamitsuki gefunden
geschwemmt worden sei. Die Polizei geht davon aus, dass der verstorbene Schüler versucht hat, sie zum Selbstmord zu zwingen. Nach Angaben der Schülerin habe sie seinen Vorschlag mehrmals abgelehnt, sei aber von ihm bedroht worden, er würde sie töten, wenn sie nicht mit ihm sterben wolle. Der Ort, wo die beiden versuchten, sich das Leben zu nehmen, liegt am Narukawa, stromaufwärts des Kamitsuki. Eine Legende besagt, dass dort, am "Liebesabgrund", in der Edo-Periode ein Liebespaar Suizid begangen haben soll.

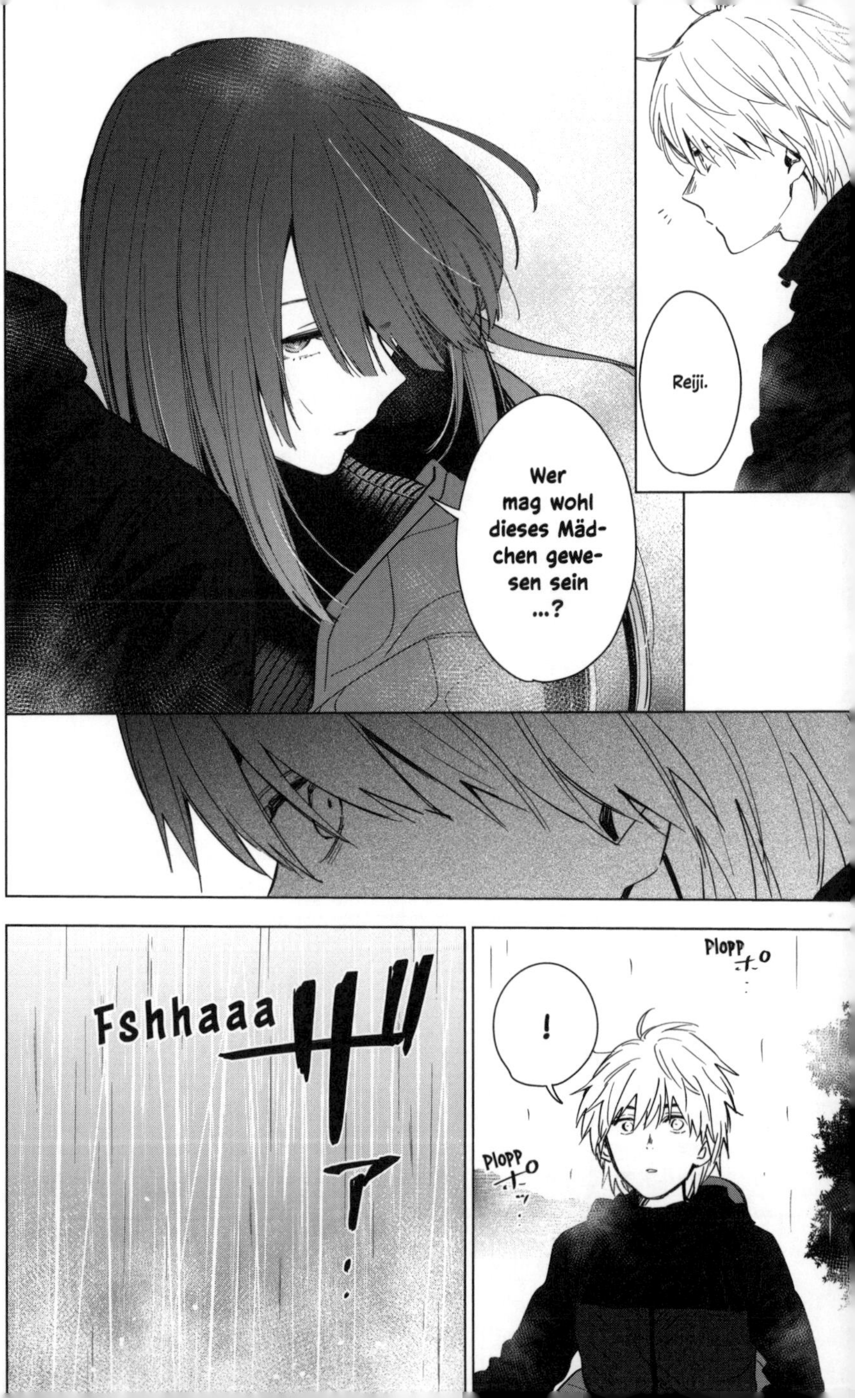
Reiji.
Wer mag wohl dieses Mädchen gewesen sein ...?
Plopp
!
Plopp
Fshhaaa

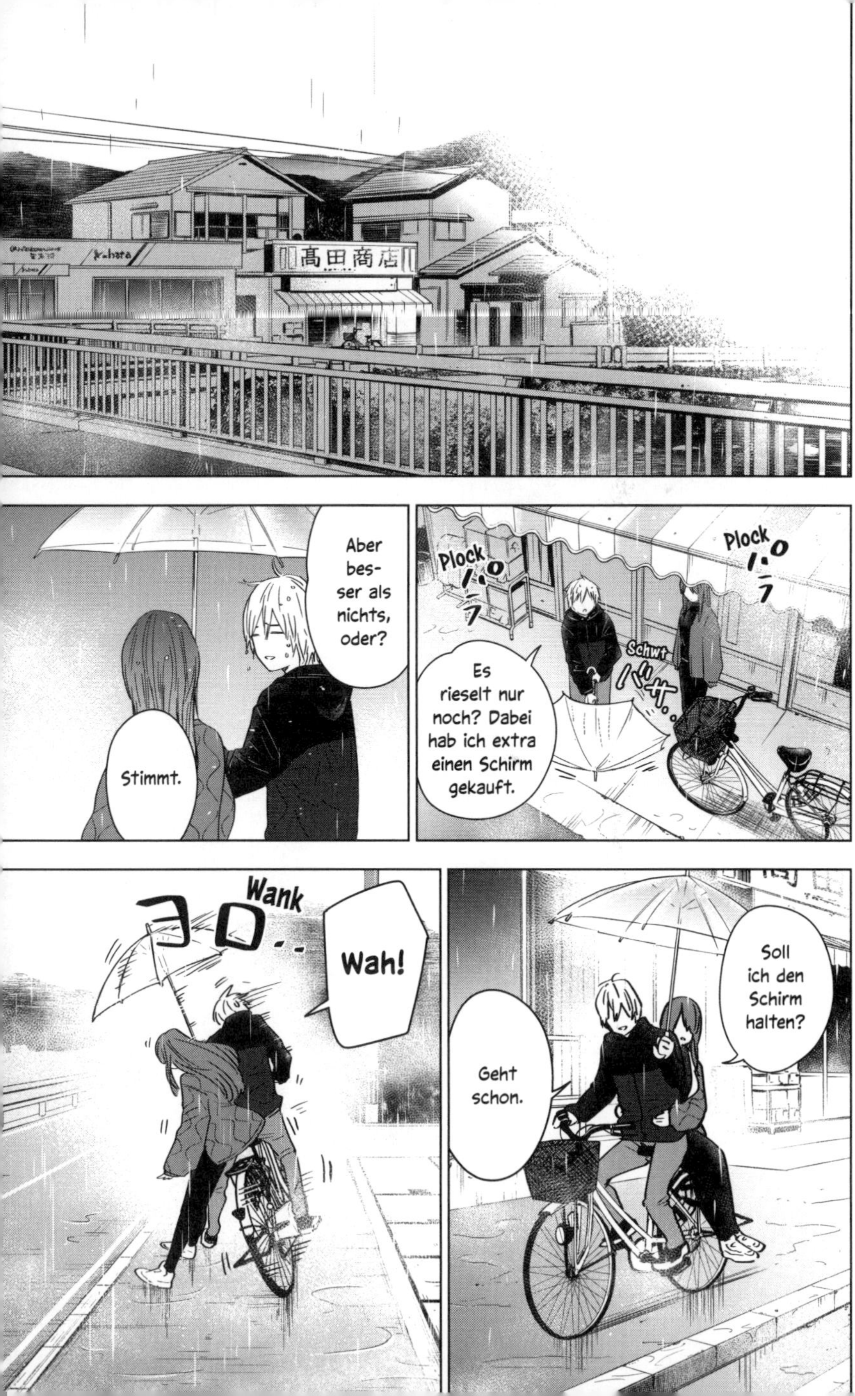
高田商店
Plock
パラ
Plock
パラ
Schwt
バサッ
Es rieselt nur noch? Dabei hab ich extra einen Schirm gekauft.
Aber bes-ser als nichts, oder?
Stimmt.
Soll ich den Schirm halten?
Geht schon.
Wank
ヨロ…
Wah!

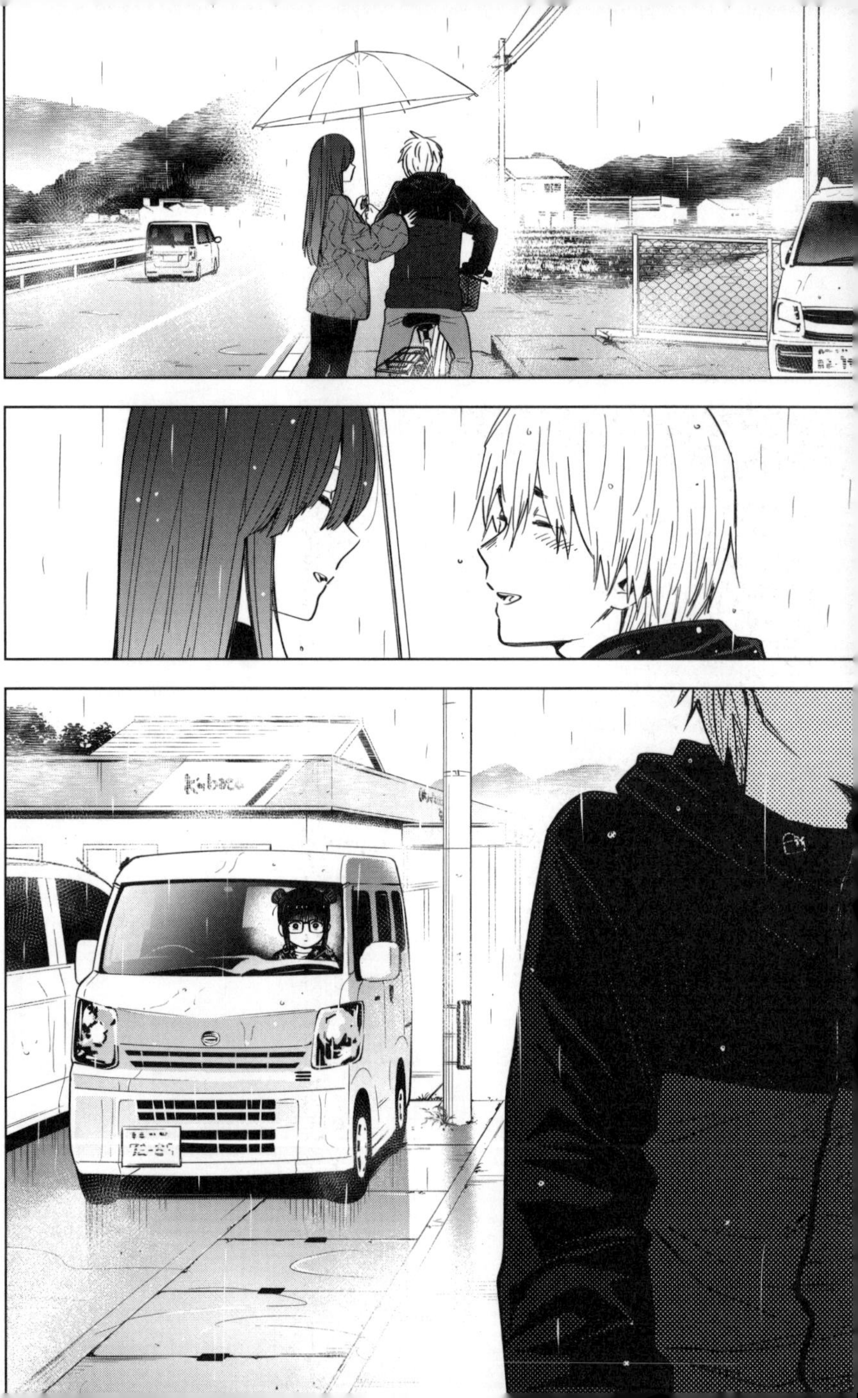

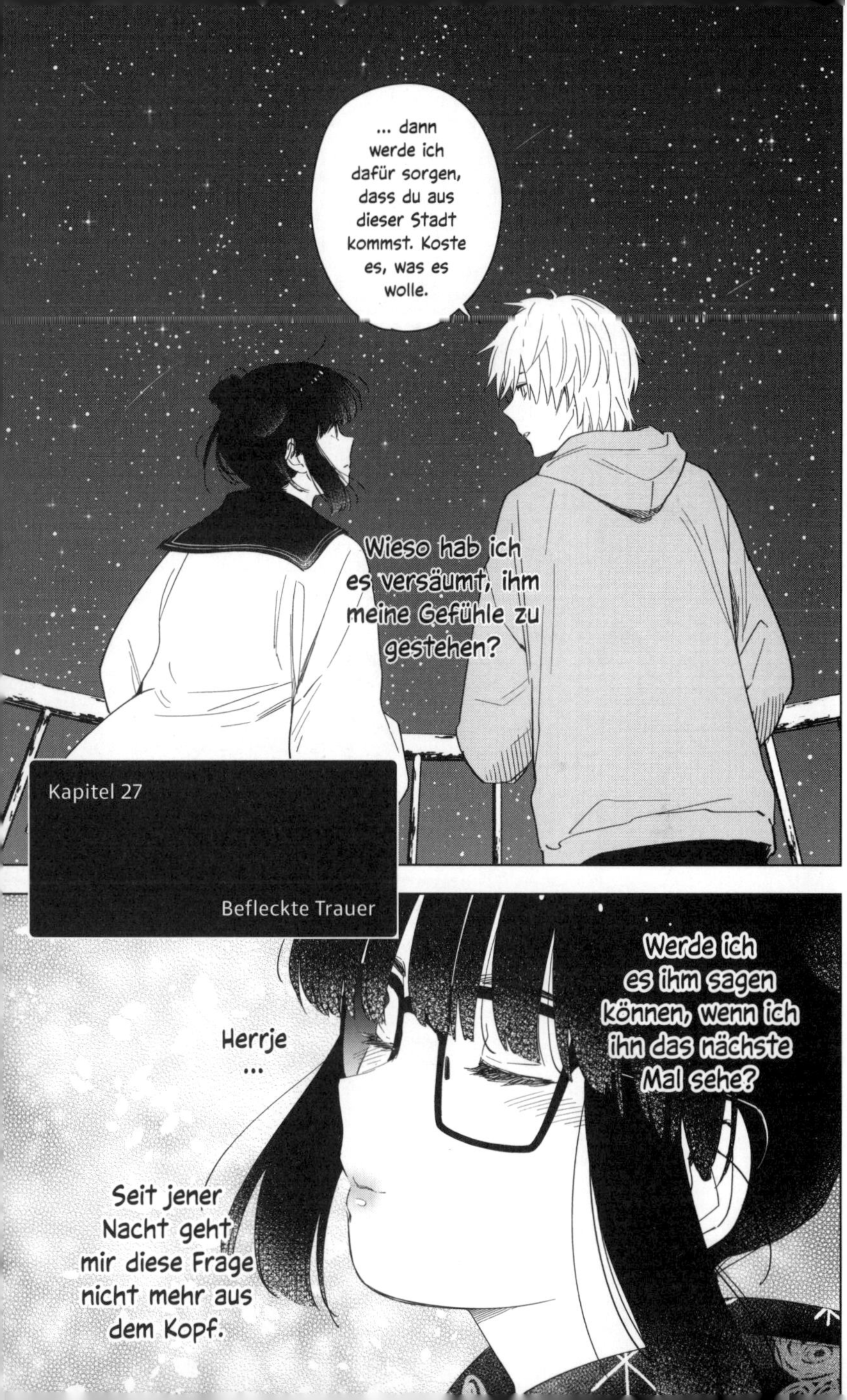
... dann werde ich dafür sorgen, dass du aus dieser Stadt kommst. Koste es, was es wolle.
Wieso hab ich es versäumt, ihm meine Gefühle zu gestehen?
Kapitel 27
Befleckte Trauer
Werde ich es ihm sagen können, wenn ich ihn das nächste Mal sehe?
Herrje ...
Seit jener Nacht geht mir diese Frage nicht mehr aus dem Kopf.

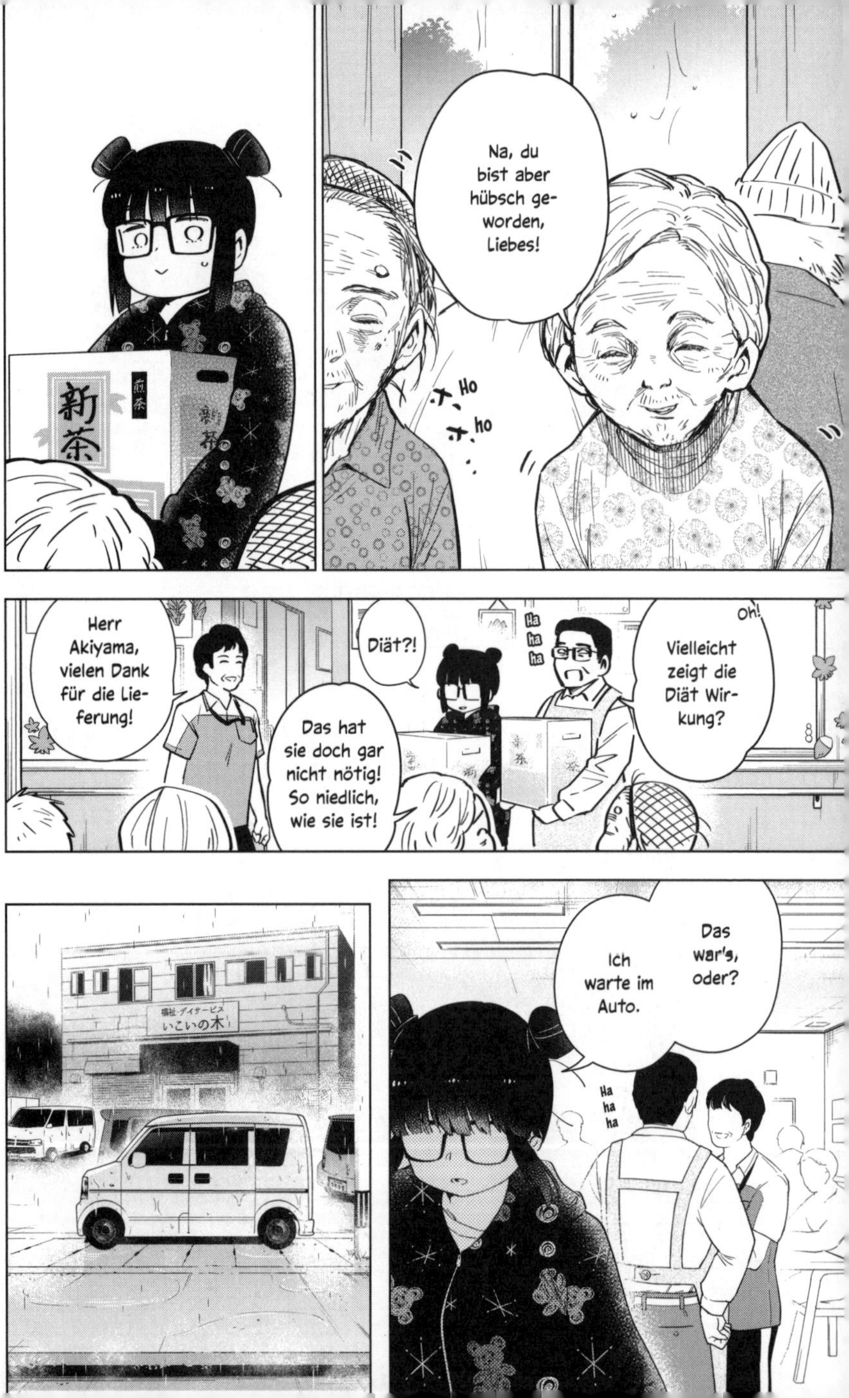
Na, du bist aber hübsch geworden, Liebes!
Ho ho
新茶
煎茶
Oh!
Vielleicht zeigt die Diät Wirkung?
Ha ha ha
Diät?!
Das hat sie doch gar nicht nötig! So niedlich, wie sie ist!
Herr Akiyama, vielen Dank für die Lieferung!
Das war's, oder?
Ich warte im Auto.
Ha ha ha
福祉・デイサービス
いこいの木

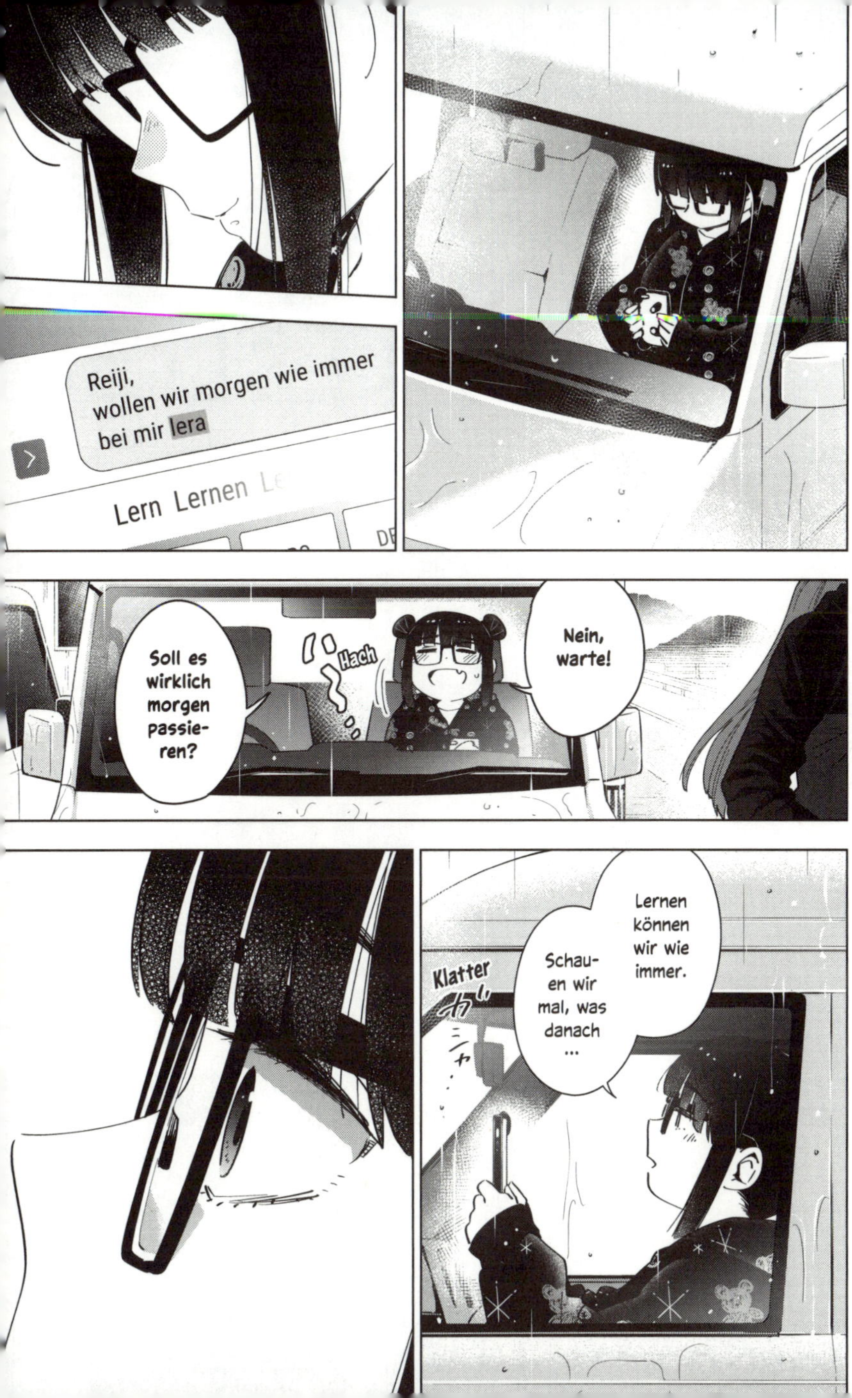
Reiji,
wollen wir morgen wie immer
bei mir lera
Lern Lernen
Nein, warte!
Hach
Soll es wirklich morgen passieren?
Lernen können wir wie immer.
Schauen wir mal, was danach ...
Klatter

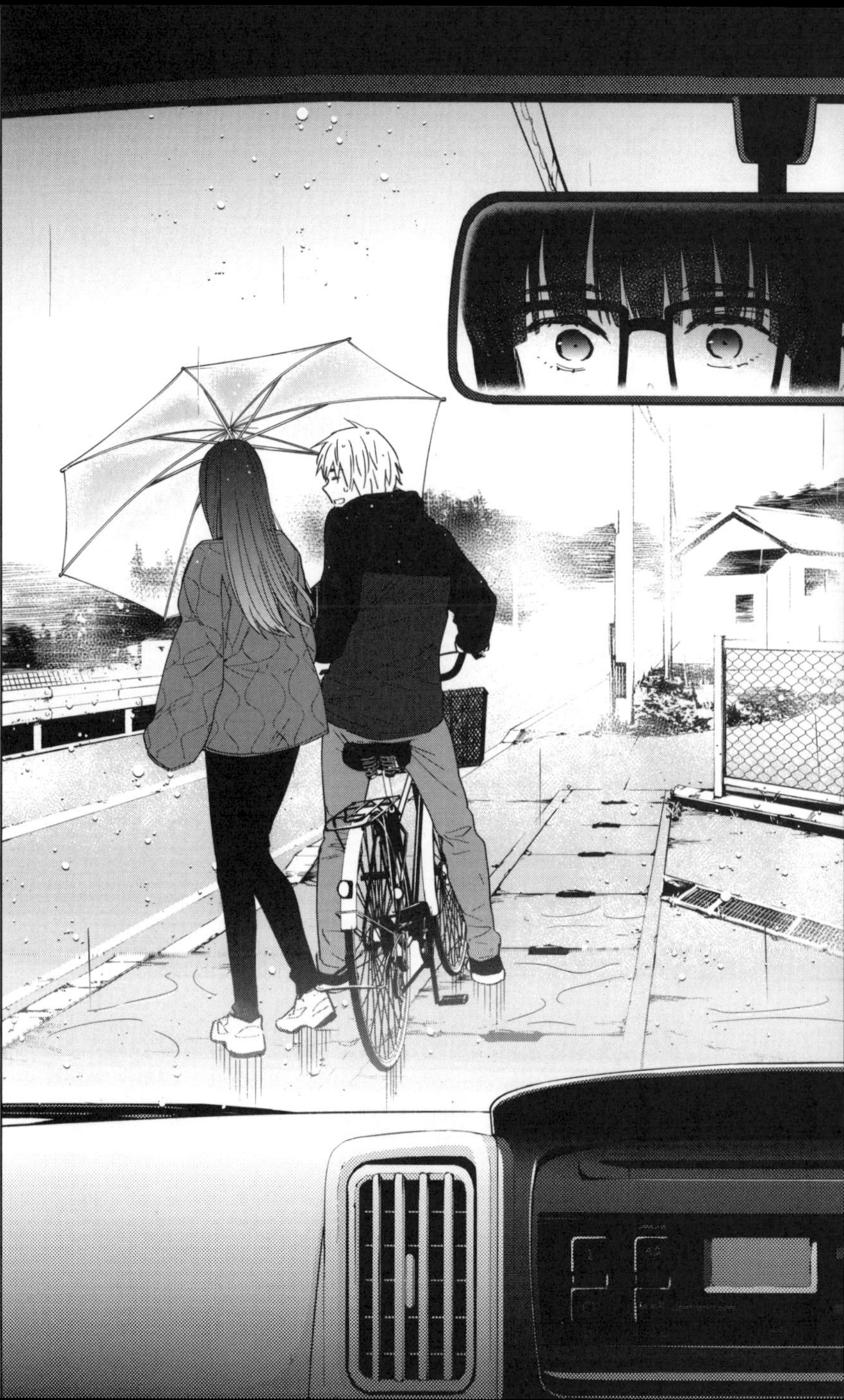

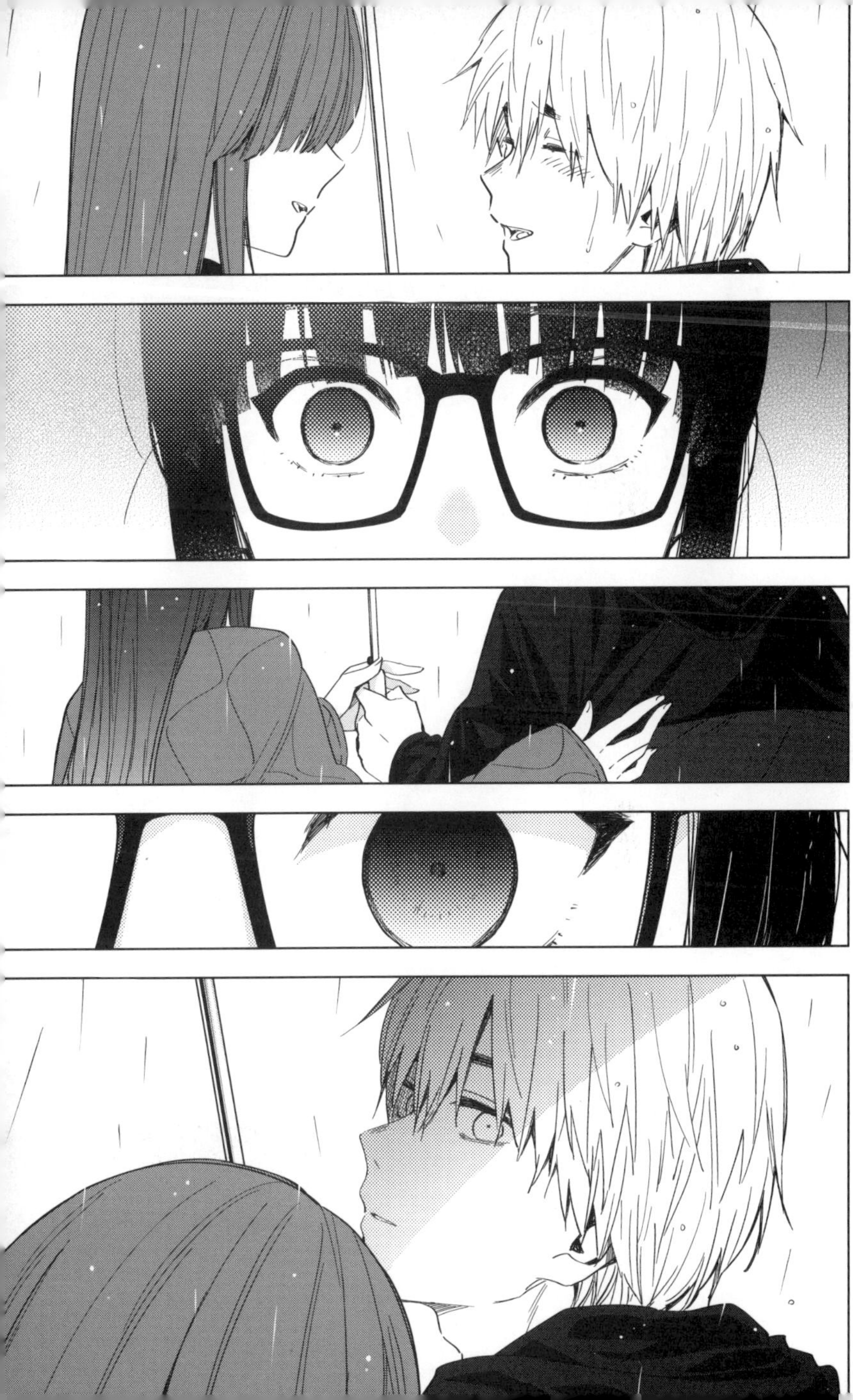

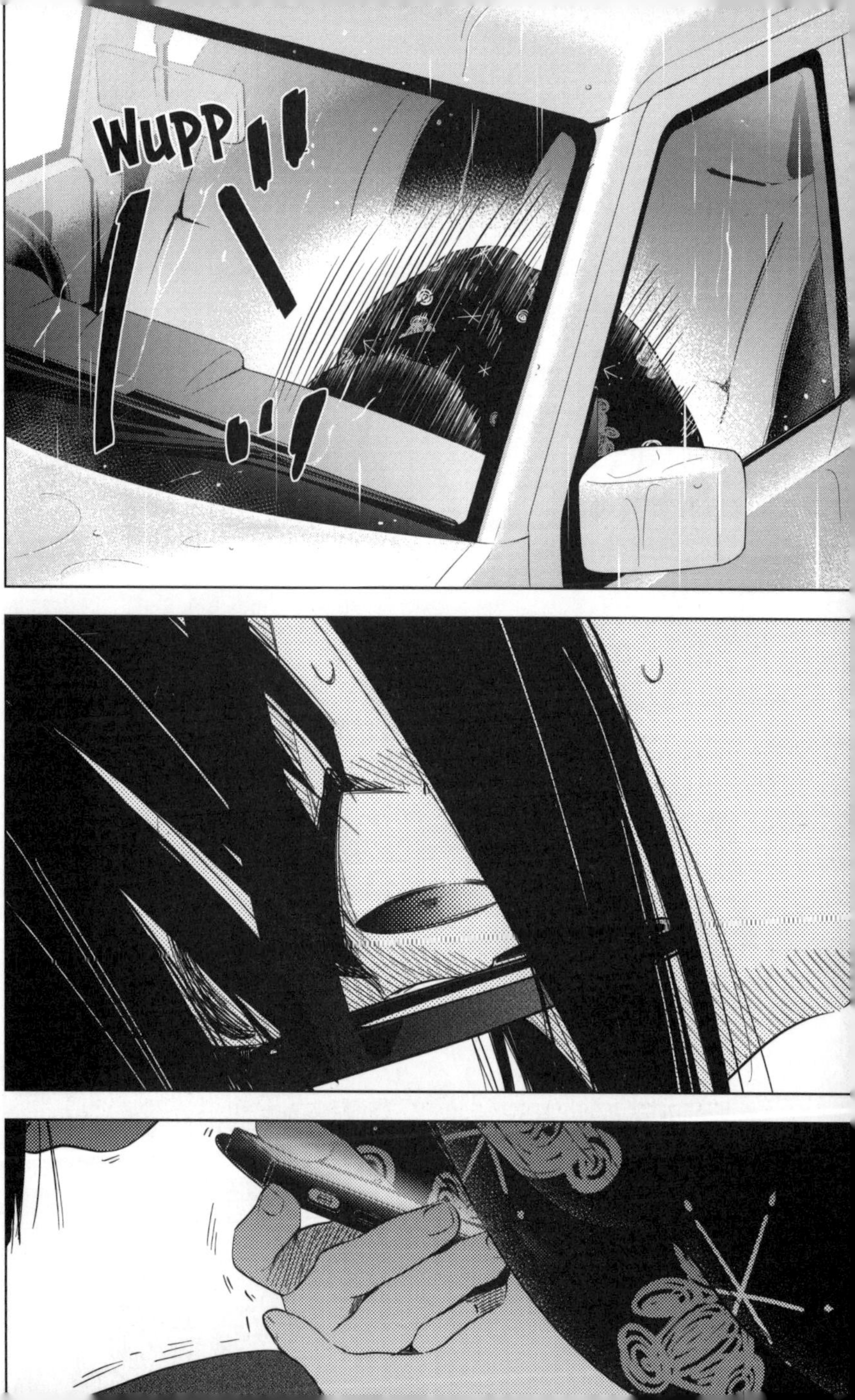
WUPP

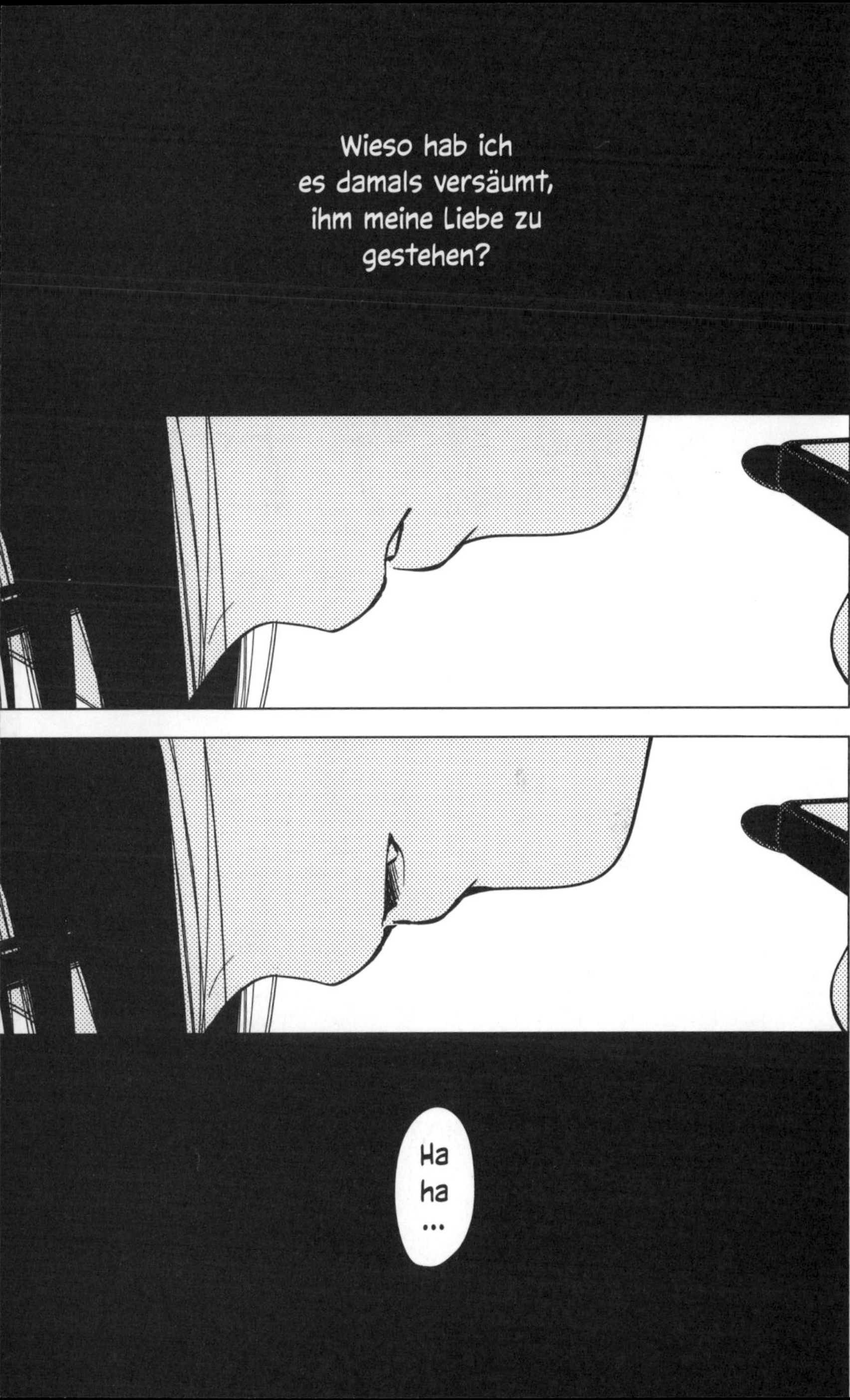
Wieso hab ich es damals versäumt, ihm meine Liebe zu gestehen?
Ha ha ...

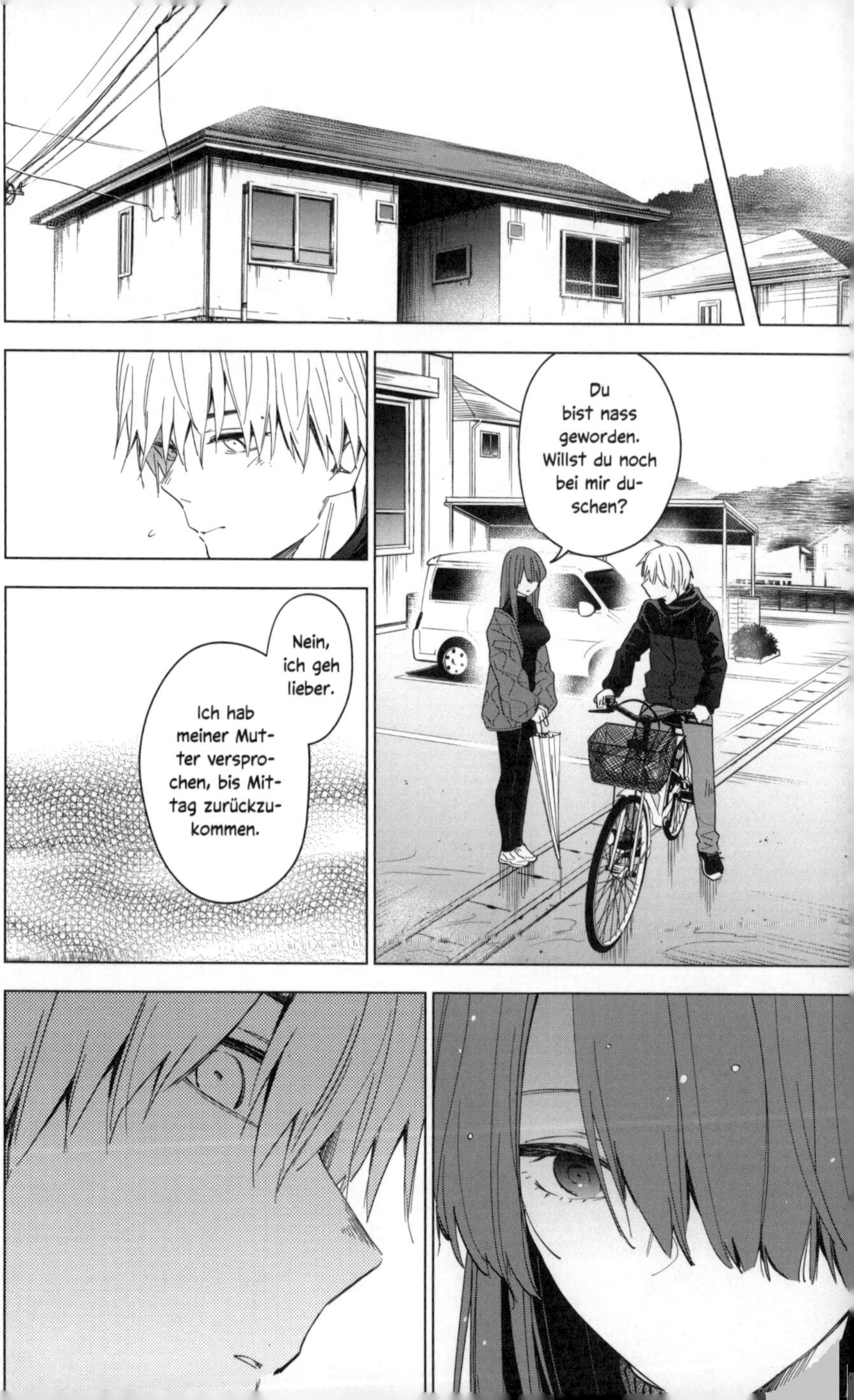
Du bist nass geworden. Willst du noch bei mir duschen?
Nein, ich geh lieber.
Ich hab meiner Mutter versprochen, bis Mittag zurückzukommen.

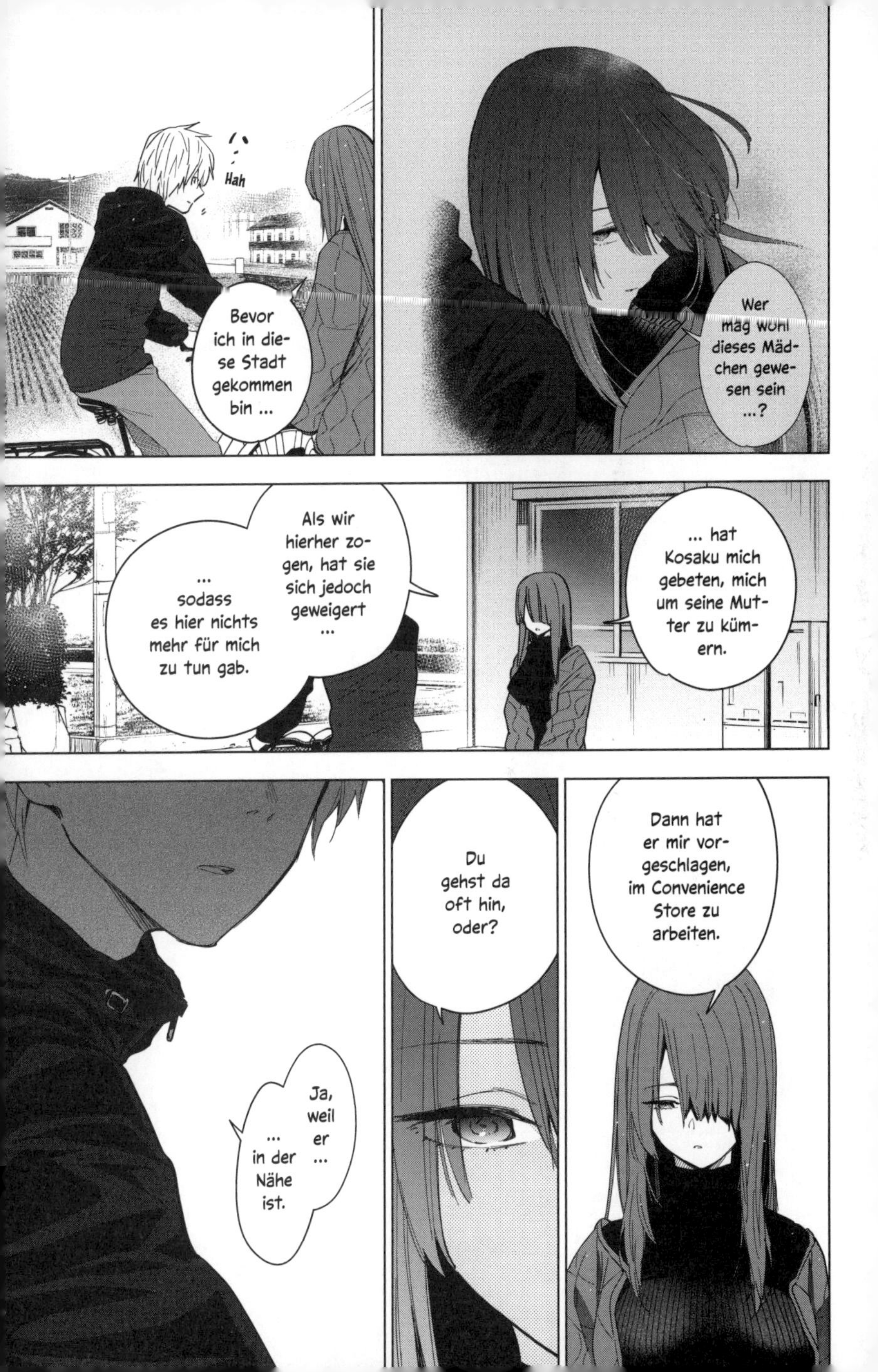
Wer mag wohl dieses Mädchen gewesen sein ...?
Hah
Bevor ich in diese Stadt gekommen bin ...
... hat Kosaku mich gebeten, mich um seine Mutter zu kümmern.
Als wir hierher zogen, hat sie sich jedoch geweigert ...
... sodass es hier nichts mehr für mich zu tun gab.
Dann hat er mir vorgeschlagen, im Convenience Store zu arbeiten.
Du gehst da oft hin, oder?
Ja, weil er ...
... in der Nähe ist.

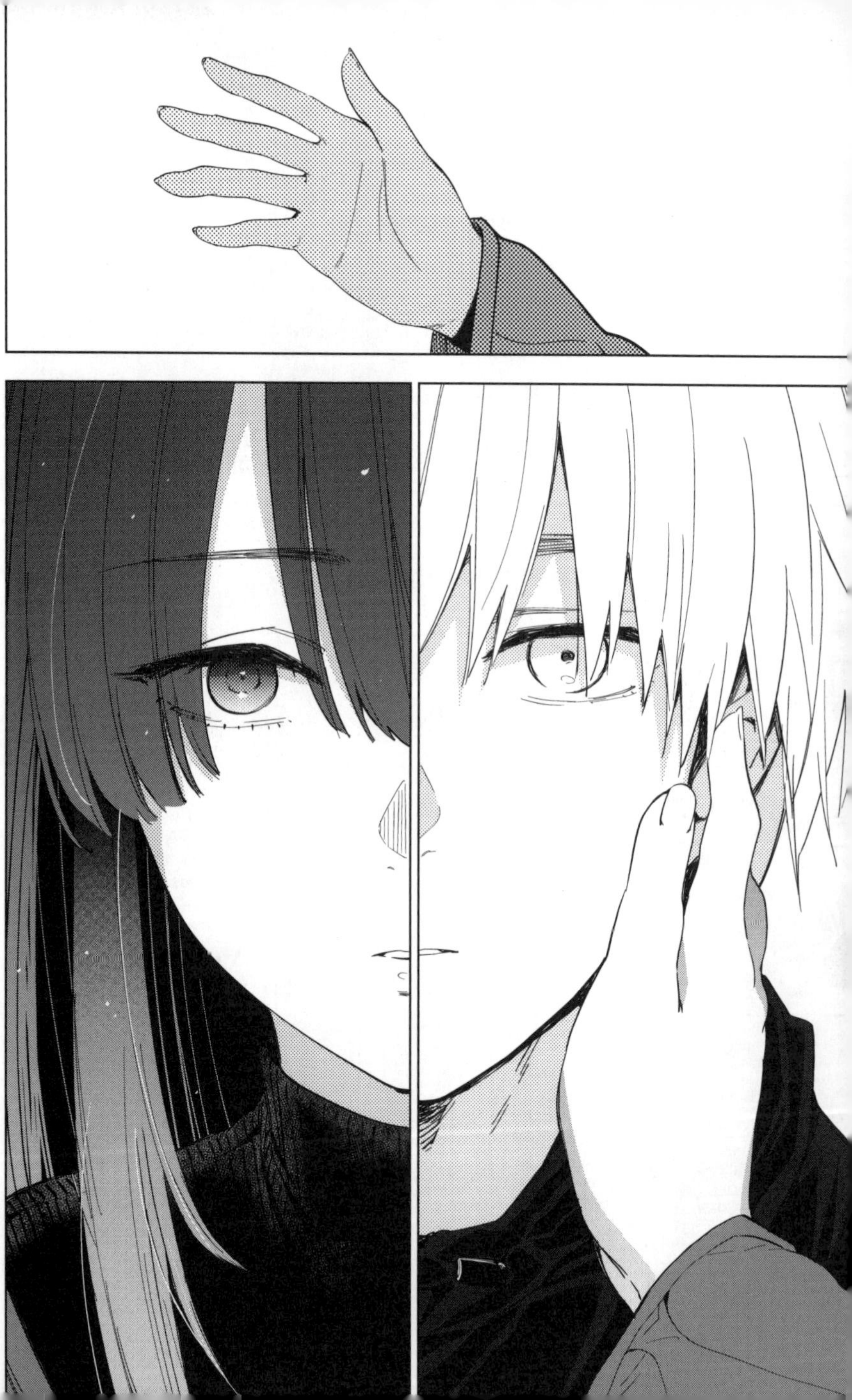

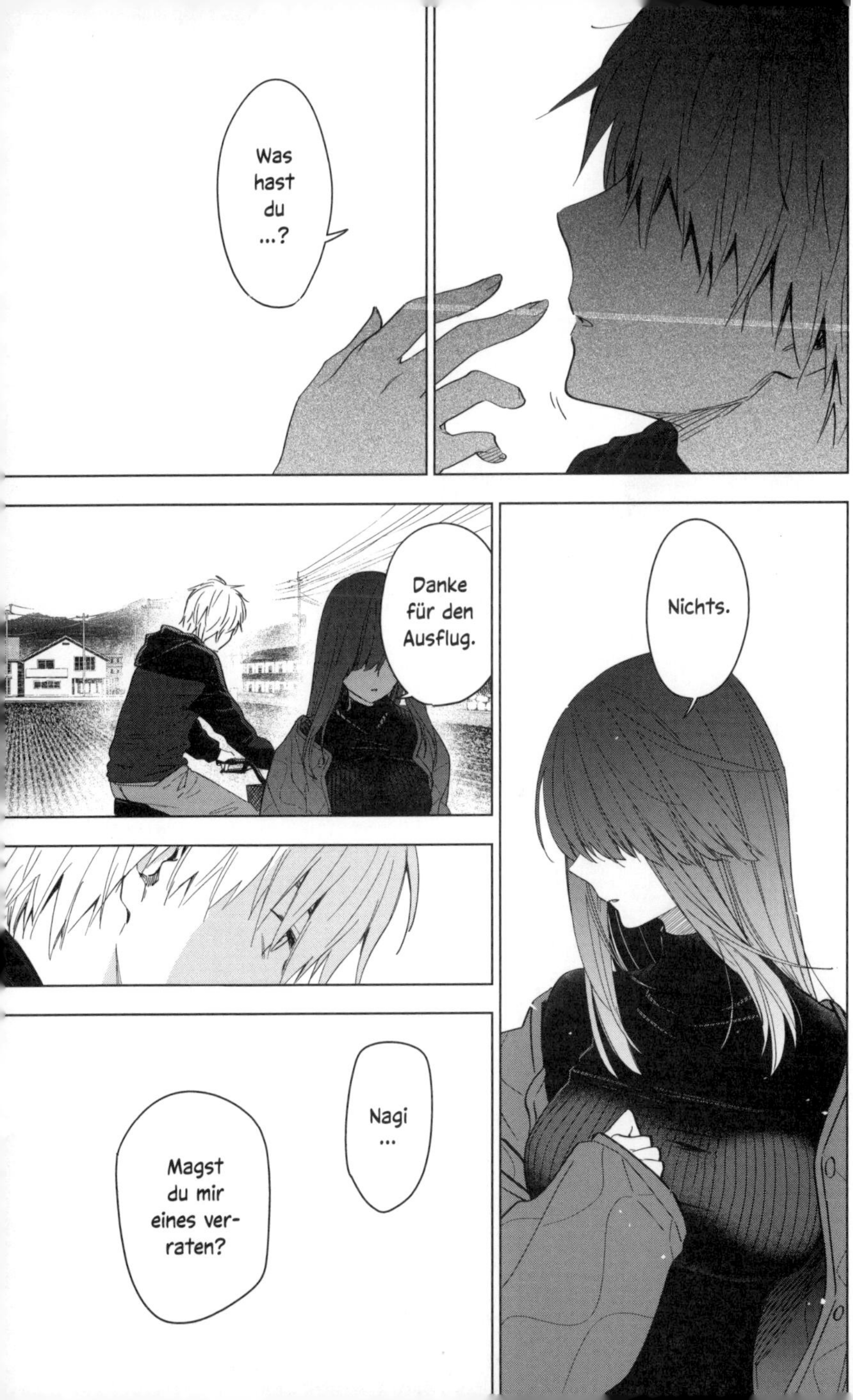

Was hast du ...?
Nichts.
Danke für den Ausflug.
Nagi ...
Magst du mir eines verraten?

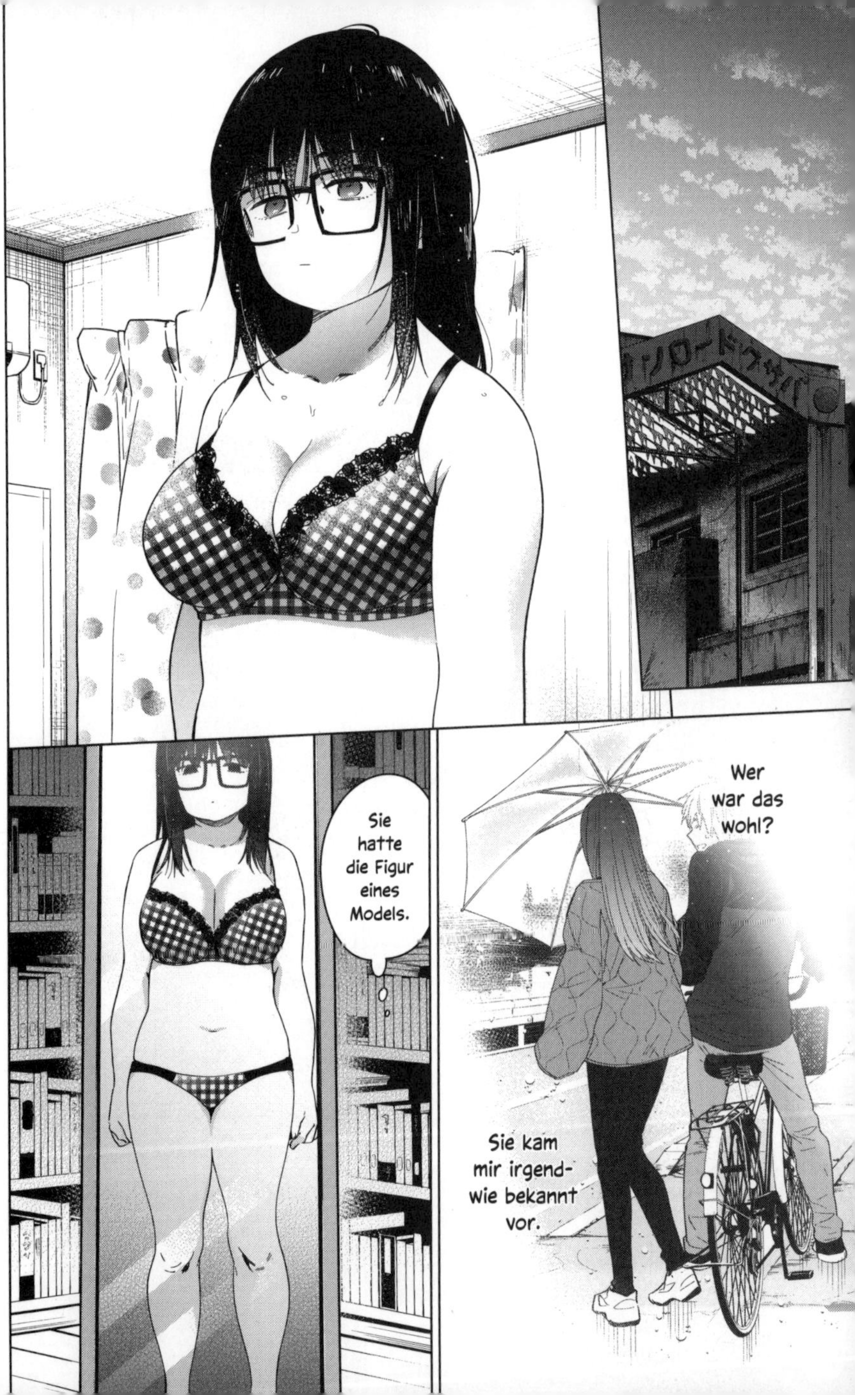
Wer war das wohl?
Sie kam mir irgend-wie bekannt vor.
Sie hatte die Figur eines Models.

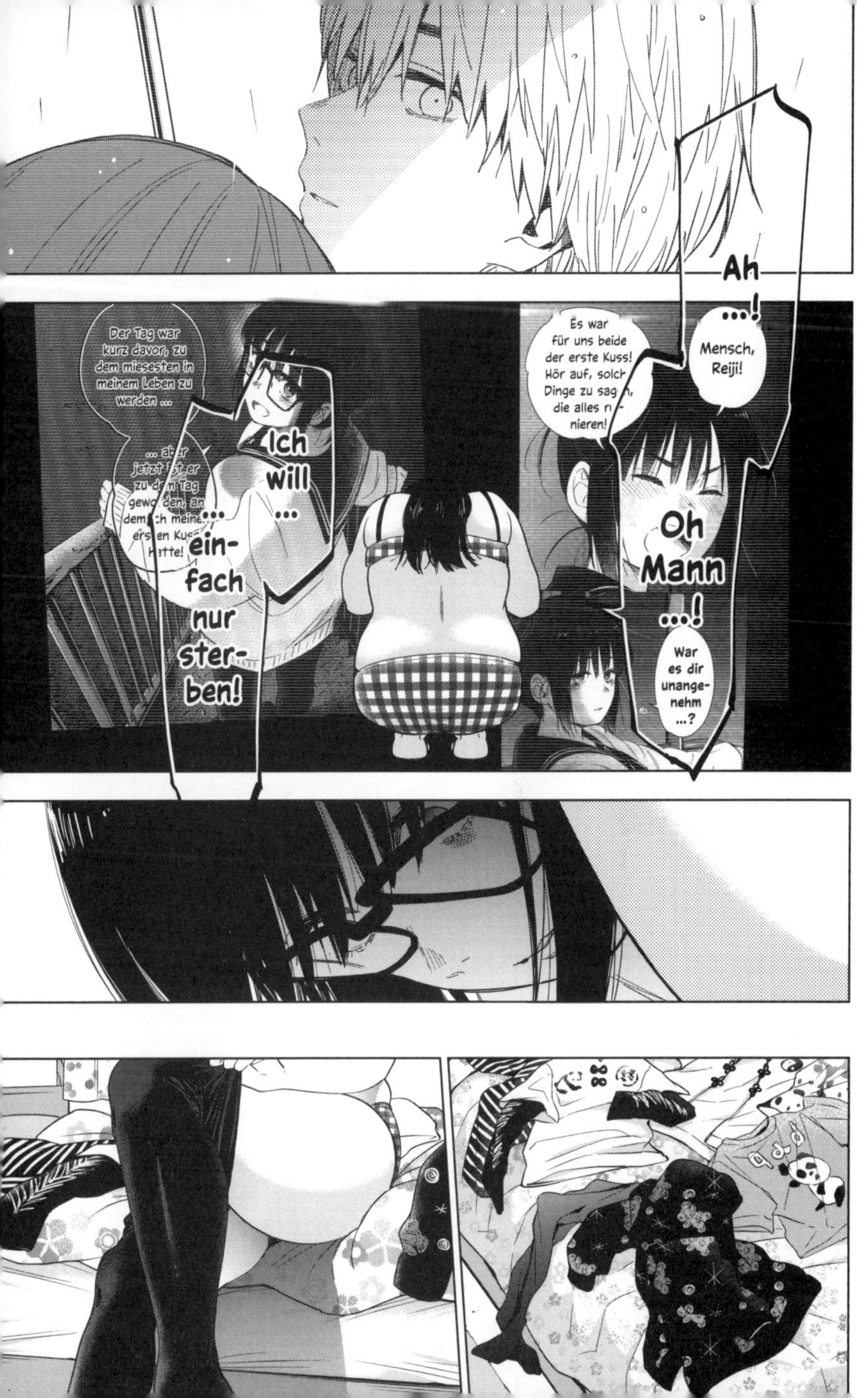
Ah …!
Mensch, Reiji!
Es war für uns beide der erste Kuss! Hör auf, solch Dinge zu sag n, die alles ru- nieren!
Oh Mann …!
War es dir unangenehm …?
Der Tag war kurz davor, zu dem miesesten in meinem Leben zu werden …
… aber jetzt ist er zu dem Tag geworden, an dem ich meinen ersten Kuss hatte!
Ich will … … ein- fach nur ster- ben!

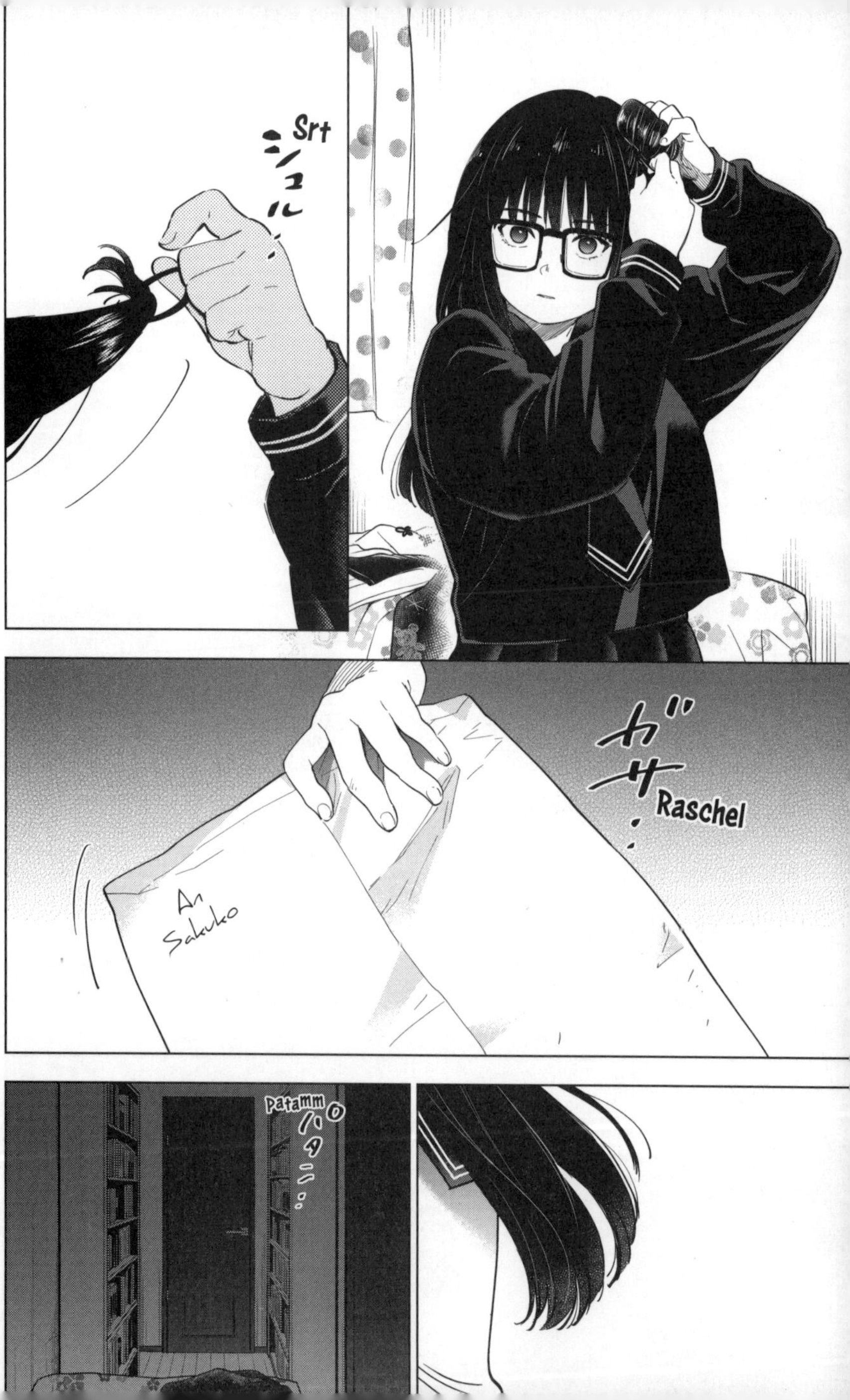
Srt
シュル
ガサ
Raschel
An Sakuko
Patamm

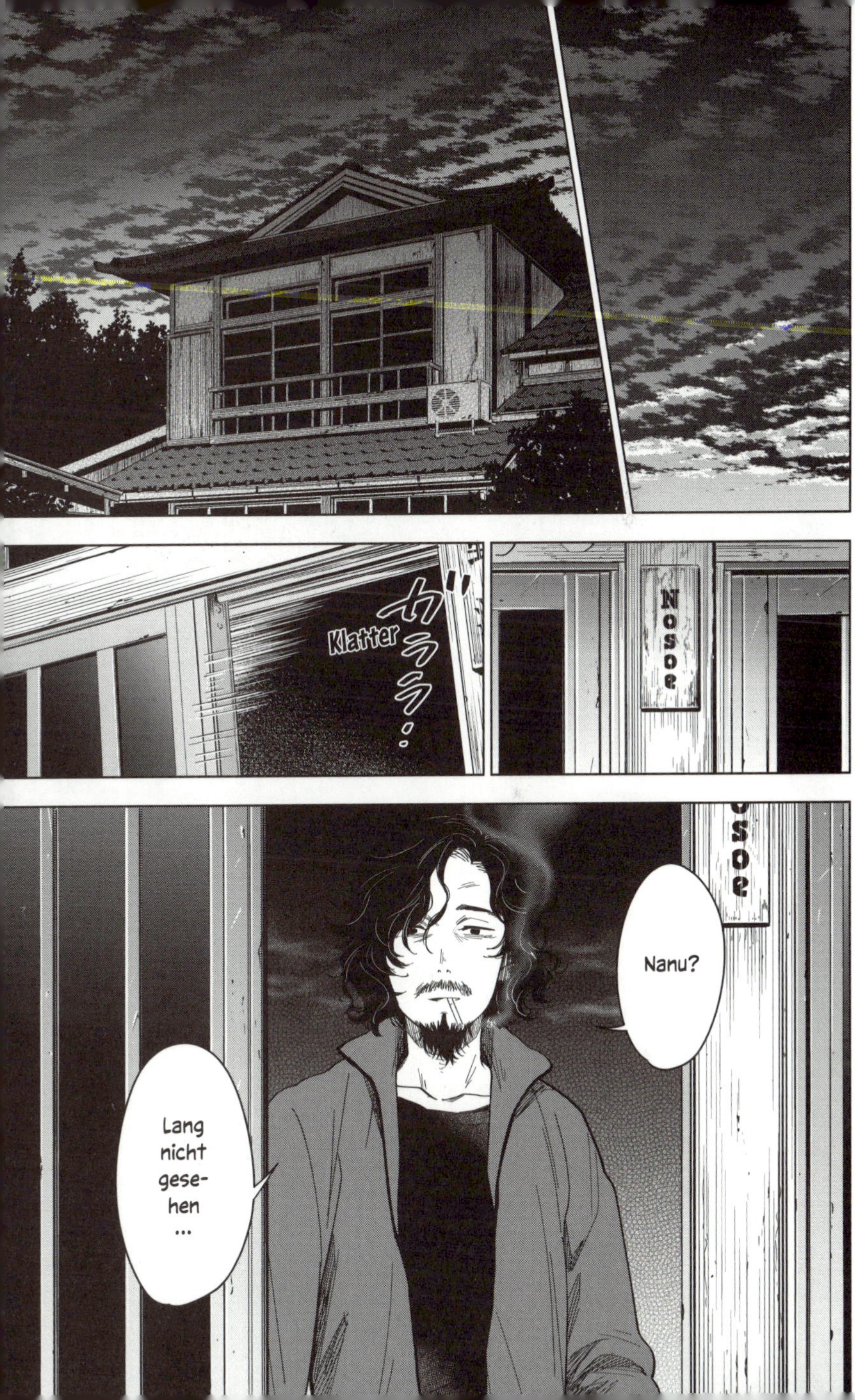

Klatter
Nosoe
Nanu?
Lang nicht gesehen …

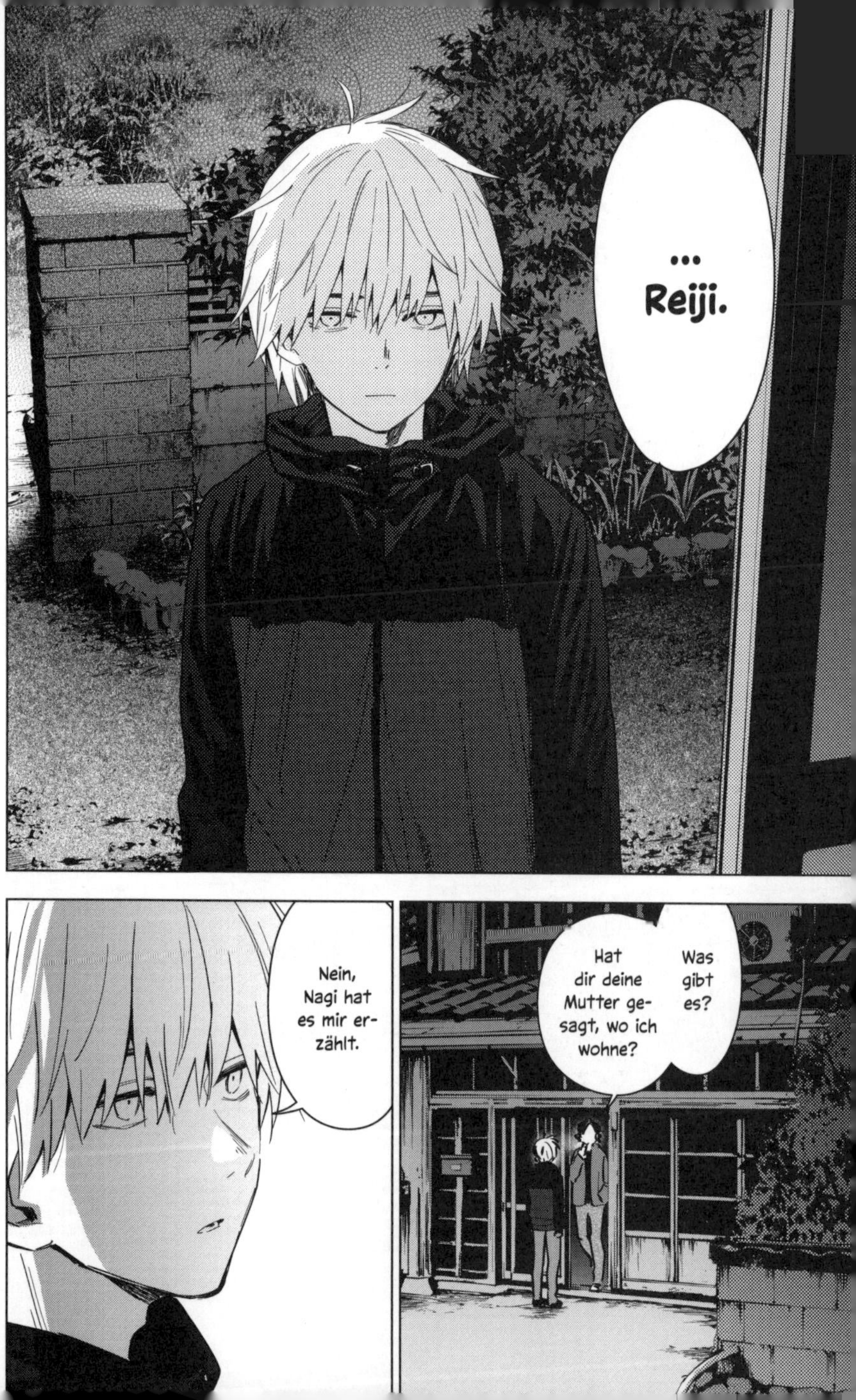
... Reiji.
Was gibt es?
Hat dir deine Mutter gesagt, wo ich wohne?
Nein, Nagi hat es mir erzählt.

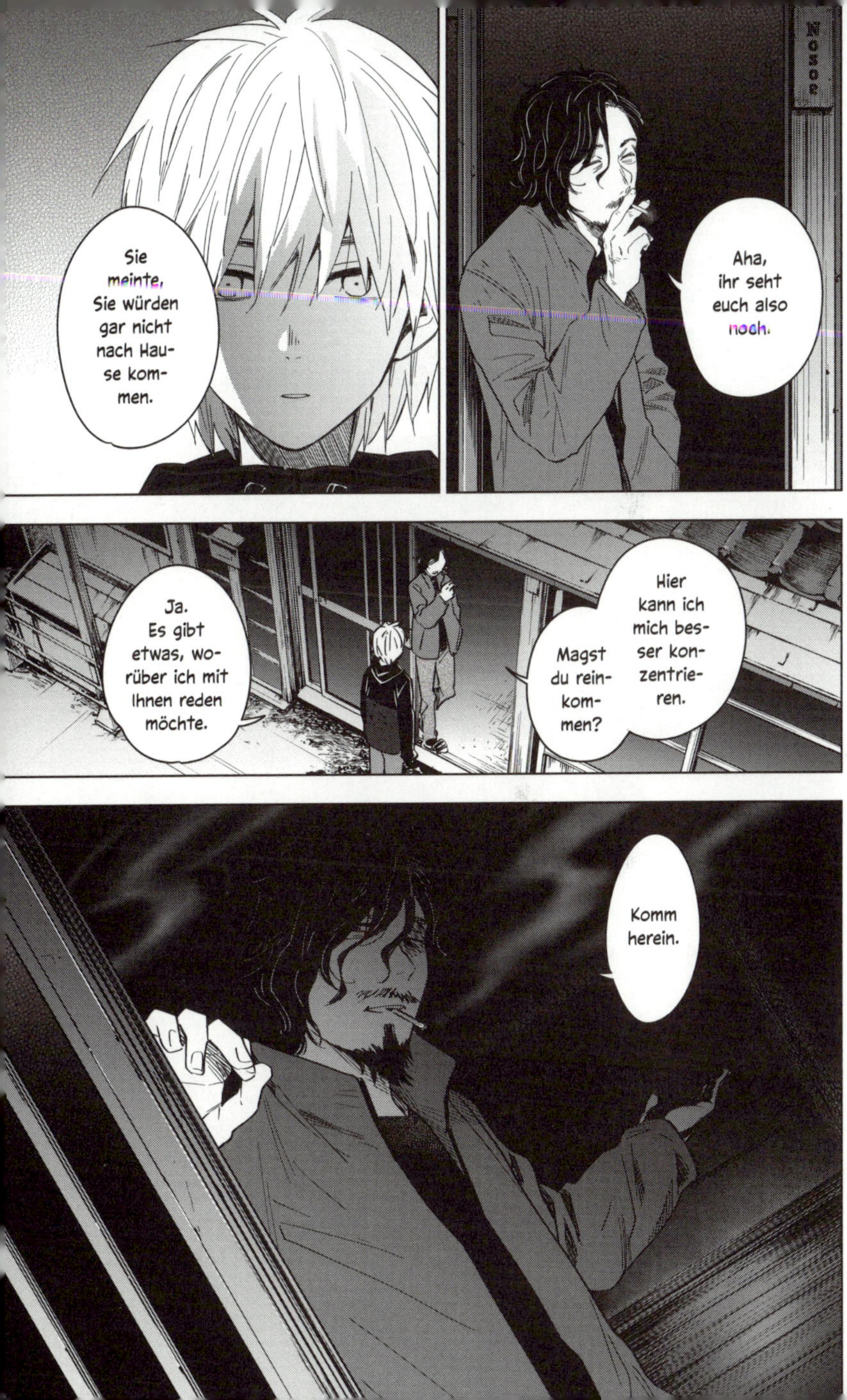
Aha, ihr seht euch also noch.
Sie meinte, Sie würden gar nicht nach Hause kommen.
Hier kann ich mich besser konzentrieren.
Magst du reinkommen?
Ja. Es gibt etwas, worüber ich mit Ihnen reden möchte.
Komm herein.

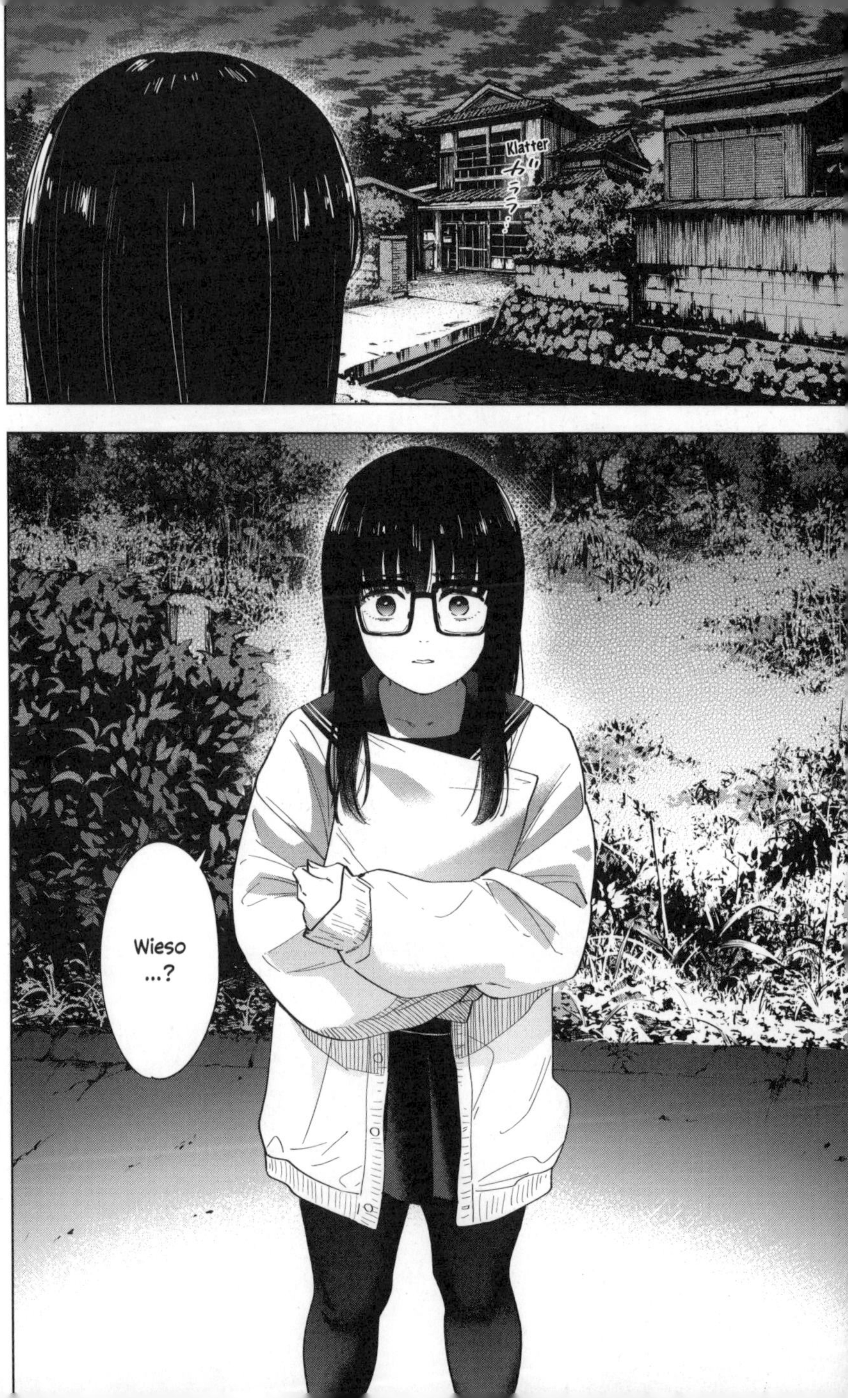
Klatter
Wieso
...?

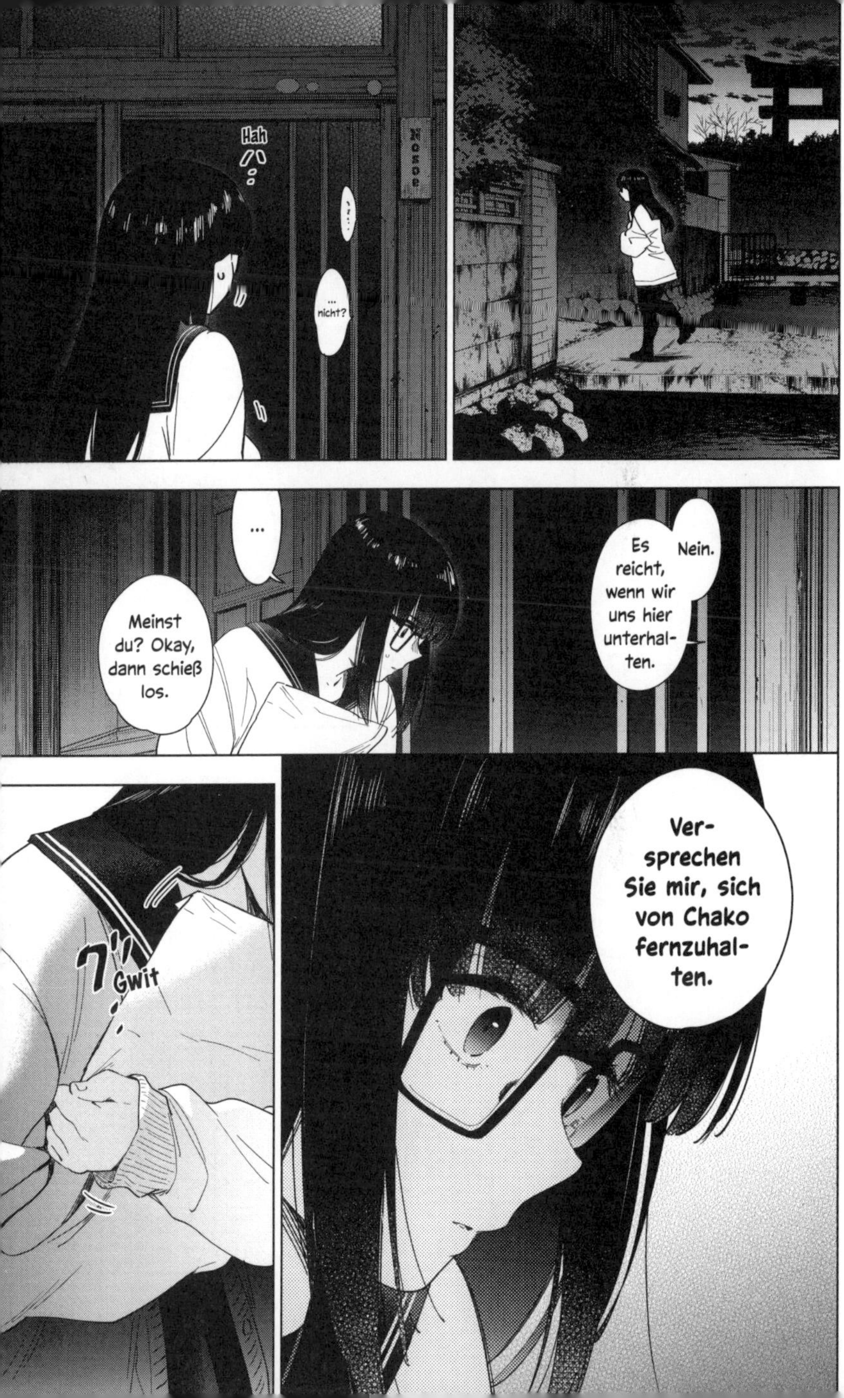
Hah
... nicht?
...
Nein.
Es reicht, wenn wir uns hier unterhalten.
Meinst du? Okay, dann schieß los.
Versprechen Sie mir, sich von Chako fernzuhalten.
Gwit

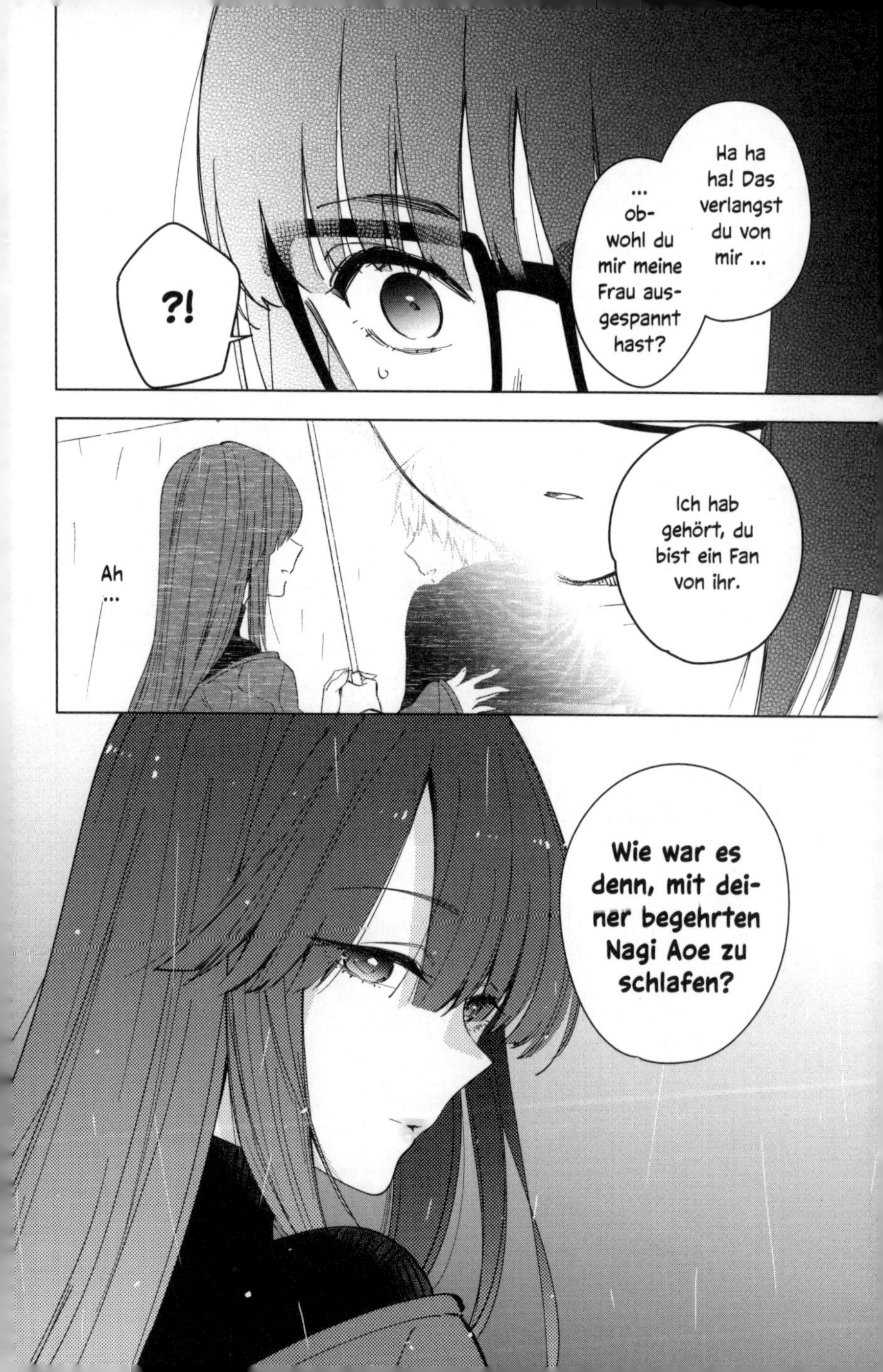
Ha ha ha! Das verlangst du von mir ...
... ob- wohl du mir meine Frau aus- gespannt hast?
?!
Ich hab gehört, du bist ein Fan von ihr.
Ah ...
Wie war es denn, mit dei- ner begehrten Nagi Aoe zu schlafen?

Boy's Abyss 3 – Ende

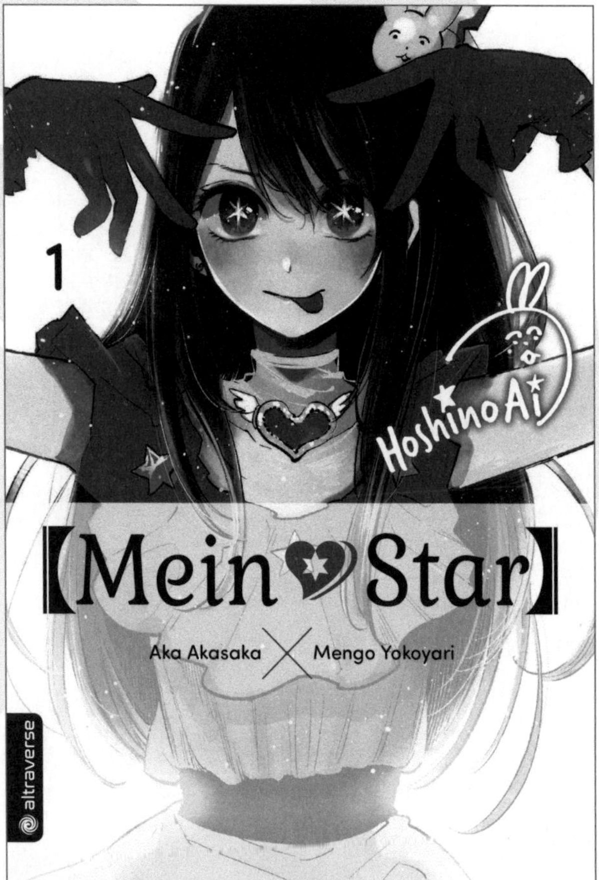

[Mein*Star]

Aka Akasaka | Mengo Yokoyari

Wie wäre es, als Kind eines Idols wiedergeboren zu werden? Diese Frage beschäftigt Goro, Arzt und Hardcorefan des Idols Ai Hoshino, seit sie ihm von einer Patientin kurz vor ihrem Tod gestellt wurde. Was er zu dem Zeitpunkt noch nicht weiß: Schon bald wird er sein Idol treffen, was sein Leben komplett auf den Kopf stellt!

Slice of Life 15 +

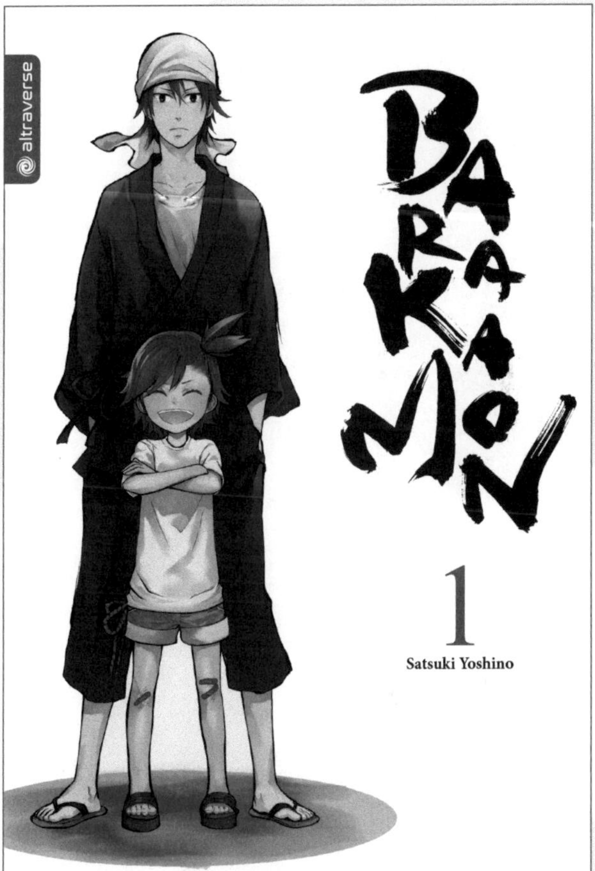

Barakamon

Satsuki Yoshino

Von seinem Vater dazu verdonnert zieht der junge Kalligraf Seishu Handa auf eine einsame Insel am westlichen Rand Japans. Kaum angekommen merkt der Künstler, dass die Uhren hier etwas anders ticken. Eine schonungslose Komödie beginnt.

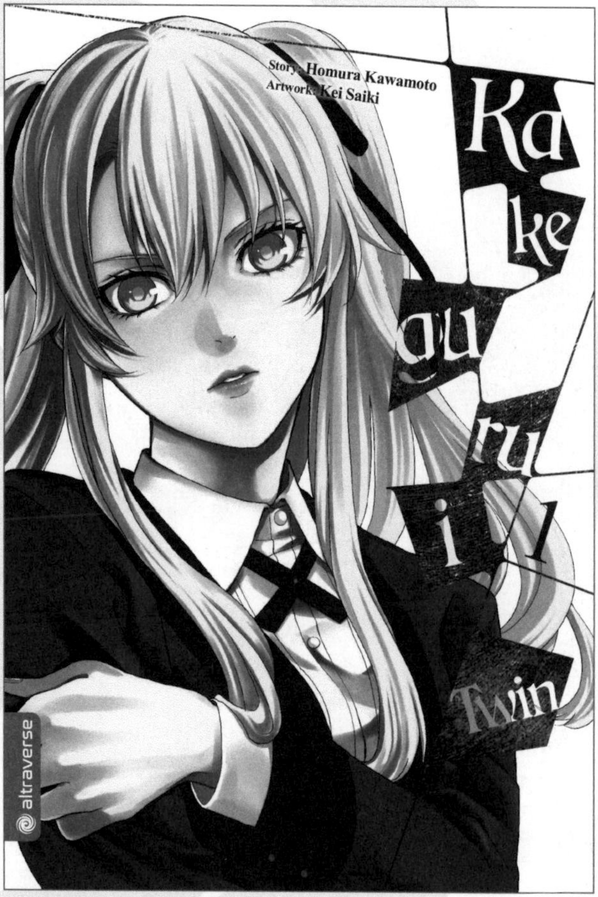

Kakegurui Twin

Homura Kawamoto | Kei Saiki

Ein Jahr bevor Yumeko Jabami an die Hyakkaou-Privatakademie kommt, wechselt Mary Saotome auf die Schule. Schnell lernt sie, dass hier nicht die Schulnoten bestimmen, wie hoch man in der Rangordnung der Akademie steht, sondern das eigene Können im Glücksspiel – und Mary ist entschlossen zu den Gewinnern zu gehören.

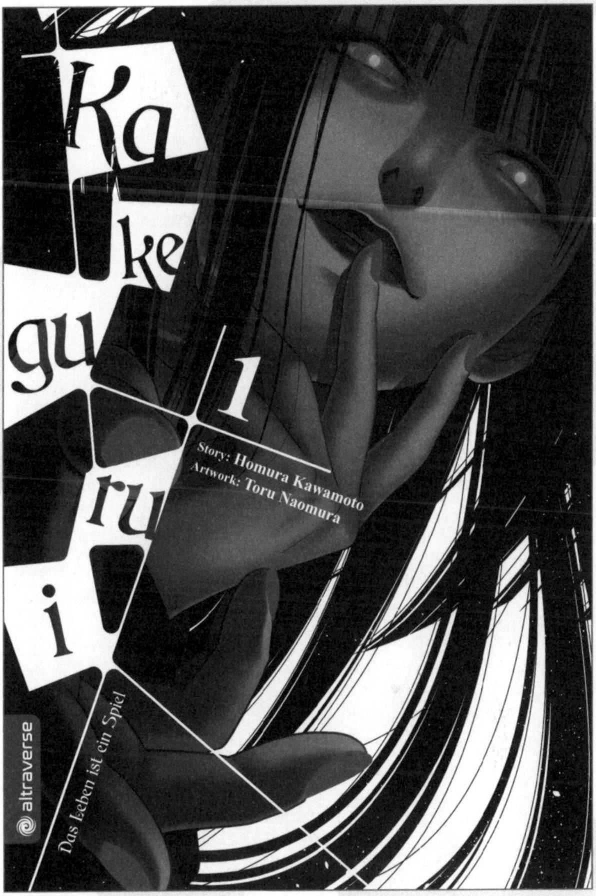

Mystery 15+

Kakegurui – Das Leben ist ein Spiel

Homura Kawamoto | Toru Naomura

An der Hyakkaou-Privatakademie geht es für die Schüler nicht um ihr Können im Unterricht oder Sport, sondern um ihr Talent im Glücksspiel. Yumeko Jabami ist neu an der Hyakkaou und beginnt vom ersten Tag an, das System der Schule mit ihrem Zockerwahnsinn auf die Probe zu stellen ...

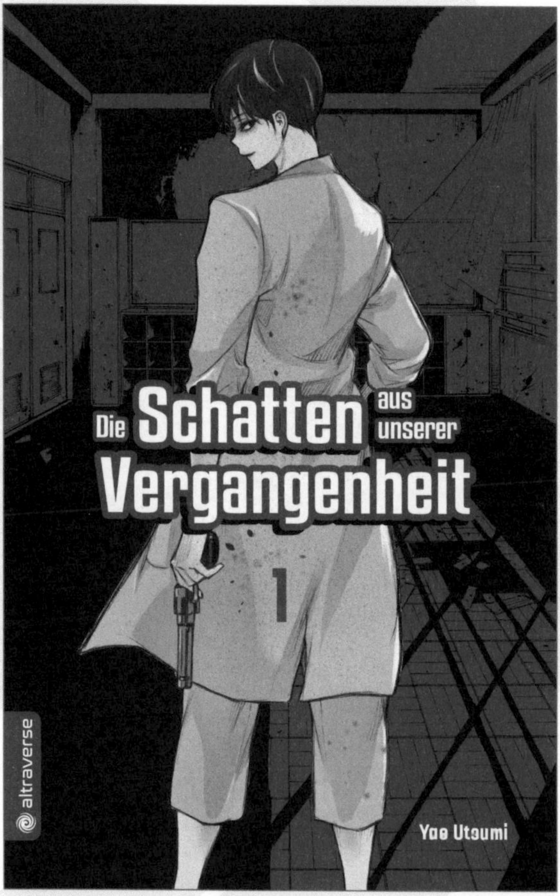

Mystery 15+

Die Schatten aus unserer Vergangenheit

Yae Utsumi

Der Strahlemann Mikio lädt die ehemalige Klasse 6b dazu ein, gemeinsam ein paar Tage in dem alten Schulgebäude zu verbringen, bevor es abgerissen wird. Voller Vorfreude auf ein Wiedersehen mit ihren alten Freunden nehmen Nezu und Mirai die Einladung an. Sie haben keine Ahnung, was für grausame Spiele Mikio mit ihnen und ihren alten Klassenkameraden treiben will.

Mystery 15 +

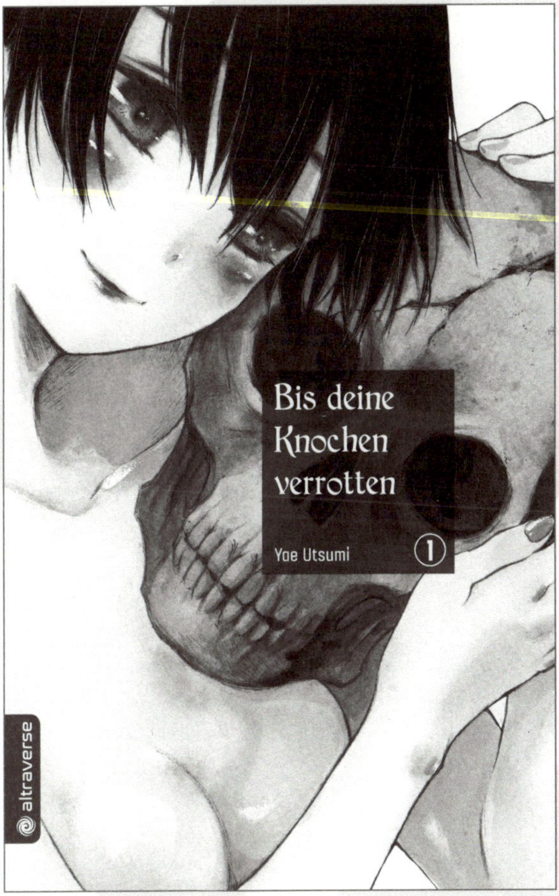

Bis deine Knochen verrotten

Yae Utsumi

Vor fünf Jahren töteten fünf Freunde einen Mann. Heute erinnert nur noch ein an einem geheimen Ort vergrabenes Skelett an ihr Vergehen. Als dieses plötzlich verschwindet und ein mysteriöser Unbekannter die Freunde erpresst, bricht für sie die Hölle auf Erden aus.

Fantasy 16+

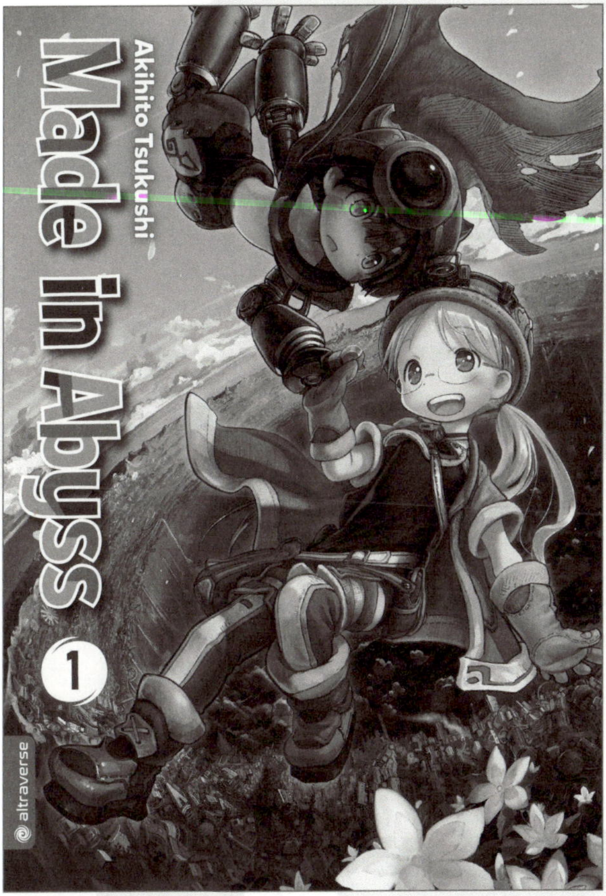

Made in Abyss

Akihito Tsukushi

Das riesige Höhlensystem Abyss ist der letzte unerforschte Ort der Welt. Riko träumt davon, eine genauso berühmte Höhlentaucherin wie ihre verschollene Mutter zu werden. Auf einer Erkundungstour der höheren Ebenen des Abyss macht sie eine Entdeckung, die ihr ganzes Leben auf den Kopf stellen wird ...

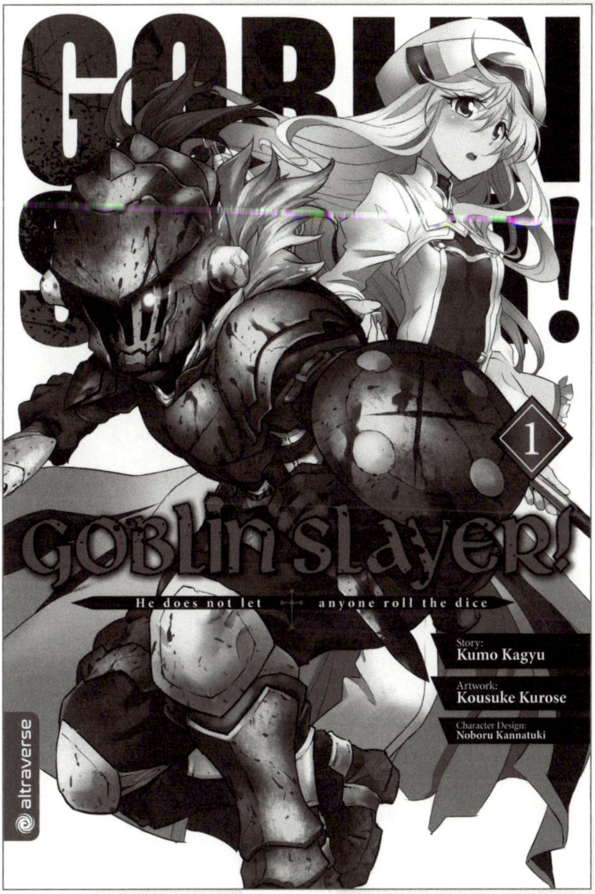

Goblin Slayer!

Kumo Kagyu | Kousuke Kurose | Noboru Kannatuki

Eine junge Priesterin schließt sich ihrer ersten Abenteurergruppe an, nur um sich kurz darauf in einem Goblin-Hinterhalt wiederzufinden. Doch sie hat Glück, denn Goblin Slayer hat sich genau diese Goblins als seine heutigen Opfer ausgesucht.

altraverse

Deutsche Ausgabe / German Edition

Aus dem Japanischen von Nana Umino

BOY'S ABYSS

First published in Japan in 2020 by SHUEISHA Inc., Tokyo.
German translation rights in Germany, Austria and German-speaking Switzerland arranged by SHUEISHA Inc. through VME PLB SAS, France.

Redaktion: Esther Hornbrook
Herstellung: Carsten Bittner, Michaela Müller
Lettering: Vibrant Publishing Studio

Druck: CPI books GmbH, Leck
Printed in Germany

FSC MIX Papier FSC® C083411

ISBN 978-3-7539-0344-6
2. Auflage 2022

www.altraverse.de